税法交易定性理论

缘起与实践拓展

滕祥志　著

中国社会科学出版社

图书在版编目（CIP）数据

税法交易定性理论 ：缘起与实践拓展 / 滕祥志著.
北京 ：中国社会科学出版社，2025. 6. -- ISBN 978-7-
5227-4633-3

Ⅰ. D922. 220. 4
中国国家版本馆 CIP 数据核字第 202455ZN71 号

出 版 人	季为民	
责任编辑	许　琳	
责任校对	苏　颖	
责任印制	郝美娜	

出　　　版	中国社会科学出版社	
社　　　址	北京鼓楼西大街甲 158 号	
邮　　　编	100720	
网　　　址	http://www.csspw.cn	
发 行 部	010-84083685	
门 市 部	010-84029450	
经　　　销	新华书店及其他书店	

印　　　刷	北京君升印刷有限公司	
装　　　订	廊坊市广阳区广增装订厂	
版　　　次	2025 年 6 月第 1 版	
印　　　次	2025 年 6 月第 1 次印刷	

开　　　本	710×1000　1/16	
印　　　张	27.75	
字　　　数	396 千字	
定　　　价	148.00 元	

目　　录

第 一 章

绪论：税法确定性问题的缘起

第一节　缘起：税法确定性问题之产生

税法确定性，指税收立法、税收执法和税收司法的确定性、准确性和稳定性。税法确定性能够提供纳税主体准备准确的税法预期，由此带来法安定性。税法确定性的前提和出发点是税收立法的精细化、理性化。税法确定性问题的反面，是税法不确定性。税法不确定性是一个全球性难题。随着交易的日益复杂，再精心构造的税法典也不能涵盖或适用于各种新型的复杂交易类型，这就产生了税法不周延和税法不完备性问题。

税法的不周延不完备，是税法的不确定性问题的根源。一是税法的不完备性产生了大量税法行政解释。为了应对税法不确定性问题，主要且根本的解决途径在完善立法，这就产生落实税收法定的问题。由于立法程序的复杂性和滞后性，税法行政解释得以登场，行政解释、事先裁定和税法判例层出不穷，凸显税法复杂性、不周延和税法不完备性，也印证了税法行政解释的独尊地位。因此，本书从研究税法行政解释的实际状况入手，切入问题的讨论。二是税法与民商法评价互相关联，但又迥然有异，税法有其独特的精神气质，有追求实质正义之内在鲜明属性。这就引出税法实质课税理论问题，简称实质课税原则或者实质课税主义。诚然，法律不确定性问题在法律领域普遍存在，但税法的不确定性在法律体系中更为突出，显得尤为复杂，因为，税法评价需要面对民商法不同交易类型，是对经济行为和合同行为的再评价，它基于民商法，但对民商法判断并非照单全收，税法渗入民商交易行为的每一个环节和方面。税法既建基于民商法，但又有别于民商法。税法有其内在的逻辑、法理和核心概念，这构成了税法独特的复杂性、专业性、技术性和综合性，这就引出领域法学的理论和实践问题。本书试从税法不确定性问题出发，首先讨论我国税法行政解释现状、解释权共享原理、税法行政解释规制逻辑和相应制度安排。

在比较法层面，以税法发达国家美国为例，法律层级的税法规则也不能涵盖形形色色的交易类型。面对交易的日益变化、趋于创新和复杂多变的全球性难题，即便是体系严谨、内容宏富的税法典，也无能为力，并且难以为继。我们可以看到，为了完善立法而不断提升税收立法层级的同时，税收遵从成本和外溢性不断增加。从表面看，税收行政执法成本在减少，但社会遵从成本则在大幅增加，以致纳税活动离开专业服务就无能为力，无端产生一个税法食利者阶层，这是税法发达国家的一个副产品。以美国《国内收入法典》为例，其体系和内容已经足够庞大复杂，然而，每年美国国内收入署（Internal Revenue Service，IRS）需发布数量众多的解释性文件，以弥补制定法的不足。此外，还需发布数以千计的"事先裁定"（Advanced Rulings）①，以应对拟议交易中的个案税法确定性问题。这就表明，交易的复杂化致使税法规则变得更加复杂化和难以涵摄，由此观之，税法发达国家亦然存在税法确定性问题。

"税法不确定性"是税法不完备的同义语，税法不确定性彰显税法

---

① Yehonatan Givati，"Resolving legal Uncertainty：Unfulfilled Promise of advanced Tax Rulings"，*Virginia Tax Review*，Vol. 29, 2009, p. 137.

的不完备性。商人总是走在商法之前，也必然走在税法之前。交易类型、交易结构层出不穷，税法难以涵盖所有交易类型，税收成文法的不周延性问题突出。某种意义上，提升立法层级是建设税收法治的必经之路和首要任务，换言之，财税法改革的首要任务就是实现税收法定，将分散在财税主管部门的行政立法权上收到立法机关，税收法定的基本途径就是最大限度地将税收规范上升为法律，实现课税要素法定。党的十八届三中全会提出"落实税收法定"，这是我国税收立法和税收法治建设的重大节点。此后，税收立法一直稳步推进。

然而，提升立法层级之后，税收立法不可能完美无缺，税收法治并非就能迎刃而解；在具体的涉税案件中，税收构成要件不会自动呈现，税企双方需要通过沟通、论证、争辩、协调以达成税法共识。认定税收构成要件的过程，也是一个遵守税法、适用税法和解释税法的过程。

认定税收构成要件受税收法定主义约束，不能突破法定的构成要件范围，无端超出法律文本之旨归。然而，一个不能回避的现实就是，针对形形色色的新型交易，既有税法规则往往不能涵容、无从规制、无法适用。比如，对赌协议的交易定性和税法评价、某些金融产品的股权或债权属性、不按照股份份额分配利润的税法评价等，非货币资产在投资环节的增值是否是税法之所得，针对这些问题，现有税法规则明显不敷应用。由于法律本身的不完备性，立法缺欠的持续存在，税法解释具有填补立法漏洞的作用。实践中，我国税收立法任重道远，税收立法解释几近于零，而司法解释则处于休眠状态；从事税法解释活动的主体，最活跃的是财税行政主管机关，行政机关一枝独秀，其创立、设定、改变或者延续税法规则的活动，一直未受到实质性的质疑和挑战。

客观上，在具体税案中，面对不同交易类型，税收构成要件无法自动呈现，税企双方需要争辩、协商和互动才能达成共识。而认定税收构成要件的是税务机关执法活动的本质所在，也是一项不容推卸的职权和职责，且税务机关在税收征纳管理中，处于主动和主导的地位，除大企业或者跨国公司之外，一般纳税人对税法规则的生成、延续和变化发展，无缘置喙；这样，税法行政解释就在具体交易类型的生动实践中应运而生；税法行政解释，也即部颁税法规则具有填补税法规则缺欠的作用，同时反应迅捷，一事一议，充满实践理性和实践法则，具有判例法的特性。

第二节　立法缺欠：税收立法不发达之现状

我国税收立法层级偏低，是学界和实务界历来重视的问题。原因有二：一是自 20 世纪 80 年代以来，经济体制改革中适应市场经济的法律体系建构，主要是宪法秩序之下的民商法、私法、诉讼法等，财税法律体系建设一直滞后，在市场经济成长成熟的初期没有紧迫性，或者决策机关没有认识到其紧迫性。2011 年，全国人大常委会委员长吴邦国宣布，中国特色社会主义法律体系已经建成。当时，财税法律体系一直不是法律体系建设的重点。直至党的十八届三中全会提出"落实税收法定"，税收立法层级提升，从学术倡导、社会呼吁层面，税收法定开始进入决策中枢的决策部署实施进程。为此，全国人大预工委、法工委、财税主管部门，研究机构如中国社会科学院、中国财税法学研究会、各高校，积极推动或者参与了系列的税收立法工作。截至 2024 年 6 月底，在开征的 18 个税种中，已经有 13 个税种的税收法律渊源由行政法规上升为法律。

然而，一些法律仍存在平移现象，距离立法精细化，尚有一段距离。二是财税立法需要强大的学理支撑。毫无疑问，某个时期财税立法的质量状况，必然反映同时期税法理论的发展程度，学术理论基础的扎实推进，无疑是财税立法的最有力支撑。但不可否认的是，由于，中国财税法理论的发展明显晚于民商法、刑法、行政法，目前财税基础理论比较成形的有领域法学理论，但缺乏后续推进；理财治国理论，其本质是国家治理论的推演；税收之债理论，实际是德国等税法发达国家的法学移植。本土的税法学研究和论文，尚未建立起自己的核心概念、分析范畴、分析工具等，财税法学界同人，任重而道远。

第三节 司法"休眠"：税收司法的 制度缺陷与填补

税收司法的"休眠"，是一个不容否定的客观事实。在理念上，其根本原因在于国库主义和税收政策工具主义的深刻影响。税收政策工具主义，其主要学理支撑和运用在经济学领域，习惯把财税与货币相提并论为宏观经济调控的政策工具，某种程度上已偏离税收法定主义。比如，实践中减税降费的制度调整，涉及税收要素的改变，触及遵守税收法定的底线，较少考虑立法机关授权而后行政机关为之，尊重并落实税收法定不够到位，这就产生政策灵活性与税收法定主义之间的张力；再如，对于房产税的试点城市上海和重庆，学者曾尝试讨论试点权限问题。[1] 国库主义，强调国家财政收入的第一性和优越地位，间接导致纳税人权利保护理念滞后、制度失衡。在国库主义的立法理念之下，2001年出台的《税收征管法》，存在诸多征纳双方权利义务不对等的难题，比较突出的是，在滞纳金过高问题、追诉期超过刑法追诉期间问题、纳税争议的两个前置问题，等等，需直面且立法回应。

《税收征管法》第八十八条规定了"两个前置"程序，即一旦征纳双方产生纳税争议，都必须先缴纳税务机关认定的税款，否则纳税人无权进入复议程序，再依次进入诉讼程序。显然，这造成了税务救济路径的阻断。显然，征纳双方系长期多次博弈合作关系，不可能是"一锤子买卖"；再加上传统的非诉文化心理的作用，纳税人决定与税务机关对簿公堂，会慎之又慎，不会草率行事。显然，二十五年前的立法理念以及与此相关的救济制度安排，已经不适应当今的税收法治新局面、新问题。

---

[1] 张守文：《关于房地产税立法的三大基本问题》，《税务研究》2012年第11期。

税收司法"休眠"带来了几个后果。一是外部法治监督力量乏力，税收执法的法治化进程受阻、流于口号或名不符实。税收执法时，合法合规的权利不敢正当且大胆适用，而税企争议被诱导到"桌面"下解决，税收执法风险相应增加。关键点是制度建构和人力资源的配备，不适合税收法治治理目标。迈向税收法治，其内部设置的一个基本标志做实和强化"法规部门"的权限，俟条件成熟，最终建立总法律顾问制度，主管税法适用和解释中的疑难问题、行政复议、个案批复、法治监督、重大涉税案件的把关、舆情引领等，发挥内部监督审核职能和外部税法解释和税法确定性服务职能，某种程度上，这个制度建设是税收法治化进程的一个标志。① 二是在税收法治治理缺位时期，一定程度上，各地税法解释和税法适用的不一致，会消弱税法权威，破坏税收秩序，损害法治尊严，利用"税收洼地"招商引资等，就是其症状表现。三是税收执法不作为现象，最终后果是损害税收法治，消减纳税人权利，增加税法遵从成本。凡是遇到税法规则模糊的情况，为减少执法风险，税收执法会选择不作为或者消极作为，尽量规避执法风险。这是对税法尊严和税收法治的另一种损害。四是税收司法"休眠"或者缺位，导致税收治理体系运转失灵。税收立法权和立法解释权旁落，税收执法权和税收行政解释一权独大，不利于税收治理体系的健全和完善，不利于国家治理体系的现代化进程。

第四节　本书结构：以税法交易定性理论
解开税法确定性问题之锁

解决税法确定性问题，必须在税收立法、执法、司法多个维度，协同发力，多管齐下，方能奏功。

---

① 滕祥志：《建立总法律顾问制度推动税收征管改革》，http://www.jjckb.cn/2016-01/25/c_135041452.htm，2024 年 9 月 18 日。

一是税收立法质量之提升，有赖于税法理论研究的持续更化、进阶与革新。是故，本书第一章，重在财税法理论研究之历史脉络和简要述评梳理，以期呈现税法交易定性理论的生成背景、成长土壤。唯财税法理论研究创新，日新月异，且财税法学界新锐，出身名门，学养深厚，来势亦猛，造成财税法研究，蒸蒸日上之态势；且财税法本为一体，新近许多可圈可点之理论创新，足以彰显财税法学界的智慧、辛劳和汗水，例如理财治国论，呼应了党的十八届三中全会提出的"财政是国家治理的基础和重要支柱"的论断；财税法一体化理论，抓住了财税法作为一个整体的本质属性，其重大理论意义不言自明。不过，本书限于篇幅，仅对诸多税法领域问题展开回顾；在税法理论梳理环节，自然而然地引出税法交易定性理论，重点论述其理论内涵、理论背景，以及与其他税法基础理论的关系。

二是税收立法的缺欠导致税收执法过程中的法律供给不足，大量税收规范性文件由此应运而生。税收执法，上承税收立法，下接税收司法，是税法实践的主战场、主要环节和方面。税务机关面对亿万纳税主体开展执法活动，为了应对税收立法的不完备性，生产出大量税收规范性文件，进行了大量的税法解释工作，因此，梳理税收执法过程中的税收规范性文件，检视其存在的问题和缺陷，探索其改进的策略和法律规制路径，是必不可少的工作。因此，本书第二章，以税法行政解释的法律规制为切入口，深入税法实践领域，透视税法确定性问题的行政执法界面，以期对税法确定性问题的视角，从税法实践引入，从现实世界引入。

三是理论来源于实践，理论的意义在于指导实践。税法交易定性理论，其理论意义固然不言而喻，但作为税法分析工具，其主要功能在实践应用，将静态税法衍化为动态税法，乃其理论生命力的具体呈现。昔孔子作《春秋》，文成数万，义理三千，是非二百四十二年之中，以为天下仪表，贬天子，退诸侯，讨大夫，善善恶恶，以达王事而已矣。又谓："我欲载之空言，不如载之行事以深切著明者也。"以绝徒垂空言之患。循此道理，交易定性理论之展开，必借助案例，必诉诸实务，必落在实处，以达深切著明之旨意。是故，第四章、第五章、第六章，税法分析之展开，必借助具体案例，探讨交易定性之纳税主体确认，交易定性之税收客体有无、定性和量化，交易定性与税收优惠条件是否成就、税收管辖权是否成立，等等。

四是财税法学作为领域法学理论提出的重要阵地，乃领域法学之首倡地、肇启地和实践基地。财税法学作为领域法学，由学术界逐渐接受，并逐渐成为共识，由来以渐，润物无声，水滴石穿。本书第七章，以交易定性的视角透视税款"代缴"的各个论域、各个面向，调动行政法、民商法、税法、刑法等综合法学知识资源，以税法交易定性理论为主轴和中枢，展开对"税款代缴"的税法分析，以为领域法学之成立立下一鲜明注脚，提供具体证明和依据，由此彰显交易定性理论在税法分析的基础地位和实践面向。

五是税法之交易定性理论，绝对离不开实质课税理论的支撑，实质课税与交易定性理论，一体两面，大范围、大概率存在重合关系，但又并完全重合。是故，必须厘清实质课税理论的一些基本问题。虽然，在第四、第五、第六章中，多处以案例说明阐释，论述实质课税与交易定性的关系，但是，作为一部税法理论与实务深度融合的著作，本书第八章试图在理论上再费笔墨，仔细辨识实质课税原则的几个基本问题：如何理解实质课税原则，其作用范围和限度如何、质课税原则与"帝王原则"税收法定主义之关系、实质课税原则与量能课税的关系、实质课税何以能成为税法基本原则、再论实质课税与反避税，等等。

显然，解决税法确定性问题，肯定存在多种路径、多个维度，比如，提升立法层级并使得税收立法精细化，最大限度解决税法规则供给不足的问题；加强税务机关的法治力量，使之能够具备税法分析的基本能力和素养，使得税收执法的法治化水平有耳目一新的提升；唤醒沉睡的税收司法，使之发挥外部监督作用，反过来促使税收执法的"精确、精细、精准和精诚"（"四个精"），并相应地降低税法征纳成本，提升纳税人满意度和遵从度。但是，如果把税法确定性问题看成一把锁，毫无疑问，税法交易定性理论提供的税法分析范式和税法分析工具，是一把不可或缺的重要钥匙。

第 二 章

税法基础理论回顾与梳理

　　财税法理论研究是对财税法实践的回应，也是财税法学作为法学学科，发生、发展和成熟的重要标志。窃以为，中国财税法学界，自觉地、大规模地进行理论总结，以两个大会为标志，一是 2011 年 4 月在台湾大学法学院举办的"第十四届两岸财税法研讨会"，会议以"实质课税与纳税人权利保护"为主题，可见实质课税原则在税法实践中地位，独特而无法逾越；其后，2013 年北京大学财经法研究中心更是明确提出了"强化财税法基础理论研究，建设现代财税法学"的倡议①，2015 年再次倡议"坚持公共财产法定位，推进财税法基础理论大繁荣"②，二是 2018 年 3 月在上海交通大学举办的"第十四届中国财税法前沿问题高端论坛"，论坛会议论文集专辟第一部分"基础理论变迁与创新篇"，共十二位作者，提交了财税法理论研究以及财税法理论史论之文章，可见会议组织者，对于财税法基础理论的重视。会议主题确定之后，学术界群起响应，投稿者众，这表明财税法基础理论研究与学科发展的重要性和会议组织者的理论高度。

---

　　① 北京大学财经法研究中心：《关于"强化财税法基础理论研究，建设现代财税法学"的倡议》，刘剑文主编《财税法论丛》（第 13 卷），法律出版社 2013 年版，第 1—3 页。
　　② 北京大学财经法研究中心：《关于"坚持公共财产法定位，推进财税法基础理论大繁荣"的学科共识》，刘剑文主编《财税法论丛》（第 15 卷），法律出版社 2015 年版，第 1—5 页。

需要交代的是，本书重点介绍了税法相关基础理论在中国的发生、发展和衍化，由此引出税法交易定性理论的生发背景，呈现并阐释税法交易定性理论的理论场景及与其他理论的关系。由于时间、精力、学养、能力所限，未对财税法其他重要理论，比如，公共财产法、理财治国观、法治财税、财税法一体化①、纳税人权利保护、领域法学等理论②进行整体而全面的梳理、追溯和评述，挂一漏万，敬请行家读者见谅。

第一节　税收法定主义③

一　税收法定主义溯源

通常认为，税收法定原则发源于英国，1215 年《大宪章》经国王批准，英国议会取得对国王征税的否决权。经过 1629 年的《权利请愿书》到 1689 年的《权利法案》，被正式确立为近代意义上的税收法定主义。④ 随着民主、法治观念的兴起，"无代表不纳税"得到了世界倡导法治国家的广泛接受，⑤ 美国、法国、日本等国家相继将税收法定主义作为文明成果，在各自的《宪法》中通过具体规定予以确定。⑥ 因此

---

① 参见《第二十一届中国财税法前沿问题高端论坛"财税法一体化的理论与实践"线上论坛通知》，中国财税法网，http：//www. cftl. cn/ArticleList. aspx？ Tid = 3&LevelId = 002001；蒋悟真《财税法一体化的理论逻辑与实践转向》，《中国社会科学》2024 年第 2 期。

② 刘剑文：《学科突起与方法转型：中国财税法学变迁四十年》，《清华法学》2018 年第 4 期。

③ 中国社会科学院大学 2023 级税务硕士王依琳，对本部分资料查找、初稿写作有贡献。

④ 刘剑文：《西方税法基本原则及其对我国的借鉴作用》，《法学评论》1996 年第 3 期；对此，翁武耀认为 1215 年《大宪章》和 1689 年《权利法案》中所确认的不能被称为税收法定主义。翁武耀：《再论税收法定原则及其在我国的落实——基于意大利强制性财产给付法定原则的研究》，《交大法学》2017 年第 1 期。

⑤ 陈志勇、姚林：《税收法定主义与我国课税权法治化建设》，《财政研究》2007 年第 5 期。

⑥ 陈阵香：《税收法定主义实现路径研究 ——以立法为中心》，法律出版社 2022 年版，第 4 页。

可以说，近代民主政治制度的形成过程，也就是税收法定主义的生成、发展与确立的过程。①

随着资本主义在世界范围内兴起，税收法定的观念逐渐为各国所接受并奉行。第二次世界大战后，税收法定主义已在世界主要国家得到落实。绝大部分国家将税收法定作为一项原则直接规定在其国家的宪法中，如法国《宪法》（1958 年）第 34 条②、日本《宪法》（1946 年）第 84 条③、《德意志联邦共和国基本法》第 105 条④、意大利《宪法》第 23 条⑤、比利时《宪法》第 170 条⑥等均有所体现。此外，还有一些国家将税收法定主义与公民纳税义务结合起来，如阿拉伯联合酋长国《宪法》第 42 条⑦。

二　税收法定原则的基本内容

税收法定主义⑧，亦可称为税的法律主义⑨、税捐法定主义⑩、税收法定原则等，是国家征税必须要有的法律依据，没有法律依据不得要求

---

① 刘剑文：《落实税收法定原则的现实路径》，《政法论坛》2015 年第 3 期。

② 法国《宪法》（1958 年）第 34 条规定法律均由议会通过。法律规定下列事项……有关各种税收征收基数、税率和征收方式……《世界各国宪法》编辑委员会编译：《世界各国宪法：欧洲卷》，中国检察出版社 2012 年版，第 271 页。

③ 日本《宪法》（1946 年）第 84 条规定新课租税或变更现行的租税，应当依据法律或法律规定的条件进行。《世界各国宪法》编辑委员会编译：《世界各国宪法：亚洲卷》，中国检察出版社 2012 年版，第 498 页。

④ 《世界各国宪法》编辑委员会编译：《世界各国宪法：欧洲卷》，中国检察出版社 2012 年版，第 192 页。

⑤ 《世界各国宪法》编辑委员会编译：《世界各国宪法：欧洲卷》，中国检察出版社 2012 年版，第 748 页。

⑥ 《世界各国宪法》编辑委员会编译：《世界各国宪法：欧洲卷》，中国检察出版社 2012 年版，第 136 页。

⑦ 阿拉伯联合酋长国《宪法》第 42 条规定按照法律规定交税和交纳公共费用是每个公民的义务。《世界各国宪法》编辑委员会编译：《世界各国宪法：亚洲卷》，中国检察出版社 2012 年版，第 40 页。

⑧ 张守文：《论税收法定主义》，《法学研究》1996 年第 6 期。

⑨ ［日］金子宏：《日本税法》，战宪斌等译，法律出版社 2004 年版，第 57 页。

⑩ 陈清秀：《税法总论》（第二版），台湾翰芦出版公司 2001 年版，第 44 页。

公民纳税①。学者对于税收法定主义概念的表述，既有抽象概括，如日本学者北野弘久认为，税收法定主义对税收立法来说是其基本原理，在其作为原理的同时作用于税法的解释和适用；又有详细的描述，如学者刘剑文、张守文、朱大旗、施正文都在税收法定主义的定义中使用了"法律依据""征税""纳税"等较为具体化的词语，各位学者在表述上繁简不一，但其中蕴含的基本观点是比较一致的。概言之，即他们都清楚地指明征税、纳税都必须有法律依据，无法律就不能征税、纳税。②

　　王鸿貌指出，税收法定原则已经成为许多国家的宪法原则和税法最重要的原则，③但是，由于各国家宪法和税法该原则的规定存在差异，因此国内外学界对税收法定原则的基本内容观点不一，主要有二原则说、三原则说、四原则说以及列举式做法。二原则说起源较早，日本学者北野弘久在《税法学原论》中指出税收法定原则归结为两个内容，即租税要件法定主义原则和税务合法性原则。前者为立法方面的具体要求，后者是执法方面的具体要求。④三原则说在学术界的认可度普遍较高，但是对于它的具体内容，各个学者都有自己的见解。陈清秀将其归结为课税要件法定主义原则、课税要件以及课税规范明确性原则和程序上合法性原则。⑤施正文、刘剑文认为税收法定的基本内涵主要体现在税收要件法定原则、税收要件明确原则以及征税合法性原则三个方面。⑥张守文将其归纳为课税要素法定原则、课税要素明确原则、依法

---

①　施正文主编：《中国税法评论》（第2卷），中国税务出版社2014年版，第17页。

②　陈阵香：《税收法定主义实现路径研究——以立法为中心》，法律出版社2022年版，第5页。

③　王鸿貌：《税收法定原则中国化的路径研究》，西北大学出版社2020年版，第31页。

④　[日]北野弘久：《税法学原论》（第四版），陈刚、杨建广等译，中国检察出版社2001年版，第64—71页。

⑤　陈清秀：《税法总论》，法律出版社2019年版，第48—51页。

⑥　施正文主编：《中国税法评论》（第2卷），中国税务出版社2014年版，第18页；刘剑文主编：《财税法学》，高等教育出版社2004年版，第331—332页。

稽征原则。① 徐孟洲将其概括为课税要件法定原则、课税要素明确原则、课税程序合法原则。② 鲁篱则认为，税收法定原则的内容包括了狭义的税收法定原则、税收要素明确原则、禁止溯及既往和类推适用原则。③ 四原则说的主要代表人物是日本学者金子宏和我国台湾地区学者葛克昌。日本学者金子宏认为税收法定原则包括了课税要件法定主义、课税要件明确主义、合法性原则和程序保障原则，④ 葛克昌则认为税收法定原则包括类推禁止原则、溯及禁止原则、法律优位原则、法律保留原则等四个原则。⑤ 另一种是采取列举式做法对税收法定原则的内容做具体表述。谢怀栻将税收法定原则的具体内容归结为以下五个方面：第一，税种必须由法律规定；第二，每种税的征税要件必须在法律中明确规定，不得由行政机关（包括税务机关）自行规定；第三，无法律规定，行政机关（税务机关）不得任意减免税收；第四，征税程序应由法律规定；第五，法律应该规定税务争议的解决办法。⑥

三 我国税收法定主义的发展变迁

税收法定主义第一次在我国出现，是 1911 年熊元翰、熊元楷、熊元襄和熊仕昌在《京师法律学堂笔记》法律丛书第 22 册《财政学》中的有关表达；⑦ 中华人民共和国成立后，谢怀栻在学者刘隆亨主编的《以法治税简论》中，发表了《西方国家税法中的几个基本原则》一

① 张守文：《税法原理》（第二版），北京大学出版社 2001 年版，第 30—31 页。
② 徐孟洲主编：《税法学》，中国人民大学出版社 2005 年版，第 37 页。
③ 鲁篱：《税收法律主义初探——兼评我国税收授权立法之不足》，《财经科学》2000 年第 2 期。
④ 参见［日］金子宏《日本税法》，战宪斌等译，法律出版社 2004 年版，第 59—63 页。
⑤ 参见葛克昌《税法基本问题》（财政宪法篇），北京大学出版社 2004 年版，第 81—101 页。
⑥ 参见谢怀栻《西方国家税法中的几个基本原则》，刘隆亨主编《以法治税简论》，北京大学出版社 1989 年版，第 152—153 页。
⑦ 熊元楷、熊元襄等编：《财政学》，杨大春点校，上海人民出版社 2013 年版，第 143 页。

文，开启了对税收法定原则全面研究的先河。① 这是自中华人民共和国成立之后，国内学者对税收法定原则的首次引入。② 此后，胡微波和袁胜华主编的《现代税法实用辞典》，对税收法定原则作了更加全面的介绍；③ 刘剑文发表的《西方税法基本原则及其对我国的借鉴作用》，概括了西方国家税收法定原则的具体内容；④ 张守文发表的《论税收法定主义》系统论述税收法定主义原则的理论内容。⑤ 自此以来，学术界对于税收法定主义的重视不言而喻，研究重点逐步转向具体的运用、实践。⑥

国内学者对税收法定原则的独立研究始于张守文教授。1996 年，张守文发表《论税收法定主义》一文，不仅系统论述了税收法定主义原则的理论内容，还研究了税收法定主义与其他法律原则的适用、税收法定主义在我国宪法中的完善等问题。⑦ 此后，刘心一⑧、张松⑨、许善达⑩、吴利群⑪、张宇润⑫、朱大旗⑬、涂龙力和王鸿貌⑭等人也分别在各自的著作和论文中对该原则作了更进一步的研究。

---

① 谢怀栻：《西方国家税法中的几个基本原则》，刘隆亨主编：《以法治税简论》，北京大学出版社 1989 年版，第 152—153 页。

② 陈阵香：《税收法定主义实现路径研究——以立法为中心》，法律出版社 2022 年版，第 46—47 页。

③ 胡微波、袁胜华主编：《现代税法实用辞典》，法律出版社 1993 年版，第 31—33 页。

④ 刘剑文：《西方税法基本原则及其对我国的借鉴作用》，《法学评论》1996 年第 3 期。

⑤ 张守文：《论税收法定主义》，《法学研究》1996 年第 6 期。

⑥ 陈阵香：《税收法定主义实现路径研究——以立法为中心》，法律出版社 2022 年版，第 36 页。

⑦ 张守文：《论税收法定主义》，《法学研究》1996 年第 6 期。

⑧ 国家税务总局税收科学研究所编著：《西方税收理论》，中国财政经济出版社 1997 年版，第 306—309 页。

⑨ 张松：《论税收法律主义》，《税务研究》1997 年第 10 期。

⑩ 许善达等：《中国税收法研究》，中国税务出版社 1997 年版，第 6—16 页。

⑪ 吴利群：《税法基本原则研究》，《财经论丛》（浙江财经学院学报）1997 年第 5 期。

⑫ 张宇润：《论税法基本原则的定位》，《中外法学》1998 年第 4 期。

⑬ 朱大旗：《论税法的基本原则》，《湖南财经高等专科学校学报》1999 年第 4 期。

⑭ 涂龙力、王鸿貌主编：《税收基本法研究》，东北财经大学出版社 1997 年版，第 69—75 页；涂龙力、王鸿貌：《税收法定原则与我国税法体系的完善》，《税务研究》1999 年第 12 期。

表 2-1　　　　　　　　1980—1999 年相关研究检索数据

	税收法定主义	税收法定原则	税收法定主义和税收法定原则
主题词	9	7	13
篇名	2	1	3
关键词	6	4	10

资料来源：笔者根据中国知网检索而得。①

　　21 世纪初，随着更多税法学著作的引入，国内学者对税收法定原则的研究愈加广泛而深入。覃有土等对税收法定原则的内涵及其在我国的应用进行了比较深入的探讨。② 牛华勇和施洵认为，税收法定主义是为适应市场经济，保护财产权免受政治权力的干扰而得以最终确立为税收的基本原则。③ 徐孟洲认为，税收的体制、税收的种类和税收优惠政策等都必须由法律加以规定。④ 王鸿貌在其系列论文中对税收法定原则的相关内容作了拓展性的研究。⑤ 白彦锋就税收法定主义原则与政府税收立法权的界定展开讨论。⑥ 此外，翟继光对税收法定原则的

　　① 为更加直观地了解这一时期学界有关税收法定的产出成果。根据笔者在中国知网上检索，自 1980 年 1 月至 1999 年 12 月，以"税收法定主义"为主题词，共获得 9 条结果；以"税收法定主义"为篇名，共获得 2 条结果；以"税收法定主义"为关键词，共获得 6 条结果。以"税收法定原则"为主题词，共获得 7 条结果；以"税收法定原则"为篇名，共获得 1 条结果；以"税收法定原则"为关键词，共获得 4 条结果。以"税收法定主义"和"税收法定原则"为主题词，共获得 13 条结果；以"税收法定主义"和"税收法定原则"为篇名，共获得 3 条结果；以"税收法定主义"和"税收法定原则"为关键词，共获得 10 条结果。以上全为精确检索。

　　② 覃有土、刘乃忠、李刚：《论税收法定主义》，《现代法学》2000 年第 3 期。

　　③ 牛华勇、施洵：《税收法定主义应成为我国税收改革的指导原则》，《南方经济》2000 年第 10 期。

　　④ 徐孟洲：《论税法的基本原则》，《经济法学评论》2001 年第 1 期。

　　⑤ 2004 年前后，王鸿貌围绕税收法定原则发表的有代表性的论文有《税收法定原则之再研究》，《法学评论》2004 年第 3 期；《税收立宪论》，与李小明合作，《法学家》2004 年第 2 期；《税收合法性研究》，《当代法学》2004 年第 4 期；等等。

　　⑥ 白彦锋：《税收法定主义原则与政府税收立法权的界定》，《河北法学》2004 年第 10 期。

比较①、赵芳春等对税收法定原则内涵的悖论及其原因的分析②、王建平认为落实税收法定具有保障财政收入、稳定社会预期、规范政府行为及其功能。③ 邢会强对税收实质法定原则的探讨④等，都对税收法定原则的理论研究产生了积极的推动作用。

表2-2 　　　　　　　　2000—2012年相关研究检索数据

	税收法定主义	税收法定原则	税收法定主义和税收法定原则
主题词	426	458	721
篇名	76	43	119
关键词	433	404	804

资料来源：笔者根据中国知网检索而得。⑤

　　2013年，随着党的十八届三中全会将"落实税收法定原则"写入《中共中央关于全面深化改革若干重大问题的决定》，党的十八届四中全会提出"全面推进依法治国"，至此，财税法学界对税收法定原则的研究进入了一个新的发展阶段。张守文认为，推进税收法治要以"法定"为先，⑥ 熊伟重申了税收法定主义⑦以及提出要清理规范税

---

　　① 翟继光：《税收法定原则比较研究——税收立宪的角度》，《杭州师范学院学报》（社会科学版）2005年第2期。

　　② 赵芳春、肖正军：《税收法定原则内含的悖论及其原因分析》，刘剑文主编：《财税法论丛（第7卷）》，法律出版社2005年版。

　　③ 王建平：《论税收法定主义》，《税务研究》2005年第2期。

　　④ 邢会强：《论精确的法律语言与税收实质法定原则》，《税务研究》2011年第3期。

　　⑤ 根据笔者在中国知网上检索，自2000年1月至2012年12月，以"税收法定主义"为主题词，共获得426条结果；以"税收法定主义"为篇名，共获得76条结果；以"税收法定主义"为关键词，共获得433条结果。以"税收法定原则"为主题词，共获得458条结果；以"税收法定原则"为篇名，共获得43条结果；以"税收法定原则"为关键词，共获得404条结果。以"税收法定主义"和"税收法定原则"为主题词，共获得721条结果；以"税收法定主义"和"税收法定原则"为篇名，共获得119条结果；以"税收法定主义"和"税收法定原则"为关键词，共获得804条结果。数据均为精确检索。

　　⑥ 张守文：《税收法治当以"法定"为先》，《环球法律评论》2014年第1期。

　　⑦ 熊伟认为，税收法定主义的意义不仅仅在于要求落实纳税人的同意权，实现课税要素法定，还要求税务机关严格在法律限定的权力范围内行政，不得要求纳税人多缴纳税款，也不得擅自决定减免税。熊伟：《重申税收法定主义》，《法学杂志》2014年第2期。

收优惠政策①、叶姗着重探讨税收优惠制定权②，同时，施正文③、朱大旗④、丁一⑤、许多奇⑥、刘国⑦、杨志强⑧、刘剑文和陈立诚⑨、刘桂清⑩对落实税收法定原则展开研究。孟鸽通过分析 40 年税收法定主义在我国财税法学界的发展演变，提出从形式法定到实质法定，推动税收法定入宪以及司法化等问题。⑪

表 2-3   2013—2015 年相关研究检索数据

	税收法定主义	税收法定原则	税收法定主义和税收法定原则
主题词	102	353	423
篇名	17	80	97

---

① 熊伟：《法治视野下清理规范税收优惠政策研究》，《中国法学》2014 年第 6 期。

② 叶姗认为，法律应当保留的是有关财政收支划分、税收基本规则、开征某一税种和地方税基本课税要素的制定权，除此，设定某一税种的法律可以明确授权中央政府及其财税主管部门或省级政府行使部分课税要素的制定权。叶姗：《税收优惠政策制定权的法律保留》，《税务研究》2014 年第 3 期。

③ 施正文基于党的十八届三中全会通过的《决定》首次提出了"财政是国家治理的基础和重要支柱""建立现代财政制度""落实税收法定原则"等理论创新。施正文：《落实税收法定原则　加快完善税收制度》，《国际税收》2014 年第 3 期。

④ 朱大旗：《论税收法定原则的精神实质及其落实》，《国际税收》2014 年第 5 期。

⑤ 丁一：《税收法定主义发展之三阶段》，《国际税收》2014 年第 5 期。

⑥ 许多奇认为，落实税收法定原则与建立我国的纳税人权利保护官制度具有正相关关系。许多奇：《落实税收法定原则的有效路径——建立我国纳税人权利保护官制度》，《法学论坛》2014 年第 4 期。

⑦ 刘国：《税收法定主义的宪法阐释》，《华东政法大学学报》2014 年第 3 期。

⑧ 杨志强认为，程序法定是落实税收法定原则的基本前提，它既是税收债权债务得以实现、履行的必要保证，又是规范税收权力、保障纳税人合法权益、实现税收公平正义的必然要求。现行《税收征收管理法》存在诸多问题，与程序法定的要求不相适应，进而影响税收法定原则的落实，亟待修订完善。杨志强：《程序法定是落实税收法定原则的基本前提——兼论〈税收征收管理法〉的修订》，《中国行政管理》2014 年第 9 期。

⑨ 刘剑文、陈立诚：《税收法定原则的生命在于落实》，《检察风云》2014 年第 7 期。

⑩ 刘桂清主张在税收调控中落实税收法定原则。刘桂清：《税收调控中落实税收法定原则的正当理由和法条授权立法路径新探》，《税务研究》2015 年第 3 期。

⑪ 孟鸽：《40 年来税收法定在中国的变迁与时代创新》，《第十四届中国财税法学前沿问题高层论坛——回顾与前瞻：中国财税法 40 年的发展（1978—2018）》论文集，2018 年。

续表

	税收法定主义	税收法定原则	税收法定主义和税收法定原则
关键词	104	344	436

资料来源：笔者根据中国知网检索而得。①

　　2015 年，十二届全国人大三次会议通过了《关于修改〈中华人民共和国立法法〉的决定》②，修改后的《立法法》不仅将"税收基本制度"从原先的第八款中析出，单独用第六款加以规定，而且在"税收基本制度"这一概念之前加上了"税种的设立、税率的确定和税收征收管理等"字样，这就使得"税收基本制度"的概念在内涵上包括但不限于税种设立、税率确定、税收征管等内容，对税收法定原则的内容做了重大发展，从而使得税收法定原则的内涵更加具体和明确，是落实"税收法定"原则的一大进步，对今后单行税收立法具有重要意义。③此后，刘剑文④、邓力平⑤、徐阳光⑥从理论上探寻落实税收法定原则的中国路径。施正文探求税收法定原则框架下的税收法律体系。⑦ 滕祥志指出我国税收法治化的进程中，税收法定原则与实质课税原则相辅相

　　① 根据笔者在中国知网上的检索，自 2013 年 1 月至 2015 年 12 月，以"税收法定主义"为主题词，共获得 102 条结果；以"税收法定主义"为篇名，共获得 17 条结果；以"税收法定主义"为关键词，共获得 104 条结果。以"税收法定原则"为主题词，共获得 353 条结果；以"税收法定原则"为篇名，共获得 80 条结果；以"税收法定原则"为关键词，共获得 344 条结果。以"税收法定主义"和"税收法定原则"为主题词，共获得 426 条结果；以"税收法定主义"和"税收法定原则"为篇名，共获得 97 条结果；以"税收法定主义"和"税收法定原则"为关键词，共获得 436 条结果。数据均为精确检索。
　　② 2015 年 3 月 15 日，十二届全国人大三次会议通过的新《立法法》，将第八条原先规定实行法律保留的"税收基本制度"细化为"税种的设立、税率的确定和税收征收管理等税收基本制度"，且单列为一项，位次居于公民财产权保护相关事项的首位。这堪称我国税收法治乃至整个依法治国进程中的里程碑事件。
　　③ 武增：《2015 年〈立法法〉修改背景和主要内容解读》，《中国法律评论》2015 年第 1 期。
　　④ 刘剑文：《落实税收法定原则的现实路径》，《政法论坛》2015 年第 3 期。
　　⑤ 邓力平：《落实税收法定原则与坚持依法治税的中国道路》，《东南学术》2015 年第 5 期。
　　⑥ 徐阳光：《民主与专业的平衡：税收法定原则的中国进路》，《中国人民大学学报》2016 年第 3 期。
　　⑦ 施正文：《税收法定原则框架下的税收法律体系》，《社会科学辑刊》2015 年第 4 期。

成，缺一不可。① 熊伟将税收法定原则与地方财政自主相联系。② 刘剑文、耿颖深入探究了税收法定原则的核心价值与定位。③ 陆猛和吴国玖从税法不确定性视角探讨税收法定原则落实。④ 刘剑文⑤深入探究落实税收法定原则的意义与路径。刘剑文、赵菁⑥集合高质量立法导向重申税收法定原则。汤洁茵探讨了税务机关的自由裁量权问题。⑦ 郭昌盛对税收法定的修法程序进行全面的研究。⑧

2022 年，习近平总书记在党的二十大报告中明确提出"优化税制结构"，进一步明确了落实税收法定原则的目标和任务。何锦前认为，税收法定原则的司法化具有必要性和必然性。⑨ 王桦宇指出，税收司法常态化是落实税收法定原则的能动性保障。⑩ 胡翔提出了在数字经济背景下如何落实税收法定原则的问题。⑪ 许多奇探讨了海南自贸港法立法过程中落实税收法定主义的问题。⑫ 侯卓指出，重识税收法定的"纳税

① 滕祥志：《实质课税的中立性及其与税收法定原则的关系》，《国际税收》2015 年第 10 期。

② 熊伟：《税收法定原则与地方财政自主——关于地方税纵向授权立法的断想》，《中国法律评论》2016 年第 1 期。

③ 刘剑文、耿颖：《税收法定原则的核心价值与定位探究》，《郑州大学学报》（哲学社会科学版）2016 年第 1 期。

④ 陆猛、吴国玖：《从税法不确定性视角探讨税收法定原则落实》，《税务研究》2017 年第 1 期。

⑤ 刘剑文：《落实税收法定原则的意义与路径》，《中国人大》2017 年第 19 期；刘剑文：《对落实税收法定原则的两点建议》，《经济研究参考》2017 年第 60 期。

⑥ 刘剑文、赵菁：《高质量立法导向下的税收法定重申》，《法学杂志》2021 年第 8 期。

⑦ 汤洁茵：《税法续造与税收法定主义的实现机制》，《法学研究》2016 年第 5 期。

⑧ 郭昌盛：《税收法定原则落实的理论前提之反思》，《烟台大学学报》（哲学社会科学版）2021 年第 2 期。

⑨ 何锦前、赵福乾：《论税收法定原则的司法化》，《河北法学》2022 年第 1 期；早在 2000 年时，王磊就提出宪法司法化的观念和制度。王磊：《宪法的司法化——21 世纪中国宪法学研究的基本思路》，《法学家》2000 年第 3 期。

⑩ 王桦宇：《税收法定原则的制度逻辑及其中国实践》，《荆楚法学》2022 年第 6 期。

⑪ 胡翔：《数字经济背景下落实税收法定原则的价值、难点与对策》，《税务研究》2022 年第 4 期。

⑫ 许多奇：《重释税收法定主义——以〈海南自由贸易港法〉颁布为契机》，《法学论坛》2022 年第 2 期。

人同意"之意涵，有助于完整理解税收法定并全面引领税法法典化。[①]
熊伟提出，落实税收法定原则当务之急是尽快启动税法总则的立法。[②]
张世明认为，在税法的基本原则中，税收法定原则可谓税法的最高原
则，被称为税法领域中的"帝王条款"，但税收法定不能仅仅被理解成
由狭义的法律来规定税收，否则最终的结果便是将税收人治披覆以税收
法治的光鲜外衣而已。[③] 张婉苏指出，税收法定原则强调的法律保留仅
是税收法治的形式要求，更要重视税收实质公平正义的实现。[④] 郭昌盛
借助对现行税收立法进行实证研究，对完善立法程序提出建议，开拓了
从修法程序角度落实税收法定的视角。[⑤]

表 2-4　　　　　　　2016—2024 年相关研究检索数据

	税收法定主义	税收法定原则	税收法定主义和税收法定原则
主题词	110	721	783
篇名	21	133	154
关键词	126	782	888

资料来源：笔者根据中国知网检索而得。[⑥]

---

① 侯卓：《税收法定主义的演进脉络、路径依赖与完整谱系》，《法律科学》（西北政法
大学学报）2023 年第 1 期。

② 熊伟：《税收法定原则的法典化诉求及其实现路径》，《法学杂志》2023 年第 1 期。

③ 张世明：《税收法律制度对于公民意识的培养解析》，《政法论丛》2023 年第 3 期。

④ 张婉苏：《从税收法定到税收法治的实践进阶——以进一步落实税收法定原则为中
心》，《法学研究》2023 年第 1 期。

⑤ 郭昌盛：《落实税收法定原则的立法程序审视》，《荆楚法学》2024 年第 2 期。

⑥ 根据笔者在中国知网上的检索，自 2016 年 1 月到 2024 年 6 月，以"税收法定主义"
为主题词，共获得 110 条结果；以"税收法定主义"为篇名，共获得 21 条结果；以"税收法
定主义"为关键词，共获得 126 条结果。以"税收法定原则"为主题词，共获得 721 条结果；
以"税收法定原则"为篇名，共获得 133 条结果；以"税收法定原则"为关键词，共获得
782 条结果。以"税收法定主义"和"税收法定原则"为主题词，共获得 783 条结果；以
"税收法定主义"和"税收法定原则"为篇名，共获得 154 条结果；以"税收法定主义"和
"税收法定原则"为关键词，共获得 888 条结果。数据均为精确检索。

　　税收法定主义是法治精神在税收领域的具体体现，其根本目的是确保税收的合法性、合理性和公平性。这一原则要求所有税收的征收和使用必须基于法律的明确规定，从而限制了行政机关的自由裁量权，保障了纳税人的合法权益。落实税收法定原则，是国家治理体系和治理能力现代化的前提、保障和首要标志。

　　改革开放以来，税收法定主义的研究和实践不断深化。特别是党的十八届三中全会以来，税收法定原则被提升至国家治理体系和治理能力现代化的高度，成为全面依法治国的重要组成部分。根据笔者在中国知网上的检索，至 2024 年 6 月 18 日，以"税收法定主义"为主题词，共获得 647 条结果；以"税收法定主义"为篇名，共获得 116 条结果；以"税收法定主义"为关键词，共获得 669 条结果。以"税收法定原则"为主题词，共获得 1539 条结果；以"税收法定原则"为篇名，共获得 257 条结果；以"税收法定原则"为关键词，共获得 1534 条结果。以"税收法定主义"和"税收法定原则"为主题词，共获得 1940 条结果；以"税收法定主义"和"税收法定原则"为篇名，共获得 373 条结果；以"税收法定主义"和"税收法定原则"为关键词，共获得 2138 条结果。数据均为精确检索，如表 2-5 所示。

表 2-5　　　　　　　　　1980—2024 年相关研究检索数据

	税收法定主义	税收法定原则	税收法定主义和税收法定原则
主题词	647	1539	1940
篇名	116	257	373
关键词	669	1534	2138

　　资料来源：笔者根据中国知网检索而得。

　　由此可见，"税收法定原则"是财税法学长盛不衰的关注焦点。[①]

---

　　① 许多奇、唐士亚：《中国财税法学研究路径审视与展望——基于 2009—2017 年 CLSCI 论文的统计分析》，《法学》2018 年第 5 期。

税收法定主义的实现，需要立法先行，发挥立法的引领和推动作用。2015 年，修改后的《立法法》，奠定了税收法定的制定法基础，自此以后，学术界还出现了实现税收法定的立法路径研究、司法实现路径的研究，丰富和拓展了税收法定原则。

税收立法方面的实践。当下，税收法定原则已经发展成为许多国家的宪法原则和税法的基本原则。尽管国内学者对该原则是否也是我国的宪法原则存在着不同的观点，但 2000 年制定的《立法法》明确规定税收基本制度属于"只能制定法律"的事项，确立了该原则在我国税法中的统领性地位。党的十八届三中全会明确提出要"落实税收法定原则"，这是税收法定原则首次被写入党的纲领性文件。① 党的十八届四中全会提出，要加强包括立法领域在内的重点领域的立法。② 2015 年修改后的《立法法》对税收法定原则的内容做了重大发展。同年 3 月，中共中央批准了由全国人大常委会法工委牵头的《贯彻落实税收法定原则的实施意见》（以下简称"《实施意见》"）。《实施意见》不仅明确提出要在 2020 年之前解决我国税种立法问题，而且制定了落实税收法定原则的实施路线图。此后，《环境保护税法》作为新《立法法》具体明确税收法定原则后的第一部新税法，获得审议通过。③ 2017 年党的十九大报告强调，要深化税收制度改革，健全地方税体系。此后，《烟叶税法》《船舶吨税法》《车辆购置税法》《耕地占用税法》《资源税法》《城市维护建设税法》《契税法》《印花税法》等税法相继完成立法进程；财政部、国家税务总局先后发布《土地增值税法（征求意见稿）》《增值税法（征求意见稿）》和《消费税法

---

① 2013 年，党的十八届三中全会《关于全面深化改革若干重大问题的决议》明确提出要落实税收法定原则，这是税收法定原则首次被写入党的纲领性文件。

② 2014 年，党的十八届四中全会《关于全面推进依法治国若干重大问题的决定》提出要加强包括立法领域在内的重点领域的立法。

③ 2016 年 12 月 25 日，《环境保护税法》作为落实新《立法法》更具体明确税收法定原则后的第一部新税法获得审议通过。

（征求意见稿）》，① 向全社会公开征求意见。2024 年 4 月 26 日，表决通过了《中华人民共和国关税法》②，《关税法》的出台标志着我国关税征管制度向税收法定的全面迈进。截至目前，我国还有 5 个税种尚未完成立法。从纵向立法来看，熊伟从《环境保护税法（征求意见稿）》立法实践中引申出纵向立法与税收法定的融合与张力问题。③《立法法》在 2000 年首次承认经济特区法规，2023 年修订的《立法法》写入新创立的海南自贸港法规和上海浦东新区法规，这一举措为地方立法变通授权机制提供充足的宪制基础，并协调各种改革立法授权机制。④ 这些现象说明，经过多年努力，落实税收法定不仅是学术界的共识，而且已经成为决策中枢的政策决策，但从形式法治到实质法治，长路漫漫，这就需要理论研究者和实践者进一步探索税收法定原则的理论，并在此基础上结合中国税收法治实践，来推动税收法定原则落实，以提升我国税收法治化水平。⑤

　　税收执法实践与司法实践。规范的税法解释乃是促进"税收法治"的关键环节，虽然税收规范性文件清理工作一直在进行，但一些存在较大争议、应当被清理的、不具有合法性的税收规范性文件并未被及时清理。⑥ 刘珊以大量例证说明，在税法立法解释缺位、税法司法解释匮乏的背景下，财政部、税务总局等财税行政主管机关通过"税收规范性

---

① 2019 年 7 月 16 日、11 月 27 日和 12 月 3 日，财政部、国家税务总局先后发布《土地增值税法（征求意见稿）》《增值税法（征求意见稿）》和《消费税法（征求意见稿）》，向全社会公开征求意见。

② 2024 年 4 月 26 日，十四届全国人大常委会第九次会议通过了《中华人民共和国关税法》，自 2024 年 12 月 1 日起施行。

③ 熊伟：《税收法定原则与地方财政自主——关于地方税纵向授权立法的断想》，《中国法律评论》2016 年第 1 期。

④ 王建学：《国家纵向治理现代化中的立法变通授权》，《地方立法研究》2023 年第 2 期。

⑤ 王鸿貌：《税收法定原则中国化的路径研究》，西北大学出版社 2020 年版，第 53 页。

⑥ 这里的"应当被清理的没有及时清理的规范性文件"，主要是指实践中易引发税收争议以及被纳税人提请附带审查的规范性文件，如《国家税务总局关于以转让股权名义转让房地产行为征收土地增值税问题的批复》[国税函〔2000〕687 号]、《国家税务总局关于股权转让不征收营业税的通知》[国税函〔2000〕961 号]等。

文件"这一形式满足了实践对税法解释的需求，但必须受税收法定原则的规制和约束。① 2015 年修改的《立法法》明确税收基本制度实行法律保留，但从税收法定的内涵看，法律对课税要素规定不明，有违税收法定之"课税要件明确"的要求。与此同时，授权条款的存在以及税法规制社会实践时的非周延，也使财税规范性文件事实上深刻影响纳税人权益。② 比如，2009 年修订后的《营业税暂行条例》及其实施细则在征税范围、境内外行为判定原则及价外费用的范围等重新进行了调整明确境内纳税人在境外提供除建筑业、文化体育业（除播映）劳务暂免征收营业税。再如，变更成品油消费课税规则的法律文本主要是国务院及其财税主管部门制定的税收规范性文件。③ 又如，税法条文不溯及既往原则所蕴含的法律安定性原理和信赖利益保护理念，④ 与税收法定原则的实质精神相契合，落实税收法定主义原则应坚持"禁止溯及是原则，允许溯及是例外"，加强规范性文件的制定和管理。⑤ 以某公司诉厦门市地方税务局稽查局案为例，纳税人在诉讼中直接质疑作出行政行为的规范性文件依据国家税务总局公告 2016 年第 53 号，指斥其违反"法不溯及既往原则"和"税收法定原则"。⑥

　　税收法定原则理念逐步传播，进而成为学界的一个共识，从学术界

---

①　刘珊：《税法解释的实践样态与规范表达——以近 40 年税收规范性文件司法适用为对象》，《法律方法》2018 年第 3 期。

②　侯卓：《税收法定的学理阐释及其进阶路径》，《学习与实践》2019 年第 7 期。

③　叶姗：《税收剩余立法权的界限——以成品油消费课税规则的演进为样本》，《北京大学学报》（哲学社会科学版）2013 年第 6 期。

④　叶姗认为我国税法解释应当以"有利于纳税人"为基本的价值取向，当且仅当有利于纳税人时，方允许溯及既往。参见王鸿貌《税收法定原则中国化的路径研究》，西北大学出版社 2020 年版。陈某案判决时间为 2018 年 12 月 1 日，叶姗教授论文发表于此前的 2013 年。

⑤　刘珊：《税法解释的实践样态与规范表达——以近 40 年税收规范性文件司法适用为对象》，《法律方法》2018 年第 3 期。

⑥　福建三安集团诉厦门市地方税务局稽查局行政诉讼一审行政判决书：（2018）闽 0203 行初 207 号。具体案件当中，原告是否直接质疑规范性文件的合法性，律师会采取不同的策略，一种是直接质疑，且提交书面材料，请求附带审查规范性文件的合法性，这直接给基层法院带来判决困难。一种是开庭时，口头提出并做出法律解释，影响法官的内心确信，但不书面提出"附带审查"，给法院审判工作留有余地。

走向最高决策机关。从以上研究可知，自 20 世纪 80 年代以来，税收法定的研究热度居高不下；加之，税收法定原则的研究与税收立法、税法实践的交互作用也有了清晰的历史脉络；最后，税收法定原则由原来的"课税要素法定""课税要素明确"与"课税程序合法"扩充为广义的相对说，税法法定立宪与司法化等理论话题，税收法定主义的理念，催生了立法进步、行政执法的法治化水平提升，相关案例还拓展了税收司法的实践维度和实践边界。毫无疑问，税收法定主义注定在法治中国、法治政府、法治社会建设中，扮演越来越重要的理论角色。

第二节　税收构成要件理论[①]

一　税收构成要件概念溯源

税收构成要件理论发端于德国，是支撑税收债权债务关系学说的柱石。[②] 构成要件说于 1919 年由德国的《帝国税收通则》首次加以肯定，[③] 后在奥地利[④]、日本[⑤]等也确认税收构成要件说的存在。学说上，学者们对于税收债务发生的条件已经基本达成共识，税收构成要件说也得到了广泛赞同。因此，构成要件说成为人们在理解上的当然选择。[⑥]

20 世纪 70 年代末，中国大陆地区税法学在百废待兴之际崛起，开始对课税构成要件理论进行真正的独立研究。施正文 2008 年出版的《税收债法论》认为税收构成要件是税收实体法所规范的税收之债成立的各种必备法律要件的抽象和统称，具体确定了税收之债的内容，类似于合同之债的当然条款。[⑦] 刘剑文、熊伟在次年出版的力作《财政税收

---

① 中国社会科学院大学 2023 级税务硕士王依琳，对本部分资料查找、初稿写作有贡献。
② 罗亚苍：《税收构成要件论》，法律出版社 2019 年版，第 3 页。
③ 刘剑文、熊伟：《税法基础理论》，北京大学出版社 2004 年版，第 191 页。
④ 陈敏：《租税债务关系之成立》，《政大法学评论》1989 年第 39 期。
⑤ 刘剑文、熊伟：《税法基础理论》，北京大学出版社 2004 年版，第 191 页。
⑥ 刘剑文、熊伟：《税法基础理论》，北京大学出版社 2004 年版，第 192 页。
⑦ 施正文：《税收债法论》，中国政法大学出版社 2008 年版，第 22—126 页。

法》中采取"税收之债的构成要件"的表述，① 而陈少英在 2013 年出版的《税收债法制度专题研究》则使用"税收的债的构成要素"的概念并以此为基础展开相关问题探索。② 邱本所著的《经济法研究》将税收主体、税种、税率、纳税环节、纳税期限、税收特别措施、法律责任概括为税法的构成要素。③

二 税收构成要件的要素组成

税收构成要件虽然萌发于税收债务，但它绝非债务场域的唯一理论。作为法律构成要件的一种，税收构成要件自然内含"构成要件"的普遍法理。④ 有关税收构成要件的要素组成，税法学界并不统一，在要素构成上主要有三要素、四要素、五要素、六要素之说。陈少英在《税收债法制度专题研究》专著中，总结税收之债的构成要素为税收之债的主体、税收之债的内容和税收之债的客体三要素。⑤ 吕铖钢通过类型化的提炼，认为税收构成要件应提炼成三要素，包括税收主体、税收客体以及税收归属。⑥ 汤洁茵在重新解读税收之债的构成要件之后，提出了构成要件新解，即税收主体、应税事实的发生或存续产生某项经济后果及税基和税率三要素。⑦ 刘剑文、熊伟在《财政税收法》主张，税收之债的构成要件包括税收债务人、征税对象、税基、税率等四要素。⑧ 刘剑文、熊伟合著《税法基础理论》论述"税收构成要件的内

① 刘剑文、熊伟：《财政税收法》，法律出版社 2009 年版，第 196—198 页。

② 陈少英：《税收债法制度专题研究》，北京大学出版社 2013 年版，第 5—10 页。

③ 邱本：《经济法研究（下卷：宏观调控法研究）》，中国人民大学出版社 2008 年版，第 138—140、146—157 页。

④ 叶金育：《税收构成要件理论的反思与再造》，《法学研究》2018 年第 6 期。

⑤ 陈少英：《税收债法制度专题研究》，北京大学出版社 2013 年版，第 5—9 页。

⑥ 吕铖钢：《税收构成要件理论的类型化重塑》，《地方财政研究》2018 年第 10 期。

⑦ 汤洁茵：《税收之债的构成要件及其对税收征管的影响》，《财会研究》2008 年第 14 期。

⑧ 刘剑文、熊伟：《财政税收法》，法律出版社 2009 年版，第 153—155 页。

容"包括税收客体、税收客体的归属、纳税人、税基和税率。① 陈清秀《税法总论》将课税要件要素分为税捐主体、税捐客体、税捐客体的归属、税基和税率五要素。② 柯格钟、陈汶津在参与黄茂荣、葛克昌、陈清秀主编的《税捐稽征法》一书中亦认为，税捐构成要件应包括税捐主体、税捐客体、归属、税基和税率五构成要素。③ 杨小强在《税法总论》中指出，作为各种税收的共同课税构成要件，其内容一般包括税收主体、税收客体（课税对象）课税对象的归属、税基（课税标准）以及税率五种。④ 张守文《税法原理》将课税要素分为广义的课税要素和狭义的课税要素，前者分为税收实体法的构成要素和税收程序法的构成要素，其中实体要素包括税法主体、征税客体、税目和计税依据、税率和税收特别措施；程序要素包括纳税时间和纳税地点。狭义的课税要素包括税法主体、征税客体、征税对象的归属、税率、税收特别措施。⑤ 翟继光在《税法学原理—税法理论的反思与重构》中认为，税收法定要求纳税人、征税客体、税基、税率、税收优惠等五要素必须由狭义的法律加以规定。⑥ 李大庆在《财税法治整体化的理论与制度研究》中，将课税要素归结为纳税人、应税行为、税基或计税依据、税率以及税收特别措施五种。⑦ 日本税法学者金子宏《日本税法》将课税要件分为课税要件总论和课税要件分论，后者分为纳税义务人、连带纳税义务人、第二次纳税义务人、税理士；课税对象；课税对象的归属；课税标

---

① 刘剑文、熊伟：《税法基础理论》，北京大学出版社 2004 年版，第 192—204 页。

② 陈清秀：《税法总论》（第二版），台湾翰芦出版公司 2001 年版，第 304 页。

③ 黄茂荣、葛克昌、陈清秀主编：《税捐稽征法》，台湾元照出版公司 2020 年版，第 225—252 页。

④ 杨小强：《税法总论》，湖南人民出版社 2002 年版，第 38 页。

⑤ 张守文：《税法原理》，北京大学出版社 2019 年版，第 46—47 页。

⑥ 翟继光：《税法学原理：税法理论的反思与重构》，立信会计出版社 2011 年版，第 119 页。

⑦ 李大庆：《财税法治整体化的理论与制度研究》，中国检察出版社 2017 年版，第 67—72 页。

准；税率。① 施正文《税收债法论》提炼税收构成要件的要素包括：税收主体、税收客体、税收客体的归属、税基、税率、税收特别措施。② 日本税法学者北野宏久的《税法学原论》提出了课税团体、纳入义务者、课税要件、课税标准、税率和归属等六要素说。③ 不论是三要素说，还是四要素说，抑或是五要素说，又或是六要素说，其本质上都是对主体、客体、归属、税基和税率这五个要件的排列组合，万变不离其宗。

目前，"税收构成要件"这个词作为概念术语虽未正式进入我国立法视野成为立法语言，仅在相关条文中依稀可看到其散落隐藏的身影。税收构成要件首先具有落实税收法定原则，从而保障纳税人权利的功能。④ 通常所说的税收法定主义内容中就包含了课税要件法定。诸如《税收征收管理法实施细则》和《税务行政复议规则》等规定的"纳税人、扣缴义务人、纳税担保人"某种程度上与税收构成要件中的"纳税主体"对应；"征税对象、征税范围、计税依据"与征税客体契合；税率为构成要件之一；"纳税期限、纳税地点、征税方式"等则属程序性要件。⑤

三 税收构成要件理论的实践发展

税收构成要件作为税法的基本概念，使得税法成为一门静态的、独立的法学门类。但仅有税收构成要件理论，税法学还处于沉寂状态。⑥ 虽然税收构成要件理论是形式意义上的舶来品，⑦ 我国税法学界基本上

---

① ［日］金子宏：《日本税法》，战宪斌、郑林根等译，法律出版社2004年版，第111—136页。

② 施正文：《税收债法论》，中国政法大学出版社2008年版，第29页及以下。

③ ［日］北野弘久：《税法学原论》（第四版），陈刚、杨建广等译，中国检察出版社2001年版，第159页。

④ 陈清秀：《税法总论》（第二版），台湾翰芦出版公司2001年版，第310页。

⑤ 罗亚苍：《税收构成要件》，法律出版社2019年版，第32—33页。

⑥ 滕祥志：《税法的交易定性理论》，《法学家》2012年第1期。

⑦ 罗亚苍：《税收构成要件论》，博士学位论文，湖南大学，2016年。

停留在介绍、转述、解释阶段，但也有学者尝试从不同角度来剖析税收构成要件理论。

张守文探讨了征税权的正当性，提升了税收构成要件理论水平。[①] 施正文认为，税收于法律规定之税收构成要件充分时而发生，且在发生后原则上即具有不可溯及变更和消灭的特性。[②] 施正文的"应税所得"理论对税收客体进行了提炼，奠定了所得税的理论基石，将所得税法理论掘进、拓展到精细化阶段，标志着税法理论进入深水区。[③] 饶昌新的硕士学位论文对企业所得税法中关于税收构成要件的规定进行分析。[④] 李冬的硕士学位论文则从税收客体归属认定角度来阐释税收构成要件。[⑤] 贺燕在研究实质课税原则的专著中指出，实质课税原则的实现、实质正义的证成，要通过税收构成要件的认定识别来实现。[⑥] 滕祥志的税法交易定性理论围绕构成要件中的纳税主体和税收客体展开研究。交易定性理论亦运用到限售股转让[⑦]和融资租赁[⑧]税收政策的法律分析之中，以此来识别和剖析具体案例中的税收客体。[⑨] 此外，他也指出个人所得税法上的"所得"概念不周延的问题，其实质上是税收构成要件的不周延。[⑩] 叶金育认为合同责任受税法规制植根于税法构成要件的满足。[⑪] 同时，叶金育将构成要件理论延伸出三大功能，即税收法

---

① 张守文：《论税法上的"可税性"》，《法学家》2000 年第 5 期。
② 施正文：《论税收之债的溯及变更和消灭》，《现代法学》2008 年第 5 期。
③ 施正文：《"应税所得"的法律建构与所得税法现代化》，《中国法学》2021 年第 6 期。
④ 饶昌新：《我国企业所得税法税收构成要件探析》，硕士学位论文，贵州大学，2008 年。
⑤ 李冬：《税收客体归属认定法律问题研究》，硕士学位论文，中国政法大学，2013 年。
⑥ 贺燕：《实质课税原则的法理分析与立法研究——实质正义与税权横向配置》，中国政法大学出版社 2015 年版，第 105 页。
⑦ 滕祥志：《限售股转让税收政策的法律评析》，《中国社会科学院研究生院学报》2014 年第 5 期。
⑧ 滕祥志：《融资租赁税收政策法律评析》，《财贸经济》2015 年第 2 期。
⑨ 滕祥志：《税法的交易定性理论》，《法学家》2012 年第 1 期。
⑩ 滕祥志：《〈个人所得税法〉修订还可以改进什么》，《中国发展观察》2018 年第 13 期。
⑪ 叶金育：《合同责任的税法规制——以规制主体和方式为中心》，《海峡法学》2013 年第 1 期。

定、法益保障和税际识别，并提出阶层税收构成理论。① 叶金育亦然指出，《契税法》没有解决契税客体辨识规则杂乱的问题，是对未来立法规范的进一步探讨。② 张进德在《税法各论：以"税捐构成要件"及"法律逻辑"分析》中，分析各个税种的构成要件已经从物的要件和人的要件来阐释了。③ 汤洁茵指出，从实体上和程序上依税收构成要件所确定的税收债权进行税收征管才是合法有效的。④ 同时，立法者在确立抽象税收构成要件，确立"事实要件"仍应当最大限度地承接私法。⑤ 李大庆试图将"征税对象"或者"征税客体"等概念改造为"应税行为"，将其纳入税法学的范畴，即只有实施了法律规定的应税行为才会产生相应的法律效力，指出税收法定首先是应税行为的法定。⑥ 王建平指出，现行增值税税基确定上存在的应税性定义不清的问题。⑦ 余鹏峰以个税为例，⑧ 提出个税构成要件明确的具体建议，将税收构成要件理论引入实践，推向深入。⑨ 罗亚苍所著的《税收构成要件论》初步完成了税收构成要件理论的体系架构，夯实了税收构成要件的理论基

---

① 叶金育：《税收构成要件理论的反思与再造》，《法学研究》2018 年第 6 期。

② 叶金育、郑乐生：《回归拟制性规范：〈契税法〉第 2 条第 3 款释义学省思》，《江西财经大学学报》2022 年第 4 期。

③ 张进德：《税法各论：以"税捐构成要件"及"法律逻辑"分析》，台湾元照出版公司 2015 年版，第 4—56 页。

④ 汤洁茵：《税收之债的构成要件及其对税收征管的影响》，《财会研究》2008 年第 14 期。

⑤ 汤洁茵：《形式与实质之争：税法视域的检讨》，《中国法学》2018 年第 2 期。

⑥ 李大庆：《财税法治整体化的理论与制度研究》，中国检察出版社 2017 年版，第 69 页。

⑦ 现行增值税税基确定上存在因免税规模过大导致税基被侵蚀、因对"应税项目"定性不准导致税基被随意扩大以及部分特殊应税行为的税基确定不够合理等突出问题。王建平：《确定增值税税基的基本思路：宽广、完整与准确》，《税务研究》2018 年第 8 期。

⑧ 现行《个人所得税法》中，个税反避税规则缺失和税法构成规定不周全是滋生个人所得避税的客观诱因，因此提出要改进《个人所得税法》纳税主体判断标准、纳税客体界定的方法、纳税客体归属规则、税率的设置，再按照个人所得税改革目标，对课税个人或单位、纳税客体类型等进行设计，其实质上是从税收构成要件的各方面来进行改进。余鹏峰：《反避税视角下的〈个人所得税法〉修改》，《税务研究》2018 年第 2 期。

⑨ 余鹏峰：《个人所得税改革目标的反思与推进——基于税收构成要件的分析》，《北京理工大学学报》（社会科学版）2019 年第 2 期。

础，拓展了其实践维度。① 此外，罗亚苍博士还从纳税主体、税收客体、税基和税率的角度，深刻剖析我国个人所得税制度和企业所得税制度存在的问题。② 汤岭甲认为，应以信托导管理论为基础，以信托实体理论为补充，构建信托所得税收客体的归属规则。③ 聂淼指出，通常所述税收构成要件的五要件理论存在冗杂、失序等弊病，宜引入经济能力载体和经济能力归属等实际构成要件的要素，推进对税收构成要件的认知。④

翁武耀指出了现行增值税法非应税行为界定和分类存在问题，⑤ 认为实施经营活动是识别纳税主体的核心要件，并以此来完善增值税纳税人条款的立法。⑥ 此外，在个人所得税有关无权占有物之孳息方面，认为税收客体归属的认定，以"私法所有权说"为原则，以"实质归属说"为补充。⑦ 杨小强认为，增值税的经营活动是指销售货物、服务、无形资产、不动产，并具有产生持续性收入可能性的私法上的交易行为。结合实践来说，存款利息是否需要缴纳增值税，从该理论来说，认为经营活动是增值税的课税要件之一，利息不属于持续性收入可能性的交易行为，其次"增值税的课征需要当事人之间发生交易关系，而非单纯财产增加的结果"，利息仅仅是单纯的财产增加，这与财税〔2016〕36 号文所指出的"存款利息收入不缴纳增值税"相照应。此外，杨小强也指出，违约金的增值税处理是合同法律关系与增值税构成

---

① 罗亚苍：《税收构成要件论》，法律出版社 2019 年版，第 11 页。

② 罗亚苍：《个人所得税构成要件的国际比较与我国立法完善》，《国际税收》2017 年第 9 期；罗亚苍《企业所得税构成要件的域外考察与立法完善》，《地方财政研究》2018 年第 10 期。

③ 汤岭甲：《信托所得课税规则论——以税收客体的归属为视角》，《当代经济》2019 年第 9 期。

④ 聂淼：《以经济能力为核心价值的税收构成要件论》，《税务研究》2020 年第 12 期。

⑤ 翁武耀：《论增值税非应税交易的界定、体系化分类与立法完善》，《江西社会科学》2024 年第 3 期。

⑥ 翁武耀：《论增值税纳税人的构成要件与立法完善——基于"经营活动"核心概念的分析》，《税务研究》2023 年第 5 期。

⑦ 翁武耀、薛皓天：《无权占有物之孳息课征个人所得税问题研究》，《常州大学学报》（社会科学版）2018 年第 6 期。

要件的复杂契合，利用经济现实原则的引入以及就对价要件的重新诠释，为我国增值税立法提供理论依据。[1] 其实质上是在探讨增值税法的应税行为的构成要件。[2] 同时，杨小强也认为在增值税立法中明确增值税法应税给付的构成要件。[3] 李楠楠和付大学明确指出，要根据"收入成本双原则"的标准区分劳务所得与经营所得。[4] 黄卫提出司法判决中的积极要件与消极要件之二元并用一说。[5]

　　税收执法实践与司法实践。沈恒案和刘玉秀案[6]中，法院判词认为，刘玉秀与沈恒之间基于经济利益恢复原状而引发退税请求，曾缴纳的税款已不符合课税要素的必要条件，不再符合税的"根本属性"[7] 这个判决可以看作，终审法院对税收构成要件之税收客体是否存在，作出了一种司法认定。泛美卫星公司涉税案中，针对"收入如何定性""所得如何定性"等问题，在实务上推进了税收构成要件的研究，是早期确定税收构成要件，通过确定税收构成要件、交易定性来确认和划分国际税收管辖权的典型案例。[8] 某中心医院未解缴个人所得税案中，对于

① 杨小强、郭馨：《违约金课征增值税问题的国际比较》，《国际税收》2023 年第 7 期。
② 杨小强、王森：《论增值税立法上的经营活动》，《税收经济研究》2023 年第 4 期。
③ 杨小强、杨佳立：《论增值税立法中的金融商品界定》，《法治社会》2023 年第 1 期。
④ 李楠楠、付大学：《平台经济税收征管中劳务所得与经营所得之区分：基于实质课税原则的视角》，《税务研究》2024 年第 6 期。
⑤ 黄卫：《从理论到实践的转型：论课税要件适用的双重面向》，《法学论坛》2020 年第 2 期。
⑥ 参见（2019）京 02 行终 963 号判决书和（2019）京 02 行终 964 号判决书。
⑦ 判决书原文为："刘玉秀与沈恒之间基于以房抵债的行为失去法律效力后，从税收主体上看，刘玉秀不会基于涉案房屋过户而获取收益，沈恒亦不能取得涉案房屋所有权的实质利益，二者均已不具备纳税人的基本构成要件，国家不再具有征税的基础和理由，其与纳税人之间已不具备特定的征纳关系；从税收客体上看，涉案房屋不再涉及以房抵债之客观条件且未发生房屋权属变更登记至沈恒名下的基础事实，税收客体亦不复存在。刘玉秀与沈恒曾缴纳的税款已不符合课税要素的必要条件，不具备税收依据的基础，不再符合税的根本属性。"笔者认为撤销了在一定时间期限内已经缴纳的主体产生税款请求，使得经济利益恢复原状，从而产生税款退还请求权，而非原文所述"不符合税的根本属性"。
⑧ 滕祥志：《泛美卫星公司涉税案相关法律问题再探讨——兼论被告税务机关为何胜诉》，《税法实务与理论研究》，法律出版社 2008 年版，第 11—36 页。

纳税主体的认定和涉税所得性质产生争议，进一步呈现了确认税收构成要件在实际案例中的重要性。① 张某、大连 K 物业管理有限公司职务侵占、逃税案②厘清了涉刑案件中税款缴纳的主体，对同类税收构成要件案件的裁判提供参考。郑州人和公司案例中，③ 40 年"经营权转让合同"的性质，究竟是租赁还是财产转让，其税法评价和税法处理将截然不同。此案可以看作，税务机关和法院不得不对税收构成要件之税收客体定性的一个典型案例，由此亦然可知，税法交易定性之税收客体认定在税法实践中普遍存在。

税收立法实践。罗亚苍、余鹏峰、翁武耀等将税收构成要件理论引入个人所得税实践，将个人所得税立法推向深入；罗亚苍丰富了企业所得税税收构成要件的实践研究；叶金育指出《契税法》中存在割裂契税客体与纳税人关联性的问题，进一步融贯契税构成要素的体系思维；关于契税之债的成立要件，熊伟也通过实际案例④对契税法的立法完善进行了讨论。在增值税法立法进程中，杨小强的"经营行为"以及翁武耀的"经营活动"概念把税收构成要件中的"税收客体"具体化。欧阳天健认为，应以"劳资二元"为基准，将所得类型化为资本性所得、劳动性所得、资本与劳动混合型所得、偶然所得四大类，并确定其分别的课税规则。⑤ 而且，该作者对个税法之"经营所得"构成要件，进行了学理探讨。⑥ 这些标志着我国的税法理论研究进入了理论与立法、理论与实践互动的深水区，也是一个学科立足、成立、成长且渐渐成熟的标志。

---

① 滕祥志：《某中心医院未解缴个人所得税案的法律分析兼论所得性质的认定与交易法律关系性质的关系》，《税法实务与理论研究》，法律出版社 2008 年版，第 11—36 页。

② 参见（2021）辽 02 刑终 368 号判决书。

③ 熊伟：《从〈民法总则〉谈税法与私法的衔接》，《湘江法律评论》2017 年第 1 期。

④ 熊伟：《从〈民法总则〉谈税法与私法的衔接》，《湘江法律评论》2017 年第 1 期。

⑤ 欧阳天健：《个人所得及其课税规则的类型化研究》，《青海社会科学》2021 年第 6 期。

⑥ 欧阳天健：《新经济模式下经营所得课税之优化》，《法学》2023 年第 5 期。

　　税收构成要件是税法领域中的核心理论之一，它规定了税收债务成立的法律条件。税收构成要件的概念起源于德国，后逐渐被其他国家的税法体系采纳。在中国，随着财税法学的理论和实践的不断拓展，学者们对税收构成要件的研究也逐渐深入，形成了不同的理论观点和学说。税收构成要件之于税收债务成立，国内有关税收构成要件的系统性论述较少，仅有罗亚苍的博士学位论文编纂而成的《税收构成要件论》专著，但从税收执法实践与司法实践、税收立法实践等角度来看，有诸多对税收构成要件理论的发展和实践运用。

　　在理论层面，张守文的税法"可税性"理论、施正文的"应税所得"理论、滕祥志的"税法交易定性理论"、叶金育的"阶层税收构成理论"等，以上理论观点或者学说，都对税法立法完善提供了理论支撑。施正文2008年出版的《税收债法论》认为，税收构成要件是税收实体法所规范的税收之债成立的各种必备法律要件的抽象和统称，具体确定了税收之债的内容。施正文教授在其后的关于抽象税收之债和具体税收之债区分税收债法理论中，打通了连接税收实体法和程序法的桥梁，以其深刻的理论洞见，为其后的《税收征管法》修改、《税法总则》立法或《税法典》编撰及其立法架构的科学化、体系化，奠定了理论基石。在实践层面，税收构成要件理论在立法实践中的引入，促进了税法规范的科学化与系统化，推动了立法的精细化，增强了税法的适应性和前瞻性。

　　理论从来不是单纯学理言说式的存在，理论从实践中来，又回归实践，回应实践的挑战，并接受实践的检验。随着税法理论研究的深入，税收构成要件理论也在不断发展和完善。学界通过不同的研究视角，如经济法、合同法、民法等，对税收构成要件进行了多维度的探讨和分析，丰富了税收构成要件的理论内涵，也为税收立法和实践提供了有力的理论支撑，为构建现代税收法治体系提供坚实的理论基础。

第三节　实质课税原则①

一　实质课税原则的缘起

实质课税原则最早起源于德国，最初乃是出于德国社会环境限制虚假或无效民事行为的需要采取的立法回应，也被称为"经济观察法"。②1977年德国《租税通则》第39条"关于课税客体归属"、第40条"关于违反法律强制或禁止性规定之行为征税"、第41条"关于虚假行为课税客体的有无"、第42条"一般反避税条款"以及《反滥用与技术修正法》对此条的详细说明等规定，都是德国经济观察法的集中体现。③

日本最初引入实质课税也是出于反避税的需要，并产生了法律的实质主义与经济的实质主义两种理解。在金子宏看来，实质课税原则是指在法律的适用上，表见事实（形式）与法律事实（实质）不同时，应采后者对其进行税法的解释和适用。这和其他部门法没有什么区别。因此，实质课税原则并非税法独特原则。④林大造认为：狭义的实质课税原则可以解释为"实质所得者课税"的原则，但是实质课税原则的范围并非仅限于"所得归属之认定"，于"所得的发生"（即是否应税所得）、"所得额的计算"也应归属于实质课税原则之内。这可以看作对"经济的实质原则"的内涵阐释。⑤第二次世界大战后，日本许多企业

---

① 中国社会科学院大学2022级税务硕士丛榕同学，对本部分的资料查找和初稿有贡献。

② 1919年，德国税法学者贝克尔（Becker）起草的《帝国租税通则》第4条规定："解释税法时，需斟酌其立法目的、经济意义及情事之发展"，其中经济意义就是经济观察法的由来。

③ 滕祥志：《实质课税的中立性及其与税收法定原则的关系》，《国际税收》2015年第10期。

④ ［日］金子宏：《日本税法》，战宪斌、郑林根译，法律出版社2004年3月版，第86—87页。

⑤ ［日］新井隆一：《租税法之基本理论》，林燧生译，日本评论社昭和49年版，第49页。新井隆一在该著作第三章中，将"实质课税的原则"与"租税法律主义的原则""量能课税的原则""正当程序的原则"和"否认回避租税行为之原则"并称为"税法之基本原则"。另参见［日］林大造《所得税之基本问题》，简锦川译，昭和41年初版，第59—76页。

通过更换企业法人的形式规避纳税义务，日本税务机关出于反避税的目的，在税法修正案中增加了实质课税原则。① 日本《国税通则法》等税收基本法中并无实质课税原则一般条款的规定，但在其他税收基本法中有所体现。②

实质课税原则最早由我国台湾地区学者引入，我国台湾地区税法学界对于德国和日本的税法著作及税法典先后进行翻译并出版，③ 从著述的学术渊源看，较多引注德国的税法学著作和理论。陈清秀认为，首先，实质课税原则的理论依据是量能课税原则和捐税负担公平原则，④ 且倾向于从经济的实质主义理解实质课税原则。其次，实质课税原则可以在税法解释和税法漏洞补充方面有所作为。最后，实质课税原则对税法事实关系的认定、捐税客体的归属、无效法律行为、违法或者违反善良风俗行为的税法评价、税收规避的否认均有适用。对税法的解释，既不应过度偏袒税务机关，一概作有利于国库之解释，也不应偏袒纳税人，一概作有利于纳税人之解释；而应当取向于税法规范所涵盖之税捐正义原则，即取向于量能课税的公平负担原则。⑤ 葛克昌认为，实质课税原则在应用中要受到平等原则的约束，不

---

①　吕铖钢、张景华：《实质课税原则的路径重塑》，《税务与经济》2018 年第 1 期。

②　闫海：《绳结与利剑：实质课税原则的事实解释功能论》，《法学家》2013 年第 3 期。论者提到，普遍认为日本《所得税法》第 12 条、《法人税法》第 11 条、《消费税法》第 13 条及《地方税法》第 24 条第 2 款、第 72 条第 2 款、第 294 条第 2 款等为实质课税原则的特别条款。

③　先后有陈敏翻译的《德国租税通则》（1985 年 3 月）、简锦川译日本林大造《所得税之基本问题》（1984 年 2 月），林燧生译日本新井隆一《租税法之基本理论》（1984 年 6 月）。涉及实质课税原则论文论著试举几例：葛克昌《税法基本问题》《所得税与宪法》，北京大学出版社 2004 年版，均有涉及实质课税原则的论述；黄俊杰《纳税人权利之保护》，北京大学出版社 2004 年版，第三章专门讨论"实质课税原则对纳税者之影响"；陈清秀《税法总论》（第二版），台湾翰芦出版有限公司 2001 年版和黄茂荣《税法总论——法学方法与现代税法》（第一册），台湾植根法学丛书编辑室，均有涉及实质课税原则的讨论。此外，还出现了学位论文，如邱天一《实质课税原则研究：以释字第 420 号解释为中心》，硕士学位论文，私立中原大学，2002 年。

④　陈清秀：《税法总论》（第二版），台湾翰芦出版有限公司 2001 年版，第 199—201 页。

⑤　陈清秀：《税法总论》（第二版），台湾翰芦出版有限公司 2001 年版，第 211—226 页。

能违背基本价值取向。① 既然强调实质课税原则，则征纳双方均应受其约束，在纳税人基本权利保障方面，尤须从实质上"依各该法律之立法目的，衡酌经济上之意义及实质课税之公平原则"予以考量。② 黄茂荣认为实质课税原则之适用范围扩展到下列方面：（1）税法概念解释；③（2）司法院之税法施法解释；④（3）交易定性；⑤（4）税收客体之有无；⑥（5）信托中的纳税主体确定等⑦。黄茂荣在《法学方法与现代税法》⑧一书中提到，实质课税原则所称之实质，指与纳税义务人之"经济能力"有关之"指标事实"的"有无""范围"及"归属"。

二　实质课税原则的学理演化脉络

据刘隆亨教授研究，最早在内地对实质课税原则进行介绍的是中国社会科学院法学所谢怀栻教授的《西方国家税法中的几个基本原则》

---

① 葛克昌：《税法基本问题（财政宪法篇）》，北京大学出版社 2004 年版，第 156—167 页。

② 葛克昌：《所得税与宪法》，北京大学出版社 2004 年版，第 241 页。

③ 葛克昌：《所得税与宪法》，北京大学出版社 2004 年版，第 241 页。

④ 黄茂荣：《税法总论——法学方法与现代税法》（第二册），台湾植根法学丛书编辑室 2005 年版，脚注 161、162、163，第 74—76 页。

⑤ 黄茂荣：《税法总论——法学方法与现代税法》（第二册），台湾植根法学丛书编辑室 2005 年版，第 97—98 页。该著举例为：受让一个法人之全部股份取得该法人之土地所有权，而事后未将该公司解散者究竟应论为土地所有权还是股份之交易行为？从而应课土地增值税还是证券交易税？此时应以股权转让行为课征证券交易税而非土地证而非土地增值税。另一例为：为拆物建楼而购买尚有房屋之土地，而未约定出卖人负拆屋交地之义务，或买受人在受领房屋之给付后，曾就该房屋为使用收益者，其交易客体是否含房屋从而应课房屋契税？从其实质而论，两者皆系单纯购买土地，而无购买股票或者房屋之意。而在前者，因为未解散公司，应认定为股权买卖；而在后者，未在相当期间拆除房屋，应论为房屋之买卖从而应课房屋契税。

⑥ 参见黄茂荣《税法总论——法学方法与现代税法》（第二册），台湾植根法学丛书编辑室 2005 年版，第 192—193 页。

⑦ 信托税制中的纳税主体确定，参见黄茂荣《税法总论——法学方法与现代税法》（第二册），台湾植根法学丛书编辑室 2005 年版，第二章"信托之捐税义务"，第 103—143 页。

⑧ 黄茂荣：《法学方法与现代税法》，北京大学出版社 2011 年版，第 186 页。该著所说指标事实，通常指所得、财产及支出。

一文，① 谢教授认为税收法定原则、税收公平主义、实质征税原则和促进国家政策实质原则为税法的基本原则。到 20 世纪 90 年代中期，张守文教授对这个原则又作了进一步的阐述和推崇。

（一）实质课税原则的理论基础

对于实质课税原则的理论基础，众多学者围绕实质课税原则与税收公平原则和量能课税原则的关系展开研究，大多数学者承袭我国台湾地区学者观点，将实质课税原则视为税收公平原则、量能课税原则之下位原则。陈少英认为，实质课税原则起源于税负公平原则和量能课税原则，实质课税的根据是主体的给付能力，确立实质课税原则是贯彻量能课税原则的必然要求和自然结果。② 刘蓉和刘为民认为，实质课税原则的理论基础是量能课税原则，量能课税原则是实质课税原则之精神和目标，因此实质课税原则与量能课税有适用上的替代性。③ 王鸿貎认为，实质课税原则是税收公平原则的次级原则，因此要受到税收公平原则的限制，在此基础上，从比较法的视角论述了实质课税原则需受到财产所有权保障、生存权保障和税收法定原则的限制，否则将构成违宪，侵害纳税人的权利。④

（二）实质课税原则的内涵

滕祥志认为，实质课税原则是指为实现税收正义，税务机关在确定课税要件事实时（纳税主体、应税行为、归属关系），撇开民商事行为之表面的、形式上的或者虚假的主体与经济行为，依据税法的规定探明民商事行为主体的内在的、实质的或真实的经济行为，并适用税法原

---

① 谢怀栻：《西方国家税法中的几个基本原则》，载刘隆亨主编《以法治税简论》，北京大学出版社 1989 年版。

② 陈少英：《税法基本理论专题研究》，北京大学出版社 2009 年版，第 140 页。

③ 刘蓉、刘为民：《宪政视角下的税制改革研究》，法律出版社 2008 年版，第 90—93 页。

④ 王鸿貎：《论实质课税原则适用之限制》，《西北大学学报》（哲学社会科学版）2016年第 2 期。

则;① 实质课税原则的内涵，既包括法律的实质主义，也包括经济的实质主义，法律实质主义是法律体系所共通的原理与原则，只突出经济的实质主义，将会使税法脱离法律体系、法学逻辑。张晓婷认为，经济的实质主义是实质课税原则的真实内涵，反避税的制度安排，都体现了实质课税原则，而且是体现了经济实质主义。② 刘映春认为，实质课税原则既要包含法律的实质主义，又要包含经济的实质主义，才能使税收的经济性与法律的权威性相契合。③ 闫海认为，实质课税原则的功能是事实解释，基于此，其基本意旨是经济的实质主义，实质课税原则与量能课税原则分工协作，统一于税收公平原则之下。④ 汤洁茵认为，实质课税原则功能定位在三个方面，即税收构成要件的确立、税法的解释和应税事实的判定，但过分强调实质正义，而不重视税收法定主义，会导致税法确定性和可预测性的丧失，进而影响税法的权威性。⑤ 贺燕认为，实质课税原则的内涵是实质正义，包括法律实质主义、经济实质主义和事实认定的实质主义三个维度。⑥ 郭昌盛从比较法的视角，回顾了实质课税原则产生的背景与立场，他认为，实质课税原则是实现税收公平原则和量能课税原则的技术性、手段性原则，是对税收法定原则的重要补充，实质课税包括法律实质主义和经济实质主义两个层面。⑦

---

① 滕祥志：《税法实务与理论研究》，法律出版社 2008 年版，第 168 页。
② 张晓婷：《实质课税原则的制度实现——基于企业所得税法文本的考察》，《财贸研究》2010 年第 5 期。
③ 刘映春：《实质课税原则的相关法律问题》，《中国青年政治学院学报》2012 年第 1 期。
④ 闫海：《绳结与利剑：实质课税原则的事实解释功能论》，《法学家》2013 年第 3 期。
⑤ 汤洁茵：《形式与实质之争：税法视域的检讨》，《中国法学》2018 年第 2 期。笔者认为，其所述的三个面向中存在包含关系，即税收构成要件判定包括应税事实的认定。
⑥ 贺燕：《"德发案"与实质课税原则——兼论经济实质及其确定方法》，《税法解释与判例评注》2019 年第 2 期。
⑦ 郭昌盛：《实质课税原则的理论阐释》，《重庆大学学报》（社会科学版）2023 年第 1 期。郭昌盛否定了实质课税原则还包含事实认定的实质主义，他认为，事实认定的实质主义并没有独立存在的必要，可以归入法律实质主义中。

（三）实质课税原则的位阶

关于实质课税原则与税法原则的位阶问题，存在税法解释原则说、税收立法原则说和税法基本原则说三种观点。我国许多学者赞成将实质课税作为税法解释的基本原则，但这种观点限缩了实质课税原则的适用范围，降低了其税法原则的位阶。

税法解释原则说。刘隆亨认为，实质课税原则应定位为解释与适用原则，实质课税原则对于解决课税对象的归属、对无效行为的课税、对违法收益的课税以及税收规避（避税）问题具有作用，并且有利于合法经营和建立市场经济秩序。[①] 张守文认为，实质课税原则属于税法适用原则，实质课税原则可以一定程度上对形式课税原则起到补充作用，弥补僵化地理解税收法定原则所造成的缺失。[②] 刘松珍认为，实质课税原则仅为税法解释过程中所适用的税法原则，不具有普遍性，是税收公平原则的下位原则。[③] 孙建波认为，实质课税原则只能作为税法解释的具体原则之一，同时认为，实质课税原则的法理基础是量能课税原则。[④] 徐阳光认为，实质课税原则不能涵盖立法、执法、司法、守法等全过程，不能归为税法基本原则，是税法解释和适用等领域内的具体原则。[⑤] 张婉苏和卢庆亮以特别纳税调整一般条款为出发点，认为税收法定主义与实质课税原则是基本原则和原则的例外形式的关系，实质课税原则只能作为税法解释和适用领域内的一个具体原则加以运用。[⑥] 施正文和贺燕认为，实质课税原则是公平原则等实质正义的体现并以实质正义为目的，不具有税法基本原则的高度，其独特性和重要地位在于税法

①　刘隆亨：《论实质租税原则的适用和作用》，《税务研究》2003 年第 1 期。
②　张守文：《税法原理》，北京大学出版社 2021 年版，第 37 页。
③　刘松珍：《论实质课税原则》，《长春师范学院学报》2006 年第 1 期。
④　孙建波：《税法解释研究：以利益平衡为中心》，法律出版社 2007 年版，第 85—87 页。
⑤　徐阳光：《实质课税原则适用中的财产权保护》，《河北法学》2008 年第 12 期。
⑥　张婉苏、卢庆亮：《特别纳税调整"一般条款"之法律解读——以税收法定主义和实质课税原则为视角》，《苏州大学学报》（哲学社会科学版）2010 年第 4 期。

的解释与适用。① 郭昌盛认为，实质课税原则是实现量能课税原则进而实现税收公平原则的技术性或者手段性原则，仅能成为税法的适用原则。② 王晓芳③、吕铖钢和张景华④、高金平和钱蓓蓓⑤等学者普遍认为认为实质课税原则是税法解释与适用的原则，属于解释性原则。

税收立法原则说。刘剑文和熊伟认为，实质课税主义最多只能作为税收立法的原则，不能成为贯穿税收立法、执法和司法的基本原则。⑥ 李雄英和王克文认为，实质课税原则是立法原则，要通过立法明确规定。⑦

税法基本原则说。朱大旗认为，实质课税原则应与赋税法定原则、量能课税原则一起，作为税法的基本原则，在进行税法解释适用时，应该根据实质的经济事实而非形式的法律行为作出判断，以便按照纳税人的实际纳税能力公平课税。⑧ 施正文曾在税法通则的制定中，将实质课税原则作为共同原则，置于税法基本原则的范畴。⑨ 滕祥志认为，实质课税原则应成为税法的基本原则，其能够作用在于识别课税要件的全部领域，是贯穿于税法的立法、执法和司法整个运行过程的税法的基本原

---

① 施正文、贺燕：《论实质课税原则的税法定位》，刘剑文主编：《财税法论丛（第13卷）》，法律出版社2013年版，第347页。施正文曾在税法通则的制定中，又将实质课税原则作为共同原则，置于税法基本原则的范畴。参见施正文《中国税法通则的制定：问题与构想》，《中央财经大学学报》2004年第2期。

② 郭昌盛：《实质课税原则的理论阐释》，《重庆大学学报》（社会科学版）2023年第1期。

③ 王晓芳：《论实质课税原则及其在中国的确立和适用》，《中国城市经济》2010年第12期。

④ 吕铖钢、张景华：《实质课税原则的路径重塑》，《税务与经济》2018年第1期。

⑤ 高金平、钱蓓蓓：《实质课税原则在税务领域的适用研究》，《国际税收》2023年第6期。

⑥ 刘剑文、熊伟：《税法基础理论》，北京大学出版社2004年版，第163页。

⑦ 李雄英、王克文：《实质课税原则初探》，《产业与科技论坛》2006年第9期。但笔者认为，通过立法明确规定"归属"之课税要件不具有可行性，一方面，法律欠成恒存在，税收构成要件在具体的交易类型中无法自动呈现，需要税企双方的争辩、协商和互动才能呈现；另一方面交易类型异常复杂，法律层级的税法规则不能涵盖形形色色的交易类型。参见滕祥志《实质课税与反避税辨异》，《税法解释与判例评注》2013年第00期。

⑧ 朱大旗：《论税法的基本原则》，《湖南财经高等专科学校学报》1999年第9期。

⑨ 施正文：《中国税法通则的制定：问题与构想》，《中央财经大学学报》2004年第2期。

则，实质课税原则回应了税法正义价值和税权与私权的矛盾，是具有税法鲜明特质的独特的税法原则。① 叶姗认为，实质课税原则是税收法定原则以外、唯一指导税法解释和适用的基本原则。② 有的著作直接将实质课税原则看成税法的基本原则。③

（四）实质课税原则与反避税的关系

在实质课税原则与反避税的关系方面，许多学者认为实质课税的主要功能在于反避税，虽然其起源于反避税，但将实质课税原则与反避税相提并论，理论上限缩了实质课税原则的作用范围，实践上对实质课税原则的发展和运用空间不利。例如，刘隆亨认为，实质课税原则是一种阻止偷漏税的方法，有利于解决课税对象的归属、无效行为的课税、违法收益的课税和税收规避问题。④ 李刚和王晋认为，实质课税原则强调透过形式追求实质，是治理税收规避最直接有效的方法，税务机关要慎重运用实质课税进行反避税。⑤ 陈少英认为，实质课税原则主要应用于反避税领域，且容易引起税务机关滥用裁量权，从而偏离税收法定主义。⑥ 席晓娟⑦、刘尚华⑧、庞雅方⑨等学者也认为，实质课税原则是防范税收规避的重要原则之一。王鸿貌同样认为，实质课税原则的根本目的在于防止纳税人滥用税法逃避纳税义务。⑩ 张守文认为，应当从纳税

① 滕祥志：《税法实务与理论研究》，法律出版社 2008 年版，第 155、172 页。
② 叶姗：《应税事实依据经济实质认定之稽征规则——基于台湾地区"税捐稽征法"第 12 条之 1 的研究》，《法学家》2010 年第 1 期。
③ 参见《2006 全国注册税务师执业资格考试教材》，中国税务出版社 2006 年版，第 5 页。
④ 刘隆亨：《论实质租税原则的适用和作用》，《税务研究》2003 年第 1 期。
⑤ 李刚、王晋：《实质课税原则在税收规避治理中的运用》，《时代法学》2006 年第 4 期。
⑥ 陈少英：《税法基本理论专题研究》，北京大学出版社 2009 版，第 144 页。
⑦ 席晓娟：《权力（权利）滥用限制视角下之实质课税原则》，《第十二届海峡两岸财税法学术研讨会——实质课税与纳税人权利保护》会议论文集。席晓娟认为实质课税原则的初衷是防止纳税人滥用纳税人权利规避法律，逃避纳税义务。
⑧ 刘尚华：《浅议税收规避和实质课税原则》，《知识经济》2012 年第 1 期。
⑨ 庞雅方：《实质课税原则的理论阐释及法律适用》，《大陆桥视野》2024 年第 2 期。
⑩ 王鸿貌：《论实质课税原则适用之限制》，《西北大学学报》（哲学社会科学版）2016 年第 2 期。

人获取经济效果的实质出发，否认其规避税法的私法形式和滥用私法权利的行为，遏制避税行为，弥补税法的不足。① 滕祥志认为，实质课税与反避税不属于绝对吻合的对应关系，如果将实质课税与反避税相提并论，容易陷入理论认知误区。② 简言之，实质课税原则，不仅仅在反避税领域适用。反避税之外的其余适用场景，大大丰富、拓展了实质课税原则的内涵和适用范围。

（五）实质课税原则的适用范围

关于实质课税原则之适用范围，也有学者指出，实质课税原则的适用已经推广延伸到除反避税之外的其他领域。施正文认为，实质课税原则应当成为将来制定税法通则的税法基本原则，将实质课税原则规定为程序与实体共通的原则。③ 张守文认为，实质课税原则能够解决课税对象在经济上的归属问题、对符合课税要素的无效行为应否征税的问题、对满足课税要素的违法行为应否征税的问题和税收规避行为的否认问题。④ 陈影和徐晴认为，实质课税原则解决的两大法律问题分别是非法所得或非合法所得的征税问题、实质纳税人的合法权益问题，实质课税原则有利于增加税法的公正性，既能保护实质纳税人的合法权益，也能防止纳税人偷税和避税。⑤ 叶姗论证了实质课税原则符合宪法精神，并不违反税收法定原则，提出了实质课税的四个适用范围；并且指出实质课税主义适用范围应该加以严格的限制，否则将破坏税收法定原则乃至宪政精神。⑥ 许安平认为，实质课税原则具有在税收执法程序中运用税法解释、识别税收构成要件的事实的功能。⑦ 郝琳琳认为，实质课税原

---

① 张守文：《税法原理》，北京大学出版社 2021 年版，第 109—110 页。
② 滕祥志：《实质课税与反避税辨异》，《税法解释与判例评注》2013 年第 00 期。
③ 施正文：《中国税法通则的制订：问题与构想》，《中央财经大学学报》2004 年第 2 期。
④ 张守文：《税法原理》，北京大学出版社 2004 年版，第 34、105—106 页。
⑤ 陈影、徐晴：《论实质课税原则的适用》，《广西政法管理干部学院学报》2004 年第 2 期。
⑥ 叶姗：《实质课税主义的理论价值确证》，《学术论坛》2006 年第 2 期。
⑦ 许安平：《税法实质课税原理解析》，《特区经济》2010 年第 6 期。

则是确保信托税收公平的关键，不仅是构建信托反避税制度的基础，也是克服重复课税困境的有效方法。[1] 滕祥志认为，实质课税不仅仅适用于反避税领域，而是和反避税政策目标有部分重合，但二者并非一一对应。[2] 叶金育认为，实质课税原则架构法律的实质主义与经济的实质主义，成为税法与私法"接轨"的导管，实质课税的适用不单单局限于反避税视域，应推至私法自治与课税构成要件的互动。[3] 贺燕肯定了实质课税原则在否认避税措施方面的实用价值，但经济实质主义的适用并不限于对避税的否认。[4]

（六）实质课税原则与税收法定原则的关系

关于实质课税原则与税收法定的关系，部分学者认为税收法定主义处于基础性地位，实质课税原则的应用与税收法定原则之间存在矛盾关系。刘剑文认为，税收法定主义与实质课税原则是对立统一的，实质课税原则是为税收法定主义所统率的税法的具体原则，税收法定主义是二者矛盾关系中起主导作用的一方，处于基础性地位。[5] 黎大有认为，实质课税原则与税收法定原则之间的冲突，实质上是经济的实质主义与税收法定原则之间的冲突，法律的实质主义并未超脱税收法定原则，实质课税原则在我国的重构，要建立法律实质主义的富有中国特色的实质课税原则。[6] 叶姗提出，实质课税原则是税法的特征性原则，实质课税原则应当以税收法定原则为基础，以实质课税原则为补充。[7] 刘松珍认

---

[1] 郝琳琳：《信托所得课税法律问题研究》，法律出版社 2013 年版，第 62—67 页。

[2] 滕祥志：《实质课税与反避税辨异》，《税法解释与判例评注》2013 年第 00 期。

[3] 叶金育：《税法与私法"接轨"的理念与技术配置——基于实质课税原则的反思与超越》，《云南大学学报》（法学版）2014 年第 3 期。

[4] 贺燕：《实质课税原则的法理分析与立法研究——实质正义与税权横向配置》，中国政法大学出版社 2015 年版，第 239 页。

[5] 刘剑文：《税法学》，人民出版社 2003 年版，第 120、128 页。

[6] 黎大有：《论实质课税原则在中国现实中的展开》，刘剑文主编《财税法论丛（第 8 卷）》法律出版社，第 252 页。

[7] 叶姗：《应税事实依据经济实质认定之稽征规则——基于台湾地区"税捐稽征法"第 12 条之 1 的研究》，《法学家》2010 年第 1 期。

为，实质课税原则与税收法定主义原则表面上存在冲突，但二者在深层次上是一致的，即实质课税原则在发挥作用时须以税收法定主义原则为指导和统帅。① 柯菲菲认为，实质课税原则与税收法定原则存在冲突，只有在实践中使司法、行政机关只做有利于纳税人的解释，才能减少这种冲突，否则将加剧冲突，导致借"实质课税原则"之名创设、扩张不利于纳税人的课税要素。② 宋向婷认为，实质课税原则与税收法律主义原则、税收合作信赖主义相冲突。③ 另有部分学者认为实质课税原则与税收法定主义相辅相成。比如，滕祥志认为，税收法定原则与实质课税原则相辅相成，缺一不可，实质课税原则是应用于立法、释法和司法过程税法领域的独特原则，是税法的基本原则。④ 高金平和钱蓓蓓认为，识别税收构成要件必须适用实质课税原理，这与滕祥志所述交易定性识别税收构成要件时要适用实质课税的基本原理一致。⑤

（七）实质课税原则的中立性原理

从实际案例出发，有学者论证了实质课税原则对于保护纳税人权益的重要作用，实质上，这偏离了先前的"实质课税原则反避税论"，而迈向了实质课税原则的"中立性原理"。熊晓青的博士学位论文《实质课税的原则研究》是我国第一篇系统研究实质课税原则的法学博士学位论文，熊晓青以预约定价为例说明了税企双方可以合作适用实质课税原则，论述了实质课税原则的出发点并不在于反对纳税人的利益。⑥ 徐阳光指出，实质课税原则的应用有利于私人财产权保护。⑦ 滕祥志首次

---

① 刘松珍：《论实质课税原则》，《长春师范学院学报》2006年第1期。

② 柯菲菲：《我国实质课税原则研究之批判——兼论实质课税原则的定位与适用》，《四川理工学院学报》（社会科学版）2011年第5期。

③ 宋向婷：《实质课税原则在我国的适用》，《合作经济与科技》2013年第15期。

④ 滕祥志：《实质课税的中立性及其与税收法定原则的关系》，《国际税收》2015年第10期。

⑤ 高金平、钱蓓蓓：《实质课税原则在税务领域的适用研究》，《国际税收》2023年第6期。

⑥ 熊晓青：《实质课税原则研究》，博士学位论文，北京大学，2007年。

⑦ 徐阳光：《实质课税原则适用中的财产权保护》，《河北法学》2008年第12期。

提出实质课税原则的普遍性和中立性原理，征纳双方均可以援引实质课税原则，为税收构成要件之认定，做争辩注解依据，以达成税法共识。[①] 叶金育认为，实质课税原则本为中立性价值与范畴，旨在反映课税联结客观上的负担能力，而非单一的外在法律形式，既可以适用于对纳税人不利场合，也可以适用于对纳税人有利场景。[②] 滕祥志从税企双方均有援引实质课税原则来争辩和确认税收构成要件的实例出发，论证了实质课税原则在税法解释上保持了国家与纳税人之间的中立性，实质课税原则的运用始终在公权和私权之间保持平衡，弥补形式正义的不足。实质课税原则之运用具有普遍性和中立性。[③] 郑日晟认为，实质课税原则的适用应保持中立性，实质课税原则要求遵从民商事交易的具体经济效果来进行税法评价，亦从侧面限制行政部门的自由裁量权而保护纳税人的合法权益。[④] 侯卓认为，经济观察法本身是中性的，其不仅是税务机关维护国家税收利益的利刃，也是纳税人维护自身权益的护盾，并以福建龙岩（2017）闽 08 行终 59 号行政判决书为例，法院根据实质重于形式的原则支持纳税人对于股权比例的认定，认为不可将经济观察法完全视为反避税工具。[⑤] 唐步龙和熊丹培检索相关裁判文书发现，在写作当年检索的全部 21 个案例中，有 11 个为纳税人主动援引实质课税原则，保护纳税人合法权益，由此证成实质课税原则具有

---

① 滕祥志：《税企争议与实质课税原则的重新定位——兼论实质课税原则的普遍性和中立性原理》，《税法解释与判例评注》（第一卷），法律出版社 2010 年版。

② 叶金育：《税法与私法"接轨"的理念与技术配置——基于实质课税原则的反思与超越》，《云南大学学报》（法学版）2014 年第 3 期。

③ 滕祥志：《实质课税的中立性及其与税收法定原则的关系》，《国际税收》2015 年第 10 期。

④ 郑日晟：《税法原则视域下的"计税依据明显偏低，又无正当理由"研究》，《合肥工业大学学报》（社会科学版）2019 年第 4 期。同时，郑日晟认为，在我国税收征管语境下，《税收征管法》第三十五条第一款第六项不能被认为是一般反避税条款。

⑤ 侯卓：《个人所得税反避税规则的制度逻辑及其适用》，《武汉大学学报》（哲学社会科版）2021 年第 6 期。

中立性。① 值此，实质课税原则的中立性原理，引发学术同人的回应、认可和共鸣。

三　税法实践中的实质课税原则

近年来，越来越多的学者从实质课税原则在立法、执法、司法实践的适用角度，结合具体的案例或政策研究实质课税的功能。②

税收立法层面。我国大量的税法规范已经融入了实质课税的原理和原则。例如，《特别纳税调整管理规程（试行）》、《关于融资性售后回租业务中承租方出售资产行为有关税收问题的公告》《财政部 国家税务总局关于企业重组业务企业所得税处理若干问题的通知》《国家税务局关于对借款合同贴花问题的具体规定》等，均秉持实质课税原则为税法评价。徐孟洲和叶姗从法律不完备性理论和剩余执法权出发，认为指向税法公平目标的实质课税原则是新《企业所得税法》六章"特别纳税调整"的法理基础之一。③ 滕祥志认为，新《税收征管法》应该立法表述实质课税原则，确立该原则为实定法原则，使税收执法实践中大量税法评价、税收构成要件识别，以及反税收规避执法等有法可依、有理有据、程序正当且举证责任分配清晰。④

税收执法层面。刘燕分析股权转让交易适用国税发〔1997〕71号文的路径，指出实质课税原则用于税法本身的目的性解释的功能。⑤ 滕祥志运用实质课税原理分析融资租赁的交易结构和交易定性，揭示了

---

① 唐步龙、熊丹培：《论实质课税原则适用的中立性》，《江苏商论》2023 年第 8 期。文中观点与滕祥志实质课税的中立性原理的主题与核心观点一致。参见滕祥志《税企争议与实质课税原则的重新定位——兼论实质课税原则的普遍性和中立性原理》，《税法解释与判例评注》2010 年第 00 期。

② 刘映春：《实质课税原则的相关法律问题》，《中国青年政治学院学报》2012 年第 1 期。

③ 徐孟洲、叶姗：《特别纳税调整规则法理基础之探究》，《税务研究》2008 年第 2 期。

④ 滕祥志：《论〈税收征管法〉的修改》，《清华法学》2016 年第 3 期。

⑤ 刘燕：《实质重于形式——对外商投资企业股权转让所得税争议的评析》，《涉外税务》2005 年第 4 期。

融资租赁交易结构的交易定性问题，阐释其税法处理的法理基础，将实质课税原则应用到具体行业的税收政策法律评析之中。① 苏玥以"以票控税"为例，论证了形式课税与实质课税平衡关系，最终得出在课税控税过程中应当坚持以形式课税原则为主、实质课税原则为补充的结论。②

　　司法实践层面。2015 年广州"德发案"③ 引发广泛关注，并成为 2017 年首都经贸大学举办的"第二届税收司法理论与实践高端论坛"的"2016 年税收司法典型案例"，对于税务机关是否有依据重新认定拍卖交易价格引发了有关实质课税探讨，贺燕认为，"德发案"中税务机关的处理总体符合经济实质的适用原理和方法。④ 2018 年，最高人民法院在"陈建伟案"行政裁定书中明确提出税务机关在识别应税行为时可以应用实质课税原则，表明了最高人民法院对在具体涉税案件中涉税事实认定时适用实质课税原则的支持。⑤ 对于该案，任超和赖芸池论证了适用实质课税原则与民商法意思自治原则之间的张力和紧张关系，认为税务机关在证据确凿的情况下，去形式而求实质认定的应税事实没有破坏税法评价，可以得到法院支持。⑥ 此外，纳税人主动援引实质课税

---

　　① 滕祥志：《融资租赁税收政策法律评析》，《财贸经济》2015 年第 2 期。

　　② 苏玥：《形式课税与实质课税平衡关系分析》，《合作经济与科技》2021 年第 17 期。

　　③ 参见（2015）行提字第 13 号《广州德发房产建设有限公司与广东广州市地方税务局第一稽查局再审行政判决书》，法院认为"有效的拍卖行为并不能绝对地排除税务机关的应纳税额核定权，但税务机关行使核定权时仍应有严格限定"。

　　④ 贺燕：《"德发案"与实质课税原则——兼论经济实质及其确定方法》，《税法解释与判例评注》2019 年第 2 期。

　　⑤ 参见（2018）年最高法行申 209 号《陈建伟、福建省地方税务局税务行政管理（税务）再审审查与审判监督行政裁定书》，"税务机关依照法律、行政法规的规定征收税款系其法定职责，在征收税款过程中必然会涉及对相关应税行为性质的识别和判定，而这也是实质课税原则的基本要求。否定税务机关对名实不符的民事法律关系的认定权，不允许税务机关根据纳税人经营活动的实质内容依法征收税款，将不可避免地影响税收征收工作的正常开展"。

　　⑥ 任超、赖芸池：《实质课税原则与意思自治原则之博弈——基于建伟案的分析》，《税务与经济》2021 年第 3 期。

原则也早有实例，有的得到法院支持，① 有的则因为案件其他因素未得到法院支持。② 袁杨通过梳理司法案件发现，实践中实质课税原则的适用范围是纳税客体、避税行为、纳税主体、纳税主体的经济归属的司法认定等方面。③

回顾实质课税原则在我国的发展历程，著名税法学者黄茂荣、葛克昌、陈清秀等教授，初步介绍了实质课税原则的大陆法理论和实定法源流（德国、日本和我国台湾地区），开启了我国税法学界关于税法实质课税原则的认识视野。早期众多学者如陈清秀，普遍认为实质课税原则的理论依据是量能课税原则和税收公平原则，将实质课税原则视为税收公平原则、量能课税原则之下位原则，往往将实质课税原则的功能定位为反避税，认为实质课税是防止税款流失的手段之一。

需要指出的是，实践的拓展深化了理论思考，学者发现，实质课税原则展现出保护私有权利的面向，有上升为税法的基本原则的理论和实

①　2024 年 6 月 20 日，在"中国裁判文书网"以"实质课税"为关键词，检索出案例 23 个，其中，由纳税人主张纳税人自己主张实质课税原则、以保护自己的利益的案例有 16 个，获得法院支持的有 6 例，分别是（2014）中二法古民一初字第 22 号、（2015）盐商终字第 00602 号、（2020）内 2921 民初 1280 号、（2022）新 01 民终 3151 号、（2017）闽行再 6 号和（2019）闽民申 3189 号。以（2017）闽行再 6 号和（2019）闽民申 3189 号为例，（2017）闽行再 6 号案件中，争议焦点在于自然人逃税单位是否承担连带责任，原告公司认为"肖光旺从事超出承包协议约定范围的非法开采行为，相应产生的逃税责任也应依法由其个人承担""国税局处理和处罚同时违反税法公平原则和实质课税原则"，法院最终判决支持纳税人，认为该案税务机关将同一涉案逃税行为的责任主体认定为公司而非个人"显属错误"；（2019）闽民申 3189 号案件中，争议焦点在于厂房转租后税费的承担主体，被申请人根据"税法实质课税原则以及《中华人民共和国增值税暂行条例实施细则》第十条的规定"的援引，得到了法院的支持。

②　2024 年 6 月 20 日，在"中国裁判文书网"以"实质课税"为关键词，检索出案例 23 个，其中，由纳税人主张纳税人自己主张实质课税原则、以保护自己的利益的案例有 16 个，未获得法院支持的有 10 例，分别是（2017）粤 06 民终 12475 号、（2020）粤 2071 行初 963 号、（2022）浙 03 民终 3317 号、（2023）粤 20 民终 2293 号、（2017）浙 01 行终 164 号、（2018）闽 01 行终 732 号、（2019）苏 8601 行初 60 号、（2020）宁 01 行终 409 号、（2020）粤 04 行终 225 号和（2020）浙 0381 刑初 64 号。

③　袁杨：《论税务机关适用实质课税原则的范围》，《经济研究导刊》2021 年第 11 期。

践价值。一方面，实质课税原则秉有和包含中立性原理，实质课税与反避税并非存在一一对应的关系。实质课税原则是确定税收构成要件的重要原则，税收构成要件的认定本身没有保护公权或私权的明显倾向性，实践中，税企双方均有援用实质课税原则来争辩和确认税收构成要件的内在需求和实务案例，且案例不在少数。而目前的理论界大多只关注了税务机关援引实质课税原则反避税的方面，强调实质课税原则在保护国家税权方面的功能，忽视了纳税人也可以援引实质课税保护纳税人权利和私权的重要功能。[①] 另一方面，实质课税应当成为税法的基本原则，实质课税原则回应和解决税法的基本矛盾——税权与私权的矛盾，体现税法基本价值——税收正义价值，是贯穿于税法的立法、执法和司法整个运行过程的税法的基本原则。关于此点，本书将单辟一章详尽论证之。

第四节　领域法学理论[②]

一　领域法学理论提出的历史脉络

领域法学概念最早由我国财税法学界学者刘剑文教授提出，缘于刘教授对近二十年来财税法研究成果的总结、提炼和推广。2002 年，在中国财税法学会的一次研讨会上，刘剑文等人首次指出，税法不是一个按传统调整对象划分的单独部门法，而是一个综合领域，这一观点为领域法学的后续发展奠定基础。[③] 刘剑文指出，中国税法学的研究现状不容乐观，相比于整体的法学研究晚了将近 10 年，从 20 世纪 80 年代中期产生发展至今不到 20 个春秋，相比之下，同样起步较晚的行政法已

---

① 滕祥志：《税企争议与实质课税原则的重新定位——兼论实质课税原则的普遍性和中立性原理》，《税法解释与判例评注》2010 年第 1 期。

② 中国社会科学院大学 2023 级税务硕士曾海琪，对本部分资料查找和初稿有贡献。

③ 刘剑文、熊伟：《二十年来中国税法学研究的回顾与前瞻》，刘剑文主编《财税法论丛（第 1 卷）》2002 年版，第 2 页。

经硕果累累。① 2005 年，刘剑文进一步阐述了财税法作为一个综合法律领域的性质，认为财税法涉及众多法律部门，是一个相对独立的法律领域，与现有的部门法相并列。② 这一观点，强调了财税法在法律体系中的独特地位和价值，为领域法学的研究提供了更为明确的方向。2013 年，刘剑文明确提出"财税法学是领域法学"的概念，认为财税法学是一个以法学为基本元素，融经济学、政治学和社会学于一体的应用性的"领域法学学科"，③ 这可以看作"领域法学"一词被社会广泛认知的真正开始。

二 领域法学理论的基本内涵及反思

在"领域法"这一概念正式提出之前，孙笑侠针对行业领域中，公权与私权相交汇结合的复杂现实与现有的法律体系之间不相协调的状况，提出了"行业法学"的概念，旨在弥补部门法之间的间隙、裂缝与断层，将行业法界定为"以国家涉及行业的法律为基础，通过政府涉及行业的行政法规和行政规章、地方立法机关以行业为背景的地方性法规等，从而形成的行业法体系的总称"，④ 这一概念与"领域法"的概念有共通之处，为"领域法学"的发展提供了参考。先前，我国法律继受苏联的法学传统，已经有了相对成熟的部门法学概念。刘剑文

---

① 参见刘剑文、熊伟《二十年来中国税法学研究的回顾与前瞻》，刘剑文主编《财税法论丛（第 1 卷）》2002 年版，第 4 页脚注：倘仅从时间上看，我国第一本专门的税法学著作应为 1985 年由时事出版社出版、刘隆亨编著的《国际税法》，但一般认为，1986 年由北京大学出版社出版、刘隆亨所著的《中国税法概论》一书标志着我国税法学的形成。参见刘剑文《中国税收立法研究》，载徐杰主编《经济法论丛（第 1 卷）》，法律出版社 2000 年版，第 82 页；张尚鷟主编《走出低谷的中国行政法学——中国行政法学综述与评价》，中国政法大学出版社 1991 年版。

② 参见刘剑文等《领域法学：社会科学的新思维与法学共同体的新融合》，北京大学出版社 2019 年版，第 2 页脚注；参见刘剑文《中国大陆财税法学研究视野之拓展》，《财经法学杂志（第 1 期）》，台湾元照出版社 2005 年版，第 79—91 页。

③ 《关于"强化财税法基础理论研究，建设现代财税法学"的倡议》，《财税法论丛（第 13 卷）》专题材料汇编。

④ 孙笑侠：《论行业法》，《中国法学》2013 年第 1 期。

指出，因为社会关系的复杂化和法律目标的多元化，法律部门的分类早就突破了单一标准，部门法体系之间错综复杂。① 传统部门法研究范式之于新兴领域存在局限性，这类研究传统在受到挑战，新兴交叉学科正在形成中。② 吴凯则对美国领域法学进行了研究，认为美国对于"领域法"的研究已经较为完整，虽然美国法律词典中没有"法律领域""领域法"的词条，但是"领域法"现象的历史较为悠久、概念体系丰富，对中国法治建设向"精密型领域法学研究"迈进具有借鉴意义。③

刘剑文作为领域法学理论的肇始倡导者，认为领域法学是以问题为导向，特定经济社会领域现象为研究对象的一种新型法学理论体系、学科体系和话语体系，能够突破传统部门法的原有划分标准限制、消除学科壁垒，解决新兴学科、交叉学科的定位与归宿问题，有助于构建中国特色的新兴现代法学研究体系。④ 熊伟认为领域法学并非和部门法学对立，而是相互包容、同构互补的关系，部门法学通过调整对象划分法律边界，是法律性质的集成，而领域法学则关注事务性质，提供新视角集成法律规范，在各国法律体系中已经是一个广泛普及的客观事实。⑤ 王桦宇认为，领域法学注重观念更新与学术融合，以问题中心主义为导向，关注实际问题的解决，是在对当前法律现象及其发展趋势进行深入分析后，基于其外在特征和内在本质，对法学研究方法和手段进行的一种逻辑回应和"承接性"创新，并不是"全盘西化"的照搬式吸收，

---

① 刘剑文：《作为综合性法律学科的财税法学——一门新兴学科的进化与演变》，《暨南学报》（哲学社会科学版）2013 年第 5 期。

② 新兴领域的形成基于社会分工的复杂化。参见苏力《法律活动专门化的法律社会学思考》，《中国社会科学》1994 年第 6 期。

③ 吴凯：《论领域法学研究的动态演化与功能拓展——以美国"领域法"现象为镜鉴》，《政法论丛》2017 年第 1 期。

④ 刘剑文：《论领域法学：一种立足新兴交叉领域的法学研究范式》，《政法论丛》2016 年第 5 期。

⑤ 熊伟：《问题导向、规范集成与领域法学之精神》，《政法论丛》2016 年第 6 期。

为中国法制体系建设提供了理论指导。① 侯卓认为"领域法学"是研究"领域法"的学问，促进了"加强领域立法"法治建设，在规范体系构建上比部门法更注重事物的复杂性和异质性，能透过现象提炼出琐碎规范的内在联系，将借鉴的开放性和理论的自足性进行融通。② 梁文永认为，领域法学是一种立足新兴交叉领域的法学研究范式，受社会复杂化冲击引发了学术变革、制度变革、法律变革及法学变革，是从国家治理法学知识中产生的新思维，从"法的分类"和"功能定位"角度来看是对部门法的超越。③ 张学博和李玉云对领域法学与现有法学研究范式的区别和联系进行了研究，通过对比分析，指出领域法学与法教义学、社科法学之间的逻辑差异，认为领域法学构成法学研究的"第三条道路"。④ 王桦宇对此提出新的观点，认为领域法学的本质是一种方法论，受到问题和实践的"双轮驱动"，强调从实际法律实践出发进行"实践求解"，并深度影响了传统法学科的"类型化"思维方式。⑤ 刘剑文和胡翔对"领域法"和"领域法学"概念进行了区分，提出了领域法学的研究范式，包括问题导向的法律思维、自足性与开放性的研究范式、研究方法的创新以及实践应用的探索等方面，超脱"法条主义""权利本位论"等论争，为我国法治建设、法学研究和法学教育提供了更为具体的指导。⑥ 侯卓和吴东蔚认为，领域法学的研究视域反对局限于法律部门，相比于部门法更重视现实问题，提倡以跨部门甚至跨学科的视角来看待问题，强调以问题为中心，以多元方式解决现实问题，为进一

① 王桦宇：《论领域法学作为法学研究的新思维——兼论财税法学研究范式转型》，《政法论丛》2016 年第 6 期。

② 侯卓：《"领域法学"范式：理论拓扑与路径探明》，《政法论丛》2017 年第 1 期。

③ 梁文永：《一场静悄悄的革命：从部门法学到领域法学》，《政法论丛》2017 年第 1 期。

④ 张学博、李玉云：《领域法学：法学研究的第三条道路》，《长春市委党校学报》2017 年第 2 期。

⑤ 王桦宇：《领域法学研究的三个核心问题》，《法学论坛》2018 年第 4 期。

⑥ 刘剑文、胡翔：《"领域法"范式适用：方法提炼与思维模式》，《法学论坛》2018 年第 4 期。

步审视我国财税法学知识谱系提供了可能性。①

　　亦有学者指出，目前对领域法学理论的应用尚有不足。刘剑文和胡翔在讨论"领域法"范式时提出，"问题界定—规范提炼—调整适用"的适用模式并不针对也无法针对所有层级的法律问题，现实中存在比之更抽象、宏大的命题，研究方法还具有局限性，概念界定的模糊性和理论基础的薄弱性导致了实践应用的局限性。② 张继恒结合我国经济法研究，基于部门法学视角对"领域法学"观念进行了批判和反思，目前理论研究和法理基础知识存在严重脱节，容易造成反基础主义和盲动，已经引发中国经济法学界的高度警惕和集体反思。③ 侯卓和吴东蔚指出，目前领域法学的讨论主要集中于方法论层面，就财税法学而言，对财政学方面的关注尚有不足，问题视角不够宏观，现有成果受范式指引不深，尚未能充分转化成具体的研究成果，④ 跨学科研究更多是就近借用财政学和税收学的理论发现，涉及财税法与其他学科交叉的国内研究相当罕有。⑤ 熊伟指出，领域法学的研究对象是特定领域内的法律问题，而这些问题往往与事物的本质和领域的区分密切相关，在领域概念规范基础不清晰、存在泛化风险的情况下，领域法学研究需更细致地解构领域概念，明确其规范基础、运作逻辑和范围边界，以确保研究的逻

---

　　① 侯卓、吴东蔚：《领域法学语境下中国财税法学知识谱系的革新》，《新文科教育研究》2023 年第 4 期。

　　② 刘剑文、胡翔：《"领域法"范式适用：方法提炼与思维模式》，《法学论坛》2018 年第 4 期。

　　③ 张继恒：《领域法学批判与领域法理论的重建——再论经济法与财税法的关系》，《北方法学》2023 年第 3 期。

　　④ 侯卓、吴东蔚：《领域法学语境下中国财税法学知识谱系的革新》，《新文科教育研究》2023 年第 4 期。

　　⑤ 参见侯卓、吴东蔚《领域法学语境下中国财税法学知识谱系的革新》，《新文科教育研究》2023 年第 4 期，第 32 页脚注：曾有少数中国法学研究者开展财税法学与社会学的联动研究，但相关成果无论是在问题意识还是对话对象上都并非面向国内财税法学界，典型成果如贺欣、肖惠娜《发展中经济体的纳税遵从及其类型化分析：基于中国制鞋产业的实证分析》，《法律与政策》2019 年第 2 期。

辑周延性。①

三 领域法学语境下财税法学的发展

在"领域法学"概念形成之前，我国财税法研究便已存在，并随着国家财税法治的演进而持续发展。法学界对"财税法学"这一称谓的正式认可，始于 2001 年 11 月召开的中国法学会财税法学研究会成立大会。② 刘剑文指出，财政学和税收学、财政法与税法研究确实各有侧重，但同时也存在一些不足，特别是在税法研究方面，确实存在一些孤立、浅薄和狭窄的问题。③ 刘隆亨提出，财税法学是一门古老而年轻的学科，不仅体现了经济基础对法律内容的决定性作用，还是财政活动和财政管理的法律依据，涵盖了财政体制、预算、税收等多个方面，并与会计法等相关法律紧密相连，④ 这与领域法学的概念相呼应。叶姗指出，整合后的"财税法"有必要作为一个独立法学科存在，相较于传统的税法研究体现出了"财税一体化"的特点，她在财税法的宏观视角下审视税法相关理论，对财税法学教学提出了改革建议。⑤ 滕祥志指出，财税法综合运用多学科知识，形成了一个跨学科的法律研究领域，认为税法之复杂性在于其多学科、跨部门和法学综合的特性，涉及民商法、行政法、刑法甚至会计学等多方面的知识积累。⑥ 刘剑文认为，财税法学作为法学领域的一个重要分支，以财税法及其发展规律为研究对

---

① 熊伟：《事物本质、领域区分与领域法的特性透视》，《政法论丛》2024 年第 1 期。
② 参见刘隆亨《关于成立中国法学会财税法学研究会筹备工作报告和研究会章程草案的说明》，《税法论丛（第 1 卷）》2002 年。研究会于 2012 年 3 月 24 日更名为中国财税法学研究会。
③ 刘剑文、熊伟：《二十年来中国税法学研究的回顾与前瞻》，《财税法论丛（第 1 卷）》2002 年第 1 期。
④ 刘隆亨：《学习研究当代财税法学的几个问题》，《法学杂志》2003 年第 6 期。
⑤ 叶姗：《财税法的整合于财税法学教学改革之义》，《中山大学学报论丛》2004 年第 3 期。
⑥ 滕祥志：《试论税企争议的法律属性》，《税务研究》2011 年第 1 期。

象，涉及财政、税收、金融、法律等多个领域，有着开放、包容而综合的研究范围和理论视角，具有极强的专业性和技术性，其地位和作用日益凸显，逐渐成为法学界的一门显学。[1] 刘剑文指出，经过多年的发展，特别是 20 世纪 80 年代以来，财税法学研究确实经历了三次显著的"理论飞跃"[2]，并在研究范畴、分析工具、理论体系以及研究队伍等方面形成了显著标志，许多奇和唐士亚认为这预示着财税法学形成了独立学科，为更好服务于国家治理体系和满足治理能力现代化的需要提供了条件。[3] 刘剑文深入分析了中国财税法学的历史发展脉络，回顾了公共财产法、理财治国观、法治财税、财税法一体化、税收债权债务、纳税人权利保护，领域法学等多个重要财税法理论产生历程，通过案例和实证分析财税法在实践中的应用，对其未来逐步与国际接轨的发展趋势进行了前瞻性思考。[4]

刘剑文和陈立诚指出，财税法与其他部门法在法律关系、法律原则和法律制度等方面存在的差异，决定了需要构建适合财税法自身特点的研究范式，指出要以核心范畴（如公共财产）为主线。[5] 叶金育所著的《税法整体化研究：一个法际整合的视角》[6]，可以看成领域法学进入实际论域和具体问题研究之第一本学术专著，而且理论与实践有深度结合，正如熊伟教授在序言中指出，该著作尽管在研究范式和分析工具方

---

① 刘剑文：《作为综合性法律学科的财税法学——一门新兴法律学科的进化与变迁》，《暨南学报》（哲学社会科学版）2013 年第 5 期。

② 第一次飞跃是在 1994 年至 1998 年，起始于分税制改革；第二次飞跃是在 2000 年到 2005 年，特别是在 2004 年宪法修改写入"尊重和保障人权，保护合法的私有财产"条款之后；第三次飞跃是从 2008 年至今，尤其是以党的十八届三中全会为里程碑。参见刘剑文《财税法学研究的大格局与新视野》，《中国财税法学研究会 2015 年年会暨第二十三届海峡两岸财税法学术研讨会论文集》，第 3 页。

③ 许多奇、唐士亚：《中国财税法学研究路径审视与展望——基于 2009—2017 年 CLSCI 论文的统计分析》，《法学》2018 年第 5 期。

④ 刘剑文：《学科突起与方法转型：中国财税法学变迁四十年》，《清华法学》2018 年第 4 期。

⑤ 刘剑文、陈立诚：《财税法总论论纲》，《当代法学》2015 年第 3 期。

⑥ 叶金育：《税法整体化研究：一个法际整合的视角》，北京大学出版社 2016 年版。

面谈不上创新，但是展现了作者税法学习与研究的"精细化"和"深耕细作"的功夫，也标志着新一代财税法学术水准的最新成就。尹亚军深入剖析了经济法立法的发展趋势与实践挑战，指出问题导向式立法这一新型立法趋势，具有鲜明的实践性和针对性特点，注重法律与现实的紧密结合，能够更有效地回应财税领域的现实问题，推动财税法学的理论创新和实践应用，提升财税法学的国际影响力。① 许多奇和唐士亚通过对 2009—2017 年 CLSCI 论文的统计分析，指出了财税法学界的研究结构，阐述了财税法学的基础理论，认为中国财税法学在未来发展中应着力进行基础理论研究的整合与创新，实现领域法学范式的深度应用，并推进财税法学研究的国际化对接。② 侯卓指出，财政法和税法的法律规制重心和制度逻辑存在差异，两者在实际整合上存在障碍，需要在最抽象的观念层面以及地方财政的层面，应当打通财政法和税法壁垒，实现有限度的财税一体化。③ 蒋悟真强调，财税法一体化以形成统一多元的法律价值、融贯协调的法律体系和整体协同的法律治理为具体内涵，旨在构建财税法的整体法学形象与整体法治秩序推动财税治理体系的完善和发展。④

四　领域法学理论的地位及贡献

在法学研究方面，学界对这一新范式的研究已基本成熟。⑤ 张文显提出，"领域法学、新型交叉法学知识体系构建研究"是建构中国法学

① 尹亚军：《"问题导向式立法"：一个经济法立法趋势》，《法制与社会发展》2017 年第 1 期。
② 许多奇、唐士亚：《中国财税法学研究路径审视与展望——基于 2009—2017 年 CLSCI 论文的统计分析》，《法学》2018 年第 5 期。
③ 侯卓：《财政法和税法实质一体化的障碍及其突破》，《政法论丛》2022 年第 2 期。
④ 蒋悟真：《财税法一体化的理论逻辑与实践转向》，《中国社会科学》2024 年第 2 期。
⑤ 核心研究成果已结集出版。参见刘剑文等《领域法学：社会科学的新思维与法学共同体的新融合》，北京大学出版社 2019 年版。

自主知识体系的第三阶段任务，① 这体现了领域法学概念在当前法学研究和教育体系中的重要性和发展态势。王桦宇认为领域法学作为法学研究的一个分支，其特点在于针对特定领域或行业的法律现象进行深入的研究和探讨，卫生法、体育法、互联网法、军事法等，确实都体现了领域法学的特征。② 吴高臣指出，我国信用法在领域法学上的发展是一个全方位、多层次的过程，研究对象超过了传统经济信用范畴，涵盖了政务、司法等多个领域，呈现多元化的趋势。③ 王广聪认为未成年人司法体系在领域法学模式下，应构建同步审查、调查一体、程序并和、证据转化及第三方诉讼保障的司法体系。④ 彭诚信认为在数字法领域，领域法学的应用广泛而深入，强调具体化、立体化及复合化思维，有助于把握数字社会中复杂交叉的社会关系，探索法律原理与治理逻辑。⑤ 这为领域法学语境下财税法学的发展提供了参考。

王桦宇认为，领域法学以问题为中心、实践为导向的研究范式，为我国法学研究指明了方向，法学研究需要面向实践，并且必须面向实践。⑥ 侯卓认为领域法学在司法体系的进一步发展必然需要司法机构和审判队伍的专门化，比如专门合议庭、专门法庭和专门法院⑦；2023年5月，鞍山市铁东区税务局成立了"税费合议庭"；⑧ 2023年11月28

① 《中国法学会法学期刊研究会2023年学术年会在长沙举行》，2023年6月3日，https://zgfxqk.chinalaw.org.cn/portal/article/index/id/3448.html，2024年5月31日。
② 王桦宇：《领域法学研究的三个核心问题》，《法学论坛》2018年第4期。
③ 吴高臣：《中国信用法学自主知识体系的构建》，《政治与法律》2024年第4期。
④ 王广聪：《未成年人司法体系的中国领域法模式》，《东方法学》2024年第2期。
⑤ 彭诚信：《领域法学视野下的数字法问题》，《政法论丛》2024年第1期。
⑥ 王桦宇：《论领域法学作为法学研究的新思维——兼论财税法学研究范式转型》，《政法论丛》2016年第6期。
⑦ 侯卓：《领域法思维与国家治理的路径拓扑》，《法学论坛》2018年第4期。
⑧ 参见国家税务总局辽宁省鞍山市税务局工作动态。http://liaoning.chinatax.gov.cn/art/2023/9/13/art_309_112016.html？LMCL=zEFsgs，访问日期：2024年6月11日。

日，全国首个人民法院涉税案件合议庭在厦门揭牌；① 2024 年 2 月 23
日，全国首家专门税务审判庭在上海揭牌成立。② 2020 年 11 月 16 日至
17 日，首次召开的中央全面依法治国工作会议提出，"要总结编纂民法
典的经验，适时推动条件成熟的立法领域法典编纂工作"③，我国税收
法律体系也在不断完善。④ 党的二十大报告强调要加强重点领域、新兴
领域、涉外领域立法，表明领域法学范式与顶层设计相互契合。

　　在法学教育方面，施正文 2005 年提出，要推进财税法学教育现代
化，关注国际趋势和需求，加强财税法学课程的设置与改革，培养具备
财税法律素养的复合型人才，满足国家和社会的迫切需求，推动财税法
领域的健康发展。⑤ 熊伟认为，在知名法学院开设课程和在知名出版社
出版教材，是法学领域学术成就的重要标志，国内对财税法、军事法、
环境法、知识产权法、房地产法等与领域法相关概念学科教材的出版，
标志着该领域法学研究的成熟。⑥ 至 2016 年，已有多所高校将"财税
法"作为专业课程纳入法学专业人才培养方案，⑦ 教育部在 2018 年 4

---

① 参见国家税务总局厦门市税务局新闻动态。http：//xiamen. chinatax. gov. cn/content/
S55078. html，访问日期：2024 年 6 月 10 日。

② 参见《全国首家专门税务审判庭在上海成立》，国家税务总局上海市税务局网新闻动态，
http：//shanghai. chinatax. gov. cn/tax/xwdt/tpxw/202402/t470850. html，访问日期：2024 年 6 月 4 日。

③ 栗战书：《认真学习贯彻习近平法治思想为全面建设社会主义现代化国家提供法律保
障——在第二十六次全国地方立法工作座谈会上的讲话》，《中国人大》2020 年第 22 期。

④ 我国现行税种法有 13 部，加上《税收征收管理法》为 14 部，这 14 部税收法律加上
5 部税种暂行条例，基本上形成了税法典大半部分的框架。其中，2024 年 4 月 26 日第十四届
全国人大常委会第九次会议通过了《中华人民共和国关税法》，自 2024 年 12 月 1 日起施行，
http：//www. npc. gov. cn/npc/c1773/c1848/c21114/gsflf/，2024 年 6 月 4 日；增值税、消费税、
土地增值税、房产税和土地使用税尚未立法。

⑤ 施正文：《论中国财税法学教育现代化》，《山西财经大学学报》（高等教育版）2005
年第 4 期。

⑥ 熊伟：《问题导向、规范集成与领域法学之精神》，《政法论丛》2016 年第 6 期。

⑦ 参见《教育部对十二届全国人大四次会议第 4687 号建议的答复》，教建议〔2016〕
第 258 号，如同济大学、北京航空航天大学、西南财经大学等高校均将"财税法"列为法学
专业学生的专业选修课；河南大学将"财税法"列为"经济法与环境法类"的专业选修课；
沈阳师范大学将"财税法"列为"部门法模块"的专业选修课；浙江工商大学将"财税法"
列为"公司法务方向"的专业选修课，http：//www. moe. gov. cn/jyb_xxgk/xxgk_jyta/jyta_gao-
jiaosi/201611/t20161104_287655. html，访问日期：2024 年 6 月 9 日。

月 10 日发布《普通高校法学本科专业教学质量标准》，将财税法学列为法学专业的核心课程①，这一举措对于财税法学教育、人才培养以及理论研究都具有深远的影响，标志着财税法学理论和学科体系的成熟。刘剑文等人在法学教育中倡导"领域法"思维，认为法学教育的根本目标是培养出善于"发现问题—寻找方案—解决问题"的理论性人才和应用性人才。② 席晓娟认为"财税法学"是领域法学契合"新法学"要求的典范课程，通过引入领域法学的研究方法和理论体系，将理论和实践相结合，培养学生的实践能力和创新能力，使其成长为合格的社会法律人才。③ 2024 年 6 月 6 日，厦门大学法学院财税法教研室主任、教授及导师，率"全国首个涉税案件'三合一'集中管辖机制研究"课题组大部分成员赴思明法院立案庭调研，是财税法教学合作和实践的体现。④

自 20 世纪 90 年代以来，中国学术思想领域正在发生重大转向，在吸收西方法学理论的同时，中国法学需要发展具有本土特色的理论体系⑤，比如行政法平衡论⑥、领域法学⑦等。两者同为本土化、创新型的跨学

---

① 参见《普通高等学校本科专业类教学质量国家标准（上）》，2018 年 3 月第 1 版，第 41 页。

② 刘剑文、胡翔：《"领域法"范式适用：方法提炼与思维模式》，《法学论坛》2018 年第 4 期。

③ 席晓娟：《领域法学视域下"财税法学""金课"建设探究》，《法学教育研究》2021 年第 3 期。

④ 厦大国际税法与比较税制研究中心：《教学合作与实践：省社科基金重点项目"全国首个涉税案件'三合一'集中管辖机制研究"课题组赴厦门市思明区人民法院立案庭调研》，https://mp.weixin.qq.com/s/oy6gaT9UXFjAqObQ-LMsvw，访问日期：2024 年 6 月 12 日。

⑤ 滕祥志：《当代中国思想的重大转向——经典、格式与道统》，《社会科学论坛》2012 年第 11 期。

⑥ 1993 年，我国法学家罗豪才教授提出"现代行政法不应是管理法、控权法，而应是'平衡法'"的观点，力图为建构起中国特色行政法学体系提出本土化的行政法理论基础。该文不仅成为行政法"平衡论"理论基础的起点，也掀起了中国行政法学界对行政法学基础理论的热烈探讨，受到很多行政法学家的认可。

⑦ 参见刘剑文等《领域法学：社会科学的新思维与法学共同体的新融合》，北京大学出版社 2019 年版。

科理论体系，都注重理论和实践的结合，旨在解决中国法治建设和社会发展中的实际问题。①

　　行政法平衡论自提出以来，在中国法学界引起了广泛的关注和深入的讨论，它作为中国行政法学的重要理论，强调在行政机关与公民之间寻求权利义务的平衡，为行政权力的合理运用和公民权利的保护提供了理论指导，以实现公平与效率的双重目标，促进了行政法的公正性和法治政府的建设。②

　　平衡论的突出贡献首先体现在其对行政法基础理论的创新。它不仅仅将行政法视为控制行政权力的工具，还强调在保障行政管理有效实施的同时，也要防止行政权力的滥用或违法行使，保护公民的合法权益。③这种平衡的理念，为行政法的发展提供了新的价值导向和方法论。行政法平衡论强调的是程序权利对抗实体权力，以实现事后的、动态的平衡，与经济法的平衡协调论在本质上存在明显区别。④它不仅顺应了世界行政法的发展趋势和中国的实际需要，还有助于纠正只把行政机关看作权利主体，而把公民看作义务主体的观念，促进了行政立法、行政执法和行政司法中对政府与公民之间权利义务的公正对待。⑤其以深邃的理论内涵，为中国行政法学的创新与发展提供了坚实的理论支撑，体现了对行

---

① 例如滕祥志认为税政问题实为税法规则问题，需要以行政法平衡论形塑《税收征管法》的制度灵魂，借助行政法平衡论和正当程序的理念，构筑全新的《税收征管法》，提升税收治理体系与能力。参见滕祥志《论〈税收征管法〉的修改》，《清华法学》2016 年第 3 期。《行政诉讼法》的出台与实施是平衡论理论影响下的一个重要实践成果，该法律确立了对行政行为的司法审查制度，为公民提供了对行政机关行为提出异议的法律途径，体现了平衡论中关于行政权力与公民权利相互制约和平衡的理念。参见沈岿《"为了权利与权力的平衡"及超越——评罗豪才教授的法律思想》，《行政法学研究》2018 年第 4 期。

② 参见罗豪才等《现代行政法的平衡理论·第二辑》，北京大学出版社 2003 年版。

③ 仪喜峰：《行政法平衡论疏议——一个方法论的视角》，《江西青年职业学院学报》2013 年第 6 期。

④ 李克欹：《经济法的"平衡协调论"与行政法的"平衡论"之比较》，《学术交流》2006 年第 11 期。

⑤ 彭澎：《传承与超越：行政法平衡论之检视》，《云南大学学报》（法学版）2009 年第 2 期。

政权力与公民权利进行结构性均衡的价值追求，是对传统行政法理念的重要超越和完善。① 平衡论的提出，不仅丰富了行政法的理论内涵，也为行政法的实践提供了新的视角和方法，作为中国行政法学界的一项创新性理论成果，标志着中国在构建自主理论体系方面迈出了坚实的步伐，为现代法治国家建设提供了深刻的理论支撑和实践指导。②

领域法学理论，与行政法平衡论一道，在服务中国法治建设、追求法律价值、实现理论与实践相结合以及推动法学理论创新等方面，展现出了明显近似的精神气质和精神共鸣。相对于经历过长时间理论争辩的、成熟且系统化的行政法平衡论，领域法学作为一个新兴的研究领域，还处于成长阶段。在促进中国特色法学话语体系的构建方面，领域法学体现了法学研究的自主性和原创性。③ 领域法学的提出，是对传统法学研究范式的一次重大突破。它不再局限于单一的法律部门，而是将视野扩展到更为广阔的社会领域，强调跨学科的整合与交叉。这种研究范式的转变，不仅丰富了法学的研究内容，也为解决现实社会中的复杂法律问题提供了新的视角和方法。在强化法学与社会实践结合方面，它促进了法学研究与社会需求的紧密结合，丰富了法学研究的现实意义和提高了应用价值。随着领域法学研究的深入，越来越多的高校将领域法学的理论和方法纳入教学体系，培养具备跨学科素养和实践能力的法学人才，不仅促进了法学研究与国际法治文明的交流，也为法学人才的培养提供了更为广阔的发展空间。

---

① 阿海曲洛：《行政法平衡论的历史演进与理论争鸣——基于文献述评》，《中共乐山市委党校学报》2023 年第 5 期。

② 平衡论自提出以来，便面临着来自不同学者的批评与支持。一方面，有学者认为平衡论为行政法提供了一种新的视角，有助于实现行政法的价值目标，促进社会整体利益的最大化。另一方面，也有学者指出平衡论在理论构建和实践应用上存在不足，如内涵界定的模糊性、论证方法的粗糙性以及实证意义的欠缺性。平衡论在实践中的应用体现在对行政程序立法的影响、信息公开制度的构建、公共利益与个人利益的权衡等方面。然而，平衡论在实证层面的挑战也不容忽视。如何在现实操作中实现行政权与公民权的平衡，如何确保平衡论不只是一个理想状态还是实际操作的指导，是平衡论需要进一步探索的问题。

③ 佘情影：《"领域法学"：法理视野与话语共建》，《法学论坛》2018 年第 4 期。

领域法学作为一个重要的法学概念，尤其在财税法领域得到了深入的探讨和研究，领域法学概念的提出和不断发展对财税法学的发展和体系构建产生了积极的影响。① 领域法学推动财税法学理论体系创新，融合多学科视角，更新研究方法，拓展国际视野，并深化实践应用②，助力国家治理现代化。③

领域法学理论展示了财税法学者的巨大理论勇气和胆魄，也顺应了时代的潮流。当前，中国的学术探索应深入关注本土实际问题，同时在借鉴国际研究成果的基础上，积极发展具有中国特色、风格和气度的学术观点、学理体系和理论框架。领域法学的贡献在于展现出真正的理论原创性，其破局意义不仅在于创新性地融合了多学科视角，更在于其立足于中国实践的深厚土壤，形成了具有中国特色的法律理论体系。这种理论与实践相结合的创新，标志着中国法学在民族伟大复兴大背景下，法学理论创新层面上迈出了重要一步，为全球法学研究贡献了独特的中国智慧和中国方案。领域法学在中国法学界的发展，也体现了中国法学界在自主理论体系建设方面的努力和成果。

---

① 学者们在财税法学相关领域的研究也在不断深入。参见侯卓、吴东蔚《领域法学语境下中国财税法学知识谱系的革新》，《新文科教育研究》2023 年第 4 期，第 26 页脚注；刘剑文《学科突起与方法转型：中国财税法学变迁四十年》，《清华法学》2018 年第 4 期；许多奇、唐士亚《中国财税法学研究路径审视与展望——基于 2009—2017 年 CLSCI 论文的统计分析》，《法学》2018 年第 5 期；廖呈钱《改革开放四十年来财税法学研究范式的回顾与展望》，《经济法学评论》2018 年第 2 期；翟继光《2020 年度税收法治研究综述》，《税务研究》2021 年第 4 期；翟继光《2021 年税收法治研究综述》，《税务研究》2022 年第 3 期；翟继光《2022 年税收法治研究综述》，《税务研究》2023 年第 3 期；聂淼、赵菁等整理《2022 年财税法学研究综述（修订版）》，2023 年 3 月 16 日，https：//mp.weixin.qq.com/s/4f7C7F1 vyACgDAK-calUveg，访问日期：2024 年 6 月 16 日。

② 2024 年 6 月 16 日，第二十六届中国财税法前沿问题高端论坛 "领域法视野下危害税收征管犯罪的理论与实务" 研讨会在深圳大学成功举办。https：//mp.weixin.qq.com/s/kuyV-BaNtwWK6FdgoXRexaw，访问日期：2024 年 6 月 22 日。

③ 刘剑文：《作为综合性法律学科的财税法学——一门新兴法律学科的进化与变迁》，《暨南学报》（哲学社会科学版）2013 年第 5 期；侯卓、吴东蔚：《领域法学语境下中国财税法学知识谱系的革新》，《新文科教育研究》2023 年第 4 期。

第五节　税收之债理论①

一　税收之债理论的出现

税收法律关系的性质曾有"权力关系说"与"债务关系说"之争，而税收之债理论起源于德国，于 1919 年德国《帝国税收通则》中确立起来。② 1989 年，由日本学者金子宏所著、刘多田等人翻译的《日本税法原理》一书③，是简体中文第一次介绍并阐释税收债务关系理论④。"债务关系说"引入我国以来，对我国税法理论研究和立法选择都产生了巨大的影响，这一观点也自 21 世纪以来成为我国税法理论的主流。⑤ 随着国外税法文献的传入，关于税收法律关系性质争论开始引起国内学者的关注。2001 年《税收征管法》引入民法代位权与撤销权制度，引起学界的广泛关注，并由此引发了税法与民法关系的深入讨论。"税收之债"理论引入国内后，学者们尝试站在债务关系视角解释税法，产生了许多著作，⑥ 其中，刘剑文教授主编的《税法学》⑦ 首次以专章论述了"税收之债"的基础理论问题，而施正文教授的《税收债法论》⑧ 是我国第一部系统介绍税收债法的专著。

二　税收之债理论在国内的传播历程

关于税收之债的概念，学界通常引用刘剑文的定义，即"所谓税

---

① 中国社会科学院大学 2022 级税务硕士丛榕，对本部分的资料查找和初稿有贡献。

② 杨小强：《论税法与私法的联系》，《法学评论》1999 年第 6 期。

③ ［日］金子宏著：《日本税法原理》，刘多田等译，中国财政经济出版社 1989 年版。

④ 刘剑文主编：《改革开放 40 年与中国财税法发展》，法律出版社 2018 年版，第 161 页。

⑤ 刘剑文、李刚：《税收法律关系新论》，《法学研究》1999 年第 4 期。

⑥ 例如，刘剑文主编《税法学》，人民出版社 2002 年版；刘剑文、熊伟《税法基础理论》，北京大学出版社 2004 年版；杨小强《税法总论》，湖南出版社 2002 年版；施正文《税收债法论》，中国政法大学出版社 2008 年版；陈少英《税收债法制度专题研究》，北京大学出版社 2013 年版。

⑦ 刘剑文主编：《税法学》，人民出版社 2002 年版。

⑧ 施正文：《税收债法论》，中国政法大学出版社 2008 年版。

收之债，是指作为债权人的国家或地方政府承诺作为税收债务人的纳税人履行纳税义务的法律关系"①。税收之债的特征包括税收之债是公法之债、法定之债、货币之债、单务之债以及税收之债双方当事人法律权力的不对等性。② 杨小强作为最早论述债务关系说的学者之一，关注了税法与私法之间的联系，提出将代位权、撤销权和债的担保等债法中成熟的规定及原理移用于税法③，讨论了税收之债的发生④、变更、消灭以及税收构成要件⑤。刘剑文和李刚认为，抽象的、作为整体的税收法律关系的性质是税收债权债务关系，并与税收法律关系的平等性密切相关。⑥ 陈少英和龚伟认为，我国要建立税收债法体系，首先要将国家财政权力纳入宪政体制，实现财政的民主化和法治化。⑦ 翟继光对"税收债务关系说"产生的经济基础、思想基础、制度基础以及理论和实践意义都做出了阐述。⑧ 施正文对税收债权时效制度的研究表明，当税收要件满足时，成立抽象的税收债务，此时不产生纳税义务，当经过税收确定程序，抽象的税收债务转化为具体的税收债务，确定期限届满后，

① 刘剑文主编：《税法学》，北京大学出版社 2010 年版，第 219 页。
② 刘剑文主编：《税法学》，人民出版社 2002 年版，第 302—305 页。
③ 杨小强：《论税法与私法的联系》，《法学评论》1999 年第 6 期。
④ 杨小强提到，税收债务的发生时间有课税处分说与构成要件实现说。依据姜明安主编《行政法与行政诉讼法》（第三版），北京大学出版社 2007 年版，第 230、305—309 页，"课税乃属于行政征收行为之一种，它是典型的'依职权的具体行政行为'，其行为之成立当以税务机关作出有效的意思表示时为准"。
⑤ 杨小强：《税法总论》，湖南人民出版社 2002 年版，第 9—35 页；杨小强：《税收债务关系及其变动研究》，刘剑文主编：《财税法论丛（第 1 卷）》法律出版社 2002 年版，第 161—197 页。
⑥ 刘剑文、李刚：《税收法律关系新论》，《法学研究》1999 年第 4 期。
⑦ 陈少英、龚伟：《民主与法治：奠定税收债法体系的基础》，《广西社会科学》2005 年第 11 期。
⑧ 翟继光：《"税收债务关系说"产生的社会基础与现实意义》，《安徽大学法律评论》2007 年第 1 期。他认为，"税收债务关系说"是在实体法具体制度的基础上提出的，其经济基础是以追求平等为目标的资本主义商品经济，思想基础是社会契约的观念；理论上，"税收债务关系说"的提出推动了税法和行政法学的独立，促进了税法学研究范式的转化，有利于国家法制建设；实践上，"税收债务关系说"不仅有利于维护纳税人权利，而且能更好地保护国家税收债权的实现，对于我国的税收国家和法治国家的建设具有十分重要的意义。

实体上税收债务的请求权消灭，程序上不得再进行税收征收；我国税法的征收时效，分为税收追征期限和追缴期限，主要目的是防止税务机关怠于行使征税权利，当确认的税收债权超过法定征收期间，税收债权丧失。① 此外，他提出税收之债发生后，原则上具有不可溯及变更和消灭性，但在法定情形下，已经成立的税收之债可进行溯及调整，并且应遵循一般程序和特别程序的规定。② 汤洁茵将税收之债的构成要件划分为了税收主体、应税事实的发生或存续产生某项经济后果以及税基和税率，并建议征管法规定税收之债的成立时间，税务机关需承担税收之债构成要件成立的举证责任。③ 周刚志借鉴霍菲尔德的分析方法，将"税权"解读为一种综合性的税收权利，并从公法层面运用"行政法律关系理论"阐释了税收债权的产生、保全与消灭等基本问题，并赞同"建立税收债权的消灭时效制度"。④ 王肃元认为，税收退还请求权属于公法上的债权请求权。⑤ 孙成军将税收之债不履行的类型划分为不为履行、迟延履行和瑕疵履行三种形态，⑥ 将税收之债不履行的构成要件概括为确定性、违法性和客观性。⑦ 税收之债理论曾存在"一元论"与"二元论"之争，胡必坚认为税收法律关系是税收债权债务关系的一元构造⑧，但张斌认为两者分歧并不是在实质和内容上，而在于方法论⑨。张继恒认为，尽管存在"一元论"和"二元论"的分歧，

---

① 施正文：《税收之债的消灭时效》，《法学研究》2007 年第 4 期。
② 施正文：《论税收之债的溯及变更和消灭》，《现代法学》2008 年第 5 期。
③ 汤洁茵：《税收之债的构成要件及其对税收征管的影响》，《财会研究》2008 年第 14 期。
④ 周刚志：《也论税收债权债务关系》，《税务研究》2010 年第 2 期；周刚志：《再论税收债权债务关系》，《财税法论丛》2010 年第 00 期；周刚志：《论税收债权的消灭时效》，《税务研究》2011 年第 3 期。
⑤ 王肃元：《论我国纳税人税收退还请求权》，《兰州大学学报》（社会科学版）2010 年第 5 期。
⑥ 孙成军：《论税收之债不履行的类型及效力》，《湖南社会科学》2014 年第 4 期。
⑦ 孙成军：《税收之债不履行的构成要件》，《税务研究》2014 年第 5 期。
⑧ 胡必坚：《税收法治进程中的纳税人意思表示》，《河北法学》2014 年第 4 期。
⑨ 张斌：《关于税收法律关系中几个问题的思考》，《涉外税务》2004 年第 4 期。

但总体上，许多学者认同以税收债权债务关系为主线构建构筑税法体系。①

税收之债理论与纳税人权利保护。汤洁茵认为，从保障国家收入的角度来说，"债务关系说"和"权力关系说"并没有实质性的分歧，但就法治发展与纳税人权利保护而言，"债务关系说"更具有进步的意义；税收之债法律关系的平等性、税收法律主义和纳税人权利的保护构成了税收债权债务关系理论的基点。② 叶金育在债法的分析框架下认为，在税法解释时，当遇有税法不明或课税事实不明时，应该秉持"不利解释规则"，做有利于纳税人、不利于税务机关的解释，即奉行税法解释上的纳税人主义立场。③

学界检视税收之债理论的不足。王家林认为，把税收关系作为债务关系，把税法变成私法，才能真正保护纳税人权益的理论是不成立的，国家与纳税人的关系不平等，但征纳活动中税务机关及其工作人员与纳税人的关系是平等的。④ 翟继光就王家林提出的公民与纳税人、税收债法与纳税人权利保护、税法私法化以及个人利益与国家利益做出讨论⑤，王家林亦做出回应⑥。王冬将对"债务关系说"的反思放置在"权力关系说"与"债务关系说"的争论中，提出税收法律关系性质问题本质是

---

① 张继恒：《再论税权——从税法体系化的角度切入》，《法学》2024 年第 4 期。

② 汤洁茵：《税收之债与法治理念分析》，《税务研究》2005 年第 4 期。

③ 叶金育：《税法解释中纳税人主义的证立——一个债法的分析框架》，《江西财经大学学报》2017 年第 4 期；叶金育：《税法解释中纳税人主义立场的证成——以谦抑理念为观测中心》，《人大法律评论》2017 年第 2 期。税法中的"不利解释规则"与民法上格式合同的解释原理同出一元，合同格式亦存在两种解释，应遵循不有利于格式提供者、有利于消费者的解释。（2018）最高法行申 209 号陈建伟与福建省地方税务局税务行政管理案件中，最高法院的判决也显示出"首先考虑选择适用有利于行政相对人的解释"的观点，这体现了实践对理论研究的回应。

④ 王家林：《也从纳税人的权利和义务谈起——就一些税法新理论求教刘剑文教授》，《法学杂志》2005 年第 5 期。

⑤ 翟继光：《关于税收债法的几个基本问题——读王家林先生的文章有感》，《法学杂志》2005 年第 5 期。

⑥ 王家林：《就税收债法问题求教于翟继光博士》，《法学杂志》2005 年第 6 期。

如何通过把握"税"的本原进而认识相关"法"的问题。① 叶金育认为，一味照搬私法之债会导致税收债法制度悬空，在实体和程序上植入债法理念时，需按公法逻辑进行改造。② 王惠认为，税收债务关系是一种理论假设，税收法律关系中的权力（权利）义务的平等、等价客观上不存在。③ 侯卓认为，税收具有债之属性，但不可无视税法权力底色、直接用债法逻辑理解甚至重构税法；相对于实体税法，"债务关系说"对程序税法的塑造作用更强；"债权债务关系说"彰显了平等，但不一定能达到效果、造就实际上的平等，债法逻辑不一定比公法逻辑对纳税人更有利。④

　　税收之债理论对税法实践的影响追溯。施正文认为，我国没有制定税法通则，未在法律上对税收之债的产生做出明确的一般性规定，仅在相关的税种法中有所涉及，这给法律适用带来了障碍。⑤ 魏俊以税收之债理论分析了税收之债自力执行制度⑥，并认为我国现行税法包含纳税人自主确认、行政确认和特定条件下的司法确认三种确认方式。⑦ 何成锷认为，海关追补税时效届满法律效力，除有时效中断、中止的情事外，核定期间届满，不得作出征税决定，宜确定为税收债权的绝对消灭⑧；海关追补税时限中，核定时效和征收时效均不应引入无限

　　① 王冬：《税收法律关系性质之再研究——以对"债务关系说"的反思为进路》，《财政监督》2013 年第 19 期。

　　② 叶金育：《债法植入税法与税收债法的反思：基于比例原则的视角》，《法学论坛》2013 年第 3 期。

　　③ 王惠：《"税收债务关系说"之否定》，《南昌大学学报》（人文社会科学版）2015 年第 2 期。

　　④ 侯卓：《"债务关系说"的批判性反思——兼论〈税收征管法〉修改如何对待债法性规范》，《法学》2019 年第 9 期。

　　⑤ 施正文：《税收债法论》，中国政法大学出版社 2008 年版，第 139 页。

　　⑥ 魏俊：《论税收之债的自力执行》，《税务与经济》2008 年第 4 期。

　　⑦ 魏俊：《论税收之债的确认》，《西南政法大学学报》2009 年第 4 期。

　　⑧ 何成锷：《海关追补税时效届满法律效力问题研究》，《上海海关学院学报》2010 年第 3 期。

期追缴制度，海关和税务机关可以采取统一的期限设置①。陈丽君首次提出，征管法也存在民法中的预期违约问题，讨论了第三十八条和第五十条的规定，认为税收债权不应直接照搬私法的预期违约制度，而是运用预期违约的理念在《税收征管法》的规定上完善。② 陈少英认为，私法中"债"之概念的引入，使税法产生了税收之债和税收债法的概念，这一变革将对税收立法、执法、司法以及税收法制建设产生长远影响。③ 罗亚苍提出，契税纳税义务发生时间诸种解读分歧，应根据不动产权属转移原因，区分是否由法律行为引起，分别确定纳税义务发生时间和履行时间。④ 范志勇认为，税收之债理论为税务机关参与破产程序提供了可行性论证。⑤ 郭维真认为，税收之债理论具体到实践中是税收法定原则的落实，虽然国家是债权人身份，但征税权不可借债权理论超脱法治的约束。⑥

据学者研究，税法原是行政法的一个分支，"税收权力说"占据主流，第二次世界大战后，各国国民主权原理的兴起，"债权债务关系说"被接受，1919年《德国税收通则法》运用债的理论对税收进行了界定，"债权债务关系说"成为税法作为部门法律独立出来的理论支撑。税收之债引入我国的税法学界，不仅是在税法从行政法中独立的背景下，⑦ 也伴随着纳税人权利保护理论的兴起。税收之债理论暗含税收债务关系当事人法律地位的平等，即税务机关与纳税人平等的法律关

---

① 何成锷：《论海关追补税时限设置》，《上海海关学院学报》2013年第1期。

② 陈丽君：《略论我国税收债权的预期违约制度》，《黑龙江省政法管理干部学院学报》2010年第9期。

③ 陈少英：《税收债法制度专题研究》，北京大学出版社2013年版，第5页。

④ 罗亚苍：《契税纳税义务发生时间的确认与立法完善》，《税务研究》2015年第2期。

⑤ 范志勇：《论企业破产与税收征管程序的调适》，《河北法学》2018年第9期。

⑥ 郭维真：《税收债权视角下的〈税收征管法〉修订》，《税务研究》2018年第10期。

⑦ 叶金育：《债法植入税法与税收债法的反思：基于比例原则的视角》，《法学论坛》2013年第3期。

系，纳税人权利的保护构成了税收债权债务关系的基点之一。① 税收之债作为税法理论大厦中的一个宏观理论，是税法体系的逻辑起点，从"债"的特性出发，可以构筑整个税法体系。税收之债使得税法研究体系化，是税法研究逻辑的基石和前提。

　　税收之债理论在税收执法与司法实践中的呈现与回应。在法兰西水泥案②中，扣缴义务人经过债权人税务机关同意，将扣缴税款义务转让给第三人缴纳税款，得到了法院支持，税务机关的胜诉表明了法院判决的内在逻辑，法院认可税收的债务属性，同时也认可税务机关的债权人身份。基于税务机关的债权人身份，税务机关申请企业破产的案例并不少见。官方最早报道的案件见于《中国税务报》，该案件发生于浙江省温州市，③ 从中国裁判文书网可查的最早案件发生于山东省乳山市。④ 此外，广州市地方税务局第二稽查局申请对广州彩色带钢厂破产⑤、北京市房山区地方税务局申请北京碧溪温泉饭店有限责任公司破产⑥等案件中税务机关的申请均得到了法院支持，这表明，司法机关对于税务机关作为债权人，出现积极且正面回应的趋势。以上案例均是税收之债理论的执法与司法实践中的回应，但同时也应看到，对于税务机关作为债权人申请企业破产，也存在受到被申请破产的纳税人反对的案例，⑦ 学者认为，税务机关行使破产申请权应秉持

---

① 汤洁茵：《税收之债与法治理念分析》，《税务研究》2005 年第 4 期。
② 参见（2013）蒲行初字第 00007 号、（2014）渭中行终字第 00003 号。
③ 蔡景像等：《维护国家税收利益 温州税局主动向法院提起企业破产清算》，《中国税务报》2016 年 8 月 24 日第 A2 版。
④ 参见（2014）乳商破字第 1 号。
⑤ 参见（2018）粤 01 破 21—1 号。
⑥ 参见（2014）房破预初字第 00008 号。
⑦ 根据（2017）浙 1024 破申 2 号民事裁定书：债务人大卫公司未按期缴纳五千万应纳税款且未提供相应担保时，仙居县税务局因未对大卫公司采取税收保全和强制执行措施清缴欠税，直接向人民法院申请大卫公司破产清算，大卫公司请求驳回仙居县税务局的申请，但未得到法院支持，浙江省仙居县人民法院最终裁定"受理申请人仙居县地方税务局对被申请人浙江大卫房地产开发有限公司的破产清算申请"。

审慎理念。[①] 税收是一种公法之债，拍卖约定由买受人承担税费，不违反税收法定原则，得到法院支持，[②] 亦是税收之债理论司法实践中的回应。

　　税收立法实践对税收之债理论的呼唤。2015 年《中华人民共和国税收征收管理法修订草案（征求意见稿）》（下称"修订草案"）颁布，[③] 较 1992 年版本，修订草案设计的征管流程与文本结构发生重大变化，特别是第六章税额确认规定了税收之债的确认制度，这是立法理念的转变，也是立法对于税收之债理论的具体回应。《税法总则》的基础理论和形式设计受到学界关注，2022 年 8 月，全国人大常委会预算工作委委托中国法学会财税法学研究会课题组的《税法总则》专家意见稿通过课题评审。[④] 刘剑文和唐贺强撰文回顾，《税法总则》相关篇章，依据债法理论，以税收构成要件为主干，设计了税收之债的具体制度，对纳税义务的分类、成立条件、产生时间、履行等税收实体法内容

---

　　① 张世君、高睿思：《论税务机关行使破产申请权的若干思考》，《税务研究》2023 年第 2 期。

　　② 例如，在（2022）青执监 6 号和（2022）最高法执监 347 号案件中，法院认为，根据税收法定原则，纳税人的身份不能因拍卖公告载明条款发生转移，但税收法定并不意味税费承担主体的专属性，可由他人代缴，竞买人参与竞拍，视为对《拍卖公告》内容确认并接受，是参与竞买人的意思自治，法律对此并不禁止；可以通过要约对税款承担者进行约定，体现了对税收"债"之属性的认可。再例如，（2022）皖民再 148 号判决书中，一审法院认为，竞买公告中费用由买受人承担的条款视为要约，买受人公开竞买视为对要约的承诺，因此买受人应承担竞买的相关税费；二审法院认为，根据税收法定原则，纳税义务人的身份不能因拍卖公告载明条款而发生转移，相关税费由买受人承担，不符合法律规定，显失公平；终审法院认为，认可《拍卖公告》的内容并承诺遵守相关义务是买受人参与案涉土地使用权竞拍的前提，税负法定并不等同税负"主体"的法定性和专属性，也不意味着交易主体无权对税负的实际承担者进行自行商定。此案中，二审法院仅基于税收法定原则判断，一审及终审法院的判决不仅基于税收法定原则，而且对纳税人及负税人的定义进行判断，这也体现了对税收公法之债属性的认可。

　　③ 《国务院法制办公室关于〈中华人民共和国税收征收管理法修订草案（征求意见稿）〉公开征求意见的通知》，国家税务总局网，https：//www.chinatax.gov.cn/n810219/n810724/c1448892/content.html，访问日期：2024 年 6 月 10 日。

　　④ 《预算工委召开税法总则立法专题研究课题评审会》，中国人大网，http：//www.npc.gov.cn/npc/c2/c30834/202208/t20220830_319028.html，访问日期：2024 年 6 月 10 日。

进行规范,为国家行使征税权力划定合理范围。① 刘剑文介绍,《税法总则》的"税款缴纳"中,要体现税收之债"产生—变更—消灭"的法律关系运转。② 施正文介绍,税法典结构设计中,应将申报纳税与税额评定在第三编征管与程序中单独成章,按照税收债务设定—行使—救济逻辑关系,体现税法"债务法"和"纳税人权利保护法"的性质。③ 熊伟认为,税收债务关系可以帮助《税法总则》促进税法体系化。④ 侯卓和吴东蔚认为,"纳税义务"或"税收债务"作为税法制度的核心,应在《税法总则》中由专章规定。⑤

第六节　破产课税特区理论⑥

一　课税特区理论的提出

破产法的根本在于维护社会福祉,致力于公正地解决债权债务关系,同时确保债权人和债务人的合法利益不受侵犯;而税法则更关注国家的权益,其目的是规制税收征收行为,保障国家财源的稳定,并保护纳税人的合法权利。破产程序中的涉税问题,反映出破产法与税法之间的理念分歧和规则冲突,其根源于两者的法域属性定位差异。⑦

根据《最高人民法院工作报告》2023 年审结破产案件 2.9 万件,

①　刘剑文、唐贺强:《法典化目标下税法总则立法的三个问题》,《交大法学》2023 年第 3 期。

②　刘剑文:《税法典目标下税法总则的功能定位与体系安排》,《法律科学》(西北政法大学学报)2023 年第 1 期。

③　施正文:《税法典体系结构的设计和创新》,《税务研究》2023 年第 10 期。

④　熊伟:《体系化视角下税法总则的结构安排与法际协调》,《交大法学》2023 年第 3 期。

⑤　侯卓、吴东蔚:《税法总则框架下纳税义务消灭的规范表达》,《税务研究》2023 年第 8 期。

⑥　中国社会科学院大学 2022 级税务硕士丛榕,对本部分的资料查找和初稿有贡献。

⑦　徐阳光、范志勇、徐战成:《破产法与税法的理念融合及制度衔接》,法律出版社 2021 年版,第 4 页。

同比增长 68.8%，涉及债权 2.3 万亿元，其中，审结破产重整、和解案件 1485 件，762 家企业成功重整。① 目前，全国在审破产案件企业数 1994 个，其中清算案件企业 1651 个，重整案件企业 193 个，和解案件企业 5 个。② 以扬州地区为例，"从 2008 年至 2018 年，通过重整程序成功拯救企业 5 家"；"2019 年，破产重整案件结案 5 件"，2017 年至 2019 年，连续三年均有破产重整案件入选江苏省法院破产审判十大典型案例。③ 在破产重整案件中，企业处于"将死未死"的状态，存在诸多问题，其中，税收问题是破产企业最棘手的问题。

为系统解决破产法与税法之间的冲突，徐阳光将"领域法学"与"税收债权"的理论融入破产程序中税法问题的解决中，基于"课税禁区"问题的讨论，首次提出"课税特区"的概念。④ 他认为，从法理念层面分析，破产程序宜界定为课税特区，征税权力应谨慎介入并作必要调适，实现破产法与税法规则的互认。⑤ 所谓课税特区，是指为保障纳税人的正当权益，征税机关应当慎入（禁入）或者原有税法规则应当做出特别调整的领域，具体在实体税法与程序税法两个层面进行必要的调整和限缩。⑥

破产程序中的课税特区理论提出后，徐战成根据该理论，撰写了国内第一部破产涉税问题的法学专著《企业破产中的税收法律问题研究：以课税特区理论为指导》，他认为，税收债权属于特殊破产债权，破产企业属于特殊纳税主体，并将课税特区理论融入具体破产程序中，讨论

---

① 中华人民共和国最高人民法院，https：//www.court.gov.cn/zixun/xiangqing/4274 12.html，2024 年 6 月 12 日。

② 全国企业破产重整案件信息网，https：//pccz.court.gov.cn/pcajxxw/qgfb/qgfbxq，2023 年 6 月 16 日。

③ 转引自许飞剑《破产重整视域下债务豁免企业所得税减免问题研究》，《法制博览》2023 年第 36 期。

④ 徐阳光：《破产程序中的税法问题研究》，《中国法学》2018 年第 2 期。

⑤ 徐阳光：《破产程序中的税法问题研究》，《中国法学》2018 年第 2 期。

⑥ 徐阳光：《破产程序中的税法问题研究》，《中国法学》2018 年第 2 期。

了破产程序中的税收法律问题。[①]

二　课税特区理论的应用

(一) 税务机关参与破产程序

徐战成认为，破产程序中，税务机关具有债权申报义务，若不进行申报，理论上存在税收债权不予清偿的后果，建议修改现行法律规定，明确税务机关的债权申报职责，防止税务机关怠于申报税收债权，并建议对《企业破产法》第十四条第一款[②]进行完善，明确对破产企业主管税务机关的通知义务。[③] 徐阳光、范志勇和徐战成认为，考虑到维护国家利益及管理人统一安排管理破产财产，税务机关即使难以准确申报债权，也应在法院规定的申报期内履行申报行为；[④] 国家税务总局 2019年第 48 号公告首次涉及破产债权的申报义务，[⑤] 体现了税法对于破产制度的价值的尊重与对破产程序的支持；[⑥] 税务机关有资格参加债权人会议，但无权参加清算组。[⑦]

---

① 徐战成：《企业破产中的税收法律问题研究：以课税特区理论为指导》，法律出版社2018 年版。

② 徐战成建议将"人民法院应当自裁定受理破产申请之日起二十五日内通知已知债权人，并予以公告"，修改为"人民法院应当自裁定受理破产申请之日起二十五日内通知已知债权人及债务人的主管税务机关，并予以公告"。参见徐战成《企业破产中的税收法律问题研究：以课税特区理论为指导》，法律出版社 2018 年版，第 45 页。

③ 徐战成：《企业破产中的税收法律问题研究：以课税特区理论为指导》，法律出版社2018 年版，第 42、43、45 页。

④ 徐阳光、范志勇、徐战成：《破产法与税法的理念融合及制度衔接》，法律出版社2021 年版，第 162—163 页。

⑤ 国家税务总局公告 2019 年第 48 号《国家税务局关于税收征管若干事项的公告》第四条第一款规定：税务机关在人民法院公告的债权申报期限内，向管理人申报企业所欠税款(含教育费附加、地方教育附加，下同)、滞纳金及罚款。因特别纳税调整产生的利息，也应一并申报。

⑥ 徐阳光、范志勇、徐战成：《破产法与税法的理念融合及制度衔接》，法律出版社2021 年版，第 163 页。

⑦ 徐阳光、范志勇、徐战成：《破产法与税法的理念融合及制度衔接》，法律出版社2021 年版，第 164、165 页。

（二）税收债权的优先性

税款的税收优先权。我国税法规定了税收债权在清偿顺位上享有优先权①，即税收优先权。税收优先权制度出现以来，学者们进行广泛的探讨。② 基于课税特区理论探讨税款的税收优先权。徐战成认为，逃税罪移送并未考虑企业破产的特殊情形，纳税人无主观抗拒缴纳、客观上存在筹款缴纳行为，却被"拖入"破产情形，应纳入刑罚阻却事由；③ 现行法律体系下，担保债权人符合不存在主观恶意的前提条件，担保债权才能优于税收债权。④ 刘学认为，企业经营过程中产生的税款，在法院受理破产前产生，可以进行破产债权申报，在后续经营过程中产生，不应进行破产债权申报。⑤ 徐阳光、范志勇和徐战成认为，破产程序中，税收债权的优先性应当适当限制，由于破产债务不能够全部清偿破

---

① 《税收征管法》第四十五条　税务机关征收税款，税收优先于无担保债权，法律另有规定的除外。纳税人欠缴的税款发生在纳税人以其财产设定抵押、质押或者纳税人的财产被留置之前的，税收应当先于抵押权、质权、留置权执行。纳税人欠缴税款，同时又被行政机关决定处以罚款、没收违法所得的，税收优先于罚款、没收违法所得。税务机关应当对纳税人欠缴税款的情况定期予以公告。

② 例如，熊伟基于新旧破产法的比较，探讨了税收如何成为破产债权以及破产税收债权的申报与确认，他认为不同的税收有不同的代表机构分别代表政府申报税收和参加债权人会议，并且，进入破产程序后，所有债务必须彻底解决，税收只要发生，就必须允许申报；熊伟和王宗涛认为，实践中税收优先权运行不佳，应取消一般性的税收优先权；李慈强将破产清算中税收债权的分类及其优先权划分为四类，即基于破产别除权的优先权、基于担保物权的优先权、狭义的税收优先权和次后的税收债权；胡明和关儒从欠税的构成要件分析破产清算中的税收优先权，他们认为，企业年度欠税、涉税利息及补偿性滞纳金属于欠税范围，税收罚款、非补偿性滞纳金、须返还税收优惠等不应纳入税收优先权范围；从法律文义、法律性质及法律价值分析，滞纳金不属于"所欠税款"，在破产清算中不具有优先受偿权。参见熊伟《作为特殊破产债权的欠税请求权》，《法学评论》2007 年第 5 期；熊伟、王宗涛《中国税收优先权制度的存废之辨》，《法学评论》2013 年第 2 期；李慈强《破产清算中税收优先权的类型化分析》，《税务研究》2016 年第 3 期；胡明、关儒《论破产清算中税收优先权的"欠税"界定》，《税务研究》2022 年第 1 期。

③ 徐战成：《企业破产中的税收法律问题研究：以课税特区理论为指导》，法律出版社 2018 年版，第 78 页。

④ 徐战成：《企业破产中的税收法律问题研究：以课税特区理论为指导》，法律出版社 2018 年版，第 87 页。

⑤ 刘学：《论企业破产税收优先权——兼论课税特区理论》，《产权导刊》2020 年第 7 期。

产债权，税收债权人与担保债权人就抵押物形成零和博弈，此时强调税收债权的公益性而优先受偿，不具备说服力。[1] 为了更好地实现国家税收利益与普通债权人利益的协调平衡，余冬生和朱庆基于利益均衡原则与课税特区理论，提出了限缩税收债权破产优先权的假设，并提供了比较法的视角。[2]

税收滞纳金的优先受偿。同样是引入"课税特区"理论，探讨"税收滞纳金是否可以在破产程序中优先受偿"的问题。徐战成认为，进入破产程序前，欠税滞纳金视同税款管理，享有优先权，进入破产程序后，欠税滞纳金属于普通破产债权，不享有优先权;[3] 滞纳金的性质是债务利息，根据课税特区理论，欠税滞纳金的截止时间应与一般债权人一致，在破产受理时停止计息;[4] 欠税滞纳金可以超过税款，逾期不履行税务处理决定所产生的新的滞纳金，应遵循《行政强制法》，不得超过税款本身。[5] 杨大春和陈正翼认为，破产程序中税收滞纳金功能定位是"协调并兼顾国家税收利益与普通债权人利益"，其法律性质是"税收利息"，若税收滞纳金产生在破产申请受理前，应作为普通债权对待，若发生在破产申请受理后，则应作为除斥债权或劣后债权处理。[6] 杨方认为，税收滞金性质是行政执行罚，不适用破产程序中的税收优先权，税收滞纳金在清偿顺序上应置于普通破产债权

① 徐阳光、范志勇、徐战成：《破产法与税法的理念融合及制度衔接》，法律出版社2021年版，第27页。
② 余冬生、朱庆：《税收债权破产优先权限缩论：理论依据、现实基础与制度设计》，《税务与经济》2022年第4期。
③ 徐战成：《企业破产中的税收法律问题研究：以课税特区理论为指导》，法律出版社2018年版，第92页。
④ 徐战成：《企业破产中的税收法律问题研究：以课税特区理论为指导》，法律出版社2018年版，第48—50页。
⑤ 徐战成：《企业破产中的税收法律问题研究：以课税特区理论为指导》，法律出版社2018年版，第52页。
⑥ 杨大春、陈正翼：《论破产程序中税收滞纳金的权利属性》，《特区经济》2019年第10期。

之后。① 刘学认为，滞纳金的产生源自税款的欠缴，但不应享有优先权，可与普通债权列同一顺位。② 徐阳光、范志勇和徐战成认为，应当在制度规则上区分滞纳金补偿功能与处罚功能，与利息对应的滞纳金，若产生在破产申请受理前，应当作为普通债权对待，若产生在破产申请受理后，应当作为除斥债权或劣后债权对待，且因债务人财产不足导致未能受偿，债权应消灭。③ 余冬生和朱庆认为，仅税款本金具有破产优先权，破产税款滞纳金虽然具有强制、制裁和惩罚的功能，但本质上是对纳税人因占用税款而给国家利益造成损失的一种补偿，应将税款滞纳金作为破产债权，但不应与税款一起优先受偿。④

其他规费的清偿顺序。徐战成认为，欠费也要由税务机关参照税收债权的申报方式，申报欠费债权，不必交由非税收入本来的法定征收机关负责；⑤ 非税收入的清偿顺序，可以考虑界定为普通债权，与普通司法债权按照同样的比例清偿，既不"与民争利"，又可以体现出非税收入的"公共属性"。⑥ 刘学认为，其他规费具有行政色彩，属于惩罚性质的行政费用，不具有优先权，不应与税款一起优先受偿。⑦ 徐阳光、范志勇和徐战成认为，文化事业收费、教育费附加、地方教育附加等规费，与税收存在本质区别，不应纳入"税收债权"，不得享有

---

① 杨方：《论破产程序中税收优先权不及于滞纳金》，《安徽警官职业学院学报》2020年第2期。
② 刘学：《论企业破产税收优先权——兼论课税特区理论》，《产权导刊》2020年第7期。
③ 徐阳光、范志勇、徐战成：《破产法与税法的理念融合及制度衔接》，法律出版社2021年版，第21页。
④ 余冬生、朱庆：《税收债权破产优先权限缩论：理论依据、现实基础与制度设计》，《税务与经济》2022年第4期。
⑤ 徐战成：《企业破产中的税收法律问题研究：以课税特区理论为指导》，法律出版社2018年版，第47页。
⑥ 徐战成：《企业破产中的税收法律问题研究：以课税特区理论为指导》，法律出版社2018年版，第93—94页。
⑦ 刘学：《论企业破产税收优先权——兼论课税特区理论》，《产权导刊》2020年第7期。

优先受偿。① 范志勇和李奇认为，破产重整与债务重组具有本质区别，通过结合量能课税原则、课税特区等理论进行综合衡量，认为重整豁免债务既不具有可税性，对其征税也不具有正当性，因此，应明确将重整豁免债务列入所得税不课税情形中，以排除税收优惠路径的干扰。② 许飞剑认为，为促进破产重整成功，可通过确立课税特区理念与强化制度供给的方式，应对债务豁免企业所得税减免问题。③

新生税费的清偿顺序。徐战成认为，新生税款不是"破产债权"，应界定为破产费用和共益债务，并讨论了新生税款延期缴纳和发票开具的问题，但鉴于这种界定忽视了破产费用和共益债务的对价性、双务性和有偿性，建议《企业破产法》修改时，对新生债务作更精细的划分。④ 徐阳光、范志勇和徐战成认为，破产程序新生应缴税款应当优于优先债权的地位清偿，在企业破产程序中因继续履行合同或因继续经营而新产生的应缴税款，应以共益债务的债权顺位清偿。⑤ 罗敏由宁燕案⑥引出结论，将破产新生税费的性质明确为破产费用与共益债务，认为其应由债务人财产"随时清偿"且享有"超级优先权"地位，并认为税收强制执行应避开课税特区。⑦

---

① 徐阳光、范志勇、徐战成：《破产法与税法的理念融合及制度衔接》，法律出版社2021年版，第21—22页。

② 范志勇、李奇：《论针对企业破产重整豁免债务的所得税课税除外》，《税务与经济》2021年第6期。

③ 许飞剑：《破产重整视域下债务豁免企业所得税减免问题研究》，《法制博览》2023年第36期。笔者认为，在破产程序中，所得税征税课体不存在或发生变形，基于课税特区理论，重整豁免债务不具有可税性，因此不涉及企业所得税的减免问题。

④ 徐战成：《企业破产中的税收法律问题研究：以课税特区理论为指导》，法律出版社2018年版，第105—111页。

⑤ 徐阳光、范志勇、徐战成：《破产法与税法的理念融合及制度衔接》，法律出版社2021年版，第46—63页。

⑥ 参见宁夏回族自治区吴忠市利通区人民法院（2017）宁0302行初13号行政判决、宁夏回族自治区吴忠市中级人民法院（2017）宁03行终34号行政判决、宁夏回族自治区高级人民法院（2018）宁行申28号行政判决。

⑦ 罗敏：《破产程序新生税费之性质省思及税务处理调适》，《财会月刊》2021年第6期。

（三）破产管理人的纳税申报义务

企业破产管理人，实际上是破产财产的管理者，是清算事务的执行者。对比正常状态下的纳税人，破产管理人有没有纳税主体资格、与正常纳税人是否平等，是值得商讨的问题。徐战成认为，实践中并未要求破产管理人的纳税申报义务，但进入破产程序后，破产企业失去了相应的行为能力，破产管理人不进行相应税务处理会对后续程序的进行造成障碍，而将涉税事务的办理义务归属于破产管理人，又会造成处罚责任的归属和滞纳金责任的归属问题。① 徐阳光、范志勇和徐战成认为，破产程序中，破产财产的主体人格使破产管理人成为税收债务人，破产管理人实际担任纳税申报义务人，纳税申报制度需要为其做出特殊调适，明确赋予其纳税申报义务及权利，并由其承担未依法履行纳税申报义务的最终法律责任。②

（四）破产管理中的注销税务登记

徐战成认为，破产程序中，税收债权基本无法全额清偿，税务登记的主要目的是便于税务征管，税法中企业注销税务登记的前置要求，是为防止企业通过注销逃避缴纳税款，但是税法规定未考虑企业破产清算的情况，与《企业破产法》第一百二十一条规定③的精神不符；尽管文件规定破产企业可以进行简易注销，但在实践中不可行。④ 徐阳光、范志勇和徐战成认为，法院下达终结破产清算程序的裁定，企业主体资格消灭，应视为债务人债权的当然免责，税务机关实践中要求破产清算企业完税，阻却了正常的破产清算流程；税收征管制度的历次修订，均未体现对《企业破产法》第一百二十一条的调适，将结清税款作为税务

① 徐战成：《企业破产中的税收法律问题研究：以课税特区理论为指导》，法律出版社 2018 年版，第 111—118 页。

② 徐阳光、范志勇、徐战成：《破产法与税法的理念融合及制度衔接》，法律出版社 2021 年版，第 90—120 页。

③ 《企业破产法》第一百二十一条　管理人应当自破产程序终结之日起十日内，持人民法院终结破产程序的裁定，向破产人的原登记机关办理注销登记。

④ 徐战成：《企业破产中的税收法律问题研究：以课税特区理论为指导》，法律出版社 2018 年版，第 145—152 页。

注销的前提条件，影响清算企业工商登记的注销，导致破产案件结案困难；简易注销程序看似无须提供清税证明，但赋予了税务机关异议权，使得清算企业无法通过简易注销登记的申请。[①]

（五）拓展延申

叶金育将课税特区理论延伸到了婚姻法中，他认为，税法理当尊重和善用个人主义背后的婚姻家庭伦理基础和传统惯习，将婚姻家庭纳入课税特区显然切合了税法保障婚姻家庭的核心定位，有助于税法面对婚姻家庭时的立场抉择和婚姻家庭税法规则的整体优化。[②]

三　课税特区理论的评价

徐战成认为，将企业破产程序定位为课税特区意义重大，绝大多数企业破产涉税问题可以迎刃而解，并按照企业进入破产程序的环节进行了分析。[③] 杨大春和陈正翼认为，课税特区理论始于课税禁区理论，都立足于宪法与税法理念之上，但课税特区理论并不是课税禁区理论的简单翻版，而是对课税禁区理论进行了一定的修正，体现了量能课税与利益衡量理念的耦合。[④] 杨方认为，课税特区理论与利益衡量原则形成了耦合，并且课税禁区理论讨论的是征税权力禁止进入的范围问题，不能涵盖允许征税权力进入但又需要作特别调整的情形，课税特区理论便是为解决此种问题而生。[⑤] 李刚和郑晶晶对"课税特区"理论表示认同，破产程序即为课税特区的典型代表。[⑥] 刘学认为，课税禁区理论是通过对国家征税权的限制，使纳税人

---

① 徐阳光、范志勇、徐战成：《破产法与税法的理念融合及制度衔接》，法律出版社2021年版，第169—176页。

② 叶金育：《法际整合视域下婚姻家庭的税法保障》，《法学评论》2023年第4期。

③ 徐战成：《企业破产中的税收法律问题研究：以课税特区理论为指导》，法律出版社2018年版，第16页。

④ 杨大春、陈正翼：《论破产程序中税收滞纳金的权利属性》，《特区经济》2019年第10期。

⑤ 杨方：《论破产程序中税收优先权不及于滞纳金》，《安徽警官职业学院学报》2020年第2期。

⑥ 李刚、郑晶晶：《有关税收优先权的司法案例实证分析——兼评〈税收征管法修订草案（征求意见稿）〉相关条文》，《税务研究》2020年第7期。

的基本权利不受侵害，在国家课税权与公民基本权利之间形成一种平衡的理论；课税特区理论是指为了保障纳税人正当权益，征税机关应慎入或禁入某些原有税法规则应当作出特别调整的领域。① 罗敏认为，课税特区是解决破产涉税问题的新理念，在破产程序中，税务机关运用课税权时，应当虑及破产程序的特殊性而有所调适，避免侵蚀破产程序的精神。② 余冬生和朱庆认为，课税特区理论是限缩税收债权破产优先权的另一理论依据，课税特区理论的提出是以纳税人的正当权益保障作为基本内核，尚未包括普通债权人在内的其他相关主体利益，因此，课税特区理论应当而且可以扩大其主体适用范围。③ 许飞剑认为，就破产重整而言，课税特区理念将破产重整程序定位为课税特区而非课税禁区，这对于包括债务豁免企业所得税减免等在内的诸多涉税问题具有重要意义，可以避免债务豁免企业所得税减免所遭遇的"一刀切"的对待。④

破产是市场的正常现象，破产法是市场经济中重要的法律制度。从司法实践情况看，破产程序中的税收问题难以解决，是影响法院受理和审理破产案件的重要问题，但在实践中，也有地方做出了有益探索。例如，温州市中级人民法院和温州市地方税务局曾发布会议纪要，明确破产程序中，税务机关需要在期限内进行税收债权的申报。⑤ 再例如，新生税费的清偿顺序方面，既有将新生税费作为破产费用和共益债务清

---

① 刘学：《论企业破产税收优先权——兼论课税特区理论》，《产权导刊》2020年第7期。

② 罗敏：《破产程序新生税费之性质省思及税务处理调适》，《财会月刊》2021年第6期。

③ 余冬生、朱庆：《税收债权破产优先权限缩论：理论依据、现实基础与制度设计》，《税务与经济》2022年第4期。

④ 许飞剑：《破产重整视域下债务豁免企业所得税减免问题研究》，《法制博览》2023年第36期。

⑤ 温州市中级人民法院和温州市地方税务局《关于破产程序和执行程序中有关税收问题的会议纪要》（温中法〔2015〕45号）指出，"受理破产案件的法院应当自裁定受理破产申请之日起二十五日内书面通知其主管税务机关，告知申报税收债权相关事宜，主管税务机关应当在受理破产案件的法院确定的债权申报期限内依法申报税收债权。"这在税务机关参与破产程序的正当性上以及程序上，都具有进步意义，具有推广价值。

偿①，也存在法院认为其不属于破产费用②。实践中，理论与实践的结合加深，此类争议的存在，又推进着破产税法理论的完善。

破产法与税法立法宗旨的不同，造成了破产程序中的诸多税法问题。③ 企业破产状态类同于国家进入紧急状态，此时对其依照常态企业标准征税则违反了量能课税原则。④ 征税权的权威性毋庸置疑，但是处于困境中的企业所能承受的税收负担和权力压力已经到了最为敏感和脆弱的程度，如不加区分地行使征税权力，将会带来征税权行使中的"不妥当"和个案中的非正义问题。⑤ 因此，破产税法课税特区理论，强调在破产程序中对国家征税权力的必要限缩，为解决企业破产的各项税收问题提供了参考。

税收之债理论，使得税法研究体系化，是税法逻辑的基石和前提；破产程序中课税特区理论的提出，是税收之债理论的进一步深化。破产税法的课税特区理论以及税法交易定性理论，均体现了税法研究的精细化，是税法研究进入深水区的突出特征。破产税法的课税特区理论，足以对税收征管法的框架产生影响，现代税收征管法的框架体系应当以债法和课税特区理论设计。遗憾的是，目前课税特区理论仅在破产法领域受到关注，《税收征管法》立法者与法律文本的起草者未给予足够的重视。

第七节　税法交易定性理论⑥

一　税法交易定性概念溯源

在"税法交易定性"这一概念提出之前，我国就交易定性这一理

① 如（2015）承民初字第00136号。
② 如（2017）宁03行终34号。
③ 徐阳光：《破产程序中的税法问题研究》，《中国法学》2018年第2期。
④ 范志勇、李奇：《论针对企业破产重整豁免债务的所得税课税除外》，《税务与经济》2021年第6期。
⑤ 徐阳光：《破产程序中的税法问题研究》，《中国法学》2018年第2期。
⑥ 中国社会科学院大学2023级税务硕士曾海琪，对本部分的资料查找和初稿有贡献。

论的研究并不多见。① 著名民法及税法学家黄茂荣教授在探讨实质课税原则时，认为判断交易的税收性质不应仅仅依据交易的形式或外观，而应深入分析交易的经济实质。② 滕祥志从税收实体法的视角出发，对税企争议法律属性进行了探讨，强调了实质课税原则、税收构成要件和税收法定主义的重要性，指出税法交易定性在税收活动中的重要作用。③ 滕祥志认为，交易定性是指借助税法的原理和原则，对客观存在的交易性质进行认定的动态过程，即主观见之于客观的认识过程，通过分析一系列税法案例，识别出复合交易中常出现的"形实"或"名实"的冲突，深入探讨税法评价中至关重要的环节"交易定性"，强调对纳税主体和征税客体的交易定性取决于其法律和经济实质。④ 施正文认为，在解决非避税案件中的交易定性问题时，国内学者和司法实践者应更加注重运用法律实质主义的方法。⑤ 贾绍华认为，我国税收领域的大量税收判例和案例针对各种具体交易类型提供了交易定性的判定规则，应在借鉴英美法系判例制度的基础上，构建并发展我

---

① "中国知网"可查交易定性相关最早期刊为《国家工商行政管理局关于有线电视台实施强制交易行为定性处理问题的答复》，《工商行政管理》1998 年第 4 期；与"交易定性"主题相关期刊共 81 篇，与"税法交易定性"主题相关期刊共 18 篇，数据均为精确检索。中国知网，https://kns.cnki.net/kns8s/AdvSearch? crossids = YSTT4HG0%2CLSTPFY1C%2CJUP3M UPD%2CMPMFIG1A%2CWQ0UVIAA%2CBLZOG7CK%2CPWFIRAGL%2CEMRPGLPA%2CNL BO1Z6R%2CNN3FJMUV，访问日期：2024 年 6 月 14 日。

② 参见黄茂荣《税法总论——法学方法与现代税法》（第二册），台湾植根法学丛书编辑室 2005 年版，第 97—98 页。该著作举例为：受让一个法人之全部股份取得该法人之土地所有权，而事后未将该公司解散者究竟应认为土地所有权还是股份之交易行为？从而应课土地增值税还是证券交易税？此时应以股权转让行为课征证券交易税而非课征土地增值税。另一例为：为拆物建楼而购买尚有房屋之土地，而未约定出卖人负拆屋交地之义务，或买受人在受领房屋之给付后，曾就该房屋为使用收益者，其交易客体是否含房屋从而应课房屋契税？从其实质而论，两者皆系单纯购买土地，而无购买股票或者房屋之意。而在前者，因为未解散公司，应认定为股权买卖，而在后者，未在相当期间拆除房屋，应论为房屋之买卖从而应课房屋契税。

③ 滕祥志：《试论税企争议的法律属性》，《税务研究》2011 年第 1 期。

④ 滕祥志：《税法的交易定性理论》，《法学家》2012 年第 1 期。

⑤ 施正文、贺燕：《论实质课税原则的税法定位》，刘剑文主编《财税法论丛（第 13 卷）》法律出版社 2013 年版，第 336 页。

们自己的税收判例制度。①

二 交易定性与实质课税原则

交易定性和实质课税原则是一体两面的关系，两者如影随形，在交易定性的诸多场合中都能看到实质课税原则活跃的身影。实质课税原则强调在税法评价中，应超越表面的法律形式，深入探究交易的法律和经济实质。② 这意味着税务机关在确定税收义务时，不仅要考虑交易的法律形式，还要考虑其经济实质，即交易背后的实际经济活动和经济后果。所得归属者课税原则是实质课税原则的一个体现，它要求税收应由实际获得经济利益的主体承担，而不是仅仅依据名义上的归属；经济利益实质计量回归课税原则要求税务机关在计量经济利益时，应采用反映交易真实经济价值的方法。通过结合交易定性的法律实质和经济实质，以及所得归属者课税原则和经济利益计量回归的实质课税原则，税务机关能够更准确地识别交易的定性、归属、交易的定量，确保税收评价的公平性和合理性，不仅有助于防止税收逃避和滥用，也促进了税收制度的透明度和公正性。

在进行税法评价时，税法交易定性无处不在，凡属于识别税收构成要件的场合，均存在税法交易定性的身影。实践中，税法交易定性与实质课税存在两种出场逻辑。

（一）实质课税原则不出场。在交易形式和实质一致的情况下，合同的外观与经济实质呈现出高度契合性，这意味着合同所体现的法律关系和交易双方实际的经济活动是相符的。在这种情形下，交易的

---

① 贾绍华、严嘉黎：《英美法系判例制度对完善我国税收征管体系的启迪》，《税收经济研究》2014 年第 4 期。

② 例如，在融券交易中，形式与实质的区别需要通过交易定性来进行分析，以探究合同背后的实际经济活动。参见汤洁茵《融券交易所得有效课税模式的构建——兼论课税的经济实质与法律形式之争》，《金融理论与实践》2011 年第 2 期。

法律形式与经济实质没有出现分离，因此，税务机关在进行税法评价时，可以直接依据合同的外观来确定税收义务，无须深入探究合同背后的经济实质是否与表面形式存在差异。实质课税原则在这种情况下没有出场的必要，因为税收的公平性和合理性已经通过合同的外观得到了体现。此时的税法评价完全遵从民商法的外观，税法评价与民商法评价并无二致，这时，税法评价完全遵从民商法评价，尊重其外观主义，这也称之为"民商法评价第一性原理"。所谓"第一性原理"①，实质是民商法评价本来就发生在税法评价之前，税法评价须承接和接续民商法评价，民商法评价处于第一序列，处于优位。但凡税务机关作出异于民商法外观的税法评价的，必须由税务机关说明理由，并承担举证责任。一旦突破民商法外观，必须由税务机关承担举证责任，这也就从法理上和证据法上，阻却了对实质课税原则适用的恐惧心理。

（二）实质课税原则必出场。在交易形式和实质不一致时，税法需要依据实质课税原则，撇开民法呈现的表面交易形式和外观，把握经济交易的实质进行税法评价。② 在单一交易中，多为交易形式与实质一致的情况，但也会存在民法法律形式和民法交易实质不一致的情况，产生"形—实"冲突或者"名—实"冲突；③ 若单一交易中包含两种及以上的法律关系，此时需要突破合同外观，按照合同内容对其进行分解。在单一交易中，税法交易定性相对简单，要求超越表面的法律形式，确保所得的课税对象是实际的经济利益获得者。而复合交易因其涉及的法律

---

① 第一性原则，笔者受杨小强教授"三次评价理论"启发。根据三次评价理论，经济交易借助合同工具，税法评价必然遵循民商法评价，非必要不能打破其外观主义。

② 滕祥志：《税法的交易定性理论》，《法学家》2012年第1期。

③ 例如，名为"联营"实为"借贷"、名为"联建"实为"以物易物"、名为"买一赠一"实为"折价销售"、名为"投资合作"实为"租赁"、名为"赠与"实为"租赁"、名为"销售—回购"实为"融资"、名为"承包"实为"挂靠（借用资质）"、名为"借款"实为"利润分配"等，不胜枚举。

关系和经济活动更为复杂，对税务机关的税法评价和定性提出了更高的要求。税务机关在面对复合交易时，首先需要识别交易中包含的所有法律关系，包括但不限于合同中的多个条款、交易双方的多重身份以及交易的多重目的。然后需要进一步分析这些关系背后的经济实质，确认交易各方的实际经济行为、交易的真正目的以及所得的真实归属。实质课税原则在此过程中尤为重要，它要求税务机关在交易关系定性的基础上，进一步分析交易的经济实质，确保税法评价的准确性和公正性，既需要辨别相互之间的交易关系即交易定性，又需要把握所得的归属关系。①

交易形式与实质的不一致性，要求税法通过实质课税原则来实现交易定性的准确把握，深化税法分析，为税法理论发展奠定基础。实质课税原则作为一种税法独特的理念，在形式课税无法达到税法目的时介入，以确保税收的公平和合理，它允许税务机关在特定情况下超越表面的合同形式，探究交易的真实经济目的和效果，是税法独特精神气质的一种体现。滕祥志认为，面对名义与实际不符或形式与内容不符的情况时，税法主要依赖对投资关系、所得关系、管控关系和法律关系的分析技术，以确定名义与实质、形式与实质是否相符，② 因此税法的独特性主要体现在其构成要件理论上，③ 既要遵循税收法定主义，也要受到实质课税原则的约束。同时，也要仔细辨析交易的前置程序和后续环节，两者皆因交易而产生，皆与交易相关联，但不属于交易本身。

（三）学者观点梳理：实质课税原则在税法交易定性中的应用。陈清秀认为实质课税原则的理论依据是量能课税原则和捐税负担公平原则，④ 同时更倾向于从经济的核心本质出发，来理解实质课税原则的内

---

① 滕祥志：《税法的交易定性理论》，《法学家》2012 年第 1 期。
② 滕祥志：《试论税企争议的法律属性》，《税务研究》2011 年第 1 期。
③ 陈清秀：《税法总论》（第二版），台湾翰芦出版有限公司 2001 年版。
④ 陈清秀：《税法总论》（第二版），台湾翰芦出版有限公司 2001 年版，第 199—201 页。

涵。杨小强认为，税务机关征税会被课税事件的外观干扰，为了应对这种脱法行为产生了"实质课税原则"，相当于英美税法中的"实质高于形式"原则。[①] 李刚和王晋指出，实质课税原则起源于德国，也称"经济实质原则"或"经济观察法"，指在对税法加以解释和适用时，不拘泥于法条的形式约束，如果出现形式和实质不一致，应该根据实质进行判断，以实质情况作为课税的基础。[②] 滕祥志对实质课税原则的理解强调了税收正义的重要性，税务机关在确定课税要件事实（纳税主体、应税行为、归属关系）时，应超越表面的、形式上的或虚假的民商事行为，深入探明其内在的、实质的或真实的经济行为，并适用税法原则。[③] 当税法规范与民商法有显著区别时，相比交易的外观和形式，更要重视交易的经济实质，确保税收与权利平衡，税务征管要求探明交易实质以定税责。[④] 陈少英认为，税收的课征不能仅仅依据形式或外观，而应当依据经济活动的实质内容和纳税人的实际纳税能力。[⑤] 国税发〔2009〕82号文件[⑥]从经济观察的角度出发，以经济的实质否认法律的形式，有效地维护了税收管辖权。滕祥志认为，税法以交易性质为准，与民法关注点不同，依据实质课税原则，撇开合同呈现的表面交易形式，把握经济交易实质进行税法评价。[⑦] 孙立平用交易定性理论对虚开发票行为进行法律分析，认为税法评价能否定交易外观，做到"去形式求实质"。[⑧] 吕铖钢在实质课税原则的阐释上，认为以税法与私法的

① 杨小强：《税法总论》，湖南人民出版社2002年版，第249页。
② 李刚、王晋：《实质课税原则在税收规避治理中的运用》，《时代法学》2006年第4期。
③ 滕祥志：《税法实务与理论研究》，法律出版社2008年版，第168页。
④ 滕祥志：《税企争议与实质课税原则的重新定位——兼论实质课税原则的普遍性和中立性原理》，《税法解释与判例评注》（第一卷），法律出版社2010年版，第256页。
⑤ 陈少英：《税法基本理论专题研究》，北京大学出版社2009年版，第140页。
⑥ 参见《关于境外注册中资控股企业依据实际管理机构标准认定为居民企业有关问题的通知》（国税发〔2009〕82号）。
⑦ 滕祥志：《税法的交易定性理论》，《法学家》2012年第1期。
⑧ 孙立平：《基于税法交易定性理论的虚开发票行为法律评价》，《山东社会科学》2016年第3期。

关系为出发点，能够更好地把握经济行为在法律上的本质属性，确保税法的解释和应用符合经济活动的实际情况。[1] 王池认为，企业所得税法逻辑以纳税人基础民商事行为为出发点，判断企业是否取得实际的营业利润，再确立政府与企业间的税收互动义务。[2]

（四）实质课税原则在税法交易定性中的拓展。滕祥志通过对"广州'美致蓝'偷税案"的研究，提出了实质课税的中立性原理，认为实质课税本身没有利益偏向性，不仅仅适用于反避税，税法在对经济交易进行评价时，应基于经济实质进行公平判断，避免了因法律形式的不同而导致的不公平现象。[3] 实质课税运用的目的不是反避税[4]，只是造成了反避税效果。李利和王佳龙认为实质课税原则有效防范税收流失，能对"空壳公司"穿透认定，确保税收权益。[5] 在最复杂的反避税领域，尤其是新兴数字经济领域，纳税主体的确认将变得更加困难。[6] 贺燕指出，实质课税原则包括法律的实质和经济的实质，其中经济的实质包括了实质归属者课税原则和经济利益实质计量回归原则，认为经济实质主义的适用并不只限于反避税。[7] 纳税人主动援引实质课

---

[1] 吕铖钢、张景华：《实质课税原则的路径重塑》，《税务与经济》2018年第1期。

[2] 王池：《法际交集中的重整企业所得税：理论协调与制度重构》，《法学评论》2020年第6期。

[3] 滕祥志：《实质课税的中立性及其与税收法定原则的关系》，《国际税收》2015年第10期。

[4] 根据《中华人民共和国税收征收管理法》第三十五条第六款规定："纳税人申报的计税依据明显偏低，又无正当理由的，税务机关有权核定其应纳税额。"该规定实际导致了纳税人缴纳税款增加。

[5] 李利、王佳龙：《非居民企业股息所得疑难涉税问题处理原则和征管建议——基于三个典型案例的思考》，《国际税收》2022年第4期。

[6] 蒋遐雏认为原本企业设有常设机构，便可认定其为纳税主体。但在数字经济下，企业开展业务活动的本质和范围发生了改变，纳税主体与常设机构的联结受到了挑战。参见蒋遐雏《数字经济背景下中国避税规制的法律路径》，《法学评论》2023年第2期。张馨元认为数字经济导致的交易人和地物分离，交易行为难以定性、税收管辖权划分困难。参见张馨元、田婷、庄婷婷《数字经济背景下完善高净值人群跨境税收征管问题研究》，《税务与经济》2023年第6期。

[7] 贺燕：《"德发案"与实质课税原则——兼论经济实质及其确定方法》，《税法解释与判例评注》2019年第2期。

税原则已有实例①，如（2019）闽民申 3189 号民事裁定书②，根据经济活动的实质内容和收益归属确定了纳税主体，与反避税相对，是实质课税保护纳税人利益的体现。③ 袁杨通过梳理司法案件发现，实质课税原则在实际应用中主要涵盖了纳税客体、避税行为、纳税主体以及纳税主体的经济归属等方面的司法认定，与税收构成要件相关联。④ 任宛立认为，增值税法的认定应基于交易的法律实质，特别关注合同背后的法律关系，仅在私法定性与税法价值不符时才考虑经济实质，确保税收公平与实质课税。⑤ 李楠楠和付大学探讨了在平台经济背景下，如何根据实质课税原则对劳务所得与经营所得进行有效区分，对平台交易定性、税收客体识别和实质所得归属者课税进行了分析，为税收征管实践提供指引。⑥

三　税法交易定性与税收构成要件及税收法定

滕祥志认为，大量的税企争议围绕着税收构成要件展开，也就是纳税主体和税收客体的认定，两者又由税收法定原则所决定。⑦ 滕祥志认为，税法实质课税原则分两个方面，即"实质归属课税"原则和"实质

---

① 本书此章节的"实质课税原则"部分中，有实质课税中立性原理的相关案例。

② 参见（2019）闽民申 3189 号《南安市石井泉水石材厂、许宣耀合同纠纷再审审查与审判监督民事裁定书》。

③ 但唐步龙认为，在实务中纳税人主张实质课税原则产生有利效果的可能性不高，除非主张实质课税原则是对国家征收税款有利。非常尴尬的一点在于，不同于民法、刑法、行政法，在税收法律文件开篇即列举了各部门法原则，税收法律文件中并未规定"税收法定""量能课税""实质课税"，因此并不存在包含"实质课税"一词的法条。参见唐步龙、熊丹培《论实质课税原则适用的中立性》，《江苏商论》2023 年第 8 期。

④ 袁杨：《论税务机关适用实质课税原则的范围》，《经济研究导刊》2021 年第 11 期。

⑤ 任宛立：《平台交易增值税课税规则的重构：以合成给付为视角》，《法学评论》2023 年第 2 期。

⑥ 本文仅在经济利益实质所得者的认定上适用了实质课税原则，但在客体的识别上没有区别其实质。本文的精彩之处在于，税收构成要件的识别，在客体归属层面，客体识别是独创的、深入分析的结果，这标志着税法分析进入精细化时代。参见李楠楠、付大学《平台经济税收征管中劳务所得与经营所得之区分：基于实质课税原则的视角》，《税务研究》2024 年第 6 期。税务研究公众号，https：//mp. weixin. qq. com/s/U_22ston3rKFpCY-Ebs0Pw，访问日期：2024 年 6 月 17 日。

⑦ 滕祥志：《试论税企争议的法律属性》，《税务研究》2011 年第 1 期。

把握课税"原则，前者适用于确定纳税主体，后者适用于确定税收客体。① 纳税主体认定是税法评价和规制的核心环节之一，与税法实质课税原则息息相关。② 判断税收客体是否存在，需要先对涉及的经济交易或经济事项进行明确的定性分析，然后才涉及对税收客体的量化确认。③ 税收客体的量化不仅涉及会计计量，更需法律判断来确定税基的有无和性质，税务活动需审慎分析税法规定，以此确保税基计算的合法性和合理性。④

学者们主要研究税收构成要件的五个要素：主体、客体、归属、税基和税率。张守文认为，是否有应税的营利性活动及相关受益，是判定纳税主体的重要标准。⑤ 杨小强认为税收客体是税收债务发生所必需的物的要素，决定了对什么进行课税以及哪些应负担税收，税收客体的选择不仅涉及经济上的给付能力，还关联到税法的正义和多重价值取向。⑥ 他在《合同的税法考量》中，对第三人介入的税法处理进行了探讨，包括代理合同⑦、委托合同⑧、行纪合同⑨、居间合同⑩及融资租赁

①　滕祥志：《税法的交易定性理论》，《法学家》2012 年第 1 期。

②　滕祥志：《税法的交易定性理论》，《法学家》2012 年第 1 期。

③　滕祥志：《税法的交易定性理论》，《法学家》2012 年第 1 期。

④　滕祥志：《税法的交易定性理论》，《法学家》2012 年第 1 期。

⑤　张守文：《论税法上的"可税性"》，《法学家》2000 年第 5 期。

⑥　杨小强：《税收债务关系及其变动研究》，刘剑文主编：《财税法论丛（第 1 卷）》，法律出版社 2002 年版，第 176 页。

⑦　包括有权代理、复代理、间接代理、无权代理、连带责任之代理、特殊代理及代理业。参见杨小强、叶金育《合同的税法考量》，山东出版集团、山东人民出版社 2007 年版，第 269—282 页。

⑧　就合同行为的履行而言，内部上委托人和受托人为委托合同的当事人；外部上委托人和相对人是合同行为的当事人。实质上，委托合同中的受托人与代理合同中的代理人角色完全相同，均为合同行为之外的第三人，且委托代理实质上就是委托合同的一种，甚至在某种程度上可以认为委托合同与委托代理实质为同一法律概念，只是适应不同场合下的称谓而已。参见杨小强、叶金育《合同的税法考量》，山东出版集团、山东人民出版社 2007 年版，第 282 页。

⑨　合同法上，行纪合同是行纪人以自己的名义为委托人从事贸易活动，委托人支付报酬的合同。于税法上而言，行纪合同中的价格出入、自己交易和自己合同的制度具有与代理和委托合同不同的法律意义。参见杨小强、叶金育《合同的税法考量》，山东出版集团、山东人民出版社 2007 年版，第 291—292 页。

⑩　居间合同涉及报告合同机会或提供媒介服务，成功后居间人需纳税；若故意隐瞒或提供虚假信息损害委托人，需赔偿但赔偿是否纳税取决于是否视为委托人额外利益。参见杨小强、叶金育《合同的税法考量》，山东出版集团、山东人民出版社 2007 年版，第 292 页。

合同①的情形，认为应以第三人介入后实际履行的行为和效果作为税法评价的依据，明确各方之间的法律关系，详细梳理整个交易框架中的决策流程、管理控制、资金流向、劳务分配、货物流转以及发票的往来关系，进而准确界定收益主体和行为主体。② 其可谓交易定性和税法分析的肇始者、先行者，对复合交易的交易定性进行了详细的探讨。李大庆提出将传统的"征税对象"或"征税客体"等概念转化为"应税行为"的观点，意味着税收的产生不仅基于所拥有或所得的实体，更基于特定的行为，只有当个人或企业实施了法律规定的应税行为时，才会产生纳税的法律效力。③ 章慈和杨颖洁对损害赔偿的可税性进行了探讨，认为赔偿的支付方和接收方是主体要件、赔偿所针对的具体对象或行为为客体要件，赔偿金额中税基的计量要取决于赔偿的性质和目的，同时强调了税法需要不断改革以适应新的经济现象和交易模式。④

翁武耀和薛皓天认为，在个人所得税有关无权占有物之孳息的税收客体归属认定上，应以"私法所有权说"为基本原则，以"实质归属说"为补充，在所有权的权能发生分离的情况下，以收益权的归属来确定"所有权"的实质归属。⑤ 叶金育认为，税收客体的归属不只是一个技术要素，其在定性要素系统内部的作用无可替代，在比对经济事实

---

① 从法律关系层而分析，代理关系属于一种较为复杂的三方关系，这也增添了履行中的复杂性和多变性，任何两方之间违背诚实信用而行为均可能致第三方处于不利益境地，为此，民事法规定了连带责任制度。参见杨小强、叶金育《合同的税法考量》，山东出版集团、山东人民出版社 2007 年版，第 292—293 页。

② 杨小强、叶金育：《合同的税法考量》，山东出版集团、山东人民出版社 2007 年版，第 267—295 页。

③ 李大庆：《财税法治整体化的理论与制度研究》，中国检察出版社 2017 年版，第 69 页。

④ 章慈、杨颖洁：《损害赔偿的税法审视：可税性与征税框架解析》，金杜研究院公众号，https：//mp. weixin. qq. com/s/Hyo-g0ZtjXh_rg_lByKG_Q，访问日期：2024 年 6 月 26 日。

⑤ 翁武耀、薛皓天：《无权占有物之孳息课征个人所得税问题研究》，《常州大学学报》（社会科学版）2018 年第 6 期。

与税收客体、串联税收主体与客体间扮演着重要桥梁角色。① 聂淼从主体归属和时间归属两方面，进行了对经济能力归属的探讨，认为只有在经济利益归属于实体上的主体时，才能对其课税。② 王家俊在探讨信托税制时，认为税负应当归属于信托财产的实际受益人，且税负主体的确定是一个动态的过程，需要随着信托活动的发展和税收政策的调整而不断完善。③

刘郁葱和周俊琪认为，当税法对于某项交易的定性没有明确的规定时，可以参照会计准则中对该交易的会计计量或科目分类，在实务中税法与私法发生冲突时，应当偏向于私法。④ 叶金育对环境保护税客体进行了探讨，认为环境税实体规范基于量益课税原则，通过定性和定量规范明确纳税义务，并遵循特定的逻辑位序和功能定位，形成体系化理论，不仅要惩罚元凶，还要考虑惩罚与收益相称。⑤ 贺燕认为，经济实质的认定体现在计税依据的"量化"过程中，通过"直接认定"和"间接认定"两种方法来确认税额，但理想状态⑥在现实中难以实现，只能采用尽可能客观、稳定而可预期的方式，来确定课税金额。⑦

税法交易定性识别税收构成要件，而构成要件又由税收立法所确定，因此税法交易定性与税收法定主义息息相关。赵宇指出，税法的滞后性问题随着经济交易形式的迅速发展日益凸显，深入探讨了在税收法

---

① 叶金育：《税收构成要件理论的反思与再造》，《法学研究》2018 年第 6 期。

② 聂淼：《以经济能力为核心价值的税收构成要件论》，《税务研究》2020 年第 12 期。

③ 王家俊：《信托税制中税负主体的确定性研究》，《江汉论坛》2020 年第 7 期。

④ 刘郁葱、周俊琪：《税法解释冲突处理原则的探讨——基于三起高新技术企业认定的实例分析》，《税务研究》2016 年第 7 期。

⑤ 叶金育：《环境税量益课税原则的诠释、证立与运行》，《法学》2019 年第 3 期。

⑥ 有观点认为，只有税务机关综合评价收集的证据和各种间接事实并进行事实的精细分析，基于合理的商业目的，能够得出"系争交易只能以与可比交易相同或类似的状况发生"这一强制性、最终和唯一的且不可动摇的结论，由此确定的交易的实际金额才具有高度的信服力。

⑦ 贺燕：《"德发案"与实质课税原则——兼论经济实质及其确定方法》，《税法解释与判例评注》2019 年第 2 期。

定原则框架下的税收契约问题，认为税收契约能够在一定程度上填补税法的空白，推动税收的公平性，提升税收的效率，但其合法性和公正性也面临着挑战。① 殷勤、张娟娟以"陈建伟案"为例，指出其名为购房实为借贷的交易实质，认为在对有关课税构成要件进行判断和定性时，需要穿透外在的法律形式外观，在税收法定主义和实质课税原则的指导下，依据交易的实质进行课税。② 叶金育指出，在税收法定原则下，增值税法应尊重经济交易的合同法评价，除非有充分的必要性，否则不应轻易推翻，如果要撇开合同法另立新规，不能违背上位法。③ 李慈强指出，在电子商务经营模式下，纳税人主体身份和经营行为性质的认定值得商榷，税收征管方面也存在着较大的困难，需要强化税务登记和税源管理。④ 施正文认为，平台经济虽然使得税收实体法适用不清晰，但却没有改变交易背后的经济实质，在税收征管方面居于征纳双方之外，以第三方身份承担义务。⑤

对一个经济交易进行税法评价，特别需要调动民商法、税法和刑法等多个法律部门的综合知识资源，以确保交易的合法性、合规性和正当性。概言之，以确保税法评价的公平和正义。⑥ 民商法主要关注经济交易的合同关系、物权变动等私法方面，确保交易双方的权利和义务得到明确和保护，民商法张扬并保护交易自由，意思自治，交易安全，交易秩序等价值；税法评价着重于交易中的税务合规性，包括交易是否存在税收客体、客体如何量化、所得的归属期何在、经济利益归属者属谁、

---

① 赵宇：《税收法定原则下税收契约的思考》，《税收经济研究》2018 年第 2 期。

② 殷勤、张娟娟：《民间借贷行为可税性研究》，《山东法官培训学院学报》2022 年第 3 期。

③ 叶金育：《税法解释中的"答案"与"说理"——以国税函〔2009〕537 号为分析对象》，《税法解释与判例评注》2022 年第 1 期。

④ 李慈强：《论电子商务经营者税收征管的困境及其立法完善——兼论〈税收征管法〉的修订》，《上海财经大学学报》2022 年第 5 期。

⑤ 施正文、刘林锋：《论数字平台的税收征管义务》，《国际税收》2024 年第 4 期。

⑥ 参见杨小强《中国税法：原理、实务与整体化》，山东人民出版社 2008 年版。

管辖权属于谁、是否存在逃税或避税行为等；刑法的评价则是从最严重的角度审视交易行为，判断是否存在犯罪行为，如诈骗、贪污、挪用公款等。税法评价，经常须面对交易的名义与实质、形式和实质的分离状况，追求交易的经济实质和法律实质，最终达成税法公平和正义，就成为税法秉持的、固有的、独特的精神气质。

民法分析的精细和系统性，为其他法律领域的分析提供了宝贵的参考和借鉴，也为税法分析提供了典范。从民法领域观之，王泽鉴教授在《民法学说与判例研究》系列著作中，不仅系统地阐述了民法的基本理论，更通过丰富的判例分析，展示了民法理论在实践中的运用，为我们提供了深刻的民法评价认识。[①] "《民法学说与判例研究》皇皇凡八册，得德国民法学之精髓而厚植华人社会之民事习惯与司法秉性，于内地民法学与民事法律秩序之演进成熟者，正可为直接的参照系与资源库，于内地民法学学术风格之养成、制度研判之进展、立法更化之提升有着不可尽数之示范与塑造之功，乃有'天龙八部'之谓。"[②] 他通过将司法实务与现行法律、民法学说与判例研究及民法理论与司法实务进行紧密结合，以扎实的理论框架为基础，选取具体案例作为分析的出发点，运用类型化的方法对案例进行分类和归纳，借助分析法学的技术手段，深入挖掘案例背后的法律原理。[③] 这种方法论的运用，不仅丰富了民法的

① 王泽鉴：《王泽鉴法学全集》，中国政法大学出版社 2003 年版。《民法学说与判例研究》于 1998 年由中国政法大学出版社在大陆发行简体字版，自 2009 年起由北京大学出版社增订再版，广被参考引用。

② 《民法学说与判例研究》出版于 1998 年，共八册，得德国民法学之精髓而厚植华人社会之民事习惯与司法秉性，于内地民法学与民事法律秩序之演进成熟者，正可为直接的参照系与资源库，于内地民法学学术风格之养成、制度研判之进展、立法更化之提升有着不可尽数之示范与塑造之功，乃有"天龙八部"之谓。更可贵者，于法条技术分析之外，亦提倡价值权衡与价值判断，于法律精神上更为圆融。而两岸法学在知识、制度与技术模式上的趋近，更是于中国整体的法律现代化乃至于两岸和平发展做出重要奠基。该八本书获选"1978—2014影响中国十大法治图书"。参见《王泽鉴民法研究系列 直接德国民法学术巨擘，甘作两岸法学联通桥梁推演学说，精研判例，高识深论，大义微言》，《政法论坛》2017 年第 6 期。

③ 何志：《穿梭于民法理论与实务之间——读王泽鉴〈民法学说与判例研究〉感想》，《人民司法》2009 年第 22 期。

学术内涵，也为司法实务提供了有力的理论支持和指导，促进了法律知识的创新和发展。民法分析，作为法律学科中的基础性分析，具有深厚的理论基础和广泛的应用范围，是对民法规范、原则、制度以及相关案例进行详细研究和解释的过程，目的是理解和适用民法规则，解决民事纠纷，保护个人权益。

从前辈学者看，税法研究的切入，有两个路径和维度：一是从民法切入，进入税法研究的纵深地带，黄茂荣先生为其中的杰出代表；二是宪法行政法切入税法研究，葛克昌先生是其杰出代表。民法作为规范民事主体之间私法关系的基石，为税法研究提供了重要的视角和分析工具，其中关于财产、合同、继承等法律关系的界定，为税法中的财产税、增值税、遗产税等税种的征管提供了基础性框架。通过对民法理论的深入理解，税法研究者能够更准确地识别和界定税收法律关系、合理评估税基，确保税法评价的准确性和税收执法的公平性。同时，民法中关于权利义务的划分、法律行为的效力以及合同自由原则等，对税法中交易定性的分析、税收义务的确定以及反避税措施的设计都具有指导意义。此外，民法的案例分析方法和类型化手段，能够帮助税法研究者从具体案例中提炼出普遍适用的法律规则，促进税法理论的发展和完善。税法分析在继承民法分析的优秀传统基础上，通过不断的创新和发展，已经形成了自己独特的分析框架和方法，专注于税收法律关系的定性分析，旨在确保税收法规的正确实施，平衡国家税收收入和纳税人的合法权益。两者作为国家法律体系的重要组成部分，在法律实践中往往需要相互配合、协调，法律专业人士在进行税法分析时，需要具备跨领域的综合法学知识资源，以确保税收法律问题得到全面和准确的处理。

窃以为，杨小强的《合同的税法考量》作为税法分析领域的重要开创性著作，具有里程碑式的意义，首次系统地将合同法与税法相结合，深入探讨了合同作为经济交易的工具在税法中的地位和作用，为税法分析提供了新的视角和方法。魏高兵其后的著述《合同的税法评价》①，在前者基础上更进一步，更加细化。但是，其大致理论源泉和理论框架，当受到前者启发，与杨小强教授理论路径相似。熊伟、叶金育教授亦撰文②，并用案例分析说明税法与民法的复杂互动关系。交易定性在税法分析中处于基础性地位，扮演着至关重要的角色，是实现税法精细化、动态化、实践化的关键途径，作为宏观税法理论与微观税法实务之间的桥梁，使得税法分析更加贴近实际，更具有可操作性。

　　基于商事交易类型日益复杂的现状，税法不确定性问题日益凸显，加之税收立法与司法解释的不足，税法交易定性成为填补法律漏洞、解决税企争议的关键环节。税法交易定性是指对经济活动中的交易行为进行性质上的界定，以确定其在税法上的定位。税法交易定性，为税法分析提供概念、理念、理论和技术型框架，为税法分析奠定理论基础。其发展演变不仅反映了财税法学理论的深化，也对税法实践和制度建设产生了深远的影响。它与税收之债、实质课税原则、税收构成要件及税收法定主义等理论链接紧密，使这些理论在实践运用中出现高度融合和互动。在探讨实质课税原则的过程中，交易定性的重要性尤为突出。通过对交易本质的深入分析，可以准确识别和界定交易的税法属性，从而为税法的适用提供坚实的基础。这种定性不仅让税法"活"起来，在实践中赋予其动态性和灵活性，而且为税法分析提供了广阔的发展空间。

　　税法交易定性的研究丰富了财税法学的理论体系，为学者们提供了新的研究课题和方法。③ 尽管学者们在进行税法分析时可能没有直接引

---

　　① 参见魏高兵《合同的税法评价》，立信会计出版社 2014 年版。

　　② 叶金育、熊伟：《民法规范进入税法的立法路径——公法与私法"接轨"的规范配置技术》，《江西财经大学学报》2013 年第 4 期。

　　③ "中国知网"可查，《税法的交易定性理论》一文已被 77 篇学术期刊、7 篇博士学位论文、63 篇硕士学位论文以及 1 篇会议引用，https：//kns. cnki. net/kcms2/article/abstract? v＝bd42u7TqVAFzJUhHT7yA3P－7XjfxcmaRu8VmFihLRfBHqJCCQa0WQHm＿h4Es4MHguH6QsHfltLihNfW2DsBSa351wTg5CMc－5AZvCz-MS0NI＿JcHYEu676wy-NljnCrUL43OBexXdIk＝&uniplatform＝NZKPT&language＝CHS，访问日期：2024 年 6 月 20 日。

用交易定性理论，但他们在实际操作中往往不自觉地应用这一理论来识别交易的税收构成要件。通过对交易行为的定性分析，为税务实践提供了明确的判断标准，有助于解决实际税收征管中的问题，提高税收执法的法理依据、法学秉性和法治能力。由于法理共识的达成，征纳双方的共识和理解增加，同时提高税收征管的效率和公正性。通过对交易定性的深入研究，可以发现现有税法制度的不足，为法律的修订和制度的完善提供理论支持，使之更加适应经济社会发展的需要。在税法教学方面，有助于学生将抽象的税法理论与具体的交易行为相结合，提升税法分析能力，培养批判性思维。在全球化背景下，税法交易定性的研究能对国际间复杂交易结构进行解析，有助于促进国际间的税法合作与协调在交易定性的基础上，确定税收管辖权的法理根据。因此，税法交易定性理论可以为国际税法研究的拓展和深入提供分析工具。

2012年，笔者曾撰文指出，本土的税法学研究尚未建立起自己的核心概念、分析范畴、分析工具等，财税法学研究任重而道远。在中国本土的税法学研究中，我们面临着学术破局的重大任务。我们不能仅仅停留在介绍域外税法学术观点的层面，而必须立足于本土实践，结合中国的国情和税法实践，发展出具有中国特色的税法学理论。回顾过去的十二年，随着实践的深入和学术界的共同努力，交易定性的理论及其应用已经日益成熟，其重要性也逐步获得了学者们的认同，税法分析的工具和理论范畴框架已经破土而出。税法交易定性在实践运用中对税收征管至关重要，但法律规定的模糊性、经济交易的复杂性、判断的主观性及税收征管资源的有限性都可能会增加交易定性的难度。税法交易定性的准确性，对于税法确定性、税收公平和提高税收效率至关重要，需要税务机关、纳税人以及立法机构的共同努力。随着税务问题的法律属性日益呈现，以及税法学对交易定性等理论和分析工具的掌握，税法分析已经逐渐变得实践性强、逻辑自足且日益精细，构建税法理论大厦，贯穿税法实践始终。

第 三 章

行政僭越与税法行政解释的法律规制

第一节　如影随形的税法评价与行政解释

税法评价，即在具体涉税案件中，征纳双方根据税法规定和税法原理，认定具体案件中的课税要件事实，以取得共识的活动。课税要件事实，包括四个方面：（1）纳税主体。（2）税收客体，涉及是否存在纳税客体，以及客体的定性和量化两个方面的问题。（3）税收特别措施，涉及税收核定、纳税调整、优惠条件成立与否等问题。（4）税收管辖权，即税收主权问题。税法交易定性涉及纳税主体认定、税收客体、税基及其量化、优惠条件是否成立，以及税收管辖权是否成立等问题域。认定纳税主体与交易定性[①]相关，故纳税主体的认定主要是一个税法适用、税法分析和税法解释活动。

实务中，在税收客体的有无、定性和量化方面，在认定纳税主体方面，交易定性理论着有丰富的表现，涉及简单合约交易和复合交

---

① 滕祥志：《商事交易纳税主体解析》，《中国税法评论》（第 1 辑），中国税务出版社 2012 年版。

税法交易定性理论：缘起与实践拓展

易①两种，认定税收客体和纳税主体，需要在适用税法和解释税法中取得平衡。在税收特别措施中，税收核定、特别纳税调整、优惠条件成就与否，也存在复杂的税法适用和税法解释问题。认定事实与适用法律、解释法律，往往同时交叉进行。于征纳双方而言，对具体交易进行合法合规的税法处理，需要运用税法分析的工具解决确认纳税主体、税收客体有无、定性以及量化，优惠条件是否成就、管辖权是否成立等问题，如此复杂的税法分析活动，彰显了税收活动和征纳争议的法律属性，近期国家税务总局启动的"税务公职律师制度"，即为明证。

针对具体涉税交易，财政部和国家税务总局制定大量的税法规范，税法行政解释权的存在与扩张，已经到了如影随形的程度。客观上，要求其完美无缺、无懈可击、逻辑严谨，固然不合乎情理。公允而言，财税主管机关所制定的大量税法规范，绝大部分既合乎法理也具有实操性。

不过，仔细审视这些税法行政解释，透过这些税法规范观察行政解释权的内在逻辑和过程，发现其中或存在认定税收客体互相矛盾、改变实收要素或扩大征税客体、增加程序义务损害纳税人权益、设定税收优惠损害税收法定等问题。仔细审视并玩味这些行政解释，发现其中存在违反税收法定的可能性，或为税法实证和理论研究的一个良好视角。

一 认定税收客体有无：以深圳能源股权转让涉税案为例

深能源集团占股钦州实业的75%；深能源股份占股钦州实业的25%，2000年4月25日，两公司股东会议决定将其全部股份，整体转让给中石油广西公司。2000年12月15日，钦地税稽罚字〔2000〕第020号《税务行政处罚决定书》决定：交易"以转让股权名义进行房地

---

① 复合交易：（1）单一合同中隐含两个以上法律关系比如房屋联建；（2）第三人介入交易比如代理、居间、行纪、名义借用、资质借用、信托、融资租赁等；（3）经一组合约实现的交易，比如销售回购、融资融券、售后回租等。

产资产转让"，追缴两家公司营业税等税款、滞纳金及罚款。2001 年 3 月，两家公司起诉撤销稽查处理决定。2002 年 9 月，钦州中级人民法院（2001）钦行初字第 2 号《行政判决书》判决原告败诉。

稽查决定前，2000 年 9 月 5 日，国税函〔2000〕687 号："鉴于深圳市能源集团有限公司和深圳能源投资股份有限公司一次性共同转让深圳能源（钦州）实业有限公司 100%的股权，且这些以股权形式表现的资产主要是土地使用权、地上建筑物及附着物，经研究，对此应按土地增值税的规定征税。"

诉讼期间，2000 年 11 月 28 日，国税函〔2000〕961 号明确指出：在签订股权转让合同时，在合同中注明钦州公司原有的债务仍由转让方负责清偿。"钦州公司股权转让行为发生后并未发生销售不动产或转让无形资产的行为，因此，按照税收法规规定，对于转让方转让钦州公司的股权行为，不论债权债务如何处置，均不属于营业税的征收范围，不征收营业税。"

但是，〔2002〕桂行终字第 30 号行政判决书，终审判决深能源集团等应该缴纳营业税。

经查，国税函〔2000〕687 号文描述的事实与案件事实不全符合：能源集团投资入股钦州公司后，土地使用权未办理过户手续（687 号文未揭示）；根据《公司法》，对钦州公司而言，享有要求能源集团补足投资且过户之请求权；全部股权转让之后，中石油公司为钦州公司的实际控制人和股东。钦州公司对能源公司未办理过户之请求权，失去《公司法》基础。但是，新股东基于股权转让协议和支付巨额对价，享有请求权。这一请求权的主体和基础已经变更。因此，在新旧股东之间，已经达成转让土地使用权的合意，合意指向合同之外的第三人钦州公司受益（土地过户），属于向第三人履行和第三人受益的合同。根据转股协议，能源公司负有履行过户登记手续之义务。但是这一过户登记，已经不属于入股投资性质，不得享有免征营业税税收待遇。新旧股东之间，达成的土地过户登记合意，或明示或者隐含，均客观存在，从转股价款亦可以判断。是故，能源公司发生了有偿转让土地使用权行为，存在土地增值税征税客体，本案形式上是股权转让协议，实质上转让了土地使用权。甲、乙双方约定转让土地使用权给丙，并从乙取得转让价款，既符合土地增值税税收客体，也符合营业税税收客体。

如此看来，国税函〔2000〕687号实际上是在认定一个具体案件的事实，适用法律，同时，形成的案件认定结论又是对税法规则作出的行政解释，某种意义上填补了税法规则本身的漏洞，旨在起到税法规则解释、填补和案例指引作用。尽管很多省局以国家税务总局没有转发该函为由，而不予以适用该文件。但是，其性质仍然是税法行政解释与税法适用。

这里的问题是国税函〔2000〕687号所描述的事实与本案的实际情况并不相符。687号文作出征收土地增值税的税法评价，结合本案的实际情况，结论正确，但是，由于文件描述的事实与案件事实不符，687号文件形成的税法推论没有普遍适用性，由此实务界对国税函〔2000〕687号普遍提出质疑，不无道理。这样，国税函〔2000〕687号所力图揭示的"规则"，因不符合法理而不具有规范意义。①

之后广西壮族自治区高级人民法院做出二审判决。2004年2月23日，广〔2002〕桂行终字第29号《行政判决书》作出终审判决，撤销广西壮族自治区钦州市中级人民法院以〔2001〕钦行初字第2号《行政判决书》关于维持钦州市地方税务局稽查局钦地税稽罚字〔2000〕第020号《税务行政处罚决定书》。接着，广西壮族自治区高级人民法

---

① 在法理上，如果某个税收规范性文件的行政解释，揭示并符合税法法理，这个文件所揭示的法理就具有规范意义。不过，具有规范意义的不是文件本身，而是文件背后所蕴含的法理。实践中，某些税收规范性文件虽然废止了，但其背后蕴含的法理和精神并不能被废止，还依然具有约束力和规范意义。

院以〔2002〕桂行终字第 30 号行政判决书，认定深能源集团等应该缴纳营业税。也就是说，法院的判决在事实认定和法律适用方面，并未支持国税函〔2000〕687 号文件，也没有支持国税函〔2000〕961 号。

仔细观察，按照 687 号文描述的案情，如果结论是应该征收土地增值税，则 961 号文所谓的"不征收营业税"就不符合法理，反之亦然。显然，这两个文件互相之间存在矛盾。因此，法院终审判决未适用或者说绕开了这两个文件，没有直接对这两个税收文件的合法性作出司法决断，间接上说明了两个文件的合法性问题。

二　改变税法要件：计税毛利率、税率变动不居及税收客体扩大

如果说，国税函〔2000〕687 号所提供的税收客体有无的税法判断，目的是对具体个案的税法解释或税法指引，那么，还有一类税法解释则实质性地改变了法定税收要素，造成行政权僭越立法权的实际后果，违反了税收法定主义的基本内涵。

国家税务局关于改变保险合同印花税计税办法的通知（国税函〔1990〕428 号）：一、对印花税暂行条例中列举征税的各类保险合同，其计税依据由投保金额改为保险费收入。二、计算征收的适用税率，由万分之零点三改为千分之一。

国家税务总局关于改变保险合同印花税计税办法的通知（国税函发〔1990〕428 号）：经多方征求意见和反复测算，并报送国务院领导同志批准，决定作如下改进：一、对印花税暂行条例中列举征税的各类保险合同，其计税依据由投保金额改为保险费收入。二、计算征收的适用税率，由万分之零点三改为千分之一。

国家税务总局关于印发《房地产开发经营业务企业所得税处理办法》的通知（国税发〔2009〕31 号，以下简称"31 号文"）第八条规定："企业销售未完工开发产品的计税毛利率由各省、自治区、直辖市国家税务局、地方税务局按下列规定进行确定：（一）开发项目位于省、自治区、直辖市和计划单列市人民政府所在地城市城区和郊区的，不得低于15%。（二）开发项目位于地及地级市城区及郊区的，不得低于10%。（三）开发项目位于其他地区的，不得低于5%。（四）属于经济适用房、限价房和危改房的，不得低于3%。"

学者认为，由于总局文件仅规定"计税毛利率"下限，而授权各省级税务机关另行制定计税毛利率，这实际上是将《企业所得税》规定的法定计税依据授权各省级税务机关。省级税务机关又将权力层层转授至市级税务机关，这有违《税收征收管理法》《立法法》确立的"税收法定原则"。① 在实践中，有的省级税务机关为了"完成税收任务"，脱离实际地将"计税毛利率"提高至25%甚至30%（例如天津市、江苏省盐城市等）；有的省、市级税务机关甚至直接通过电话而非正式发文的形式，即将计税毛利率提高（例如江苏省无锡市、福州市等）。学者还以为，"31号文"第六条规定："企业通过正式签订《房地产销售合同》或《房地产预售合同》所取得的收入，应确认为销售收入的实现……"，这就将收入实现的确认变更为"收付实现制"，破坏了法定的"权责发生制"。

至于成品油消费税税率的三次频繁改变，已经成为财税法历史上一段佳话，并直接引发《立法法》第六条的修改，② 由原来的"税种的设立、税收征管制度只能制定法律"改为"税种的设立、税率的设定和税收征管制度只能制定法律"。

除改变税率之外，还有一类改变税法要件的典型就是对征税客体进行扩大解释。比如，对网络游戏币交易所得纳入个税征税范围（国税函〔2008〕818号）、对于非货币资产出资征收个人所得税（财税

---

① 对计税毛利率等诟病，参见吴克红《关于审查废止国税发200931号文规范性文件的建议书》，熊伟主编《税法解释与判例评注》（第1卷），法律出版社2010年版，第157—161页；兰全昌《我国税法解释滞后造成的税收执法困惑》，《税收征纳》2013年第2期。
② 赵晨熙：《税率法定激战4天4夜将不会再有成品油消费税3连涨》，《法治周末》2015年3月18日。

〔2015〕41 号)①、将契税征税对象由"房屋"扩大到"房屋附属设施""地下停车位转让"（财税〔2004〕126 号）等，撇开这些解释本身是否蕴含税法法理依据不谈，显然，这些行政解释扩大了字面意义上的征税范围，扩大了法定的税收客体，某种程度上是行政代行立法职权或者司法职权。

综上所述，计税毛利率、税率变动不居及税收客体扩大，无疑加大并证成了税法不确定性。

三　不予退还税款：限制纳税人税款退还请求权

"31 号文"② 第九条规定：当企业实际利润率低于上述预估的利润率时，多缴的税款不予退还，只能抵减以后年度的所得税。实务中，很少有多征税款退税的案例，一般地方主管税务机关对此的解释是，"第九条未规定实际利润率低于预计毛利率的，应予以退税"。笔者认为，多缴纳税款不予退还，只能抵减以后年度的税款，这实际上损害了纳税人的税款退还请求权，构成行政立法性质的侵权行为，实质是税法行政解释限制纳税人权利。企业所得税法实行分期预缴、年终汇算清缴管

---

① 非货币资产出资，在出资环节即确认所得，税法原理上无法逻辑自足。美国税法关于非货币资产出资不确认所得，参见赵文祥《美国税法关于非货币财产出资的规定及启示》，《税务研究》2015 年第 4 期。财税〔2015〕41 号认为，"个人以非货币性资产投资，属于个人转让非货币性资产和投资同时发生。对个人转让非货币性资产的所得，应按照'财产转让所得'项目，依法计算缴纳个人所得税"。这一表述显然缺乏交易主体的概念和逻辑，假定投资的交易对手是其他股东，那么从交易对手获得所得才能称之为交易所得，而拟设立的公司则为合作的产物，并非交易对手，在投资环节显然未从交易对手获得"所得"。文件的制定者，显然未从法律角度思考交易主体、交易性质、交易所得问题。

② 国税函〔2008〕299 号文规定按预计利润率进行所得税预缴，"31 号文"规定按预计毛利率进行所得税预缴。而且，"31 号文"取消了预缴的概念，并规定在签订房屋预售合同时确认收入的实现，应该缴纳企业所得税。论者以为，这与《国家税务总局关于确认企业所得税收入若干问题的通知》（国税函〔2008〕875 号）规定的"企业销售商品同时满足以下四个条件应确认收入的实现：1. 商品销售合同已经签订，企业已将商品所有权相关的主要风险和报酬转移给购货方"不符合。因此，收入是否实现，属于所得税客体量化的范畴，事关重大，非法律规定焉能为之？

理，由于房地产项目开发的特殊性，所得税预缴和年终的汇算清缴皆以"预计毛利率"为基准进行，当数年后项目清盘结算时，若实际利润率低于预计毛利率，理应发生多缴税款的退税问题，但是，"31号文"的起草者疏忽了这一问题。为了税收利益和规避执法风险，基层税务机关往往以没有明文依据为由，不予退税。

目前，这种情形并非孤立个案。这与《财政部、国家税务总局关于增值税若干政策的通知》（财税〔2005〕165号①）第六条所规定的"一般纳税人注销或被取消辅导期一般纳税人资格，转为小规模纳税人时，其存货不作进项税额转出处理，其留抵税额也不予以退税"有异曲同工之处，同样是限制纳税人的税款退还请求权，对纳税人的合法权益造成损害。

而类似的税款不予退还的规定，还体现在契税、印花税等行政解释性文件之中。比如，《国家税务总局关于办理期房退房手续后应退还已征契税的批复》（国税函〔2002〕622号）规定："按照现行契税政策

---

① 财税〔2015〕41号规定对大型飞机或者支线飞机销售的期末留抵增值税，允许纳税人一次性申请退税。业界认为，期末留抵允许退税退息，符合增值税的法理和纳税人权利保护原理，也与国际通行做法吻合，应成为一般规则。

② 《国家税务总局关于办理期房退房手续后应退还已征契税的批复》（国税函〔2002〕622号）规定按照现行契税政策规定，购房者应在签订房屋买卖合同后、办理房屋所有权变更登记之前缴纳契税。对交易双方已签订房屋买卖合同，但由于各种原因最终未能完成交易的，如购房者已按规定缴纳契税，在办理期房退房手续后，对其已纳契税款应予以退还。但是，国税函〔2002〕622号文件又被国家税务总局公告2016年第34号全文废止，至此，税款退还请求权，又被剥夺。

③ 财税字〔1988〕255号第二十四条规定凡多贴印花税票者，不得申请退税或者抵用。国税地字〔1989〕75号第二款、国税地字〔1989〕102号第四条、沪税地〔1989〕100号第三条、国税函发〔1990〕508号、国家税务总局公告2016年第77号第二十四条，皆有印花税不予退税的规定。

④ 税款退还请求权，体现在原《税收征管法》第五十二条，分为"纳税人发现"和"税务机关发现"多缴纳税款两种情形，前者期限为自发现之日起，两年内可申请退税。实践中，税务机关要求留抵以后年度的税款，很少有申请退税成功的案例。原告申请退税败诉案例参（2014）云中法行终字第14号。

⑤ 参见（2014）奉行初字第26号《民事判决书》。

规定，购房者应在签订房屋买卖合同后、办理房屋所有权变更登记之前缴纳契税。对交易双方已签订房屋买卖合同，但由于各种原因最终未能完成交易的，如购房者已按规定缴纳契税，在办理期房退房手续后，对其已纳契税款应予以退还。"但是，该文件又被国家税务总局公告 2016 年第 34 号全文废止。税款退还请求权，又被轻易剥夺。

四 创设程序义务：加重纳税人程序负担

国税发〔2005〕82 号、国税发〔2005〕156 号、国税发〔2007〕114 号文均规定，契税纳税义务人缴纳契税前，必须提交购房发票。但是，在司法拍卖、司法执行或者以房抵债诉讼之后的执行环节，房屋产权承受人是没有办法取得购房发票的，这样，就与国税发〔2005〕82 号、国税发〔2005〕156 号文件规定相抵触。基层税务机关为规避执法风险，也严格遵照执行。

实践中，曾经发生过税务机关不予办理契税缴税，而纳税人提起税务机关不作为诉讼的案例。上海启航商务咨询有限公司诉上海市地方税务局奉贤区分局案 14 表明，原告通过法院拍卖取得房产权但并不能取得购房发票，税务局要求原告办理权属转移登记之前必须提交购房发票，税务局四次拒绝受理原告缴纳契税和印花税，且被告向原告征收上一环节税种并不合理，故起诉要求被告履行法定职责。

一审法院判决被告胜诉。一审判决表明，法院对这一行政程序性规定表达了客观的尊重，但没有考虑到这个程序义务的合理与不合理之处以及其一般适用条件和例外条件，同时也未考虑到个案的特殊性，在商业拍卖、司法拍卖或者诉讼取得产权的情况下，税务机关机械地执行上级规范性文件，损害到了纳税人的"纳税权利"，客观上，税务总局的文件存在固有疏漏之处，强加这一程序义务会损害特定情形下的纳税人权利，因此，一审法院的判决可以存疑。学者认为，一方面，进入司法诉讼程序的税务案件数量相对有限，司法机关很少有机会解释和适用税法；另一方面，法官在适用税法处理案件时，对税务机关表现出强烈的谦抑态度，法院反而成为税务机关填补税法漏洞的追随者，而非实施者。

无独有偶，财税〔2009〕111 号、国税发〔2006〕144 号规定，办理特定亲属之间无偿赠予房产免征营业税手续需要提交"赠予公证书"等，而赠予公证必须按照赠予标的缴纳公证费用，这无疑加大了税法遵从的成本。文件的起草者出于规制滥用免税待遇的考虑，设置了提交公证文书的前置程序，但对获得赠予公证书的成本未考虑周到，引发反弹。其后的国家税务总局公告 2015 年第 50 号，删除了这一提交赠予公证书的手续。

第二节　逻辑：税法确定性服务的本质是税法解释

探寻税法行政解释规制的内在逻辑，必须先厘清一个问题，以纳税服务面目出场的税收事先裁定制度①其本来面目如何？税收确定性服务的法理基础如何？随着纳税服务理念的传播，交易类型的纷繁复杂和税法缺欠及不完备，纳税人税收政策确定性需求越来越大，税法适用中的解释问题越发突出。税法确定性服务，是税收征管中的核心环节。然而，征管实践中，存在税收政策确定性服务需求与供给失衡问题，同时，也存在对于税法确定性服务的法律属性和法理基础认识模糊的问题。

一　理论基础：税法行政解释为税法确定性服务

纳税服务，是服务型政府的内在要求，而政府服务是现代公共行政

---

① 汤洁茵：《税法续造与税收法定主义的实现机制》，《法学研究》2016 年第 5 期；《征管法修订草案》第四十六条，财政部网，http：//wcm. mof. gov. cn/preview/mof/zhengwuxinxi/caizhengxinwen/201501/t20150105_1176135. html？randid＝0. 04355629100505065，访问日期：2017 年 2 月 7 日。

的本质内涵，体现政府公共管理的回应性。不止是中小企业，尤其是大型企业集团或跨国集团，对税收政策确定性服务的需求非常强劲。此外，实务中公、检、法机关在查证、起诉或审理特定涉税案件时，也会要求税务机关对特定的税收政策作出税法解释、个案答复或者书面函复。纳税服务是税法发达国家税收管理的主要内容，2005 年国家税务总局纳税服务司的成立，标志着纳税服务在我国税收征管实践中的地位越发重要。

在理论上，纳税服务的实质和核心内容并非提供便利和微笑服务，而是属于税法行政解释权的实际运用，提供纳税便利的核心内容，就是提供税法确定性。税收政策确定性，换成法学术语就是"税法确定性问题"，实际就是税企之间在遵守、解释和适用税法中，对具体案件中课税要件事实达成税法共识的过程。① 随着交易的跨国化、复杂化、税基侵蚀和成本分摊以及利润转移的国际化，税法确定性服务中的事先裁定服务、个案批复服务、税法解释与释明的服务，就有了巨大的现实需求。至于针对具体的交易类型，提供专业的税收构成要件认定解读、指引或批复，实践中也有强劲需求。

实践中，对于诸多税法适用和解释难题，各级税务机关或存在解读不一的现象，不仅会造成企业税法遵从难题，税法安定性降低。另外，许多税收规范性文件罔顾民商法规则，受到会计思维的制约或主导，法学的秉性和特质体现不足，亦会造成法际冲突和协调难题。这在企业所得税和个人所得税领域表现最为明显。

个案批复是对既成交易（Completed Transactions）的税法评价，目前的操作程序是下级机关向上级机关请求税法评价的答复，系税务系统内部业务疑难问题的咨询和解答程序，既是下级机关规避税收执法风险的必要措施，也是上下级税务机关实现互相监督的制度措施，系内部行政行为，个案批复的特质是税法解释与适用，请求和批复的主体虽然同

---

① 参见滕祥志《税法确定性问题及其政策建议》，《税务研究》2013 年第 3 期。

为税务机关，但并不改变这一税法特质；有些个案批复，其中蕴含自身税法法理，虽然针对个案，但是，由于其中蕴含自足的法理，而法理本身具有理论说服力和论证力，因而具有普遍适用的可能性。因而，个案批复的适用性，应该具体问题具体分析，不应一概而论，那种仅仅以个案批复的名称，看待个案批复的适用性，以及仅仅以国税函、税总函的发文范围，来判断该文件的适应性，是不完全的，或有失允当。

事先裁定是对未来拟议交易（Proposed Transactions）且现行税法规则无法涵盖的交易请求预先作出税法评价，以便纳税人自行衡量其交易架构的税法处理、风险和后果，如果不属于未来拟议交易，且现行税法规则能够涵摄，即便其交易架构的税法处理或税法评价十分复杂，也不属于事先裁定，只能看成个案税法评价问题。事先裁定和个案批复，二者之间有诸多差异；① 但其共同点是对具体税案作出税法评价、税法解释与适用，共同彰显税收执法机关的税法解释与适用之职责职权。未来，税收案件个案批复不受节制、天女散花、各行其是和错讹不断的混乱局面，② 亟待改变。

税收事先裁定不仅仅是纳税服务手段。③ 一般来说，税收事先裁定，针对未来复杂交易事项而现行税法规则阙如，纳税人为追求税法确定性而申请税务机关做出事先的税法评判，就拟议中的复杂涉税交易申请税务处理做出裁定，因而具有填补税法规则漏洞之作用，具有普遍适用的参照性，但在行政法上不单独具有可诉性。税收事先裁定，一般并不能创设新的规则，如果纳税人对税收裁定（事先裁定、个案批复、税法评价即税收要件认定）存在异议，或者对裁定形成的税法规则存在异议，法理上可以通过行政复议或行政诉讼途径提出质疑，要求审查

---

① 关于预先裁定和个案批复的联系与区别，以及预先裁定的本质特征，参见朱大旗、姜姿含《税收事先裁定制度的理论基础与本土构建》，《法学家》2016 年第 6 期；郭明磊《个案批复需要纠错补缺》，《中国税务报》2015 年 11 月 24 日第 5 版。
② 参见国税发〔2012〕14 号《税收个案批复工作规程（试行）》、税总函〔2014〕261 号《关于严格执行税收个案批复工作规程的通知》。
③ 虞青松：《事先裁定不只是纳税服务手段》，《中国税务报》2015 年 11 月 6 日第 06 版。

其合法性。

然而，一个税法评价或者税收裁定，往往只提供税收要件认定的钥匙、枢纽、规则或指引，它是形成征税决定、税收处理、税务处罚决定的直接前提，并不属于具体的税务处理决定，未直接改变相对人权利义务状态（例如某些国税函、税总函，但个别国税函、税总函除外），不具有行政法上的可诉性。因此，税法评价或者税收裁定，只是适用法律、解释法律并辅助认定税法事实的过程，它是形成处理、处罚决定、征税决定的先决步骤，但不是最终的行政行为。因此，税收事先裁定，并不具有可诉性。不服事先裁定的，或者纳税人觉得事先裁定对于未来的交易安排不利益的，有选择不实施该等交易安排的自由，因而，纳税人不能对事先裁定本身提起行政救济。如果一个税法评价，实际形成了具体的税务处理决定，直接改变相对人权利义务状态（如某些国税函），就具有行政法上的可诉性。

媒体报道的某些"事先裁定"案例，业界对事先裁定的性质或存在质疑，认为其不属于事先裁定，[①] 而属于现行税法规则能够涵摄、调整和适用的交易而税务机关给予的答复或者提供的纳税指引，属于将未来交易架构纳入现行有效税法规范予以适用和涵摄的过程，这一过程，既有税法事实的认定、税法规范的适用，也有税法行政性解释掺杂其中。无论是改制重组、金融衍生品交易还是其他复杂涉税交易，如果属于拟议中的未来交易，又无现行税法规范予以调整，处于适用税法的空白地带，那么，就属于税收事先裁定，比如，某案例中[②]对合伙企业之公司合伙人分回对居民企业的股息、红利所得，是否适用免税收入的认

---

① 永泉、海波、亚纬：《安徽国税局向大企业提供事先裁定服务》，《中国税务报》2013年11月25日第03版；夏海军、胡亚纬：《"事先裁定"服务钢企重组》，《中国税务报》2014年1月10日第06版。从案情看，该重组为资产、债权、债务、劳动力等整体转让，不具有增值税征税客体，为事实认定和法律适用同时进行，该事实能够被既有税法规范国税函〔2002〕420号和国家税务总局公告2011年第13号所涵摄，不属于事先裁定。

② 祝樱：《事先裁定：纳税人的"定心丸"》，《中国税务报》2015年2月6日第06版。

定，现行企业所得税法和合伙税法就存在税法缺漏，税务机关的裁定就具有填补税法漏洞的功能，宜归类为事先裁定范畴。由此，事先裁定某种程度上具有发现和填补税法规则漏洞的功能，显而易见，行使这一权力的机关应该具有足够的权利能力和责任能力，仅仅由国家层级的财税主管机关行使，审慎而允当。无论如何，省级财税主管机关，无权行使事先裁定职能。这主要出于规制税法行政解释权滥用的考量，防止税法行政解释权泛滥，背离制度设立的初衷。

2015 年《税收征管法》修订草案，未将税收事先裁定和个案批复通盘考虑，整体规制，或造成制度上的顾此失彼。二者虽有许多不同之处，比如申请主体、法律约束力、救济途径、行政行为类别等不同，但在性质上，同属于税法评价以及税法解释与适用范畴，评价目的在于认定税收构成要件，二者共同彰显和体现税务机关的税法适用与解释权。

二　原理：不得放弃亦不得独享——税法解释权共享原理

财政是国家治理的基础和重要基石。国家治理理论的提出，意味着执政理念转向良法善治。运行良好的税收治理体系，包括税收立法体系、执法体系和司法体系，这三个体系的协调良好运转，奠定现代国家治理的基石。由于税收事关毁灭的权力，本质上是对公民财产权的侵害，因此，现代国家治理遵从税收法定原则，在税收领域实行立法保留。然而，由于交易类型的变动不居，成文的法律与多变的现实之间张力凸显，税收必须仰赖行政机关的适应性、灵活性和快速应变能力，税法的全部立、改、废，一概且共时性地集中到立法机关处理，并不可取。因此，在税法规则缺漏的地带，就有了填补税法规则漏洞的必要，鉴于，纳税人有对于未来预期交易税法评价和稳定税法预期的需求，税收事先裁定应运而生。实践中大量税法个案的处理，彰显税法行政解释和适用税法的生存空间。

因此，税收执法必须依赖税法解释和适用的权力。适用税法而不解释税法，在税收执法实践不可设想，在任何行政执法领域也不可理喻。① 不仅仅只有立法机关才能解释法律，法律解释，在学理上分为立法解释、行政解释和司法解释，甚至存在学理解释。因此，不能僵化理解或绝对化理解税收法定主义，税收法定主义不排除税务机关的税法解释权，税法解释权理应由立法、执法与司法机关共同分享，税务机关放弃税法解释权，即是失职。问题的关键是，履行事先裁定职能的税务机关如何在填补税法规则漏洞中，既不违反税收法定，不创制规则，不行政造法，也不能为了国库征税的需要，而突破法定的税收构成要件，在具体个案中就非常复杂、精细而微妙。因此，国际上税收事先裁定的两种模式中，除了行政主导模式之外，尚有司法模式。在瑞典，议会下设事先裁定委员会，该委员会可以创制税法规则。在印度，专门的事先裁定局履行该职能，裁定局的首席专家必须是最高法院的退休法官。

　　已如上述，在税收执法环节，仍然需要认定、处理和识别具体个案的税收构成要件，在基层执法层面，认定具体税案的构成要件的过程，与适用法律。解释法律的过程不可二分；在抽象规则层面，国家税务总局实际颁发大量的税收规范性文件，以应对实务中的税法规则欠缺和不完备性的难题，部颁税法规则将长期存在，不可或缺。为此，税收立法权和执法机构的税法解释权，随着税收法治建设步伐的加快，税收立法权逐步上收至立法机关，两者边界的厘定与把握、冲突与协调亦在所难免。

　　在税收法定的框架之下，税收法治体系各单元具有各自的价值取向。立法机构受到民意代表的约束，秉承立法应保护自由、财产和秩序的价值；行政部门执行法律，其基本价值取向就是提供和维持社会秩序维度；司法部门，秉承司法理性、谦抑性和消极秉性，防止侵权和行政僭越法律，是守候正义和自由的最后屏障。税法废改立和解释工作，全

---

　　① 参见姜明安主编《行政执法研究》，北京大学出版社 2004 年版，第 156—194 页；朱芒《论行政规定的性质——从行政规范体系角度的定位》，《中国法学》2003 年第 1 期；叶必丰《行政规范法律地位的制度论证》，《中国法学》2003 年第 5 期。

部由立法机关行使，不符合现代国家治理的事实。现代国家治理尊重行政国家的既定事实，仰赖行政权力的便捷性、灵活性、专业性，现代国家治理提供的秩序中不可忽略行政国家的功劳，因此，某种程度上的税法解释共享机制，就是必要的。概言之，税法解释权，应该由立法、执法和司法机关共享。

然而，现代国家治理体现多元共治和协商的品格，公正司法力量的出场就是维护自由的最后屏障。税收司法不彰，税法行政解释的外部约束缺位，税收法治承诺无法兑现。在内部，国家税务总局应设置专门机构负责税法解释、行政复议审核、疑难税法实务处理（事先裁定、个案批复、特别纳税调整、税收核定）等事务，应专设总法律顾问职位。① 总法律顾问制度或者机构，不同于现行的税务公职律师制度，两种制度之间尚存在差距。因此，新修订《税收征管法》时，应该明确税法解释机构，将现行政策法规部门翻牌升格，设立一个总法律顾问机构，总领案例研究、税法解释、复议应诉、税法确定性、事先裁定和个案批复、重大税收法治热点事件的及时和专业应对等疑难复杂税法事务。而且，政策性强的疑难复杂的事先裁定、个案批复，② 只有国家税务总局层面③才能有权处理。

防止行政机关独享税法解释权的制度设计，莫过于开放税收司法，让处于休眠状态的税收司法，激活并运行起来。为防止税务机关越权解释、自设职权、自我寻租或营私舞弊，最终应由税收司法把关，改造原《税收征管法》第八十八条第一款，废除缴纳税款前置程序，启动并激活税收司法，若此，或能改变任由不同层级税务行政执法人员"口含天宪"，垄断税法解释权，随意解释税法的混乱局面。

---

① 参见滕祥志《以总法律顾问制度推动税收征管改革》，《东方早报》2014年11月25日第12版。
② 目前，学界尚未有讨论个案批复性质、定位和规制的论文，也未出现与事先裁定一并规制的观点。
③ 参见虞青松《税收事先裁定权限应集中到税务总局》，《中国税务报》2014年9月3日第11版。

三　"行政造法"的内部规制逻辑：总法律顾问制度

税收司法缺位，造成税收法治的"瘸腿"和致命缺陷，最终税收法治名至而实不归。行政解释不得超出法律的原意，也不得违背税收原理和税法原理。为此，在行政权外部，应该让税收司法出场，以监督行政权。

（一）例一：国税地〔1988〕30号

国家税务局关于对借款合同贴花问题的具体规定

根据《中华人民共和国印花税暂行条例》及其施行细则的规定，现将借款合同贴花的有关问题规定如下：

一、关于以填开借据方式取得银行借款的借据贴花问题。目前，各地银行办理信贷业务的手续不够统一，有的只签订合同，有的只填开借据，也有的既签订合同又填开借据。为此规定：凡一项信贷业务既签订借款合同又一次或分次填开借据的，只就借款合同按所载借款金额计税贴花；凡只填开借据并作为合同使用的，应按照借据所载借款金额计税，在借据上贴花。

三、关于对抵押贷款合同的贴花问题。借款方以财产作抵押，与贷款方签订的抵押借款合同，属于资金信贷业务，借贷双方应按"借款合同"计税贴花。因借款方无力偿还借款而将抵押财产转移给贷款方，应就双方书立的产权转移书据，按"产权转移书据"计税贴花。

四、关于对融资租赁合同的贴花问题。银行及其金融机构经营的融资租赁业务，是一种以融物方式达到融资目的的业务，实际上是分期偿还的固定资金借款。因此，对融资租赁合同，可据合同所载的租金总额暂按"借款合同"计税贴花

根据国税地〔1988〕30号第一条的规定，在资金借贷关系中，"借据"形式上不符合借贷合同要件，但实质上表彰双方的资金借贷关系，因此，"借据"应该按照"借贷合同"贴花；第二条规定，在抵押贷款合同，如果借款人无力还款而将抵押物转移给贷款人的，抵押贷款合同

按照"产权转移书据"贴花；第三条规定，在融资租赁合同，以"借贷合同"而非"租赁合同"贴花，后者税率是前者的十倍，有利于纳税人。

也即，国税地〔1988〕30号在解释认定印花税税收客体时，秉持了实质课税的原则，将融资租赁合同认定为借贷合同，而非租赁合同，将借据认定为借贷合同，将抵押贷款合同的抵押物转移环节，视之为"产权转移书据"。这就超出了合同和经济交易的形式和名称，完全按照实质课税的原则，符合税法法理。同理，国税地字〔1988〕25号规定："对货物运输、仓储保管、财产保险、银行借款等，办理一项业务既书立合同，又开立单据的，只就合同贴花；凡不书立合同，只开立单据，以单据作为合同使用的，应按照规定贴花。"众所周知，从日常生活和民法常识，书立合同和书立单据，绝不是一回事，国税地字〔1988〕25号在解释认定税收客体时，"以单据作为合同使用的，应按照规定贴花"，就是将单据视为合同，以实质课税的理念为税法评价。

（二）例二：财税〔2012〕82号

融资租赁"售后回租"的契税处理，却没有坚持实质课税原则。财税〔2012〕82号《关于企业以售后回租方式进行融资等有关契税政策的通知》规定："对金融租赁公司开展售后回租业务，承受承租人房屋、土地权属的，照章征税。对售后回租合同期满，承租人回购原房屋、土地权属的，免征契税。"也就是说，售后回租在回购环节，不认为是实质上的第二次权属转移，而是只有一次产权转移。也即，在售后回租交易架构之中，履约完毕后出租人回购财产的，虽存在两次转移物权行为，但财税〔2012〕82号仅承认第一次财产转移有税法含义，而否认第二次。实际上，"售后回租"本质上不属于销售，而法律形式上的转移产权仅仅为履行贷款合同设置担保，因此，两次过户均没有实质的经济含义。既然，第一次转移已经征收契税，而第二次不征收契税，在法理上存在冲突和逻辑不一致。对售后回租的契税处理，正确税法评价应该是，售后回租在两次环节均不征收契税，但合同并未完全履行的除外；违约未产生回购交易的，实际属于产权一次转移，应补征前一交易环节的契税。

国家税总公告〔2010〕13 号①，将销售环节做税法否认，销售方不形成销售收入，不产生所得税和流转税义务，这个税法评价是正确的，符合法理。同理，在售后回租交易中，销售合同、回租合同以及履约完成之后的回购合同分别构成三个分步骤交易，如果分别来看，均存在印花税征税客体，但如果把售后回租看成一个交易整体并结合其商业目的，其税法评价应按照经济实质为之，以交易实质融资看待，按照借贷合同贴花。因此，财税〔2015〕144 号②第一条和第二条的规定，均构成对复合交易的税收客体有无和定性的认定，并非为了支持融资租赁行业而出台的"税收优惠"。换言之，在复合交易，当按照实质课税的理念为交易定性时，可以准确判定是否存在税收客体，若不存在税收客体，则不应征税。

（三）例三：税总办函〔2013〕580 号

华润（集团）有限公司：

你公司《关于请求明确有关税收问题的请示》（华董办报〔2013〕13

---

① 《国家税务总局关于融资性售后回租业务中承租方出售资产行为有关税收问题的公告》（国家税务总局公告〔2010〕13 号）规定　一、增值税和营业税：根据现行增值税和营业税有关规定，融资性售后回租业务中承租方出售资产的行为，不属于增值税和营业税征收范围，不征收增值税和营业税。二、企业所得税：根据现行企业所得税法及有关收入确定规定，融资性售后回租业务中，承租人出售资产的行为，不确认为销售收入，对融资性租赁的资产，仍按承租人出售前原账面价值作为计税基础计提折旧。租赁期间，承租人支付的属于融资利息的部分，作为企业财务费用在税前扣除。

② 《财政部国家税务总局关于融资租赁合同有关印花税政策的通知》（财税〔2015〕144 号）根据《办公厅关于加快融资租赁业发展的指导意见》（国办发〔2015〕68 号）有关规定，为促进融资租赁业健康发展，公平税负，现就融资租赁合同有关印花税政策通知如下：一、对开展融资租赁业务签订的融资租赁合同（含融资性售后回租），统一按照其所载明的租金总额依照"借款合同"税目，按万分之零点五的税率计税贴花。二、在融资性售后回租业务中，对承租人、出租人因出售租赁资产及购回租赁资产所签订的合同，不征收印花税。三、本通知自印发之日起执行。此前未处理的事项，按照本通知规定执行。

号）收悉。现就华润燃气集团与用户签订的供用气合同是否属于《中华人民共和国印花税暂行条例》列举的应税凭证的涉税诉求答复如下：

华润燃气集团与用户签订的供用气合同不属于《中华人民共和国印花税暂行条例》及其实施细则中列举的凭证，也不属于经财政部确定征税的其他凭证，无须缴纳印花税。

供用气合同在《印花税暂行条例》中，名称上不属于法规的应税"购销合同"类型。但在民法上，供用气合同，法理上可以比照购销合同，适用买卖合同的基本原理，或者说本质上是一个购销合同，在2008年《物权法》颁布之后，合同标的物可以为有体物，也可以为无体物。而购销合同，属于印花税暂行条例的应税税目。在增值税上，水、电、气的销售属于购销货物应该缴纳增值税。显然，这个个案批复，在解释税法和适用税法上，坚持了形式主义，没有坚持实质主义。

因此，按照实质主义的解释和适用法律原则，供用气合同，可以适用印花税购销合同税目征税。无独有偶，个人所得税法上，国家税务总局相关税法规则也秉持了实质主义，对转让网络游戏币所得征收个人所得税（国税函〔2008〕818号）。与之类似，美国，拟对转让虚拟货币"比特币"所得征税。①

内部税法知识生产缺乏质量把关关口，实务界诟病日久，苦于制度化解决通道没有打开。那么税法理论问题是，税法解释何时应该秉持形式主义，何时应该秉持实质主义？税法解释与适用能否有一定之规和逻辑自洽，能否遵循同样的原理和法理，由谁来判断这个解释是否符合法理？这就必然引出税务机关总法律顾问制度。

---

① "Virtual currency that has an equivalent value in real currency, or that acts as a substitute for real currency, is referred to as 'convertible' virtual currency. Bitcoin is one example of a convertible virtual currency. I-n general, the sale or exchange of convertible virtual currency, or the use of convertible virtual currency to pay f-or goods or services in a real‐world economy transaction, has tax consequences that may result in a tax liabi-lity." 美国国内收入署官网，http://www.irs.gov/irb/201416_IRB/ar12.html，访问日期：2014年4月15日。

四 "行政造法"的外部规制逻辑：开放税收司法

目前，税务机关尤其是国务院最高财税主管部门是税法知识生产的最大生产商和批发商，而其质量把控关口尚不严密，在限售股、资产证券化等资本项目流转税税法规则和所得税税法规则、非居民企业间接转让股权、所得税的所得不确认规则、信托课税或合伙税制、增值税法规则的严密性方面，存在诸多缺陷，引发许多实务混困惑，甚至引发执法风险，有的直接被诉诸法庭。可以想见，随着新《行政诉讼法》第五十三条在税法案例中的激活和运用，会有越来越多挑战规范性文件合法性的税法案件。

然而，我国税收司法仍然处于沉睡状态，有的年份，仅占全部行政诉讼不到1%的比例。[①] 毫无疑问，基于现代国家作为行政国家的前提性事实[②]，一方面需要承认行政国家的专业性、快捷性和便利性，另一方面，必须直面行政权力扩张的可能性。我国不实行三权分立的政治体制，但是可以分享权力制衡的理念，为此，行政权、司法权和立法权三种权力需要合理配置，共同分享税收立法、释法和司法权，共同维持税收秩序的良好运转，为此，必借助行政法平衡论[③]和正当程序[④]的理念，构筑全新的《税收征管法》，取消两个前置，开放税收司法，理由简述

---

① 崔威：《中国税务行政诉讼实证研究》，《清华法学》2015年第3期；黄启辉：《行政诉讼一审审判状况研究——基于对40家法院2767份裁判文书的统计分析》，《清华法学》2013年第4期。

② ［美］爱德华·L. 拉宾、王保民、唐学亮：《行政国家的法律与立法》，《清华法治论衡》2013年第2期；张悦：《公共行政学领域的经典之作——评德怀特·沃尔多的〈行政国家〉》，《中国城市经济》2011年第9期；白锐：《"行政国家"解析》，《云南行政学院学报》2005年第2期；韩春晖：《从"行政国家"到"法治政府"？——我国行政法之中的国家形象研究》，《中国法学》2010年第6期。

③ 参见罗豪才、甘雯《行政法的"平衡"及"平衡论"范畴》，《中国法学》1996年第4期；罗豪才《行政法的核心与理论模式》，罗豪才等《现代行政法的平衡理论·第二辑》，北京大学出版社2003年版，第1—8页。

④ 参见朱大旗、胡明《正当程序理念下我国〈税收征收管理法〉的修改》，《中国人民大学学报》2014年第5期。

如下。

一是行政国家现实。基于行政国家和税务机关垄断税法知识生产的基本事实，税法解释权必须在立法、执法和司法机关之间分享，而不能由一家独享，尤其不能由税务机关独享。① 基于税法解释权分享的原理，应赋予税务机关税收评定的权力，税务机关享有税收事先裁定和税收个案批复职责职权。税务机关不得放弃税法解释权。但任何一种解释，都不必然绝对正确，都有可能出错或者过时。因此，既要坚持税法解释权的共享原理，又要特别重视税收司法的作用。为防止税务机关越权解释、自设职权、自我寻租或营私舞弊，最终应由税收司法把关。为此，在行政权外部，应该让税收司法出场，以监督行政权。

二是无救济即无权利。《税收征管法》第八十八条"两个前置"限制本属于公民基本权利的诉权，不符合法治社会构筑良法善治的基本预期。纳税人救济权是否受不当限制，是衡量税收法治的标志，也是税收文明的重要标尺。税收法治发达国家，极少有限制纳税人实现救济权利的条款，而是通过利益诱导机制，促使纳税人通过复议途径维权，或者激励纳税人与税务机关信赖合作。税收司法缺位，造成税收法治的"瘸腿"和致命缺陷，使税收法治名至而实不归，导致治理体系失衡。相对于大企业和跨国公司而言，中小企业、个人对于税收政策的掌握和捕捉能力、与税务机关的谈判、协调能力和资源极其有限，均处于绝对弱势，开放税收司法对于保护中小纳税人权利有利。

三是救治征纳两造失衡。与未来税制改革相适应，财产税和直接税的扩大开征，个税向分类与综合税制的改革，势必会促进宪法上的基本权利的进一步落实，而现行征管制度缺乏有力的纳税人权利保护机制，无法适应纳税人权利保护的未来发展。由于维权保护机制匮乏，在税法秩序和权利保护之间，呈现一种失衡状态。国家征税权独大，而纳税人复议权、诉讼权受到不当限制。加之，《税收征管法》的修订草案拟增

---

① 参见孔祥俊《法律方法论》，人民法院出版社 2006 年版，第 639—655 页。

加涉税信息情报制度、税额确认、事先裁定、统一纳税人识别号、税收强制措施及于自然人等相关规定，而没有纳税人救济权予以制衡，征纳关系必然失衡。尤其是事先裁定制度，扩大了大幅税收的行政解释权，如果没有税收司法作为制约，中小企业的纳税人权利保护，将沦为空谈。

三是国际税收规则话语权。中国企业正逐渐"走出去"，国际税收竞争与合作命题凸显，税收司法是锻造国际税收话语权和重塑税法规则的重要话语平台。税收司法，历来是各国捍卫税收主权的重要制度构造，税收司法制度虚置或缺位，税收话语体系中缺乏司法言说，对保护国家税收主权极为不利，不利于国际税收竞争与合作，不利于我国参与重塑国际税收新规则，与正在实行的中华民族伟大复兴以及未来的国际地位不相称。税务自动情报交换（CRS）之后，税收信息情报会源源不断地自动交换到中国税务当局，这将引发系列的国内税法规则调整和司法问题，[①] 比如，居民纳税人的认定、未税资金出境后是否溯及调整，等等，势必在成为 CRS 之下的复杂立法和司法问题，如果中国税收司法仍处于休眠状态，与之相应的国家合作和纳税人权利保护，从何谈起？

四是权力互相制衡需要。税收司法缺位之下，单方面开放事先裁定不符合依法治国的内在要求，启动事先裁定制度、扩大税务行政权力等必须与唤醒沉睡的税收司法同步考虑。缺乏税收司法的最终审查关口，税收行政解释权已经且势必无序野蛮生长，泛滥的税法解释权无司法审查遏制，必会脱缰失控，无端引发执法风险和权力寻租，造成税法秩序的混乱。国家税务总局应设置专门机构负责税法解释、行政复议审核、疑难税法实务处理（事先裁定、个案批复、特别纳税调整、税收核定）等事务，应专设总法律顾问职位履行如上职责。同

---

① 曹明星、杨后鲁：《中国个人所得税法之国际化——税务自动情报交换下的迫切问题》，《国际税收》2016 年第 12 期。

时，开放税收司法有助于遏制权力专断，提升队伍法治素养，构筑良法善治，促进税收文明。随着政府管理内外部环境的变迁，时代要求强化纳税人权利保护，平衡征纳关系，通过修法开放税收司法，以体现法治政府的回应性。

第 四 章

税法分析之一：纳税主体认定

当前，我国税企争议为何少之又少，且很少形成行政复议或者诉讼①？这个问题一直困扰着一些意图打破我国税收司法僵局的学者。其实，税企争议不在少数，但并不存在于诉讼环节，而大量出现在征管和稽查环节，税务稽查环节则尤为显著。笔者将税务稽查称为"准税收司法"。税务稽查中的选案、立案、实施、取证、审理和处理处罚（听证）环节，使得税务稽查具有税收司法活动的外观，如证据搜集、证据审查、听取意见并形成税务处理形成决定。纳税主体认定是税企争议的重要方面。总是存在一类案件，不是很容易识别纳税主体，需要特别讨论。讨论纳税主体问题，需要从法律规定和税法构成要件开始，从交易结构、交易类型的交易定性入手，结合实质课税原则，特别是实质所得归属者课税原则，认定纳税主体。

第一节 课税要件理论简述

由于制定法本身的局限性，税收立法永远不能预见经济交易的复杂形式和样态，故把税收法定原则推向极端，必然使税收立法、执法和司

---

① 参见《社会和谐与税收司法国际研讨会论文集》2006 年。

法陷入被动和僵化，不符合税法自身发展的辩证法。实质课税理论由此应运而生。税务稽查面对的经济交易形式纷繁复杂，坚持实质课税的理念，有助于解决稽查案件当中的疑难和复杂涉税问题，在确定纳税主体、交易性质、税收客体的有无、收入实现的时点和所得具体数额方面将有所作为。由于以上要素涉及课税要件理论，以下试简述之。

课税要件理论。[①] 课税要件（课税要素）又称税收构成要件[②]，是税法规定的使纳税义务成立的法律要件，即构成一项税收债权所必备的要素，当课税要件充足时产生纳税义务成立的法律后果，包括：（1）税收主体，一般指纳税主体，而不讨论征税主体。（2）税收客体，又称课税客体或课税对象，课税对象概括为所得、财产和行为三种[③]、德国学者 Tipek 讨论课税对象时将行为排除在外，认为行为主义不能贯穿税收的始终，因为税法对许多行为不征税，只对能够表征课税能力的行为征税。黄茂荣认为，这种将行为排除在课税对象的分析不准确，行为可兼指消费、销售、转移、交易、营业等各种以行为为基础的经济过程或者状态，故所得、财产和行为应并称为税法上税收客体的三大类型。（3）税收客体的归属，指税收客体归属于哪一纳税主体，归属问

---

① ［日］金子宏：《日本税法》，战宪斌、郑林根等译，法律出版社 2004 年版，第 111 页。该著认为，课税要件分为纳税义务人、课税物件、课税物件的归属、课税标准以及税率等项。我国税法通常将税收分为所得税、财产税、流转税和行为税四种类型。

② 陈清秀：《税法总论》（第二版），台湾翰芦出版有限公司 2001 年版，第 323 页。

③ 黄茂荣：《税法总论——法学方法与现代税法》（第一册），台湾植根法学丛书编辑室编辑 2002 年版，第 270—293 页。该著认为，捐税要件包括捐税主体、捐税客体、捐税客体的归属、课税基础（税基）、税率与捐税减免事由六项。我国税法学者谓之"课税要素"，包括纳税主体、税收客体、税目与计税依据、税率、税收特别措施共五项（不包含税收客体的归属），参见张守文《财税法疏议》，北京大学出版社 2005 年版，第 48—48、51—52 页。我国税收学界多将课税客体概括为四种：所得、流转、财产和行为税。参见全国税务师执业资格考试教材编写组编《税法（Ⅰ）》，中国税务出版社 2016 年版，第 9 页。也有学者将课税对象概括为商品、所得和财产三种，参见张守文《税法原理》，北京大学出版社 2001 年版，第 47 页。新近研究参见叶金育《税收构成要件理论的反思与再造》，《法学研究》2018 年第 11 期；吕铖钢《税收构成要件理论的类型化重塑》，《地方财政研究》2018 年第 10 期；罗亚苍《税收构成要件论》，博士学位论文，湖南大学，2016 年。

题是指课税要素中的关系要素。① （4）税基（或课税标准），亦即课税
计算基础或课税标准，税基是课税基础的简称，是对于课税客体乘以金
额、数量或者件数加以数量化，此类金额、价额或者数量即成为税
基。② 以销售额、营业额、财产额、所得额、收入额等为表现。（5）税
率。是法定的计算比率，以此比率乘以税基即可得出应纳税额。（6）
税收特别措施，包括税收减免事由和税收加重事由。

　　根据税收法定主义的基本内涵，课税要件应该属于法律保留的领
地，否则，税收法治就成为空谈。笔者赞成课税要件"五要件说"，即
课税要件仅包括纳税主体、课税客体、税基及其量化、税率、税收特别
措施，而不包含课税客体的归属问题。理由在于，从法理上看，课税客
体乃税法中最关键要素，课税客体是在质的规定性上对征税对象即各税
种进行法理区分，征税对象确立之后，凡主体之经济交易行为符合征税
对象之规定的，即可确定为纳税主体。纳税主体问题或者课税客体的归
属问题，在不同的交易类型中会有不同的表现，可能在制定法中明确规
定，但也可能无从明确。由于经济交易的复杂性和制定法的局限，也由
于人类理性能力的局限，在制定税法时，立法者无法将所有税收客体的
归属问题一一列明，这也是归属问题不能成为法定课税要件的根本原
因。因此，应根据税法的原理来具体确定和适用，归属问题不属于课税
要件的范畴，而属于税法的解释与适用问题，有时只能以部颁税法规则
即税收规范性文件的形式呈现。

　　在税收行政执法（征管和稽查）中，首要环节即确认行为人是否
为纳税人，其思维逻辑是，行为人是否从事应税行为，是否取得应税所
得或者收入，然后确定是何种应税行为，取得何种应税所得，最后确定
具体所得数额（包括法定准予扣除数额等），基于此，对当事人课以税
收就有了事实和法律依据。这其中主要的问题是纳税主体或者所得的归

　　① ［日］新井隆一：《租税法之基本理论》，林燧生译，台湾财政部财税人员训练所
1984年版，第31页。课税要素中人的要件指课税权人和纳税义务人，物的要件指课税客体，
关系要素系指课税客体的归属。
　　② 陈清秀：《税法总论》（第二版），台湾翰芦出版有限公司2001年版，第325页。

属，以及应税行为定性（及交易定性）、交易所得数额的确定（包括减免额、法定扣除数额的确定）。观察行为人的税法主体地位，首要环节就是确定纳税主体。税企争议中，确认纳税主体经常是双方意图说服和证明的焦点所在，也是税务稽查机关确定课税要件之疑难所在。笔者认为，所谓纳税主体就是从事某种应税行为，保有应税所得、具备负税能力，因而在税法上承担纳税义务的税法主体。由此，所谓纳税主体是指从事经济行为，取得应税所得，具备负税能力的税法主体，如果某一主体从事经济行为，但未取得应税所得，即不负纳税义务。这一原理，在日本税法上称为"实质所得者课税"原则，而实质所得者课税原则乃实质课税原则的基本内涵。①

有关实质课税理论在税收主体认定领域之表现和作用，以下试以商事交易实例分述之。

第二节　交易行为与纳税主体的实例演绎

企业承包、租赁、挂靠与资质借用中，纳税主体认定历来是实务当中的难点。相关立法②，如：《税收征管法实施细则》第四十九条规定，"财务上独立核算的承包人或者承租人应当就其生产、经营收入和所得纳税"，《增值税暂行条例实施细则》（财政部、国家税务总局令2008年第50号）第十条（旧《增值税暂行条例实施细则》〔1993〕38号第九条）规定："企业租赁或承包给他人经营的，以承租人或承包人为纳税人"，这与民法关于企业承包和承租合同仅为企

---

① ［日］吉良安：《实质课税主义》（上），郑俊仁译，《财税研究》1987年第2期。
② 《中华人民共和国营业税暂行条例实施细则（2009）》（中华人民共和国财政部 国家税务总局令第52号）于2009年1月1日起施行，第十一条规定"单位以承包、承租、挂靠方式经营的，承包人、承租人、挂靠人（以下统称承包人）发生应税行为，承包人以发包人、出租人、被挂靠人（以下统称发包人）名义对外经营并由发包人承担相关法律责任的，以发包人为纳税人；否则以承包人为纳税人"。此规定完全按照民法上民事责任的承担规则确定纳税主体，违背实质课税原则，应予纠正。

业内部法律关系，不能对抗外部第三人的民事债法原理不同，税法直接规定取得所得的主体应为纳税主体，体现了实质所得者课税即实质课税原则。

一 承包与纳税主体

案例1①：2003 年重庆甲公司将其批发门市部实行对外承包经营，某乙与甲公司签订承包协议。协议约定：批发部由某乙自主独立经营，每年向甲公司上缴一定数额的保底金，经营利润按照比例分红。某乙所有经营业务均如实上报公司统一做账核算，税费由甲公司统一缴纳，应纳税费的承担者为某乙。经地税稽查发现，2000 年 1 月到 2003 年 7 月期间，某乙上报收入 430 万元，瞒报收入 1300 万元，导致甲公司账上少列相应收入，偷逃企业所得税 20 万元，增值税若干。稽查部门根据《税收征管法》第六十三条第一款的规定，对甲公司账上少列收入少缴税款认定为偷税，限期追缴并处 10 万元罚款（0.5 倍）。公司和某乙表示可以补缴企业所得税和增值税，但由于偷逃增值税有待国税部门的认定，故城市维护建设税等未能确定，某乙拒绝地税部门关于缴纳城市维护建设税的要求。税务机关将某乙移送司法机关处理，被司法机关退回。该案存有三大争议：（1）城市维护建设税是否应按照检查应补增值税作为计税依据，计算出城建税税额并作为偷税定性？（2）应以某乙还是甲公司为纳税主体？（3）如何认定偷税主体？

（一）纳税主体认定问题

1. 某乙之应税行为。从税法原理来看，某乙实际从事了经营行为，即承包经营方式，以公司名义对外销售，扣除上缴管理费后取得分成收入，具有负税能力，具备成为纳税主体的法律要件。因其未登

①　张怡、何志明主编：《税法案例教程》，清华大学出版社 2009 年版，第 1—6、172—177 页。

记为个体工商户，依照《民法通则》及《城乡个体工商户登记管理条例》的相关规定，我国个体工商户应经过审批核准（许可）登记才能获得主体资格，故某乙应作为个人所得税之自然人纳税主体。其收入在上缴公司管理费之后的余额，宜作为应纳税所得额计算应缴纳个人所得税，由于某乙有隐匿收入等偷税行为，故应以偷逃个人所得税论处。民法意思自治原则的核心就是主体行为的意识自主和责任担当，行政法的"罚当其过原则"以及刑法"罪刑相当原则"就是违法行为人应承当相应法律责任，此即社会公正和法律秩序的内在要求。因此，某乙系纳税主体和偷税主体，税务机关应当在履行法定程序后（比如听取意见、申辩和陈述、听证等），依法将某乙偷税案移送司法机关。但是，不应以偷逃企业所得税和增值税的主体移送，而应以偷逃个人所得税的主体移送。显然，司法机关退回税务机关的移送存在部分正当理由。税务机关以偷逃企业所得税和增值税的主体移送，显然将某乙以企业所得税和增值税的纳税主体看待，属认定纳税主体和税收客体错误，理由容下再述。但是在某乙已经构成偷逃个人所得税、增值税和城建税的情况下，司法机关退回移送涉税案件，似有不妥。

2. 甲公司之应税行为。本案发生在旧《企业所得税法》生效期间，且现今生效施行之《税收征管法实施细则》规定"独立核算的承包人或承租人应就其生产经营收入或所得纳税"。所谓独立核算，《企业所得税暂行条例》（国务院令〔1993〕137 号）[①] 第二条规定"实行独立经济核算的企业或者组织为企业所得税的纳税义务人（以下简称纳税人）"《企业所得税暂行条例实施细则》（财法字〔1994〕3 号、08 年

---

① 《中华人民共和国企业所得税暂行条例》（国务院令〔1993〕137 号）第二条规定下列实行独立经济核算的企业或者组织，为企业所得税的纳税义务人（以下简称纳税人）：（一）国有企业；（二）集体企业；（三）私营企业；（四）联营企业；（五）股份制企业；（六）有生产、经营所得和其他所得的其他组织。

1月1日废止）第四条规定①，所谓独立经济核算是指纳税人同时具备：
（1）在银行开设结算账户；（2）独立建立账簿、编制财务会计报表；
（3）独立计算盈亏等条件的企业或者组织。从案情简介可知，某乙没
有独立开设结算账户（银行基本账户），也没有独立建立账簿和会计报
表，而是"如实上报公司统一做账核算，税费由甲公司统一缴纳，应
纳税费的承担者为某乙"，不符合独立核算的纳税人的主体资格。况且
于企业所得税而言，纳税主体应该为独立核算的"企业"或者"组
织"，从私法看某乙系自然人主体，明显不属于"企业"或者"单位"，
税法适用和解释时亦不得将自然人解释为企业或单位，故某乙不是企业
所得税纳税主体，而统一核算的甲公司应该为企业所得税的纳税主体。
从隐匿收入的行为实施主体看，税法只能认定某乙实施了《税收征管
法》第六十三条的偷税行为，承包人某乙系以合同方式建立承包关系
的外部人员，其实施偷税行为既非甲公司的单位意志，也非甲公司直接
负责人或直接负责的主管人员所为，故甲不得认定公司为企业所得税的
纳税主体。甲公司的行为应以"应缴未缴"所得税处理，应作出责令
限期缴纳并加收滞纳金之税务处理决定。此外，税法虽然认定甲公司系
企业所得税之纳税主体，但甲公司与某乙约定由"甲公司统一缴纳税
费，应纳税费的承担者为某乙"，此约定在民法上应属于意思自治的范
围，但在税法上并不当然生效，并不得对抗税法认定纳税人的主体资
格。某乙获得生产经营所得，应该缴纳个人所得税，甲公司为法定扣缴

---

① 《中华人民共和国企业所得税暂行条例实施细则》第四条规定："条例第二条所称独
立经济核算的企业或者组织，是指纳税人同时具备在银行开设结算账户、独立建立账簿、编
制财务会计报表、独立计算盈亏等条件的企业或者组织。"首先，税法在此没有就"企业"和
"组织"做出概念界定，实践中出现相当多的认定纳税主体混乱；其次，"独立核算标准"为
《实施细则》所确立，而实施细则本身为部门规章，立法层级太低，确认纳税主体问题应该由
法律规定为妥；最后，独立核算标准本身的法律属性太弱，于法律定性上并不方便，且在税
收征管实践中，分支机构进行税务登记时，可依自身意愿选择申报登记为独立核算或非独立
核算单位，因此独立核算标准实际非客观标准，而属于主管意愿标准。新《企业所得税法》
虽然修改为法人纳税主体为原则，但是何谓"企业和单位"税法仍然没有界定概念。

义务人，但甲公司未履行法定扣缴义务，应依法接受税务行政处罚①。

（二）实质课税与税法解释

本案中涉及《城市维护建设税暂行条例》（国税发〔1985〕19号）第三条"城市维护建设税应以纳税人实际缴纳的增值税、消费税、营业税为计税依据"中"实际缴纳"如何解释问题。某乙辩解，由于国税部门仅仅计算出应纳增值税数额，而税法规定的计算依据是"实际缴纳"的增值税数额，因此应当在实际缴纳增值税之后方始缴纳城市维护建设税为宜，因此拒绝地税部门关于缴纳城市维护税的要求。这种辩解不符合法理。从法条的表述和立法原意看，城建税系从属税，其纳税义务发生的依据就是纳税人产生增值税、消费税或者营业税的纳税义务，其计算和依据即以上述三种税额为基础。因此，"以纳税人实际缴纳"可以分解为"实际已经缴纳"和"实际应当缴纳"两种情形，前者在纳税人按时缴纳情形适用，后者针对纳税人未按时缴纳，但纳税义务已经实际产生而言；《城市维护建设税暂行条例》第三条所谓"分别与增值税、消费税或者营业税同时缴纳"是指城建税纳税义务之发生时间，与增值税、消费税和营业税同时，亦即上述三种税收义务一旦产生，城建税之纳税义务随之产生。又《增值税暂行条例实施细则》（财法字〔1993〕38号、自新《增值税暂行条例实施细则》2009年1月1日施行起废止）第九条规定："企业租赁或承包给他人经营的，以承租人或承包人为纳税人"，故某乙依法应为增值税纳税义务人。因此，本案中某乙不得以实际未缴纳增值税为由，拒缴城建税。某乙虽未缴纳增值税，但是其增值税纳税义务及相应的城建税纳税义务已经实质产生，依照税法实质课税的原理，纳税人应当向地税部门缴纳城建税，其以隐

---

① 税务机关确定扣缴义务人"未扣未缴"的法律责任应适用：（1）《税收征管法》第四条、第三十二条、第六十九条；（2）《个人所得税法》第八条；（3）《行政处罚法》第二十三条。上述违法扣缴义务人的法律责任可具体表述为："责令限期改正并处滞纳金与处以应扣未扣、应收未收税款50%至3倍以上罚款。"参见滕祥志《试论扣缴义务人未解缴税款的法律责任——以个人所得税为例》，《税法实务与理论研究》，法律出版社2008年版。

匿收入的手段偷逃增值税，亦已构成偷逃城建税行为。地税部门《税务处理决定书》应将城建税纳税主体确定为某乙。因此，某乙拒缴城建税没有税法依据，地税部门认定某乙系城建税纳税主体并无不当。同时，税务稽查局查处该案件时，应将其偷逃增值税额、城建税与其偷逃的个人所得税合并计算，一并移送司法机关处理。

二　酒楼私开发票案件的违法主体

案例2①：某大酒店系2006年成立之私营大酒店，以家庭经营为组织形式，R为负责人，其妻C帮助经营住宿、餐饮、娱乐厅等项目，同时负责兼营洗浴、停车等配套服务，酒店按照规定办理了工商登记和税务登记，并领有餐饮业发票。2007年，税务稽查表明，2006—2007年间该酒店有设置两套账隐瞒收入行为，偷税数额巨大。另有违规使用（出借）发票行为：发票借入方为A餐厅，该餐厅2007年1月26日开业，截至检查之日，未办理营业执照和税务登记，也未领取发票。餐厅出资人为Y，但Y经常不驻店经营，故将餐厅经营管理交由好友P负责。消费者索要发票，P便向其好友C（酒店老板R之妻）借用两本面额50元的发票，总计5000元，均已用完。出借发票行为，R并不知情，C也不明知出借发票系违法行为。本案之争议焦点：（1）该酒店个体经营者R对其妻C出借发票并不知情，出借发票的违法主体是谁？税务机关下发处罚决定的处罚主体是谁，C、R还是该酒店？（2）A餐厅未办理营业执照和税务登记，A餐厅管理人员P向他人借入发票的行为，其违法主体是谁？由谁承担法律责任？P还是Y？

（一）确认纳税主体

本案中，某大酒店依法办理了私营企业之工商登记和税务登记，但是案情简介未说明办理何种企业形式的工商登记。就企业所得税而言，旧《企业所得税法》没有排除合伙企业的企业所得税纳税义务，而新

---

① 张怡、何志明主编：《税法案例教程》，清华大学出版社2009年版，第216—228页。

《企业所得税法》明确排除了独资企业和合伙企业的企业所得税纳税义务，因此，由于本案发生在旧《企业所得税法》实施期间，大酒店无疑系企业所得税之纳税主体。妻 C 未以个人名义和实际享有酒店之经营所得，故不属于酒店经营所得的纳税主体。妻 C 违规出借发票行为和隐匿收入之偷税行为，妻 C 之主体身份显然系大酒店之工作人员和酒店家庭经营之投资者，由于中间隔着法人主体，酒店经营之直接归属者系公司法人，而妻 C 必须在法人主体税后才能分配投资所得；其职务行为所致之行政违法责任，主要表现为行为责任（如责令改正）和经济责任（罚款和滞纳金），应由作为法人主体的大酒店承担。但是，R 和 C 就酒店税后利润获得股权投资所得时，产生个人所得税之纳税义务，系个人所得税之纳税主体。因此本案之纳税主体以酒店之直接经营所得归属为认定原则，确认大酒店为所得税纳税主体，而妻 C 为违规开具发票的直接违法行为人，但是行政处罚决定和处理决定只能以大酒店本身为行政相对人。

（二）确认违法主体

本案中 A 餐厅未办理工商登记和税务登记，其投资人 Y 构成工商登记和税务登记行政违法，应承担相应行政违法责任，如果投资人 Y 补办工商登记和税务登记，成为个体工商户纳税主体，则有可能享有定期定额征收的税收待遇。好友 P 未向餐厅经营实际投资亦未与投资人 Y 达成合伙经营之合意，故系餐厅投资人 Y 之雇员，好友 P 获得工资薪金所得，系个人所得税之纳税主体。P 向好友之妻借用发票行为系职务行为，违法行为之行为后果和经济后果应由聘用人 Y 负担。投资人 Y 系餐厅投资经营所得之实际享有者，虽未办理工商登记或者税务登记，但是纳税义务发生以主体是否从事经营行为，是否取得应税所得为准，不以行为人是否办理工商或税务行政登记为准，故税法认定投资人 Y 系营业税、城建税、教育费及其附加和所得税之纳税主体，同时投资人 Y 系借用发票之行政违法责任主体。由于 P 系雇员，其借用发票系履行职务行为，因此，P 不得作为税收违法行为之主体看待，因为税收行政违法之责任本质上系经济责任，因此，雇员在经济上和业务上的非独立性决定了其雇主必成为经济上的责任人，因此应顺理成章地成为税收违法之责任主体。至于 P 超出雇员之代理范围给其雇主带来非正常的经济损失甚至行政处罚，应在雇用合同之违约赔偿的范围内讨论。

（三）所得归属者纳税

表面看来，本案进行税法处理时未直接确定行为人为纳税主体和违法主体，故未突破民法关于雇员法律关系的外壳，似乎税法规则与民法规则完全同一，其实不然。在民法，雇员的内部法律责任由雇用合同约定和调节，雇员因违法侵害第三人权益，或者雇员充当履约辅助人时有违约行为时，其外部法律关系的主体变更为雇主，而非雇员。在税法，实质课税原则的核心在于，行为主体与享有所得主体不一致时，应该以实际所得的主体为纳税主体，这在税法被称作"实质所得归属者课税"或"实质所得者课税"原则，系实质课税原则的内在组成部分。这一原则本质在于维护横向的公平，在纳税人之间营造税法之正义环境，而不在于考虑更具有负税能力。实践中，具有负税能力者多有，比如在未开征遗产税的国家，继承人继承大量遗产时可能既未从事应税行为也未享有应税所得，故不应当成为遗产税之纳税主体。因此，量能课税不能成为实质课税的理论基础，相反，只能成为税收立法时的一种必要考量。量能课税解决"把拔更多的鹅毛而不让鹅叫"的权衡问题，旨在宏观经济和归集财政收入的考量，其是否能成为一项法律原则值得存疑。[1]

三　建筑业挂靠的营业税纳税主体问题

案例3[2]：甲系从事建筑安装和房屋装修人员，自2005年4月起挂靠在乙（建筑工程）公司名下，为当地村民修建房屋，未办理工商执

---

①　张怡、何志明主编：《税法案例教程》，清华大学出版社2009年版，第207页。
②　张怡、何志明主编：《税法案例教程》，清华大学出版社2009年版，第207—216页。

照、未办理税务登记、未建账也未领取发票，建筑工程公司为其办理施工许可证，甲每年向该公司缴纳一定数量的管理费，其财务收支不通过被挂靠公司解决。当地税务所在清理当地施工项目时发现这一情况，但在纳税主体和税务登记对象上发生争议，一种意见认为，甲系纳税主体，负有税务登记义务；另一种意见认为，乙（建筑工程）公司是纳税主体，负有税务登记义务。后税务所责成甲办理税务登记、纳税申报事宜，甲向税务所申报营业收入 290 余万元，缴纳营业税 8 万余元，个人所得税 4.5 万元。问题：建筑业普遍存在的挂靠问题中，挂靠人和被挂靠企业究竟谁是营业税纳税主体？

（一）挂靠之法律评价

1. 挂靠之缘起。"挂靠"一词并非正式法律术语，在制定法中并没有任何条款对"挂靠"概念进行明确解释或界定。挂靠行为在经济生活中大量存在，集中表现在建筑施工、交通运输、旅游甚至船舶运输[①]等行业，在一些涉及公共安全以及其他关系国计民生的重要领域，实施市场准入，即通过行政许可的方式，设置准入条件，是国家进行市场干预的重要方式。这样，市场准入导致经营资质本身成为一种稀缺资源，从而成为交换对象，"挂靠"行为应运而生。而且，准入条件越高的经济活动领域，所取得的资质的交换价值也越高。因此，挂靠在建筑施工领域渐成普遍现象。由此，挂靠本质上是一种资质交换和利用行为，是无特定资质的一方通过向有特定资质的一方支付一定的对价而取得以有资质一方的名义参与特定经济活动的行为。挂靠行为源于行政管理，是在行政行为干预经济活动过程中伴生的一种交易行为，其本质系挂靠人向被挂靠单位借用资质之行为。

2. 挂靠之法律评价。各法律部门对挂靠有不同的评价。挂靠行为系行政违法行为，当事人应承担行政违法的法律责任。在刑法上，挂靠

---

① 谢桦、张可心等：《关于船舶挂靠法律问题的调研报告》，《人民司法》2009 年第 23 期。

人虽不属于被挂靠单位在编人员，但其履行"职务"① 行为违法的，有可能成为贪污、受贿、职务侵占的犯罪主体。② 民法上，挂靠分为紧密型挂靠，即松散型挂靠和名义上的挂靠。③ 紧密型挂靠是指挂靠者依附于某企业法人或有关部门，被挂靠人代开发票、代为建账、代征税收、挂靠者用被依附单位名义或者提供的方便进行活动，向被挂靠者交纳保证金或者上交管理费的行为。这种情况与承包颇为相似，二者共同之处在于承包人或挂靠人均以被承包人或被挂靠人的名义，使用其经营性文件、印章或银行账号进行经营活动，二者的区别在于承包关系中发包人还将资产、经营场所和人员交由承包人管理，而挂靠不具有这一特点。在建筑法上，我国法律禁止建筑施工企业出借资质即

---

① "职务"一词，在刑法上越来越看重其履行职权的实质含义，而非取决于是否"在编单位工作人员"等形式要素。参见最高人民检察院第九届检察委员会第五十八次会议通过《最高人民检察院关于以暴力威胁方法阻碍事业编制人员依法执行行政执法职务是否可对侵害人以妨碍公务罪论处的批复》，2000 年 3 月 21 日；《关于中国证监会主体认定的请示》，2000 年 4 月 30 日；最高人民检察院颁布《最高人民检察院关于镇财政所所长是否适用国家机关工作人员的批复》，2000 年 5 月 4 日；最高人民检察院颁布《最高人民检察院关于合同制民警能否成为玩忽职守罪主体问题的批复》，2000 年 10 月 9 日；最高人民检察院关于属工人编制的乡（镇）工商所所长能否依照刑法第 397 条的规定追究刑事责任问题的批复》，2000 年 10 月 31 日；最高人民检察院第九届检察委员会第七十九次会议通过《关于工人等非监管机关在编监管人员私放在押人员行为和失职致使在押人员脱逃行为适用法律问题的解释》，2001 年 1 月 2 日；最高人民法院审判委员会第 1130 次会议通过《最高人民法院关于未被公安机关正式录用的人员、狱医能否构成失职致使在押人员脱逃罪主体问题的批复》，2000 年 9 月 14 日；等等，都强调了只要行为人具有实际的职务或职权，而不论其是否正式在编人员身份，都按国家工作人员对待。又如，2003 年《全国法院审理经济犯罪座谈会纪要》也指出："受委托经营管理国有财产是指因承包、租赁、临时聘用等管理经营国有财产。"认为长期聘用人员与正式在编人员无多大区别。对这个问题的上述认识在税法关于废旧物资经营行业的处理规则也具有同样的意义。

② 钟伟苗：《建筑企业挂靠经营刑事责任问题实证分析》，《中国检察官》2008 年第 7 期。

③ 相对独立性挂靠：注册资金系挂靠人自筹，被挂靠单位为挂靠单位出具证明，申请工商登记并领取营业执照，成为独立的法人实体。出具证明的单位为其上级主管，向挂靠单位收取一定管理费。1999 年《宪法》为私营企业正名之前存在大量的"红帽子企业"。完全独立性挂靠：骗取有关部门单位证明出具证明文件，进行工商登记并领取营业执照，独立经营自负盈亏，与挂靠单位没有任何经济联系。

禁止挂靠行为①，在民法上，建筑挂靠必导致合同无效评价的法律后果，因此，在诉讼中若出现挂靠经营方与第三人的债权债务纠纷，民法上一般认定出借资质的被挂靠方承担连带责任，挂靠和承包关系一样均不能对抗第三人。

（二）挂靠之税法评价

1. 合同无效的税法评价。在税法上，建筑挂靠引起的问题是，面对合同的无效税法如何处理？引起合同法评价与税法评价的重合问题。税法的解决方法就是，合同无效但双方享有无效合同的经济后果的，税法秉持实质课税的理念，对各自保有所得进行税法评价。其背后的法理依据就是，合同法的评价与税法评价有各自的目标和追求，合同法重在交易安全和私法秩序，税法的目标是重在课税要件是否圆满，当事人的经济后果实际状况如何。面对一项以合同为外观的经济行为，合同法最先进入并实施民商法（合同法）评价，税法其次进入实施税法评价，合同法的评价与税法评价之间，只有时间先后没有位阶的高下之分。有时，合同法的评价与税法的评价可能齐头并进；有时，税法先行实施评价而合同法尚未实施评价，比如无效合同尚未被司法认定之前，当事人保有其合同交易的经济效果，因此，在合同没有被司法机关判定无效之前，税法应针对其经济后果判定课税要件是否满足并予以课税，对此税法处理的原则就是，虽为非法所得，但必须实质课税。前文述及，《德国税收通则》（Abgabenordnung 1977）第 40 条和第 41 条有对无效行为

---

① 《中华人民共和国建筑法》第二十六条明确规定："承包建筑工程的单位应当持有依法取得的资质证书，并在其资质等级许可的业务范围内承揽工程。禁止建筑施工企业超越本企业资质等级许可的业务范围或者以任何形式用其他建筑施工企业的名义承揽工程。禁止建筑施工企业以任何形式允许其他单位或者个人使用本企业的资质证书、营业执照，以本企业的名义承揽工程。"《建筑工程质量管理条例》第二十五条也明确规定："施工单位应当依法取得相应等级的资质证书，并在其资质等级许可的范围内承揽工程。禁止施工单位超越本单位资质等级许可的业务范围或者以其他施工单位的名义承揽工程。禁止施工单位允许其他单位或者个人以本单位的名义承揽工程。施工单位不得转包或者违法分包工程。"根据上述规定，挂靠行为是被严格禁止的行为。

实施实质课税的规定。① 若合同发生被判定无效的情形，且当事人依据判决实际已经恢复到交易之前的状态，也即交易双方未发生合同所预期的经济效果，那么税法应该对已征税款进行返还，纳税人产生税法上退还请求权。

2. 营业税纳税主体。本案中是否发生营业税应税行为？继而，谁是营业税的纳税主体？就挂靠人而言，挂靠人之民事主体资格系自然人、个体工商户或者合伙组织，其从事营业税建筑施工之应税行为，保有应税所得，具备负税能力，满足营业税课税要件，根据实质课税的法理，理应成为营业税之纳税主体，应按照"服务业—建筑业"税目计算缴纳营业税。对被挂靠人而言，其以本人名义与业主签订建设工程承包合同，并办理施工许可等相关文件供挂靠人使用，以此收取管理费，作为签约主体其并不参与施工，而是挂靠人自行施工并自负盈亏，挂靠合同没有被确认无效并予以返还处理之前，其向挂靠人收取管理费，系提供资质、签订合同、转付工程款等服务行为的对价，应按照"服务业—其他服务业"税目征收营业税。对此，《国家税务总局关于印发

---

① 最高人民法院研究室对此问题存在错误理解。案情简介及最高人民法院研究室《函复》具体内容，参见《法解水案》编写组编《法解税案》，东北财经大学出版社 2006 年版，第 103—116 页。2005 年 1 月 24 日，最高人民法院研究室根据税务机关提供材料经多次研究《函复》如下："（1）当事人非法占用国有土地后，在该土地之上建房予以转让时不予申报纳税，其非法占用国有土地行为与不申报纳税的行为，是不同时间实施的违反两种法律规范的两种违法行为。国土资源局对该当事人非法占用国有土地的行为予以罚款后，税务机关又对其转让在非法占用土地上所建房屋不申报纳税行为予以罚款，是不同行政机关对同一当事人实施的违法行为分别进行的行政处罚，不违反行政处罚法关于'对当事人的同一违法行为，不得给予两次以上罚款的行政处罚'的规定。（2）当事人转让在非法占用土地上所建房屋的行为，应当受到有关方面的行政处罚，但对违法经营行为是否应当纳税，应当区别不同情况。如果该转让行为依法被确认为无效或者不成立，其转让所得应当依法返还，似不发生该范围内的纳税问题，反之，当事人就应当依法按应当纳税税种纳税。"该函复存在两个错误：其一，把行政法或者合同评价（无效或者不成立）置于税法评价之上，认为无效或者不成立的民事行为当然不产生税法评价问题，这是传统民法强势思维的体现，没有法理依据；其二，该函复第一点对"同一行政违法行为"进行甄别，无疑十分准确，符合国家税务总局所提问题的范围，但第二点的说明超越行政机关关于同一行政违法行为的所提疑问，有画蛇添足之嫌。

〈营业税问题解答（之一）的通知〉》（国税函发〔1995〕156号）问：对工程承包公司承包的建筑安装工程按何税目征税答：根据营业税暂行条例第五条第（三）款"建筑业的总承包人将工程分包或转包①给他人的，以工程的全部承包额减去付给分包人或者转包人的价款后的余额为营业额"的规定，工程承包公司承包建筑安装工程业务，即工程承包公司与建设单位签订承包合同的建筑安装工程业务，无论其是否参与施工，均应按"建筑业"税目征收营业税。工程承包公司不参与建设单位签订承包建筑安装工程合同，只是负责工程的组织协调业务，收取相关管理费的，对工程承包公司的此项业务则按"服务业"税目征收营业税。

3. 税法适用问题。其一，《税收征管法实施细则》第四十九条②规定，如果企业承包人或者承租人独立核算的，应为其生产经营收入和所得纳税，故承包人或者承租人成为纳税主体。由于本案当事人之间不属于企业承包或者承租经营法律关系，故不适用该条规定。这也说明，民商法的评价和定性，是税法评价和定性的基础和出发点，厘清法律关系的实质被认为是司法实践中经常运用的特别技术，于税法亦然。税法确定交易性质必以合同法律关系为基础，在绝大多数场合，合同法律关系的性质也即税法商事交易的性质，二者具有同一性；但是，税法有其独

---

① 从《中华人民共和国建筑法》第二十六条和《建筑工程质量管理条例》第二十五条看，转包和非法分包为法律所明文禁止，但是，税法在此没有止步不前，不以其他法律的有效或者无效评价为基准，而是坚持实质课税和税收中立的原则，对经济活动中产生的应税行为和经济后果，实施税法评价，若满足课税要件则课以赋税。同理，《印花税暂行条例实施细则》第三条规定："条例第二条所说的建设工程承包合同，是指建设工程和勘察设计合同和建筑安装工程承包合同。建设工程承包合同包括总包合同、分包合同和转包合同。"故，建设工程"转包合同"须照章纳税。

② 《中华人民共和国税收征收管理法实施细则》（国务院令第362号）第四十九条 承包人或者承租人有独立的生产经营权，在财务上独立核算，并定期向发包人或者出租人上缴承包费或者租金的，承包人或者承租人应当就其生产、经营收入和所得纳税，并接受税务管理；但是，法律、行政法规另有规定的除外。发包人或者出租人应当自发包或者出租之日起30日内将承包人或者承租人的有关情况向主管税务机关报告。发包人或者出租人不报告的，发包人或者出租人与承包人或者承租人承担纳税连带责任。

特的规则，有时合同法律关系的性质与交易性质并非一一对应，特别是在一个交易出于商业目的或者其他税项利益的目的被设计为几个分步的交易，这时税法就有必要设置一套认定交易性质的规则。其二，本案挂靠方某甲负有营业税纳税义务，依法应当在发生纳税义务之后的 30 日内，以非领取营业执照的"其他纳税人"身份办理税务登记。① 签订建筑施工承包合同的主体双方还需缴纳印花税，施工承包方还需缴纳所得税、营业税、城建税、教育费及其附加等。

四　行政登记的名实冲突与税法处理

案例 4：1992 年 6 月，甲公司登记设立为外资企业，1999 年经改制变更登记为内资企业。后甲公司向主管税务机关申请变更税务登记，国税局答复"须先清算地税后才能变更国税"。2003 年 6 月，地税局批准甲公司的税务登记变更为内资，但甲公司多次向国税局申请清税及变更登记事项，一直未得答复和批准，直至 2008 年初均按外资企业纳税申报和所得税年终汇算清缴。2008 年 8 月国税局稽查局对该公司 1997 年初至 2007 年底的纳税情况进行了检查，对 98 项纳税事项进行了处理，并认定为偷税。其中：除发生于 1999 年以前的两项纳税事项适用《外商投资企业和外国企业所得税法》及相关规定进行处理外，其余 96 项纳税事项均适用《企业所得税暂行条例》《企业所得税暂行条例实施

---

① 《税务登记管理办法》（国家税务总局令第 7 号）第十一条："本办法第十条规定以外的其他纳税人，除国家机关、个人和无固定生产、经营场所的流动性农村小商贩外，均应当自纳税义务发生之日起 30 日内，向纳税义务发生地税务机关申报办理税务登记，税务机关核发税务登记证及副本。"《国家税务总局关于完善税务登记管理若干问题的通知》（国税发〔2006〕37 号）第二条指出："承包租赁经营的纳税人，应当以承包承租人的名义办理临时税务登记。如果不及时办理税务登记，按《税收征管法》第六十条规定，税务机关将会"责令限期改正，可以处二千元以下的罚款；情节严重的，处二千元以上一万元以下的罚款。"因此，承包承租的个人只要具备了自主经营、独立核算和定期上交包费或租金这三个条件，就应当依法办理税务登记。笔者认为，在所得税方面，新《中华人民共和国企业所得税法》实行法人纳税主体制度，摒弃了"独立核算"纳税主体认定规则，因此，非法人主体的承包承租人就不属于企业所得税纳税主体。但有可能是营业税纳税主体，应该办理纳税登记。近年的优化营商环境改革，实现了"数证合一"。

细则》及相关规定进行处理。认定偷税两千余万元，并移送公安机关。该公司法定代表人被刑事拘留。

（一）纳税主体资格问题

1. 抗辩理由简述。甲公司认为，其纳税主体资格系外资，因税务登记系公权力许可，未经变更不得改变其主体资格，甲公司的民事主体资格的变更是其纳税主体资格变更前提，但甲公司的外商投资企业纳税主体资格并不当然随其民事主体资格的变更而自动变更。故其税务登记在国税局未变更之前，仍为外资纳税主体。

2. 行政许可：一般禁止之解禁。企业的观点建立在税务登记及变更登记是行政许可的逻辑基础上。那么，税务登记是否行政许可？所谓行政许可，是指行政机关通过一定的程序赋予特定的主体行为能力和资格，行政许可的前提是法律对某种行为的一般禁止，而行政许可则是对这种一般禁止的解禁。比如《律师法》禁止一般公民从事律师代理行为或以律师名义执业，但是，却对特定的通过司法资格考试的人员授予律师执业许可，同理，《公司法》禁止一般组织以公司名义从事商行为，但是，却给予满足公司法人要件的组织赋予公司法人资格，准予其以公司法人名义缔结契约从事商事活动，这是对一般禁止行为的解禁。税务登记的性质不然。税务登记不属于行政许可，原因也在于，不进行税务登记照样负有纳税义务。税务登记作为一种税务行政管理的方式，也是作为纳税人的一项税法义务，未经过税务登记的主体如果从事应税行为，一样负有纳税义务。最近，税收征管放管服改革之后，一旦商事登记呼准，商主体自动取得纳税人登记证号。

3. 税务登记不属于行政许可。这就说明税务登记不属于一项行政许可。税务登记不意味着主体获得一项行为资格，经过登记的主体与未经过登记的主体一样负有纳税义务。税务登记只不过是方便纳税人缴纳赋税和方便税务机关征管稽查而设定的征管程序和措施而已，不具有一般禁止的解禁的本质特征。因此税务登记仅系一般程序性登记而非核准许可性登记，商事主体经税务登记并未获得一项资质或许可。反过来看，如果未经登记的主体从事应税行为而不负纳税义务，那么整个税法体系将失去公正和平衡，整个税法大厦将坍塌，故此，新的《税收征管法》有必要建立新的普遍税务登记制度，让一切自然人、企业、组织和团体普遍履行税务登记义务，在发生应税行为并保有应税所得时自行申报纳税，以便实现税收征管的效率。普遍税务登记制度的探讨和设立，显然建立在普遍纳税和纳税主体资格无须税务机关审批或者许可获得的基础上。

4. 纳税主体与税务登记之外在形式。因此，本案甲公司在工商变更登记之后虽税务登记在地税局已经变更为内资企业纳税主体，而国税之税务登记尚未变更，这不意味着甲公司的税务主体资格仅仅依靠税务登记为准。实质上，我国的统一《企业所得税法》颁布之前，实行内外资区分的所得税纳税主体制度，改革开放初期，国家实行所得税法的税收差别待遇有其历史根源和历史合理性，而内外资的民事登记主体决定其民事主体资格，也即注册资金的来源决定其属于内资还是外资，但是，内、外资税收差别待遇有悖于税收公平原则，必为其后之统一《企业所得税法》所抛弃。然而，根据当时生效的法律，民事主体在工商登记时，其注册资金的性质决定其主体资格，由于工商登记系行政许可，民商事主体行为能力和资格的取得须经登记主管机关审核批准，故资金来源决定民商事主体资格，从而决定了纳税主体的资格。因此，本案中纳税主体资格遵循商事法律秩序并无不妥，也反映了商事主体资金来源的本质特征。因此，不存在纳税主体随着税务登记转移的问题。相反，税务登记应该根据工商登记的变更作出调整。本案主管国税局怠于对纳税的税务登记作出调整，本身存在不作为的行政违法，但不足以改变甲公司已经从外资变更为内资企业的事实，这一观念坚持以实质资金来源决定企业性质和纳税主体性质，与探求经济过程的实质理念不谋而合，相反，在税务登记的形式上，甲公司仍然在国税局登记为"外资企业"，但是税务机关突破税务登记的外在形式，探求其纳税主体资格的本质，显然符合实质课税的理念。

（二）税务登记之形式与实质

1. 抗辩理由简述。甲公司认为，稽查局未适用法定登记程序变更甲公司的外商投资企业纳税主体资格，却直接以《税务处理决定书》的形式将甲公司按内资企业纳税主体资格对待并进行处理，试图以处理程序代替登记程序解决问题，显然不符合法律规定的程序，违反了《行政许可法》第八条"公民、法人或者其他组织依法取得的行政许可受法律保护，行政机关不得擅自改变已经生效的行政许可"的相关规定，其错误理应给予纠正。

2. 抗辩理由错在何处？甲公司的上述论证错在将税务登记主体的外在形式绝对化，认为税务登记的内容即为认定纳税主体资格的唯一标准。这种将税务登记或者将工行登记绝对化的观念，实质是商法上的形式主义和外观主义的反映。在民商法，一个民商事法律行为涉及主体权利的设立、变更、转移或者消灭，为稳定交易秩序和保护善意第三人以及交易安全计，着重民商事交易行为的外观或者公示，法律上给予交易外观或者公示足够的确定力和公信，否则，交易安全和善意第三人的权利保护将落空，于维护交易秩序不利。现代民商法鼓励交易，从而维持和依赖商事交易的外观，自有民商法的内在法理，但是，在税法领域不能将交易的形式或者外观绝对化，相反，在交易的实质与交易的形式或者外观不一致时，应撇开形式或者外观，遵循交易的实质或者实际。因此，甲公司的抗辩，建立在税务登记外观的绝对性和税务登记系属"行政许可"的错误判断上，与税法的基本理念相悖，不能得到税法的支持。

3. 税务登记之形式与实质。因此，国税稽查局将甲公司 1999 年以后以内资企业看待，不仰赖税务登记的表面形式，符合税法的内在法理，况且，依法甲公司早应将国税局之税务登记"外资企业"纳税主体更变为"内资企业"纳税主体，仅仅由于企业自身的原因没有依法作出税务变更登记（国税局亦存在不作为之管理过失），不改变甲公司的实质性的纳税主体地位。稽查局在作出税务处理决定时，撇开税务登记的形式和外观，根据甲公司的实质纳税主体地位决定其税法评价，符合税法原理，不存在以稽查程序取代登记程序的问题。况且，履行变更登记程序始终系企业的法定义务，企业不能以税务登记未做过变更为由，否认其实质的税法主体地位。因此，甲公司自1999年以后按照外资纳税主体进行企业所得税汇算清缴，系自身认识法律错误，负责汇算清缴的相关会计师事务所或者税务师事务所，对此负有法律认识错误的责任。

（三）余论：适用法律问题

1. 抗辩理由简述。甲公司认为，在税收法律关系中，纳税主体的权利、义务基于税法及相关的程序规定设立、变更、终止。而内资企业与外商投资企业基于具体的税法规定及设立、变更、终止程序的差异，显然处于不同的税收法律关系中，应分别适用不同的税收法律规范。在本案，甲公司的税务登记记载为外商投资企业纳税人，且处于合法、有效的延续状态中。理应适用《外商投资企业和外国企业所得税法》及相关规定进行处理。而在稽查局作出的《税务处理决定书》中所认定的98项具体违法事实，除1997年、1998年，以及1999年的个别事项系适用《外商投资企业和外国企业所得税法》外，其余均根据《企业所得税暂行条例》《企业所得税暂行条例实施细则》及相关文件进行纳税调整，且未对适用不同税法进行处理的理由作出任何解释和说明。该《税务处理决定书》，显然法律适用错误。

2. 抗辩理由错在何处？甲公司抗辩的要点是："在本案，甲公司的税务登记记载为外商投资企业纳税人，且处于合法、有效的延续状态中。"上述论据能否成立？企业的上述错误，理由同上。这个论点同样建立在将税务登记记载的外观绝对化和形式化，将民商法的外观主义和形式主义套用到税法之上，与实质课税的原则精神不符，势必得出错误结论。

五 名义借用与纳税主体

案例①5：某甲系 X 棉花公司员工，停薪留职为 L 公司销售棉花。停薪留职期满后，经借用合同留在 L 公司，且经 L 公司法定代表人同意，以 L 公司名义向 F 公司销售棉花。为此，某甲与 L 公司约定：(1) 某甲不享受 L 公司劳保福利待遇，工资差旅等一切费用自理，如发生亏损，由某甲全部承担损失。(2) 某甲有权以 L 公司名义对外签订销售合同，其净利润的 8% 上缴 L 公司作为管理费。1995 年 10 月至 1996 年 2 月，某甲以自有资金从新疆某公司购得棉花若干吨（进价约 16 万元）售给 F 公司，L 公司将某甲的购货发票及运费发票入账，同时为某甲开出调拨发票一份、收款发票两份。某甲擅自开出 L 公司收款发票一份，并从他人处取得运费发票两份，分别以棉花款、运费及人力费取得约 20 万元。1996 年 8 月至 1997 年 5 月，某甲再购进棉花 23 吨（进价约 31 万元），将其中 20 吨销售给 F 公司。此次交易中某甲隐瞒真实进货情况，未将购货发票交给 L 公司，并以欺骗手段取得 L 公司销售凭证，擅自开出该公司调拨发票、收款发票各五份（均底面不一或大头小尾），共向 F 公司结算金额 29 万元。1997 年 11 月某甲与 L 公司法定代表人谈妥，将余下 3 吨棉花以 4 万元售价卖给 L 公司。后经税务稽查认定，某甲无照经营，个人从事棉花贩卖活动，采取欺骗隐瞒手段偷逃税款约 9 万元（涉及增值税、所得税、城建税等），情节严重，移送司法机关处理。一审法院认定某甲构成偷税罪。某甲不服一审判决，以其不属纳税主体为由，提起上诉。

（一）民商法与税法评价的差异

1. 抗辩一：某甲与 L 公司成立名义借用关系。被告认为：在某甲

① 案例参见席晓娟《名义借用情况下的纳税主体的法律认定》，刘剑文主编：《财税法论丛（第 4 卷）》，法律出版社 2004 年版。文章对某甲与 L 公司之间的关系究系人员借用关系、承包合同关系或者名义借用关系有详尽细致讨论，展示出税法案例的争论起点乃是合同法律关系的性质认定。

· 144 ·

与 L 公司之间不成立承包关系，而成立名义借用关系，理由是某甲作为 X 公司在职员工，其与 L 和 X 公司之间签订借用合同，未与 L 公司成立劳动合同关系，而是否签订劳动合同成为被承包公司的员工则是承包合同成立的要件①。双方达成以 L 公司名义销售棉花之合意，且费用及风险自负，以净利润之一定比例上交管理费，故双方不成立委托代理关系，而成立名义借用关系。在涉及第三人的场合，由于第三人 F 公司相信某甲有权代理 L 公司为交易行为，且 L 公司实际出具了调拨发票和收款发票，因此，应以表见代理看待某甲的行为。在前两笔交易中，某甲以 L 公司名义对外交易，在对外关系中应被认为是 L 公司的行为而非某甲的个人行为，所以，纳税主体应为 L 公司而非某甲。②

2. 抗辩论证瑕疵之分析。在分析某甲与 L 公司不成立承包合同关系时，被告代理人引入某甲是否与 L 公司成立劳动关系的视角，并以双方无劳动关系为依据断定不属于承包关系。这个观点不能成立，理由是外部承包合同不以是否签订劳动合同为判定标准。③ 实际上，从民法看，某甲与 L 公司之间成立名义借用关系。从双方约定看，L 公司准予某甲以其名义从事棉花销售，但某甲需自筹资金，自担风险自负盈亏，某甲以其利润的一定比例上交管理费，这与承包合同有某种相似之处，

---

① 参见席晓娟《名义借用情况下的纳税主体的法律认定》，刘剑文主编：《财税法论丛（第 4 卷）》，法律出版社 2004 年版，第 409 页。

② 参见席晓娟《名义借用情况下的纳税主体的法律认定》，刘剑文主编：《财税法论丛（第 4 卷）》，法律出版社 2004 年版，第 414 页。

③ 从制定法看，与承包有关法律法规和司法文件，并未规定外部承包关系以劳动合同的签订为基础。在外部承包关系，承包人虽与被承包企业签订承包协议，但并非一一签订劳动合同并成为其中的一员。且承包关系与劳动关系虽有相同之处，但是二者尚有本质的区别：承包关系中二者法律关系始终处于平等地位，而合同履行过程之中，承包者虽名义上以被承包企业"员工"的形式出现，但承包者并未在法律上成为企业的一员，在人身上也不依赖于被承包企业，二者之间始终不具有从属性或依附性。与此相反，劳动合同的标的是劳动者的劳动，劳动者进入劳动关系的目的即为出卖自身的劳动，换取工资薪金等劳动的对价；而承包合同的标的是企业的经营和管理，故承包合同涉及企业资产、名义、场所、人员的使用问题，在承包关系内部，承包人享有企业经营利润分成，须对企业（或部门）承担最终的经营责任，因此，不能以双方未签订或不能签订劳动合同关系为由，断定甲与 L 公司不成立承包关系，须从其他要件进行判定。

但是，二者存在本质区别，首先，某甲以自有资金进行交易使用 L 公司发票，与使用 L 公司的资产毫无关系；其次，更为重要的是，双方合同内容某甲不涉及参与 L 公司的经营管理活动，只涉及 L 公司为某甲棉花交易提供名义和方便，这与承包合同的标的明显不符。

3. 抗辩二：某甲为表见代理不属纳税主体。被告代理人上诉的理由是：根据表见代理法律制度，某甲的行为虽不具有代理权，但是 L 公司向某甲提供调拨和收款发票，使得 F 公司有足够的理由相信其与 L 公司进行棉花交易，因此，在对外关系中，某甲的行为并非个人行为而属于 L 公司的公司行为，其行为后果应由"委托人" L 公司承担，故某甲不属于纳税主体。

4. 民商法评价不能取代税法评价。被告上述论点不能成立。被告代理人的错误在于以民商法的判断取代税法的判断，其实，二者要解决主要矛盾和主要关注焦点有别，民商法之要旨在于规范交易双方的权利义务的设立、变更和消灭，以及权利义务变动中的交易安全和交易秩序，因此在涉及第三人的场合，法律借表见代理制度以保护交易秩序和善意第三人，民法代理制度之核心在于解决本人、代理人和第三人之间的权利义务平衡，表见代理作为一种拟制的代理制度，亦为解决第三人利益问题和三方主体的权利义务平衡。因此，在表见代理，为鼓励交易和保护交易安全，表见代理人虽实质上无代理权，但其行为后果比照有权代理处理，法律将表见代理人的交易主体地位隐去，认定交易主体双方系第三人和"委托人"。但是，这种民事法律关系的分析，不能直接挪用到税法当中，并成为税法认定纳税主体的唯一依据，因为民法上的代理关系或者表见代理关系是重在解决当事人之间的权利义务，而税法则关注代理（交易）行为本身的性质，二者关注的焦点不同，税法之旨趣和目的与民商法有异。在本案，税法的分析思路为：某甲是否为应税行为？是否因此保有应税所得？进而判定是否为纳税主体？以及负有何种纳税义务？税基若何？是否享有法定税收减免等？以此观之，根据税法之课税要件的法理，税收债权是否成立端赖于上述问题是否得到解决。

（二）"名义借用"之税法含义

1. 税法之货物销售主体。在本案，税法评价和关注的对象是"货物销售"之交易行为，涉及四个主体：新疆某公司、L 公司、某甲、F公司。在本案，某甲以 L 公司名义从事前两笔交易，虽由 L 公司开具调拨和收款发票，但是其从事销售行为获得经营所得，产生所得税纳税义务。问题是，某甲是否产生增值税（以及与增值税有关的城建税、教育费及其附加）的纳税义务？增值税系流转税，课税客体为货物销售过程中的增值额。从税法观察，每一笔货物销售都伴随三个流转关系，即货物、对价和发票的流转。一个典型或者正常的销售，发票随同货物从卖方流转到买方，而对价则从买方支付到卖方，发票受票主体同时也是对价支付主体和取得标的物所有权的主体。但税法主要关注销售是否发生？收入是否实现？发票开具是否合规？销售双方主体是谁？发票受票人是否同时也是对价支付主体和标的物权利主体？从税法来看，支付对价的一方也就是得到货物所有权和控制权的一方，二者一般情况下应该统一，极端特殊情况下例外；① 至于发票流转关系错位，则有可能涉及发票行政违法、偷税或者增值税专用发票（开票不合规

---

① 买卖之特殊情况如：（1）即在合同约定由购（甲）销（乙）主体之外的第三人（丙）付款的情形下，才发生取得物权主体（甲）与支付主体（丙）的分离，实务中其民法构造为：甲、乙之间签署买卖合同，合同中包含第三人丙代为支付的条款，丙须在买卖合同上签署，这时在甲和丙之间成立债权债务关系，双方或另以债务承担协议固定二者关系。此时，因甲在法律上实质地获得货物的所有权和在经济上的支配权，税法应将取得物权的主体甲视为税法上的货物买方主体，卖方乙应将增值税专用发票开给甲；（2）甲、乙签订购销合同且甲向乙支付货款，但指定货物的所有权归属于丙且交付于丙。此种情形下，甲先为购买，后为赠予。（3）甲、乙签订买卖合同，约定丙取得货物所有权，且支付对价收取发票。甲、丙之间只以原买价结算并向丙仅收取手续费。此种情形下，甲系《财政部、国家税务总局关于增值税、营业税若干政策规定的通知》（财税〔1994〕26 号）所谓"代购"，不予课征增值税，但须就"手续费"缴纳营业税。丙取得货物所有权，支付对价，收取发票，为货物买方主体。

之行政违法）或犯罪，因此，判断购销主体应该主要看物权的转移方向[①]。

2. 货物销售之税法评价。（a）先看第一次交易。从第一个销售环节看，某甲自新疆某公司购得棉花，支付对价，借 L 公司开具的收款发票，完成第一个销售行为，在此环节中，某甲自筹资金，掌控货物的所有权和支配权，系买方主体，新疆公司为卖方主体。第二个销售环节中，某甲借 L 公司的调拨发票将其掌控的货物转卖 F 公司，虽发票从 L 公司流转至 F 公司，但货物的所有权自某甲转移至 F 公司，F 公司向某甲支付对价，某甲为该批货物的卖方主体。某甲通过一买一卖，获得货物转卖差价所得，系个人所得税纳税主体，同时某甲为货物之销售主体，应该就该批货物转卖 F 公司负增值税纳税义务，系增值税纳税主体，同时系城建税和教育费附加之纳税主体。又某甲私自开具发票隐匿收入，且未作纳税申报，构成"违法开具发票"和"偷税"或"未申报纳税"[②]（《税收征管法》第六十四条第二款）违法。（b）再看第二次交易。第二次交易中某甲之运作手法与第一次没有区别，唯一区别是某甲向 L 公司隐匿销售行为，私自开出收款发票交给 F 公司，其目的在于隐瞒利润，减少向 L 公司交纳管理费提成。第二次交易中，某甲将剩余 3 吨棉花售予 L 公司，获得货款约 4 万元，税法上将其行为看作

---

① 税法关于销售收入实现时点的规定，对此有启发意义。收入何时实现？国税函〔2008〕875 号第一条第一款对货物销售收入实现的时点，做出了明确规定。即满足四个要件的确认销售收入的实现：一是销售合同已经订立，与所有权有关的风险和报酬已经转移给买方；二是与所有权有关的经营管理权和实际控制权均未保留在卖方手里；三是收入的金额能可靠地计量；四是已经发生或者将发生的销售成本能可靠计量。这一规定与会计准则收入实现的标准一致。收入实现的首要标准即为所有权、风险及报酬的转移。

② 若在"违法开具发票"和"偷税"同时存在的场合，前者系手段行为，后者系目的行为，二者分别触犯法律规定构成税收行政违法，故构成牵连行政违法，比照牵连犯罪之处罚的法理，应以一个较重的行政违法处理。若构成偷税犯罪，则移送司法机关处理。由于《中华人民共和国税收征收管理法》第六十三条所规制之"偷税行为"与第六十四条所规制之"未申报纳税行为"有重合之处，二者不易区别，故实务上和理论上多有争议，本案被告应以"未申报纳税"行政违法为要点实施突破，以纳税主体问题实施抗辩则无税法依据。

先买后卖，两次买卖行为均自筹资金，借转卖获得货物差价，某甲作为个人增值税纳税主体，应申请主管税务机关代向 L 公司开具增值税专用发票，但是某甲显然没有开具增值税专用发票，也未缴纳相应税款，构成偷税。

3. "名义借用"之税法含义。民商法和税法评价本来属于两个不同的价值系统，前者重在交易秩序和安全，即私权保护和主体权利义务的清晰对等，合同法关注买卖合同之标的物交付、风险转移、价款支付、履约瑕疵、担保或抗辩、货物运输与保险以及诸多合同附随义务等，而税法则重在探究交易主体双方之交易行为是否满足课税要件，简言之，税法旨在探究主体是否为应税行为？是否保有应税所得？是否具备负税能力？税基若何？是否享有法定税收优惠？因此，这两种评价完全系属不同范畴，其价值目标、评价技术和遵循的原则有别；二者只在涉及交易定性之合同性质上发生重合，也即在判断主体是否从事某种应税行为时，税法是以私法关系作为评价基础，这时交易双方的交易性质是税法关注的焦点。在绝大多数场合，交易性质与合同法律关系二者一一对应，这时就出现民商法评价与税法评价的协调与统一，但在有些场合，交易性质与合同法律关系的并非一一对应。自民法观察，某甲与 L 公司之间系名义借用法律关系，但是自税法观察，双方实质系代开发票关系。此处，民商法的名义借用法律关系，转换成税法上的发票代开关系，其民法之法律关系认定固然不错，但税法拥有其独特的视角，应做出不同于民法的判断，两种判断并无对错之分，只是观察视角有别而已。本案被告将民法上之法律关系取代税法关系之判断，造成税法评价和适用法律错误。

4. 余论：关于所得问题。本案 L 公司获得借用名义（代开发票）之所得，以税法角度观察，依法应收缴其非法所得，并就其违法开具发票行为处以罚款。涉及为他人代开增值税专用发票牟利触犯刑律的，应依法追究刑事责任。某甲获取货物转卖收入，系个人所得税纳税主体。

且某甲为增值税之销售货物应税行为，依据上述分析，某甲为增值税、城建税和教育费附加之纳税主体。另，某甲隐匿收入，未经工商和税务登记，构成税务登记违法，依法应予行政处罚；某甲虚开增值税和其他用于抵扣的专用发票（运费发票等），涉嫌虚开增值税或其他用于抵扣的专用发票犯罪。

六　借用资质开发地产与所得税纳税主体

案例6①

（一）公司架构：隶属和投资关系

1987年10月26日，甲公司全额投资成立乙公司。1993年3月1日，甲公司全额投资成立房产公司（以下简称"地产公司"）。乙公司和地产公司均为甲公司的下属全资子公司。企业性质均为国有独资。

1993年12月21日乙公司全额投资成立房产公司一分公司（以下简称"地产一分公司"）。根据1993年某市政府相关文件精神，每个单位（委、办、局）只能成立一个系统内房地产开发公司，由于乙公司有房地产开发经营的需要，但是，某局下属只能成立一家房地产开发公司，在办理工商登记时，乙公司投资成立的房地产企业（地产一分公司）只能隶属于已经成立的地产公司的资质名下，但其全额投资主体系乙公司，人事隶属于乙公司，财务独立核算（见税务登记证）。

从投资关系上看，地产一分公司系乙公司的下属单位，其人、财、物、行政、劳动工资及党务活动全部归口乙公司管理。其与地产公司只是名义上的隶属关系，与地产公司没有实质上的（投资和管理）隶属关系（参地产一分公司章程及工商登记资料）。几家公司的隶属关系图示如下：

---

① 滕祥志：《确认房地产企业销售所得之企业所得税纳税主体的法律意见书》，《税法实务与理论研究》，法律出版社2008年版。

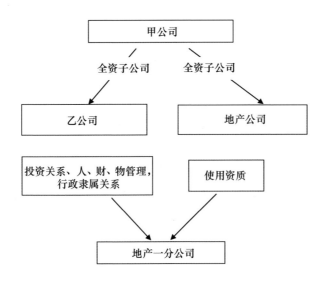

（二）基建及住宅项目批文简况

1994年6月5日，经某市计划委员会〔1994〕第0598号《关于住宅建设立项的批复》批准，某市某局（现甲公司）被准予建设开发位于某区西铁营横8条60号院总体规划内公建用地拟建商业大厦（乙公司下属企业用地）住宅基建工程项目，包括自建宿舍及物资网点等配套设施10万平方米。

2000年9月15日，某市发展计划委员会和某市建设委员会颁发《关于开发建设某经营公司住宅楼项目（代可行性分析报告）的批复》，批准甲公司建设开发位于某区西铁营横8条60号院内5#、6#高层住宅楼（幸福家园）项目。由于幸福家园项目位于原〔1994〕第0598号批复占地范围，故相应核减原〔1994〕第0598号批复的建筑面积规模。

由于幸福家园系住宅项目，但乙公司没有房地产开发资质，甲公司遂确定由其下属（地产公司）的名义开发，但是实际投资运作是乙公司下属的地产一分公司。2000年甲公司下属地产公司顺应国家政策改制，幸福家园系住宅项目未纳入改制协议范围。

（三）投资收益主体为所得税纳税主体

由于实际投资开发主体与名义上的开发主体不一致，应该确定由实际投资开发主体和收益（取得收入）主体为企业所得税的纳税主体。一般认为，从地产公司取得幸福家园的立项文件、销售许可证和开具发票来看，应确认地产公司为所得税纳税主体，但以下问题需特别考虑。

1. 开发与收益主体之名实不符

一般情况下，房地产项目的实际投资及收益主体与名义上的投资及收益主体是同一主体。但是，该项目的实际投资及收益（取得收入）主体（地产一分公司）与名义上的开发及收益主体（地产公司）不一致，这样，根据实事求是的精神和"实质课税原则"的基本精神，结合企业所得税法的相关规定，应确认实际上的投资及收益主体（地产一分公司）的上级法人单位乙公司为企业所得税的纳税主体，理由如下。

2. 实际投资及收益主体之认定

若仅作法律形式上观察，从立项文件、销售许可证和开具发票等角度，只能得出投资主体和收益主体是地产公司的结论。因此，须作经济实质的考察，从成本、费用的实际支出和承担、项目收入的资金流向和实际收益人等因素，来判定实质的投资和收益主体。在本案，以下因素于经济实质考察中具有决定性。

（1）项目文件之报批。从项目法律文件上看，有证据证明幸福家园项目实际为地产一分公司开发建设。查《建设工程规划许可证》和《建筑工程开工证》，幸福家园的建设开发方不是地产公司开发公司，而是房产公司一分公司。获得这些许可证的相关费用也是地产一分公司缴纳并承担。（2）项目成本费用和收益。首先，该项目的成本、费用、全部由地产一分公司支出并承担。地产一分公司是幸福家园5#、6#楼室内精装修和土建、水暖、电器、通风《建设工程施工合同》的签约主体和履约主体，地产一分公司支付并承担了项目建设开发的成本、费用。其次，幸福家园项目的销售收入分两步部分别进入地产一分公司账户：一部分现金收入（给客户开具地产公司的发票）直接进入地产一分公司账户，一部分按揭收入（给客户开具地产公司的发票），经过地产公司账户倒账后，立即进入地产一分公司账户，由地产一分公司实际取得收入，并由地产一分公司记作收入。

（3）改制未涉及该项目。从地产公司的改制方案、批复、改制协议及一系列产权登记法律文件来看，地产一分公司的幸福家园项目的销售收入未进入地产公司的《财务报表》，未进入甲公司与某投资有限公司的改制《协议书》，未进入 2004 年 12 月 24 日经审批的《企业国有资产占有产权登记表》，未进入 2004 年 11 月 8 日经某市政府国有资产监督管理部门审核的《国有资产评估项目备案表》，也未进入经独立执业的某市兴业会计师事务所有限公司签署的《地产公司 2004 年 8 月会计报表的审计报告》。这些法律文件证明：幸福家园项目的实际投资及收益主体不是地产公司。（4）财务资料之项目收益主体。地产一分公司的 2004 年度《审计报告》（经独立执业的某市兴业会计师事务所有限公司签署）看，地产一分公司系幸福家园的实际收益主体。从乙公司《2004 年度企业财务决算报表》和《企业清产核资报表》看，地产一分公司自幸福家园项目取得收入，已经合并到上级法人单位乙公司的财务报表之中。

（四）所得税纳税主体之认定

1. 名实不符者以实质为准。《企业所得税暂行条例》第一条规定："中华人民共和国境内的企业，除外商投资企业和外国企业外，应当就其生产、经营所得和其他所得，依照本条例缴纳企业所得税。"根据这一规定，取得（收益）所得的企业是企业所得税之纳税主体。由于幸福家园系乙公司下属的一分公司开发运营的项目，其开发、投资、收益（取得收入）的主体是房产公司一分公司。地产公司因为拥有开发资质，仅仅是名义上项目开发主体和售房主体，但不是实际上的开发、投资及收益主体。

2. 名义借用与纳税主体。历史原因，乙公司下属地产一分公司只能借用地产公司资质进行立项开发，但项目实际由一分公司投资运作、承担成本并享受收益。因此，根据公平税负和量能课税的精神，应确认实际投资及收益主体为地产一分公司，其上级法人主体乙公司为项目企业所得税之纳税主体（前提是一分公司系非独立核算单位）。通常情况下，投资主体也即收益、开发和产权主体，但在投资、收益、开发和产权主体并不一致的情况下，以形式上的开发和产权主体来确认所得税纳税主体偏离了税法"实质所得者课税"原则，也背离了所得税法关于纳税主体的基本法理，故应以投资和收益主体来确定企业所得税之纳税主体。①

七 代理行为与纳税主体

案例 7②：1996—2001 年，加拿大海外移民服务中心（以下简称"移民中心"）在我国设立诸多办事处（部分工商登记），从事海外移民服务，但未进行税务登记也未纳税。2001 年，公安部 59 号《因私出境中介活动管理办法》规定，内资企业经审批许可才能从事移民服务业务，故 2001 年 9 月后，由办事处新设的公司（北京、广州、西安、武汉、深圳共 24 个）取得移民中心的授权委托书，授权以其名义从事出国中介业务，承继办事处的移民服务，业务具有连续性，新设公司大股东和法人均为王某。其业务分为两阶段，2001 年前，以移民中心的名义运作，办事处首席代表为白某（王某兄弟），收取客户服务费；2001 年 10 月至案发，公司及其全国代办点的主要负责人为王某，广州某公司为内部管理总部，朱某（王妻）对全国资金进行管理和监控。

---

① 税法上有一种特别情况也适用于本案的分析。当名义上的投资及收益主体资不抵债，亏损严重，但是欠缴很多税款和税务行政处罚款时，税务机关不能以名义上的投资及收益主体无力承担国家税收为由，放弃向实际上的投资及收益主体追缴税款。因此，以实际上的投资及收益主体为所得税的纳税义务主体，既符合所得税法的基本法理也具有现实操作意义。

② 参见《广州某咨询顾问有限公司偷税案》，《法解税案》编写组编《法解税案》，东北财经大学出版社 2006 年版，第 69—77 页；赵常顺、王体《"美致蓝"移民又移税》，《中国税务稽查》2005 年第四辑；杨克文、蔺泉长《抓住偷税者的黑手——"美致蓝公司偷税案"查处纪实》，《中国税务》2005 年第 6 期。

资金收取分为四个阶段：第一阶段收取合同定金；第二阶段获得移民局受理且有档案号后收取；第三阶段客户获得移民局《面试通知书》后收取；第四阶段客户签证通过后收取。自 1997 年 12 月至案发，全国各地汇入王某个人账户的资金共计 4000 多万元。期间，广州公司申报纳税数额为零。

后经举报案发。2004 年，国家税总组织全国各地税稽查局实施稽查，公司存在收取客户现金不入账、两套账等隐匿收入行为。且下列疑难问题呈现：（1）纳税主体认定困难。发现王某、白某有意设置交易程序，一笔业务出现签约名称与加盖公章单位名称不一；同一笔业务收款收据单位的名称与合同签约单位名称不一；同一笔业务的多次收款单位名称不一；使得纳税主体认定困难。（2）计税依据认定困难。全国各地代办点收取的服务费绝大部分汇到总部广州公司，故一些地方的税务稽查部门认为其应税收入应为当地的代办点留存的收入。有的地方税务部门认为，移民中心驻各地办事处与某公司系同时运作，故依照国税发〔2000〕38 号文《国家税务总局关于从事咨询业务的外商投资企业和外国企业税务处理问题的通知》的相关规定，其收入不应在国内全额纳税。

问题：本案如何确认纳税主体？2001 年之后成立的公司如何认定其应税所得？授权委托书认定国内公司系代理移民中心业务，是否国内公司应按照代理业差额计算其应税所得？如何认定代理业的形式与实质？该案营业税税目究竟是咨询业还是代理业？

（一）纳税主体与交易行为

本案系 2004 年国家税总集中全国力量查办的大案，在电子证据的取得和固定、税警协调执法、公款私存的税务保全、其他税务行政证据的调取、归集、整理和认定方面都可圈可点。最终，当事人公司及王某、朱某等均被处以偷税罪。应该说，该案行为主体采用两套账隐匿收入、收取现金不入账、虚假纳税申报等足以构成偷税行政违法，故偷税定性无疑是准确的。然，是否构成偷税犯罪，则与偷税数额与应纳数额之比例①密切关联，故该案在认定纳税主体、课税客体和税基之量化方面，皆有深入研究和思考之必要。

1. 本案交易模式之特点。本案的特点是签约、履约和收费主体混乱。本案涉及三方主体：移民中心（外国企业）、国内公司、客户（移民申请者）。前两者提供移民服务，客户接受服务并支付费用。与客户签订服务合同的主体或为移民中心，或为国内公司，或根本就未签合同。资金流转方向：或移民中心收取，或国内公司收取，或王某朱某等自然人收取。履约情况：或为移民中心派员履约，或为国内公司履约。2001 年公安部对移民中介实行许可管理后，设立诸多国内公司，获得移民中心的授权委托书，继续从事移民中介。上述签约、履约和收费主体的错乱，既可能是当事人的有意安排，也可能是能力不足导致管理混乱，但正常的商业安排和运作，不会出现如此大量、连续、广泛的不规范操作，故依常情常理，不排除人为设定，故意将签约、履约主体和收费主体弄得扑朔迷离，以规避税法和公安行政法管制。

2. 履约和所得主体为纳税主体。依法律实务之通说，在签约主体与履约主体不一致时，以履约主体为进入法律关系之主体，从而确定双方交易主体。税收债务虽系公法之债，但税收法律关系属法律关系之一，故可参照这一原理；以税法观之，营业税系行为税，主体若为营业

---

① 《中华人民共和国刑法修正案（七）》（2009 年 2 月 28 日发布并实施）将《中华人民共和国刑法》第二百零一条修改为："纳税人采取欺骗、隐瞒手段进行虚假纳税申报或者不申报，逃避缴纳纳税款数额较大并且占应纳税额百分之十以上的，处三年以下有期徒刑或者拘役，并处罚金；数额巨大并且占应纳税额百分之三十以上的，处三年以上七年以下有期徒刑，并处罚金……"修正前《中华人民共和国刑法》第二百零一条规定："纳税人采取伪造、变造、隐匿、擅自销毁账簿、记账凭证，在账簿上多列支出或者不列、少列收入，经税务机关通知申报而拒不申报或者进行虚假的纳税申报的行为，不缴或者少缴应纳税款，偷税数额占应纳税额的百分之十以上不满百分之三十并且偷税数额在一万元以上不满十万元的，或者因偷税被税务机关给予二次行政处罚又偷税的，处三年以下有期徒刑或者拘役，并处偷税数额一倍以上五倍以下罚金；偷税数额占应纳税额的百分之三十以上并且偷税数额在十万元以上的，处三年以上七年以下有期徒刑，并处偷税数额一倍以上五倍以下罚金。"

税应税行为并取得所得，即产生营业税纳税义务；若主体为营业税应税行为，但行为主体并未取得所得，即所得主体与行为主体不具有一一对应关系的，视为主体未取得应税所得，不属该所得之（归属者）纳税主体；取得所得的主体与履约主体不一致时，可能系代理关系或其他第三人介入合同①使然。在代理关系中，履约主体系代理人，所得主体系委托人，代理人以手续费所得计算缴纳营业税。因此，如签约主体、履约主体和收费主体不一，从营业税法的原理看，根据实质课税的理念，关键应考察实质上的履约主体，谁提供服务并取得所得，谁就负有营业税纳税义务。2001 年前，公安部未实行移民中介许可管制，而移民中心在诸多城市有少量工商登记，虽未行税务登记，其行为主体无疑是移民中心②；在移民中心未办理工商亦未办理税务登记之情形，自然人王某、朱某（王妻）和白某（王兄）等借移民中心之名义实际操作并收取费用，故上述自然人为营业税、城建税和教育费附加及个人所得税之纳税主体。如果以四个服务流程和收费计算，则完成四个服务程序并收费的，应以移民中心为营业税纳税义务人，且移民中心作为居民纳税人（其在中国有常设机构），系外资企业所得税之纳税主体。

3. 税企争议焦点：是否代理行为？国内公司及其代理律师在处罚听证会上申辩：2001 年以后，公安部对移民中介实施许可管理，外国企业被禁止在我国从事该类业务，故国内公司依法成立，其依照移民中心的授权，系移民中心在国内办理移民服务的代理人，其收取费用和记账均为代收代计，且从不认为向客户收取的费用系自己的收入，故不存在两套账偷税故意，且应按照"服务业—代理业"税目实行差额纳税，按照代理所获得的手续费缴纳营业税。因国内公司与移民中心签有合作合同，双方约定按 3：7 之比例分成，故客户缴费中 70% 系属移民中心

---

① 关于第三人介入合同的税法评价，参见杨小强、叶金育《合同的税法考量》，山东出版集团、山东人民出版社 2007 年版。

② 当然，不能排除王某等人以移民中心之名义，行移民中介行为之实且收费的情形。若如此，则税法当以实际履约主体和取得履约对价之主体为营业税之纳税主体。

之收入，企业所得税之所得额应扣除支付给国外公司（移民中心）的部分后以实际所得计算。税务局认为：2001年以后，国外公司不得从事移民中介服务，故国内公司则依法成立，因此，其业务行为与移民中心存在连续性。故国内公司系行为主体和收入取得主体，且移民中心办事处注销后，岂有公章、账册、凭证等手续全部由国内公司代管之理？显然存在偷税故意。国内公司在账册中不列移民中介服务费收入，长达四年设置账外账少报收入，不按税法规定申报纳税，系典型的偷税。

4. 民商法视角中的代理。即民法关于代理的成立要件。代理本质上系扩张私法自治（意定代理）和补充私法自治（法定代理）的制度，系现代法律生活赖以运作的重要机制。① 早期罗马法否认代理，认为"债只能自为"，限制了主体的自治领域，后期代理制度逐渐延伸到亲属法和经济生活当中，扩充了主体的活动范围，扩大了主体的交易范围。② 代理作为法律行为的一种，应以法律行为之成立要件为准。依据法律行为要件说，法律行为成立的要件③为：（1）行为标的；（2）行为主体；（3）意思表示。其核心为意思表示。而代理之成立要件④为：本人向代理人或第三人作出授予代理人代理权的意思表示，代理权的授予可以是单方法律行为，也可以基于委任、雇用或者劳动合同等双

---

① 王泽鉴：《民法总则》，中国政法大学出版社2001年版，第475页。

② 龙卫球：《民法总论》（第二版），中国法制出版社2002年版，第563—565页。

③ 王泽鉴：《民法概要》，中国政法大学出版社2003年版，第82页。法律行为的生效要件为：（1）当事人须有行为能力；（2）标的须可能、确定、适法、妥当；（3）意思表示须健全。

④ 王泽鉴：《民法概要》，中国政法大学出版社2003年版，第82页。代理要件有五：（1）代理权；（2）法律行为上的意思表示，即代理人与代理权限范围内，所为的意思表示或所受的意思表示；（3）以本人名义为之；（4）代理人其人的要件，限制行为能力人不影响代理行为的成立，无行为能力人不得为代理人；（5）代理行为的容许性，任何法律行为原则上均得为代理，包括债权行为和物权行为，但身份行为如订婚、结婚、离婚和遗嘱等行为，不得为代理。对准法律行为如催告、物之瑕疵的通告的类推适用之；事实行为例如占有、无主物先占、遗失物拾得、或侵权行为，则无代理的适用。王先生关于代理构成要件的另一表述为：（1）须有代理行为；（2）须以本人名义；（3）须有代理权限；（4）代理行为的容许性。参见王泽鉴《债法原理（第一册：基本理论·债之发生）》，中国政法大学出版社2001年版，第272—275页。笔者认为：代理权和意思表示行为是代理成立的根本要件。

方基础法律行为，没有基础法律关系，代理亦然可以发生。在本案，移民中心与国内公司签订有合作合同，且另有授予代理权之"授权委托书"，因此，从民法上应认定代理关系成立。至于代理关系是否有效，合作合同是否有效，费用如何汇出，法定比例若何，应属于民商法、外资管制及外汇管理法的另一视角，与代理关系本身是否成立不属于同一范畴。

5. 税法视角中的代理。分两层意思，其一为代理行为的税法处理。其实，税法关于代理业差额纳税制度的内涵，符合实质课税的法理，因为代理人为代理行为，仅以其服务获得代理手续费，其虽向客户收取费用，但是须向委托人全额缴付，其代理行为所得收入实为手续费，而非代委托人向客户收取的价款。这在营业税法中已司空见惯。[①] 其二为税法如何认定代理行为。根据现行营业税法规范，代理行为本身如何认定，应该取决于当事人的商业安排和民商法关于代理之构成要件，如果当事人将商业架构安排为代理，且这一代理行为符合民法关于代理的构成要件，那么，如税法未将税法之"代理"概念作特别界定，因税法必以私法行为为评价基础，税法概念常借用私法之概念，故税法概念对此若无特别界定或考虑，则应遵从民商法概念之固有内涵。反之，基于税法之特定价值和法秩序追求，若税法对借用概念另有界定，且这一界定不违反统一的宪法秩序，则宜遵从税法之概念内涵。税法应以民事法

---

① 例一：《国家税务总局关于物业管理企业的代收费用有关营业税问题的通知》（国税发〔1998〕217号）通知如下："物业管理企业代有关部门收取水费、电费、燃（煤）气费、维修基金、房租的行为，属于营业税'服务业'税目中的'代理'业务，因此，对物业管理企业代有关部门收取的水费、电费、燃（煤）气费、维修基金、房租不计征营业税，对其从事此项代理业务取得的手续费收入应当征收营业税。"例二：《国家税务总局涉外税务管理司关于外商投资企业广告代理业营业税问题的通知》（国税外函发〔1996〕39号）："近来不少地方询问，外商投资企业从事广告代理业务，通过路牌、交通工具等载体发布广告，广告发布者支付的广告发布费在计征营业税时能否扣除。经研究，现通知如下：总局国税发〔1994〕159号《关于营业税若干具体问题的通知》第十条规定，'广告代理业的营业额为代理者向委托方收取的全部价款和价外费用减去付给广告发布者的广告发布费后的余额'。外商投资企业从事广告代理业务，通过电台、路牌、报刊杂志、交通工具等所有媒体和载体发布广告，应按照上述规定办理。"等等。

上是否成立代理的要件来判定是否成立代理关系，以及当行为人是否为代理应税行为，而无须作是否有效的认定，也不能以授权本身的民事效力等为由，否定行为人的应税行为之性质。是故，本案足以认定在移民中心与国内公司之间成立代理关系，国内公司获得以移民中心提供移民中介服务的代理权。

（二）实质课税与本案处理

本案的疑问是如何认定纳税主体，问题转换为：谁是移民中介行为的主体？究竟是国内公司还是移民中心？二者之间是否成立代理关系？假定这一代理关系违反相关行政管制规范导致或然行政违法，二者之间的交易关系是否因为或然的行政违法而发生性质改变？问题又转换为：税法认定的交易性质是否因为（民事）无效或（行政）违法而在性质上发生认定改变？

1. 代理权不等于代理行为

所谓实质课税者，在税收客体方面，理应探究行为人的实质应税行为和交易性质，在税法主体方面，理应以实质的行为主体和所得归属主体为据确定纳税主体。一如前述，国内公司已经获得代理权无疑，但是，其是否在从事代理行为？获得代理权与从事代理行为是两个不同的概念，前者是从事代理行为的基础，而后者则是综合观察合同的外观和实际履行的实质而言，毕竟，在单方授权的场合，代理权的获得不对代理人产生任何约束和不利益，即便某人有代理权，代理人可以随时放弃代理权；与之对应，委托人也可随时撤销委托。① 但代理权基于其他双务合同则另当别论。民法的侧重点在代理权是否有效，而税法的侧重点在代理行为是否发生，代理产生的经济成果是否既定、能识别且能计量。

2001 年之后，移民中心前已签约但尚未完成之遗留业务，有两种

---

① 《中华人民共和国合同法》第四百一十条规定委托人或者受托人可以随时解除委托合同。因解除合同给对方造成损失的，除不可归责于该当事人的事由以外，应当赔偿损失。

可能。其一，移民中心将客户及业务整体移交国内公司处理，实际上客户以出国移民为目标，至于何种主体帮助其实现目标，客户当无特指，故客户实际不会表示异议，此种情况即《合同法》上（《合同法》第八十八条）之合同（债权债务）整体转让，也即合同主体的变更，证据上体现为国内公司以自己名义履行合同并收取费用（且费用没有汇出）。其税法处理为：国内公司以全额收取之服务费用计算缴纳营业税，另系企业所得税、城建税和教育费附加之纳税主体，唯企业所得税之应税所得额，应以收费全额为其收入总额（无汇出费用可以扣除）计算。其二，委托国内公司代为服务，国内公司提取手续费，但手续费应以实际收取客户费用扣除实际汇出的差额计算。证据上表现为，国内公司收取费用（标注代收款）①、国内公司以移民中心之名义而非以自己名义履行合同②、履行合同之经经济后果由移民中心承担③、移民中心预支代理事项的费用④。2001 年之后的新客户和新业务，分两种情况处理：其一为代理行为。证据上应表现为定期汇出款项、定期报告代理行为、收取代理佣金（手续费）、代理失败的经济责任（如退款）由移民中心承担。其税法处理为对国内公司应以代理行为差额征收营业税，并以此征收城建税和教育费附加。另，国内公司系企业所得税之纳税主体，计算所得额时应扣除实际汇出至移民中心的部分。

---

① 《中华人民共和国合同法》第四百零四条规定受托人处理委托事务取得的财产，应当转交给委托人。

② 《中华人民共和国民法通则》第六十三条规定公民、法人可以通过代理人实施民事法律行为。代理人在代理权限内，以被代理人的名义实施民事法律行为。被代理人对代理人的代理行为，承担民事责任。

③ 《中华人民共和国民法通则》第六十三条规定公民、法人可以通过代理人实施民事法律行为。代理人在代理权限内，以被代理人的名义实施民事法律行为。被代理人对代理人的代理行为，承担民事责任。

④ 《中华人民共和国合同法》第三百九十八条规定委托人应当预付处理委托事务的费用。受托人为处理委托事务垫付的必要费用，委托人应当偿还该费用及其利息。

2. 意思自治与税法介入

首先，代理行为本身是否合法（是否合乎公安行政管制法规），不影响税法对代理行为本身产生的经济后果之介入。在本案，代理人与委托人之间商业安排，若无特殊税项利益为之考量，双方之意思自治行为，不特民商法予以尊重，而税法亦无反对之理。若从证据表明国内公司本身系代理行为，则对代理人之代理行为实施差额纳税，对委托人实施源泉扣缴，即便相关费用汇出境外，但委托人有源于中国境内所得，又不属税收双边协定之免税范围，应由代理人代扣代缴相关税款。再者，主体的行为能力仅影响代理在民法之效力，而不影响代理在民法之成立。在民法，若代理人行为能力受到法律限制，则代理归于无效，代理的后果不及于委托人，代理人之手续费应予退还委托人。但在税法，若民法无效评价尚未发生，甚至无效行为的行政处罚（追缴或没收）尚未实施，则税法应以税收构成要件为据做出税法认定，无须待民事无效评价（仲裁或诉讼程序）发生之后或者行政处罚既定之后再行介入，否则，有违税法实质正义追求。而且，仲裁或诉讼程序之启动，属于私法主体的意思自治行使救济权的范围，一般而言，其与税法评价之公法行为既不相遇亦不相交，各自在不同轨道按照其法则运行。

其次，税务机关认为，既然出国中介只能国内公司从事，则行为主体必为国内公司，这一论证的逻辑是：我国对出国咨询业务实施许可管理，移民中心未经许可不得从事，而国内公司已经获得许可其行为合法，外国企业从事移民服务违法，则税法应以国内公司为行为主体。这是以"合法"或"违法"作为认定行为主体和行为性质的判断标准，而这一"合法"或"违法"标准，依据公安行政法规（规范性文件），实质系公安行政标准，这正偏离了在税法无特别规定时，税法首先应以私法行为性质而不以私法行为之有效或无效[①]，更不以行政法上的"合

[①] 此可以概括为"私法概念优先原则"，但在税法概念有特别界定时，应以税法概念为准。以我国税法实践为观察对象，大量税法规范（部门规章）不遵守私法之概念内涵，或者不知私法概念为何物，此为大忧。当前，税收规范性文件之法学秉性不足，已逐渐显露，以税收学为学术背景，担当税法行政解释之重任，捉襟见肘。

法"或者"违法"为判定标准，恰与实质课税理念相悖，因从实务观察，大量无效或可撤销合同正在或已经履行，其经济后果已经发生且固定，若税法对此特别处理而不予置评，显系不妥。最后，税务机关对经济行为实施税法观察和评价，应为私法自治留下空间。为经济利益和交易成本计，经济生活中存在大量的无效甚至违法的交易行为，在民商法评价和行政法评价尚未启动之际，有些交易的经济后果得以在当事人之间固定，交易各方获得预期的合同利益，这时，税法的评价标准必须是课税要件标准，而非民商法标准或其他部门行政法的标准，否则，经济生活的内在运行逻辑将被打破，税法将在经济生活面前彻底丧失其中立性。实质课税的理念即是：查明实质交易性质若何，根据实际的交易性质实施税法评价，至于无效合同业经法院判决恢复原状，出现两种情形：一是双方不能实质实现恢复原状，则其合同利益依然实际存在，税法评价为：税款退还请求权不成立；二是已经恢复原状其合同利益已经实质消失，税法评价为：税款退还请求权成立。

第三节　纳税主体认定的一般原理

以中国税法经验观察，随着商事交易的日益纷繁复杂，成文的税法无法前瞻性地预知商业交易的类型和环节，故成文法对商事交易的税法规制只能挂一漏万，税法的不严密性和漏洞日益凸显。部颁税法规则即税收规范性文件存在的合理性在于，制定法的局限性无法应对交易类型的复杂性，整齐划一的制定法无法规制千奇百怪的交易类型。商人总是行走在商法之前。也即，税法规制永远落后于商人创造的商务交易类型，反避税领域尤其如此。目前看来，税法研究的重点是延伸到复杂的交易类型当中，对复杂的交易类型的交易定性和税法处理作出深入阐释，以此累积税法法理和共识。[1] 笔者以为，由于当前税法学理累积尚

---

① 滕祥志：《部颁税法规则正义：从形式到实质》，《公法研究》2011 年第 2 期。

不够充分，仅仅强调提升税收立法的层级，在一般学理上或宪政原理上强调税收法定主义，都不是重点所在。当然，从理论和实务的双重视角，要警惕部颁税法规则突破税收法定主义的问题。

然而，法律原则不能凭空产生，它必须建基于税法处理民商事交易的实践经验基础之上，是具体的税法实践经验的抽象和表达，也即，税法的一般原理蕴含在税法经验和实践的累积之中，有待智慧的双眼发掘并表达，并以此逐渐形成税法学之学术共识。商事交易中诸多领域存在行为主体与所得主体不符、行为主体和所得主体之名义与实质、形式与实质相悖之处，若行为主体与所得主体一致，则税法应将实质行为主体或实质所得主体认定为纳税主体，若行为主体与实质所得主体不符，则税法应将取得实质所得之主体认定为纳税主体。在第三人介入合同①的交易关系中，除上文已经讨论过的承包、租赁、挂靠、借用资质或者借用名义外，尚有代理、行纪、居间、信托、隐名投资、融资租赁②、拍卖（未及论述）等，以下试简述之。

一 代理与纳税主体

在代理关系中，从外观上看代理人是交易主体，但是实质上交易主体系委托人本人，且交易的法律后果和经济后果须本人承担，代理人只是受托进入交易。税法上，代理人仅仅是通过提供服务获得服务费或手续费所得之主体，代理人的税法地位系营业税、城建税和教育费之纳税主体、个人所得或者企业所得税之纳税主体，而本人和第三人的税法地位取决于代理行为本身的性质，也即交易行为本身的性质，这时，代理行为本身的性质决定了交易行为的性质，也即决定税收客体（质的规定

---

① 关于第三人介入合同的税法评价讨论，参见杨小强、叶金育《第三人介入的税法处理》，《合同的税法考量》，山东出版集团、山东人民出版社 2007 年版。但该著作未讨论"企业承包""企业租赁""资质借用""名义借用"等论题。

② 关于融资租赁的税法规制和纳税主体问题，请见下一部分"实质课税与税收客体"之讨论。

性）及其量化（量的规定性），税法评价之交易行为性质与民商法关于交易行为性质二者重合，此时，税法评价以民商法评价为基准，显现出税法与民商法的融合性与协调性。若交易行为符合民法之代理构成要件，则税法应承认交易主体之间的代理关系（如案例5），即便该代理有可能违反相关行政法规范，而委托或代理行为之或然（民事）无效或（行政）违法，不影响税法对该等行为的经济后果进行税法规制，否则税法秩序之基础将不复存在。由于代理人不进入被代理的合同关系，本人和第三人系合同关系的主体，也是相关应税行为的纳税主体，为增值税货物买卖行为的，则确认为增值税纳税主体；为不动产转让行为的，则为所得税、增值税及其附加、契税和印花税之纳税主体；为其他行为（如提供服务）的，系增值税及其附加纳税主体，若本人系境外企业或者个人，但应税行为发生在境内①（如案例5），则境外企业或个人为增值税及其附加和所得税之纳税主体，境内代理人为法定之代扣代缴主体。

二　企业承包、租赁与纳税主体

首先，以所得税为视角。在企业承包或租赁关系中，承包人为经营行为取得经营所得，为行为或者所得之纳税主体无疑。《税收征管法实施细则》第四十九条"财务上独立核算的承包人或者承租人应当就其生产、经营收入和所得纳税"，这时，税法撇开民商法关于企业承包或者租赁仅系内部法律关系，不得对抗外部债权人的规定，《税收征管法》直接规定企业承包人或租赁人为纳税人。但是，2008年新《企业

---

① 《中华人民共和国营业税暂行条例实施细则》（财政部令第52号）自2009年1月1日起施行，根据国务院令第691号，营业税暂行条例已经废止失效，其实施细则相应失效。该实施细则规定，只要提供或接受劳务的单位或个人在境内，则该项劳务应缴纳营业税，而此前只有发生在境内的劳务才缴纳营业税。依照《关于个人金融商品买卖等营业税若干免税政策的通知》（国税发〔2009〕111号）第四条："境外单位或者个人在境外向境内单位或者个人提供的完全发生在境外的《中华人民共和国营业税暂行条例》（国务院令第540号，以下简称条例）规定的劳务，不属于条例第一条所称在境内提供条例规定的劳务，不征收营业税。上述劳务的具体范围由财政部、国家税务总局规定。"该政策实质内容为《营业税改征增值税试点实施办法》（财税文〔2016〕36号）第六条承继。

所得税法》出台后，我国实行法人纳税主体制度，企业内部机构或个人承包经营的，不属于企业所得税纳税主体。企业外部法人主体、自然人主体或个体工商户主体承包承租企业的，应为企业所得税纳税主体，或者个人所得税纳税主体。

在纳税人偷税行政违法或者偷税犯罪（现为"逃避缴纳税款罪"）的场合，税法必以直接行为主体和所得主体为处罚对象或追究刑事责任的对象，否则违反税法基于公平和正义的实质课税的法理，或者违反行为者责任自负的法理。这时，发生作用的是税法实质所得者课税和刑法实际行为者承担责任的法理，此时，税法规制与民商法评价之间呈现冲突与偏离（如案例1）。只是在税收债务不能独立承担的场合，内部承包合同或者租赁合同约定的"自行缴纳税款"的条款，不能对抗外部公法债权人——国家，这时税收债权作为公法之债，借鉴并顺应民商法的债法原理，由被承包企业承担连带税收债务，此时在连带债务的法理上，呈现出税法与民法之债法在原理上的统一和协调，由于税法制度（如税收担保、税收代位权、税收撤销权、税收退还请求权、税收连带之债等）与民事债权法的诸多制度重合，鉴此，学界将国家税收在性质上定义为公法之债。

三　名义、资质借用、隐名投资与纳税主体

在名义借用或资质借用情形，出现了行为主体与所得主体二者不一。以民法视角来看，若名义或资质借用人与出借人约定法律后果由出借人承担，借用人与出借人二者之间在民法上实质系代理关系，民事权利义务内容比照代理关系处理，如上所述，二者的税法地位亦取决于交易行为本身的性质，而不取决于二者是否为代理关系。若双方约定由借用人自筹资金，自担风险，自负盈亏，与出借人无关（如案例4），则二者成立真正的名义或者资质借用关系，此时，以民法对交易秩序的关怀，名义或资质出借方明知他人以自己的名义为民事行为，出借人和第三人成为民法上的形式交易主体，由于出借人明知名义或者资质出借后

会与第三人进入交易关系而不予阻止，使得名义出借人走向前台而实际行为人隐蔽其后，且第三人有足够的理由相信其与名义人为交易行为（表见代理），因此，民法上必以形式为准，尊重交易的形式或者外观，以形式或者外观主义确定当事人之间的权利义务。但在税法，则会考察和关注真正的交易行为人和实质的交易所得主体，在名义上的行为主体与交易所得主体一致的场合，以所得主体为纳税主体；在名义上的行为主体与交易所得主体不一致的场合（如案例5），以实质上的投资及所得主体为纳税主体。这时体现了税法独特的实质课税的秉性。资质出借人取得所得的，依法追缴或者以其所得性质课税（如案例4），资质出借人未取得所得的，因课税客体（课税对象）欠缺而不予课税（如案例5）。

名义借用关系中还有一类是隐名投资，而在隐名投资的场合，公司法尊重外观主义和形式主义，在公司与外部第三人发生关系时，应以公司登记公示之股东为最终责任人，否则商法秩序之基础不复存在。但是，税法在确定投资所得之纳税主体时，应贯彻实质课税的原则①，依实际投资和所得主体为纳税主体（如案例5）。实例②如：A 系隐名股东，B 为显名股东，B 转让股权获利数千万元，均全部转归 A，但税务机关责令 B 缴纳财产转让所得个税，B 认为自己不享有转让所得，也不属于实际股东，税务机关应向 A 征税，遂发生税务争议。税务机关陷入两难，如果按照民商法的外观征税，则 B 不服；如果向实际股东 A 征税，则证据不足，且容易产生执法风险。僵局随着一个诉讼的提起被打破。A 的代理律师遂以 B 为被告，向法院提起股东确权诉讼，待法院判决 A 系公司股东身份后，然后将法院判决提交税务机关，税务机关遂按照实际所得归属者纳税的原理，向 A 征税。这里，显示出律师执业的高超技艺，即借助一个不太困难的股东确权诉讼，让商事活动中隐身的真正股东出场，并成为适格的纳税主体。从本案可知，无论从法理分析还是从执法风险防范

---

① 朱炎生：《论隐名投资的税收待遇——兼论税法的解释和适用原则》，《美中法律评论》2005 年第 6 期。

② 感谢上海左券律师事务所严锡忠博士提供本实例，并参与案例讨论。

的角度分析，隐名股东都不应成为纳税主体，工商登记的显名股东应成为纳税主体。此时，伴随着显名股东退场和真实且隐名股东的出场，税务机关执法依据不足和证据不充分的难题，也迎刃而解。

在中国平安保险公司员工持股案①中，三家深圳公司专为1.9万名员工持股设立，不从事其他经营活动，其资本金全部来源于员工。2010年3月1日，随着中国平安股票进入全流通，每个员工应限售股销售其名下可分得200万元，但是税务机关将对三家公司分别征收25%的企业所得税，在对每个员工从公司取得"股息利息红利所得"征收20%的个人所得税。从本案看，可从以下角度与税务机关沟通和抗辩：首先，公司为员工持股而设立，也将随着持股接受而解散，即公司设立目的与一般营利性活动公司有别；其次，公司存续期间，无其他任何实质的生产和经营活动，即没有商业性的营利行为。因此，实际出资的员工为隐名股东，而三家代持股权的公司为显名股东，其股权转让所得，应该以实际出资和享有股权转让所得的员工主体为纳税主体，这里，税法评价必不局限于商法的形式和外观，应直接将隐名股东和所得主体认定为个税之纳税主体。

四　行纪、居间与纳税主体②

1. 行纪。行纪合同是行纪人以自己的名义为委托人从事贸易活动，委托人支付报酬的合同（《合同法》第四百一十四条，《民法典》第九百五十一条）。行纪人处理委托事务支出的费用，由行纪人负担，但当事人另有约定的除外（《合同法》第四百一十五条，《民法典》第九百五十二条）。行纪合同中的三方当事人具有与代理和委托合同不同的法律关系。行纪人进入合同关系，成为买卖合同的当事人，如代销或代购。

---

① 赵国庆：《平安"税务门"事件启示：税务规划应未雨绸缪》，浙江税务网，https://www.zjtax.net/TrainingDetail_1487.html，2024年8月6日。

② 关于行纪和居间的税法评价，参见杨小强、叶金育《第三人介入的税法处理》，《合同的税法考量》，山东出版集团、山东人民出版社2007年版。该著作未讨论"行纪人留置"问题。

（1）首先，货物移转和资金移转可能不经过行纪人之手，如甲与乙签订冰箱代销合同，约定代销额的5%为乙之手续费，某乙遂与丙签订冰箱销售合同，但冰箱由甲向丙发货并收取货款，相应地，甲收取货款应向丙开具增值税专票（或普通发票）。这时，销售合同关系与销售税法关系发生分离：合同之销售主体未成为税法之销售主体，行纪人虽签订合同寻找客户，但未收取货款也未移转货物，行纪人实质上不成为税法上销售货物的当事人，行纪人因收取手续费应为营业税①（城建税、教育费及其附加）之纳税主体，而货物卖方甲则成为增值税（城建税、教育费及其附加）、企业所得税之纳税主体。此种情况之税法评价与提供订约机会和交易媒介之居间行为（《合同法》第四百二十四条，《民法典》第九百六十一条）无实质的区别，行纪人实质未进入销售关系，行纪人（居间人）因行纪（居间）手续费为营业税之纳税主体。

（2）若乙与丙签订销售合同，且乙向丙供货并收取货款，丙向乙开具增值税专用发票，则购销合同的签约主体即为履约主体，这时乙销售货物收取货款须开具增值税专用发票，乙为增值税（城建税、教育费及其附加）纳税主体；甲、乙之间虽有货物移转行为，但没有货物之对价给付行为②，不成立增值税纳税义务，双方依照行纪（代销）合同结算手续费和增值税，乙收取手续费应为营业税（城建税、教育费及其附加）之纳税主体。从税收征管角度，乙实质发生货物销售行为，货物销售合同主体与货物销售之实质税法主体合二为一，故乙为增值税纳税主体。根据双方的行纪合同，乙、丙之间的销售实为不真正销售，乙缴纳的增值税应由甲来承担，双方结算手续费和增值税款有法理基础。

（3）在代购的情况下，若（a）代购人不垫付资金；（b）销货方

---

① 营改增之后为增值税，下同。凡是营改增之前讨论营业税的，适用当时的税收法律规定。营改增之后，为增值税。

② 我国增值税法关于"应税给付"的一般要件有三：1. 有给付行为；2. 有对价；3. 在中国境内。但必须另行考虑第四个要件：给付与对价之间有直接连接。参见杨小强、吴玉梅《增值税法中的第三人考量》，《法学家》2007年第4期。

将发票开具给委托方，并由受托方将发票转交委托方；（c）代购人按照实际收取的销售额和增值税额（如系代理进口货物则为海关代征的增值税）与委托方结算货款，并另外收取手续费，则代购方不缴纳增值税。① 其税法依据为：代购方虽进入合同关系，但未垫付资金未支付货款对价，代购人不属于发票之开票和受票关系当事人，故代购人未实质为税法之购销行为，不属增值税之纳税主体。

（4）在行纪人与委托人进行交易的情况下，行纪人既为购销合同主体亦为行纪行为主体。如甲委托乙购买一辆汽车，乙恰有一辆同型号同质量之新车，便依照委托人甲指定之价格，以出卖人身份将该车售予甲。乙既为行纪合同之行纪人，又是销售合同的卖方主体。此时，乙应为货物销售之增值税纳税主体②和营业税（城建税、教育费及其附加）纳税主体。

2. 居间。居间合同是居间人向委托人报告订立合同的机会或者提供订立合同的媒介服务，委托人支付报酬的合同（《合同法》第二百二十四条，《民法典》第九百六十一条）。由于居间人仅提供报告订约机会和订约媒介服务，故以独立身份从事中介服务，并收取手续费，不进入交易双方之合同关系。居间人应按照"服务业—代理业"税目缴纳营业税，而进入交易的双方主体应缴纳何种税款，则取决于双方交易性质之税法定性。

---

① 财税〔1994〕26号（部分失效）规定之上述代购行为不属于增值税应税行为，实为代购之特例。在一般情形之代购，代购人先买后卖，收取销售差价，为发票（开票和受票）关系主体，存在增值税应税行为和给付行为，应为增值税之纳税主体。根据《财政部 国家税务总局关于公布若干废止和失效的营业税规范性文件的通知》（财税〔2009〕61号）和《财政部 国家税务总局关于增值税、营业税若干政策规定的通知》（财税字〔1994〕26号）第四条第二项、第十一条。

② 参见《财政部 国家税务总局关于部分货物适用增值税低税率和简易办法征收增值税政策的通知》（财税〔2009〕9号）。一般个人（非一般纳税人或小规模纳税人主体）旧车销售系减价销售，不存在增值额，无增值税税基可言，不缴纳增值税；若新车销售时产生增值额，则存在增值税税基，可以相应计算缴纳增值税。

五　信托与纳税主体

信托起源于 13 世纪英国的用益物权制度，最典型的特征就是双重所有权。[①] 因此，在英美的信托税制中，信托本身被视为实体，故信托本身必须缴纳相关税收。[②] 但基于民法法系的一物一权主义，我国信托法并未定位信托的主体地位，信托只是受托人取得财产管理和处分权的导管，信托财产具有独立性，不得与受托人的财产混同[③]。因此，我国信托法并未对信托财产的所有权归属问题具体明确，而仅仅规定了受托人可以借助信托工具取得财产的经营管理权，并收取手续费。又我国尚无专门的信托税法，未专门就信托各个环节的涉税问题作具体规定，仅就证券投资基金的税收减免优惠做出特别安排，其主旨也在于证券市场扩容之政策考量。[④] 但信托各环节的涉税问题的确具有特殊性[⑤]，应按

[①]　英美信托财产法的新近文献参见李培锋《英美信托财产权难以融入大陆法物权体系的根源》，《环球法律评论》2009 年第 5 期。

[②]　安体富、李青云：《英、日信托税制的特点及对我们的启示》，《涉外税务》2004 年第 1 期；周小明：《信托税制的构建与金融税制的完善》，《涉外税务》2010 年第 8 期。

[③]　参见《中华人民共和国信托法》第二条"信托定义"、第十六条"信托财产的独立性"。

[④]　《关于证券投资基金税收问题的通知》（财税字〔1998〕55 号）明确了基金营业税、印花税和所得税的征税问题。2001 年 4 月，财政部和国家税务总局再次颁布了《关于证券投资基金税收问题的通知》（财税〔2001〕61 号，全文因政策执行期限已过失效），规定对《关于证券投资基金税收问题的通知》（财税字〔1998〕55 号）中规定的"基金管理人运用基金买卖股票、债券的差价收入，在 2000 年底前暂免征收营业税"的优惠政策，予以延期 3 年，即延长到 2003 年 12 月 31 日止；同时规定对财政部、国家税务总局《关于买卖证券投资基金单位印花税问题的复函》（财税字〔2000〕8 号）中规定的"对投资者（包括个人和机构）买卖基金单位，在 2000 年底前暂不征收印花税"的优惠政策予以延期 1 年，即延长到 2001 年 12 月 31 日止。后《关于买卖封闭式证券投资基金单位印花税问题的复函》（财税〔2002〕43 号）又规定，2002 年底之前暂免征收印花税。《关于证券投资基金税收政策的通知》（财税〔2004〕78 号）规定，"自 2004 年 1 月 1 日起，对证券投资基金（封闭式证券投资基金，开放式证券投资基金）管理人运用基金买卖股票、债券的差价收入，继续免征营业税和企业所得税。"企业若通过资金信托的方式购买证券股票的，其证券投资所得需缴纳企业所得税，而企业通过证券投资基金方式进行证券投资无须就其所得缴纳企业所得税，这两种实质相同的行为，产生不同的税法后果，目前尚未调整和纠正。证券投资资金信托中投资股票分得的红利、股息要经过三道环节征税，投资国债分得的利息也需要征一次税，才能分配给个人投资者。参见史俊明、洪维争《试论我国资金信托课税制度的完善》，《中国法学会财税法学研究会 2008 年年会暨第六届全国财税法学学术研讨会论文集》，第 438 页。另参见汤洁茵《证券投资基金纳税主体资格的法律确证》，《税务与经济》2008 年第 6 期。

[⑤]　有关论文参见邢成《税收制度缺位困扰信托业》，《中国金融家》2003 年第 5 期。

照实质课税原则和效率原则来完善和规制信托税收。① 由于我国信托税制实际处于缺位的状态，信托业务所发生的税务问题，一体按照现行普通经济交易处理，势必产生重复征税②和税款流失③的问题。因此，信托税制的建立和完善已经迫在眉睫。本文试以信托行为涉及的税种为主线，从信托的各个环节及信托的变动等视角分别讨论。

1. 所得税。（1）信托设立环节，信托财产（资金、动产、不动产、无形资产）在委托人和受托人间发生转移，由于我国法律不认可信托财产具有双重所有权，受托人因为信托仅获得信托财产的管理和经营权，并未获得信托财产的所有权或利益，因此，受托人并未产生收益或所得，受托人不属所得税之纳税主体④；对委托人而言，信托财产设立和交付，属于其财产的绝对减少（自益信托除外），因此在信托设立环节，委托人亦非所得税之纳税主体。（2）信托存续环节，信托财产产生的收益系受益人之所得⑤，但为征收效率之考量应由受托人缴纳（代

① 我国台湾地区学者认为信托税制的建立应该遵循实质课税和稽征经济的原则。参见黄茂荣《税法总论——法学方法与现代税法》（第二册），台湾植根法学丛书编辑室 2005 年版，第 105 页。

② 按照现行税法，信托设立期间应对受托人征收所得税，信托终止时就信托财产对受益人征收所得税，这样就产生对同一笔信托财产的重复征税，与实质课税的原则不符。

③ 有论者认为，银行理财产品就性质上而言为资金信托，由于信托税制缺位，个人购买银行理财产品之收益缴纳个人所得税尚无实定法的依据，银行代扣代缴的部分仅为普通存款利息之利息税，而利息之外的收益银行是否须扣缴个人所得税，税法尚无明确规定。参见史俊明、洪摔争《试论我国资金信托课税制度的完善》，《中国法学会财税法学研究会 2008 年年会暨第六届全国财税法学学术研讨会论文集》，第 436 页；滕祥志《某银行代客理财业务是否产生个人所得税扣缴义务》，《税法实务与理论研究》，法律出版社 2008 年版，第 313—316 页。

④ 有论者认为，从经济角度考虑也不应在此环节征收受托人之所得税，否则加大信托运行的制度成本。参见邓辉《信托财产课税问题探析》，《当代财经》2002 年第 3 期。但该文未讨论信托各阶段的流转税问题。

⑤ 个人而言，信托财产之所得究竟归入《个人所得税法》何种所得尚存疑义。就企业而言，获得信托财产之收益，显然不属于"生产经营所得"，是否《企业所得税法》"其他所得"？《企业所得税法实施条例》第二十二条规定："企业所得税法第六条第（九）项所称其他收入，是指企业取得的除企业所得税法第六条第（一）项至第（八）项规定的收入外的其他收入，包括企业资产溢余收入、逾期未退包装物押金收入、确实无法偿付的应付款项、已作坏账损失处理后又收回的应收款项、债务重组收入、补贴收入、违约金收入、汇兑收益等。"显然，《实施细则》已经将"其他收入"做了开放式的解释，且句末的"等"字根据上下文分析，应为等外等。有论者认为"其他收入"甚至包括"非法收入"在内，参见稽峰《从比较法角度看"非法所得为应税所得"观念》，《〈企业所得税法〉实施问题与配套法官制定高峰论坛论文集》2007 年，第 119—122 页。

扣代缴）所得税，该部分所得应准予扣除相对应的成本、费用、税金或损失后计算缴纳所得税，信托终止交付信托财产及其收益时，准予扣抵受托人已经代缴的所得税部分；由于信托财产具有独立性，受托人应就信托财产及其收益和相应成本费用独立核算缴纳所得税，不得与受托人自身财产混同；受托人因经营管理信托财产获得手续费收入，应并入受托人其他所得合并缴纳所得税；若受托人变更，新受托人与原受托人之间财产受让亦为形式上转移（法律形式），新受托人并不产生实质之经济收益或所得，故新受托人不属所得税之纳税主体；如受益人放弃信托受益权（2001《信托法》第四十六条），委托人亦可能根据法定顺序受领信托财产及其收益，就受领信托财产本身而言，委托人非所得税纳税主体；就受领信托财产之增值收益部分而言，委托人应为该所得部分之所得税纳税主体。（3）信托终止环节，受益人依照信托契约受领信托财产，为所得税之纳税主体。信托收益部分由于受托人已经代缴所得税，受益人不属该部分所得之纳税主体。在自益信托，信托财于信托终止环节产回归委托人，委托人不产生所得，不属于所得税之纳税主体。上述制度安排简述为：信托设立环节不产生所得税问题，信托存续环节之信托收益应由受托人代缴所得税，信托终止环节收益人受领信托财产为所得税之纳税主体。

2. 流转税[1]。有一种观点认为[2]："（1）信托设立阶段，由于信托财产的转移涉及对受益人财产的赠予，从法律形式观之，该赠予财产在信托终止阶段过户或交付至受益人，赠予才实际成立[3]，故在信托设立

---

　　[1]　此处主要指增值税和营业税。全面营改增之后，为增值税。有论者认为信托设立环节除涉及印花税外，不涉及任何其他税收，参见黄茂荣《税法总论——法学方法与现代税法》（第二册），台湾植根法学丛书编辑室 2005 年版，第 111 页。

　　[2]　笔者十多年前持有这一观点。但是，信托转移财产与赠与有别，不能混淆。这是民法界定。在税法，应该秉承形式转移不课税的原则。否则，信托业务根本受到税法瓶颈的约束，也不会发展起来。尤其是慈善信托，举步维艰。

　　[3]　我国实定法将赠予界定为实践合同。参《中华人民共和国民法通则》司法解释（1988 年 1 月 26 日通过）第一百二十八条规定，公民之间赠予关系的成立，以赠予物的交付为准。赠予房屋，如根据书面赠予合同办理了过户手续的，应当认定赠予关系成立；……此后的《民法总则》《民法典》依然秉持此点。

环节无法律实质意义上的财产（资金、动产、无形财产和不动产）流转，但从经济实质观察，信托设立阶段实质是委托人和受益人之间成立赠予关系，而委托人向受托人的交付即为委托人向受益人的赠予交付，若信托财产的交付或者登记涉及应税不动产或无形资产转移的，信托委托人因赠予不动产为营业税纳税主体（自益信托除外）；若信托财产为增值税应税货物，则委托人因"视同销售"[1] 为增值税之纳税主体，应按照应税货物之市值计算缴纳增值税及其附加。[2] 笔者认为，信托设立阶段的确涉及货物赠予之"视同销售"问题，依照我国流转税法应产生流转税问题。虽赠予未交付至受赠予人（信托受益人），但是受托人之接受信托财产或就不动产作变更登记的，应该视为赠予合同之履行[3]，虽该履行尚未直接及于受赠人，但系最终过户至受赠人之最重要环节，由于信托业务的独特性，该赠予之过户至受益人势必经过一个信托期间，但从法律上和经济上观察，若信托合同有效，则该赠予之实现并无任何法律障碍，且信托设立环节缴纳增值税较之信托终止环节缴纳

---

① 《营业税暂行条例实施细则》（财政部令第52号）第五条规定纳税人有下列情形之一的，视同发生应税行为：（一）单位或者个人将不动产或者土地使用权无偿赠送其他单位或者个人。《增值税暂行条例实施细则》（财政部 国家税务总局令第50号）第四条第八款规定单位或者个体工商户将自产、委托加工或者购进的货物无偿赠送其他单位或者个人，视同销售货物。笔者认为，因信托设立环节受托人并非接受赠予主体，与法律意义上的赠予不符，故此所谓赠予系经济和法律意义上对受益人之赠予，须依法征收流转税，而在信托终止环节发生货物流转时，不应再行征收，否则构成重复征税。

② 参见杨元伟、聂鸿杰、王道树《建立我国信托税制体系的原则及框架》，税屋网，https：//www. shui5. cn/article/64/67170. html，2024年9月18日。

③ 此所谓"发生课税"主义，其与"所得课税"主义相对。发生课税主义的理论依据是信托导管理论，既然信托只是受益人获得信托利益的导管，则受托人受让财产仅为形式，财产移转至受托人视为移转至受益人，故在移转的第一个发生环节征税，而在第二个环节（受托人至受益人）不征税。所得课税主义的理论依据为信托实体理论。这两种理论均与实质课税理论不矛盾，无论发生课税还是所得课税，都必须符合税法课税要件的原理，均需避免双重征税，而满足课税要件征税与避免双重征税则是实质课税的核心价值。遵循"形式转移不课税"的原理，为奠定信托税制之基础，宜采实质课税主义，在应税货物第一次流转即"委托人—受托人"信托设立时不征收流转税，否则信托税制建立不起来。信托存续期间如发生应税行为，应课征流转税；而第二次流转即"受托人—受益人"，系所有权的实质流转，应征收流转税。

具有效率优势，否则，大量财产之流转在第一次流转环节不缴纳增值税，势必导致增值税之征管秩序的混乱；对不动产过户之营业税而言，视同销售行为之委托人应为营业税之纳税主体，在设立环节还是终止环节征收均不改变其税负，不违反实质课税之法理。信托终止环节财产之流转属于不真正之流转，故在信托终止环节不应产生流转税的问题。"（2）信托存续环节，若自益信托之受益人由委托人变更为他人，则变更之日起由委托人缴纳流转税；若信托单独设立纳税人识别号，则，信托本身即为纳税主体；若信托未设立单独的纳税人识别号，受托人根据信托契约从事信托活动而涉及不动产买卖、租赁、资金放贷等营业行为的，受托人为增值税之纳税主体（其实质为代缴主体）。为了防止信托经营行为与自身经营行为混淆，实物落地，因赋予信托独立的纳税人识别号，赋予信托独立的纳税主体地位，这主要是从实际操作角度考虑。相应地，流转税应税货物交付或者应税不动产转移时，由于设立环节未缴纳相关流转税，在信托终止环节信托受益人应为流转税之纳税主体。（3）信托终止环节，受托人与收益人之间之货物流转或不动产转移，乃真正之货物流转，应产生流转税问题；且由于在信托设立环节委托人没有缴纳不动产转移之增值税，就经济和法律实质而言，同一批货物只发生过一次赠予，如果在信托设立环节没有征收，则在信托终止环节，委托人对受益人真正赠予时应征收，总之，不宜对同一不动产标的之转移重复征税。

但是，关于信托设立环节的涉税问题，随着时间的推移，研究的深化，以及为实操的便利计，笔者意识到，上述认定信托设立即为赠与受益人财产的观点，过于激进，也缺乏法理。笔者同意黄茂荣教授的观点①，在信托设立环节，不涉及所得税和流转税的问题，只存在印花税的问题。理由有三，信托设立环节，财产转移乃形式转移，并无实质转移，从原理上看信托财产须专门登记，与物权法上的普通的财产变更登

---

① 参见黄茂荣《税法总论——法学方法与现代税法》（第二册），台湾植根法学丛书编辑室 2005 年版，第 111 页。

记有别，信托财产登记制度有待完善，显然，信托财产的确需要专门的登记，以对抗其他权利比如强制执行权。其二，信托设立环节的财产信托登记，并非民法之"赠与"，这是两种性质完全不同的法律关系，税法评价应该在尊重民商法基本认定的基础上为之，税法评价不能脱离基础的民商事法律关系。将之视为赠与，在增税法上做"视同销售"处理，无民商法基础，也不符合税法法理。其三，根据实际课题调研发现，信托业务发展缓慢，最关键在税法规则缺欠，尤其在信托设立环节，如果设立环节涉及大量税收，则业务根本就开展不起来，也即业界的所谓税收政策瓶颈，所以，应该根据形式转移不课税的原则，在设立环节不征收流转税。以上结论是兼顾了税法法理和实际操作落地，审慎考虑得出的，供大家参考。

3. 印花税。（1）信托设立环节。委托人与受托人之间签订信托协议本质系产权转移书据①，立据人（委托人和受托人）均为印花税之纳税主体。受托人设置营业账簿、资金账簿、凭证②，受托人为印花税纳税主体。（2）信托存续环节。受托人因经营管理信托财产需要签订《印花税暂行条例》（现为《印花税法》2021）第二条第一款所列明之合同类型的③，书立合同的双方（含受托人）为印花税纳税主体。但信

---

① 《中华人民共和国印花税暂行条例施行细则》（〔1988〕财税255号）第五条："条例第二条所说的产权转移书据，是指单位和个人产权的买卖、继承、赠予、交换、分割等所立的书据。"

② 《中华人民共和国印花税暂行条例施行细则》（〔1988〕财税255号）第六条："条例第二条所说的营业账簿，是指单位或者个人记载生产经营活动的财务会计核算账簿。"第七条："税目税率表中的记载资金的账簿，是指载有固定资产原值和自有流动资金的总分类账簿，或者专门设置的记载固定资产原值和自有流动资金的账簿。"第十条："印花税只对税目税率表中列举的凭证和经财政部确定征税的其他凭证征税。"

③ 《中华人民共和国印花税暂行条例》（国务院令第11号）第二条："下列凭证为应纳税凭证：（一）购销、加工承揽、建设工程承包、财产租赁、货物运输、仓储保管、借款、财产保险、技术合同或者具有合同性质的凭证；（二）产权转移书据；（三）营业账簿；（四）权利、许可证照；（五）经财政部确定征税的其他凭证。"2021年《中华人民共和国印花税法》第二条："本法所称应税凭证，是指本法所附《印花税税目税率表》列明的合同、产权转移书据和营业账簿。"

托转移非真正产权转移（或产权转移尚未完成），故在信托终止环节信托财产交付时应免征已经缴纳部分的印花税，否则构成重复征税，与实质课税原则不符。且在不动产自益信托终止时，不动产转移至委托人为不真正之转移，即属于法律形式之转移而非经济实质上之转移，应免征产权转移书据之印花税。

4. 契税。（1）契税是转移土地房屋权属时向不动产受让人征收的一种行为税。信托设立环节，不涉及产权的真正转移，委托人向受托人交付土地和不动产所有权，仅为法律形式之转移不涉及经济实质，故受托人不属于契税之纳税主体；信托存续期间，因信托财产经营管理的需要，土地房屋权属在受托人和第三人之间转移的，权属受让人（第三人）为契税纳税主体；在信托终止环节，受益人依据信托文件获得土地房屋权属，其权属受让具有法律形式和法律（经济）实质之双重含义，故受益人为契税纳税主体，但不动产自益信托除外。在不动产自益信托终止时，不动产转移至委托人为不真正之转移，即属于法律形式之转移而非经济实质上之转移，应免征产权转移受让人（委托人）之契税。（2）信托存续期间，受托人以信托资金购买房地产的，受托人为契税纳税主体，但在信托终止环节房地产过户至受益人时，该契税应予免征，否则构成双重征税；因受托人变更，新受托人与原受托人之间交接变更房地产权属的，新受托人不属于契税纳税主体。

5. 房产税。房产税是按照房屋计税余值或租金收入的一定比例，对城镇房屋所有人或使用人在其拥有或者使用房屋期间征收的一种税。（1）信托存续期间，受托人实际使用保管信托房产，系房产税纳税主体。但由于信托财产实质归属于受益人，故该财产在过户、持有、管理、流转时所缴纳之税款应最终由受益人承担，故该房产税理应由受益人承担①。（2）故在信托终止环节，信托财产移交时应准予扣除已经缴

---

① 此处房产税之"纳税主体"，受托人为纳税主体实为征收便利和效率考量，与信托财产产生的所得税类似，受托人实为代缴主体，其最终税款之承担主体应为受益人，受托人已经代缴的相应税款，应在信托财产最后移交受益人时准予扣除。

纳的房产税部分。受托人就信托财产在计算缴纳（代缴）所得税时，应准予扣除已经缴纳的房产税部分后，再行计算信托财产之应纳税所得额；根据信托财产的独立性原理，受托人不得就缴纳房产税主张其自身所得税之税前扣除，因为，实质上该房产税不属于受托人自身财产所生之税费，故不得准予税前扣除。

6. 土地增值税和城镇土地使用税。土地增值税是在房屋或者土地使用权转让环节就土地的增值部分按照法定比例征收的一种税。土地增值税的税种属性、征收方法和税制设计，与所得税类似，增值额的计税方法遵循加法、减法原理。（1）土地增值税与流转税一样，涉及第一环节征收或者第二环节征收的选择问题。从实质课税的理念看，根据信托导管原理，受托人受让房屋所有权或者土地使用权的，视同受益人享受同等权益，这也称作发生主义的征税原理，且在第一环节征收容易抑制信托活动的税收迟滞效应，符合征管效益原则，但是不利于信托行业的发展壮大。作为信托税制之必要补充，若选择在第一转让环节征收，则第二环节免征，否则构成双重征税。因此，笔者认为，信托设立环节，按照形式转移不课税的原理，信托设立环节，不涉及土地增值税问题，委托人不应为土地增值税之纳税主体；信托存续期间，受托人依据信托文件转让不动产的，受托人为土地增值税之纳税主体；相应地，信托终止时，受托人交付信托财产涉及不动产转移的，此时为真正转移财产，应该缴纳土地增值税，切合实际的具体管理办法，可以在设立环节赋予每个信托财产以单独的纳税人登记号，由受托人代管代缴。这样，可以精准执法并提高征管效率。（2）城镇土地使用税系对城镇土地使用权人征收的一种税。纳税主体为城镇土地使用人。在信托存续期间，受托人系城镇土地使用税之纳税主体；信托终止时，受托人就信托财产土地使用部分已经缴纳城镇土地使用税的，应准予从信托财产中扣除此部分税款，以使该税款之最终承担者为信托受益人，上文提到受托人已经缴纳的房产税、契税、所得税和土地增值税在信托终止环节均应从信托财产中扣除。

7. 信托变动。信托不成立、无效、解除或者撤销的，称为信托变动①。在信托变动，若信托财产从经济上和法律实质上已经恢复原状，则就信托设立和存续期间发生的流转税、契税和印花税而言，委托人就流转税享有税款退还请求权，受托人就契税缴纳产生税款退还请求权，书立契据的双方和设置账簿和凭证的受托人有印花税退税请求权；就土地使用税而言，受托人无税款退还请求权，而仅得就信托财产抵扣已经缴纳的税款；就所得税而言，信托存续期间因信托财产有实质所得，根据实质课税的公平法理，需缴纳相关所得税，故受托人已经代缴之相应所得税款，无税款退还请求权可言；信托财产复归委托人时，受托人可就已缴纳相应税款主张从信托财产中予以抵扣。公益信托之税收优惠为各国之普遍范例，在此不予讨论。

8. 余论。质言之，前述信托变动中之契税、不动产（及无形资产）转让增值税、信托财产增值之所得税、土地增值税、房产税、城镇土地使用税等，其承担主体从经济上看应一体为受益人，以征管效率和税收成本的综合考虑，信托税制中定位受托人为纳税（代缴）主体，且必须配合信托财产的登记制度，信托财产的纳税人登记号制度，赋予信托以纳税人登记号将之法律拟制为纳税主体②，并非在理论上承认信托的实体论，或者陷入实体论或者导管论的理论争议，而是现实中方便税收监管的实操选择。从《税收征管法》的角度看，受托人之法律地位实为代扣代缴人，故应准用代扣代缴主体之法律责任。但由于信托关系中受托人并非纯粹和一般意义上的源泉扣缴主体，笔者认为，信托税制中受托人的税法责任应高于或大于一般代扣代缴义务人。由于我国信托税制尚未建立，以上均为税法制度和理论推演，仅代表笔者的个人看法

---

① 论者认为，合同的变更、转让和终止构成合同变动。参见杨小强《合同变动的税法适用》，杨小强、叶金育《合同的税法考量》，山东出版集团、山东人民出版社2007年版，第84—110页。笔者认为，合同的无效、撤销、变更、转让和终止均构成合同变动。

② 证券投资基金应具有纳税主体资格的论证，参见汤洁茵《证券投资基金纳税主体资格的法律确证》，《税务与经济》2018年第6期。

和观点，实质上是希望抛砖引玉，引发信托税制的深度理论思考和实操落地。

六　交易定性与纳税主体认定

简言之，交易定性是指对经济交易的税法认定和定性。纳税主体与交易定性密不可分，表现有二。其一，行为主体从事涉税交易取得所得才负有纳税义务，而是否存在涉税交易，即判断税收客体的有无，进而对税收客体定性，这是交易定性的重要内容和首要环节。在单一合约交易①中，确定某交易主体是否负有纳税义务，取决于交易双方的交易定性，如果该交易符合税法需要规制的某种交易类型，则特定主体产生纳税义务。认定纳税主体和交易定性并非截然二分的两个线性阶段，有时需要互相援引互相支持，相互渗透。

其二，在复合交易和第三方介入合同的复合交易中，例如在承包、租赁、挂靠、借用资质或名义、代理、行纪、居间、信托、隐名投资、融资租赁、拍卖等交易类型中，则既需要辨明相互之间的交易关系即交易定性，又需要把握所得的归属关系，只有在交易定性和所得归属关系明确的情况下，认定纳税主体才有依据。比如名义借用时②，名义借用人进入交易并取得所得，是纳税主体；而名义被借用人只是将名义借用给别人，其并不进入交易也不取得所得的，不属于纳税主体；在代理中③，有些代理人需要经过行政审批环节才能取得代理资格，但是，如果代理行为的确存在，即其行为符合代理的构成要件（委托人明确授

---

① 即单一合约交易、无第三方进入的交易且单一法律关系的交易。下同。

② 席晓娟：《名义借用情况下的纳税主体的法律认定》，刘剑文主编：《财税法论丛（第4卷）》，法律出版社2004年版。文章对某人与某公司之间的关系究系人员借用关系、承包合同关系或者名义借用关系有详尽细致讨论，展示出税法案例的争论起点乃是合同的性质认定。但该文却以合同性质来决定并置换交易定性，将二者简单画等号，未照顾到税法的交易定性认定规则，体现了民法思维主导税法评价，有失妥当。

③ 滕祥志：《税企争议与实质课税原则的重新定位——兼论实质课税原则的普遍性和中立性原理》，熊伟主编：《税法解释与判例评注》（第1卷），法律出版社2017年版。

权、行为人以委托人名义、委托人支付代理费用、委托人承担代理事项之后果），且因代理行为取得所得的，应该认定为从事代理行为，且按照代理及其所得承担纳税义务。这种实质公平有时有利于纳税人，有时有利于税务主管当局。总之，坚持税法的实质主义，法理上具有中立性，体现税法秩序和正义，并非有利于税企争议的特定一方。

民商事交易中，若行为主体与所得主体一致，则税法应将实质行为主体或实质所得主体认定为纳税主体；若行为与所得主体之名义（形式）与实质相悖，则税法应将取得实质所得之主体认定为纳税主体。在第三人介入合同的交易关系中，除承包、租赁、挂靠、借用资质或者借用名义外，尚有代理、行纪、居间、信托、隐名投资、融资租赁、拍卖等交易类型，其纳税主体的鉴别，主要基于民商法的法律关系分析技术，分别确定其相互法律关系，认清交易之中的决策、管控、资金、劳务、货物和发票流转关系，然后确定所得主体和行为主体。由此，纳税主体的认定活动主要依赖于民商法之法律关系分析技术，系典型的法律分析活动。在最复杂、最困难和最惊心动魄的反避税领域，税法判断和税法规则具有税法学本身的秉性，既不以民商法呈现的表面交易形式为准，也不依赖于艰深、复杂多变的经济学概念或理论支持。

税法的判断基于私法行为，以私法行为为评价基础和前提，因此，最早发端并成熟于司法实务（私法）领域的法律关系分析技术，对于税收活动而言不可或缺。但是，税法对民商法判断、民商法的外观或行政登记的外观，又不能照单全收。在民商法交易外观或行政登记的外壳之下，税法必须追究其名实是否相符，坚持税法的实质主义和实质公平，甚或突破民商法或者行政登记的外观。

比如，国税发〔2009〕82号①规定，对于由中国境内的企业或企业集团作为主要控股投资者，在境外依据外国（地区）法律注册成立

①《关于境外注册中资控股企业依据实际管理机构标准认定为居民企业有关问题的通知》（国税发〔2009〕82号）。

的企业（简称"境外中资企业"），同时符合以下条件的：实际管理机构、财务决策、人事决策、管理控制档案、董事或高层管理人员经常居住于境内的，实为中国居民企业。也即，中资在境外设立的特殊目的公司，如果其实际管理机构在境内，将被视为我国税法上的居民企业，需要就其全球收入缴纳所得税。这种透视，实际是按照经济实质和管理机构所在地的原则，来确认税法居民企业的身份。税法居民身份一般按照注册登记地确认，如果注册登记地与实际管理机构所在地冲突，以实际管理机构所在地规则来认定税法居民的归属；从经济观察的角度看，以经济的实质否认法律的形式，有效地维护了税收管辖权。但是，从经济的角度观察，不等于是经济观察或者经济观察法①，其实质依然是法律观察，所得出的结论、认定和规则，属于法律结论、法律认定和法律规则的范畴。

面对"名—实"不符或"形—实"不符情形，税法主要依赖对投资关系、所得关系、管控关系、物流关系、资金流动、发票流转、合同和法律关系的分析，来核定名义与实质、形式与实质。以下案例说明，税法评价不以民商法或行政登记的外观为准，而是以主体的经济性质、主体从事交易的经济实质为准。

实例（1）如：工商登记的外观不决定纳税主体。税法实务中，有一类纳税主体其认定不以工商登记的外壳为准，而是以主体从事特定交易事项的经济实质为准。众所周知的典型案例，如我国台湾地区的案例。②该案例中，某公司经工商登记，其营业范围为从事外贸业务，但是，由于其从事证券买卖的交易额，占全部交易额的99.8%，几近于全部从事证券交易营业所得，因此，司法机关裁定，企业虽经工商登记其营业范围为外贸业务，但是，其经营所得几乎100%系从事证券交易所得，而与外贸业务无关，因此，税法应认定企业在经济实质

---

① 笔者认为，学者在引述和评介所谓的"经济观察法"时，应注意这一内在区别。

② 参见黄茂荣《税法总论——法学方法与现代税法》（第二册），台湾植根法学丛书编辑室2005年版，脚注160、第74—75页。

上，某纳税年度所得为从事证券交易所得，故不得享有"非专业从事证券交易者"之"免征证券交易所得税"之优惠待遇。司法机关①认为："涉及租税事项之法律，其解释应本于租税法律主义之精神；依各该法律之立法目的，衡酌经济上之意义及实质课税之公平原则为之。……公司登记或商业登记之营业项目，虽未包括投资或其所登记投资范围未包括有价证券买卖，然其实际上从事庞大有价证券买卖，其非营业收入远超过营业收入时，足证其系以买卖有价证券为主要营业。"对其不给予免税待遇，"尚难谓与宪法第十九条租税法律主义有何抵触。"

又例（2）如②：税务登记的外观不决定纳税主体。某内资企业系由外商投资企业改制登记而来，其营业执照已经变更为内资，但是税务登记证仍然为外资，原因是国税机关指出必须先在地税作变更登记，国税尚可随之变更。企业因故未在地税完成变更登记手续，这样，国税税务登记证一直系外资纳税主体身份。后经举报引发税务稽查，稽查局经查证认定该企业在改制后存在偷税行为，故以内资企业纳税主体计算偷税数额并下达税务处理决定书。企业不服遂向法院起诉。本案纳税主体的认定，应取决于投资主体的性质和工商登记，而不取决于税务登记的外观。因为，其主体资格的性质是由其投资主体的性质决定，改制后系内资投资主体，则属于内资企业，纳税主体应为内资纳税主体。况且，税务登记在性质上不属于行政许可，仅仅是税务管理的重要环节，即行为主体不因税务登记获得一项资格，其纳税主体资格不由税务登记决定，税务登记与否不决定其纳税主体的权利能力和责任能力。

---

①　我国台湾地区学界评论参见黄俊杰《纳税人权利之保护》，北京大学出版社2004年版，第35—47页；葛克昌《税法基本问题（财政宪法篇）》，北京大学出版社2004年版，第156—167页；葛克昌《所得税与宪法》，北京大学出版社2004年版，第241页；葛克昌《行政程序与纳税人基本权》，北京大学出版社2005年版，第215—217、169页。

②　参见本章前例例4。

又例① （3） 如：法人登记的外观不决定纳税主体。A 公司注册登记在某三线城市（优惠税率15%），其架构为下属 P 工厂（位于注册地）和位于上海的营销中心 MO（登记为上海办事处），P 工厂负责产品制造加工，办事处管辖 10 个营销分公司及国内市场销售。经稽查发现，A 公司法定代表人、财务总监和总经理等均不在注册地上班，而在上海办事处履职，上海办事处是 10 个分公司的直接管理、决策和控制中心。P 厂由欧洲集团总部委派厂长负责管理，A 公司不按照总分公司的架构设账和进行核算，没有一个作为会计主体的财务处理中心，实际不对其下属机构之人事、财务、管理和决策实施管控。P 厂和办事处分别使用 ORACLE 和 SCALA 两套管理（财务）软件系统，属于各自独立的两条网络化管理系统，各自受控于境外的集团供应链部门和亚洲地区销售中心，在 A 公司法人层面无数据共享和信息互通。P 厂的纳税申报表、出口退税申请表等税务类法律文书均无 A 公司法定代表人签署。为使销售分公司的企业所得税享受注册地之15%优惠税率，A 公司采用在上海编制合并会计报表汇总纳税，报送注册地税务机关之应对方式。税法问题是：在一个法人主体、两个会计主体、两个经营决策控制中心的情况下，税法能否对一个虚假的一个总机构即否认法人人格并按照实质的两个会计主体来确认两个纳税主体？换言之，税务机关能否否认公司登记的外在法人形式，打破一个法人对应一个纳税主体的常例，按照实际情况确认 P 厂和上海 MO（营销中心）系两个实质的纳税主体？

再例（4）如②：股权登记的外观不决定纳税主体。A 公司注册地和经营地都在广州，B 公司注册地和经营地都在惠州，A 与 B 于 2005

① 详细讨论参见第三章"实质课税与其他"。案例来源参见陈晓晨《一起公司组织形式避税案例的法理分析》，《涉外税务》2009 年第 2 期。类似案例参见沪地税一稽处〔2009〕503 号《上海荣增工贸有限公司转让上市流通股票个人所得税的稽查案》，载《上海财税》网，http://big5.csj.sh.gov.cn/gate/big5/www.csj.sh.gov.cn/gb/csj/csgg/sw/userobject7ai36606.html，2010 年 5 月 3 日。

② 本案例由广东省珠海市地税局赖旭东（中国会计视野论坛云中飞）先生提供并参与讨论。

年9月签订借款合同，合同约定：B借900万元给A用于购买C（上市公司）500万股股票，约定利率为5%，借款期限2年，届期A还本付息给B公司，合计1000万元，如到期A无力偿还债务，则A需用500万股C公司股票抵偿1000万元的债务。2007年9月，A果无力偿债，双方同意A用500万股C的股票抵偿1000万元的债务，但双方没有到交易所登记股权变更手续。2008年10月，A经深交所卖出500万股C股票，剔除交易成本后取得收入5000万元，2008年10月，A将股权出售款5000万元转账给B。股权转让所得纳税主体是谁？本案为单一合约交易，但系复合交易，前期为融资交易，后期为典型以股抵债交易，A将股权转让所得归属于B，结合前因后果，A为法律上之股权转让交易主体，B为税法上股权转让之实质所得主体，税务机关应以B为股权转让所得之纳税主体。但在操作上，应配合相关的证据支持，比如，A卖出股票系受B指示，所得转账的证据等。

税法评价的复杂性在于：税法评价不一定绝对以民商法评价为准，一味坚持私法所呈现出来的交易形式，而对名义所得（如隐名投资）、名义保有财产或所有权（如房产落实政策但不能行使所有者权能）人、名义上的行为人或者交易人（如借用资质）课征赋税，则有可能损害税法秩序和公平正义。上述例（3）中，工商登记的法人外观被打破，一个法人实体，存在两套人事管理，决策控制、会计核算、财务控制、总部管控体系，最终被税务机关责令划分为两个独立会计核算主体和纳税主体，国际著名会计师在事实面前，认可税务机关的处理决定。由此，税法呈现出舍形式而求实质的独特精神气质。

第 五 章

税法分析之二：交易定性与税收客体确认

　　税收客体是税收最基本和最重要的要素，税收客体从质的规定性上对各税种属性作出法理区分，决定纳税主体应负何种纳税义务，以何税率计算税基，税基如何量化，成本、费用或损失如何扣除和归集，税收优惠条件是否成就等。是故，税收客体之甄别，牵一发而动全身，对税企争议而言，要莫大焉。若行为主体为经济交易符合税收客体，则产生赋税义务。我国税收客体大致可抽象为所得税（企业所得税、个人所得税）、流转税（增值税、消费税、营业税、关税）、财产税（房产税、车船税）和行为税（屠宰税、筵席税、契税、土地使用税、资源税、耕地占用税）。实质课税原则之运用最常见和最重要的领域莫过于税收客体之甄别。由于商事交易领域的广泛性，税收客体的确认有时变得非常复杂，甚至似是而非，这就必须依靠实质课税的原则精神亦即民商法之法律关系分析技术，从而探求到交易的实质。

　　法律关系是法律人从事法律活动和法律分析的基本工具，而交易定性是税收的核心概念和环节。现代社会，交易必借助于合同工具。笔者根据交易中合同的数目多寡，以及合同中隐含法律关系的数量，将交易分为单一交易和复合交易两种情形。所谓单一交易，是指仅包

含一个合同法律关系的单一合约交易。单一合约交易可能是单一交
易，也可能是复合交易。单一合约交易包含两个或者以上法律关系
的，为复合交易；单一合约交易中仅包含一个法律关系的，则是单一
交易，比如，买卖、租赁、借用、赠予、运输等，《合同法》以及其
后的《民法总则》《民法典》文本中载明的有名合同，绝大部分为单
一交易。复合交易有两种情形：或者由一组合约安排实现交易目的的
交易；或者单一合同中含有两个或者两个以上（复合）法律关系的
交易。

　　法律关系与交易定性的关系是辩证的，一方面，在单一合约交易场
合，法律关系的性质决定交易定性，而且每一涉税案件无不涉及交易定
性问题，因此，税务问题的法律属性凸显出来，税企争议的法律属性由
此呈现；在复合交易情形，交易通过一组合约安排实现，则单个合同的
法律属性不能表征和决定整体交易的性质判断，这样，势必引入经济实
质的理念，撇开交易表面的形式和外观，追求经济交易的实质，实现税
法秩序和税法正义。

　　交易定性和法律关系两个核心概念的关系，决定了税企争议无可
争辩的法律属性，以及法律分析在税企争议中的核心地位。具体而
言，税收客体的确认包括税收客体的定性、税收客体之有无、税收客
体发生之时点、税收客体的量化（税基及其量化）、成本费用损失之
归集与扣除几个方面。即便在税收客体的量化领域，其前提也是税收
客体有无和的定性分析，然后才涉及收入实现的时点、成本费用扣除
与收入之间的期间归属关系。换言之，定性在先，定量从之，定性决
定定量。

　　无论定性抑或定量，此等税收活动皆赖于审慎的法律判断和法律分
析技术，尤其在定量环节，不属于单纯的数字计算活动。法律判断不仅
擅长于定性，而且决定和指引着税收客体的量化。以往的观念，包括法
学界的主流认识，忽视税收客体定量的法律属性，失之偏颇，有待纠
正。传统的税收活动，将税企争议理解为会计核算和计量的问题，以及

依据税法对会计计量进行纳税调整问题，这都是对税企争议的误解。随着税法理论研究的深入，认识尚有待深化。以下从税收客体之定性和定量两个环节分别探讨。

第一节　税收客体之定性

税法实质课税原则分两个方面："实质归属课税"原则和"实质把握课税"原则。前者指确定纳税主体时，实质所得者课税或者实质归属者课税原则；后者指在确定税收客体时贯彻实质把握课税原则。所谓实质把握者，指税法评价以查明实质法律关系和准确甄别交易定性为基础，以法律关系推断出经济交易定性。民法的核心概念为"法律关系"（或合同性质），税法的核心概念为"交易性质"，在一般情形，法律关系与交易定性二者具有同一性，民商事法律关系决定和代表着交易关系之税法认定，税法对交易关系的定性以民商事法律关系的定性为前提，这时，税法评价以私法秩序为基础表现最为充分，税法与私法呈协调与融合状态；但在特定情况下，民商事法律关系不等于双方的交易关系，以复合交易（连环交易、交易回购）、虚假交易、恶意避税等为表现形式，这时，税法评价不以表面呈现的交易形式、外观为准，实质课税原则就表现为把握交易的实质内容，撇开交易的表面法律形式追求交易的经济实质，即合同性质与交易定性分道扬镳，此时，税法与私法呈现冲突与龃龉状态。税收客体之定性在税企争议中居于核心的地位，这也集中体现了税收活动（税务征管和税务稽查）和税企争议的法律属性，兹分述之。

一　法律关系与交易定性同一

准确把握法律关系的性质成为解决涉税争议案件的一个基本功和基本前提。在绝大多数涉税案件中，尤其是通过单一合约安排实现商业目的交易中，法律关系定性与交易性质定性（以下简称"交易定性"）[1]二者同一，确定了合同法律关系性质也就等于认定了税法上经济交易的性质。法律关系的性质有时以虚假的外观、形式、名称、结构表现出来，此时，税法评价应按照实质课税理念的要求，撇开交易的外观、形式、名称、结构或者流程等，探求交易的实质，整个过程有时会相当复杂，歧义丛生，似是而非。下以实例说明之：

（一）租赁类案件。名为联营合作实为租赁（某中心医院个税案[2]）；名为赠予实为租赁；名为承包实为租赁[3]（国税函〔2001〕78号）；名为合作服务实为租赁（泛美卫星公司案件[4]）。名为"联营"实为"借贷"，名为"联建"实为"以物易物"，名为"买一赠一"实为"折价销售"，名为"投资合作"实为"租赁"，名为"赠予"实为"租赁"，名为"销售—回购"实为"融资"，名为"承包"实为"挂靠"（借用资质）等，不胜枚举。

以下为某医院与李某B超机合作涉税案交易性质简析。

案例[5] 8：名为联营实为租赁

1998年石景山区税务局接举报，查李某与某中国工业总公司中心医院签订联营合作协议书，约定由李某向该医院提供美国彩色B超机

---

[1]　税收客体或者征税对象绝大部分为动态客体，比如所得税、流转税和行为税，皆出于动态的交易行为，也可以统称为（交易）行为税；其中一类客体是静态的客体，如财产税之房产税、资源税等，是以静态财产的拥有或者使用为征税对象，不涉及交易行为问题。实质课税原则在这部分税种不涉及"交易定性"问题。但是，在"税收客体的量化""纳税主体的确认""税收管辖权""特别纳税措施"等方面仍有坚持和适用实质课税原则的必要。

[2]　滕祥志：《某中心医院未解缴个人所得税案的法律分析——兼论所得性质的认定和交易法律关系的性质》，《税法实务与理论研究》，法律出版社2008年版，第257页。

[3]　国税函〔2001〕78号现已废止，详见《国家税务总局关于发布已失效或废止的税收规范性文件目录的通知》（国税发〔2006〕62号）。但是其在定性上是十分准确的，承租人使用不动产机器厂房，向发包人缴纳固定租金，发包人应按租赁业征收营业税。

[4]　滕祥志：《泛美卫星涉税案相关法律问题再探讨》，《税法实务与理论研究》，法律出版社2008年版，第11页。

[5]　案情及讨论参见滕祥志《某中心医院未解缴个人所得税案的法律分析——兼论所得性质的认定和交易法律关系的性质》，《税法实务与理论研究》，法律出版社2008年版，第257页。

一台，由医院使用，双方共同管理。医院负责提供彩超室及其配套设施；保障两名专职医生具体操作，并负责彩色 B 超的维护，及保养人员费用；负责承担设备正常维修费用的 40%。李某负责设备安装和调试，正常使用后交医院使用；派财务人员负责每月对账、结算工作，人员费用自付；负担设备维修费用的 60%，收入按比例以收费单为依据，以医院现有一台彩超机之和的一半划分，医院得 40%，李某得 60%，两年李某得收入 33 万元。

税务所处理：李某按租赁收入征税。市局处理意见：（1）医院与李某所订协议是联营协议，不应按租赁业征营业税；（2）李某收入应按租赁收入征个人所得税；故石景山地税局处理：按租赁收入征税，医院未扣缴税款应补缴税款并处罚款。复议处理：认为按租赁收入确定应纳税额依据不足，撤销原决定责令重新作出具体行政行为。再处理：对协议性质又进行咨询，经其对合同性质认定，李某属自然人，依据《中华人民共和国经济合同法》第二条，自然人无权与社会团体签订联营合同。李某所得收入应视为个人经营所得，根据《个人所得税法》第三十六条第二款，按个体工商户生产经营所得征收个人所得税。由于本案（税务机关认为）是新类型案件，案情复杂，相关税收法律规定不明确，因此免收滞纳金。

本案案情十分简单，但在合同法律关系性质和交易定性上则歧义丛生，税务机关内部意见纷呈，莫衷一是，分歧在联营合作收入与租赁收入之间展开。以下先分析两种交易的构成要件。

1. 联营之构成要件

我国《民法通则》只承认自然人之间合伙，不承认组织之间、组织与个人之间合伙①，因此，司法实践中一般把以共同经营某一事业为

---

① 2007 年 6 月 1 日起施行《中华人民共和国合伙企业法》后，我国法律承认个人与企业之间的合伙，且组织形式可以为有限合伙和无限合伙，但须履行登记程序。

目的，从而共同投资、共同经营、共享盈亏的活动形式称作联营。其本质上系合伙行为。联营主要是指共同投资、共同经营、共享赢利、共担亏损的事业体。最高人民法院《关于审理联营合同纠纷案件若干问题的解答》［法（经）发〔1990〕27号〕规定："其一，保底条款。亏损时抽回出资和收取固定利润，违反联营共享利润，共担风险的原则，有损其他联营方和债权人利益，为无效联营合同①。其二，无共同经营，不担亏损，但共享盈利。名为联营实为借贷。"由此推论，联营之构成要件：

（a）共同出资+共同经营+共享赢利+共担亏损（联营合同，合伙合同，中外合资合同、中外合作合同）；

（b）共同出资+共同经营+共享赢利+无共担亏损（无效联营合同，无效合伙合同）；

（c）共同投资+共享赢利+无共同经营+无共担亏损（名为联营实为借贷）；

可见，无"共同经营"一定不构成联营合同关系，"共同经营"是联营合同的必备要件。

2. 租赁之构成要件

（a）转移财产②的占有和使用权（赠予、买卖、借用、租赁、融资租赁）；

（b）约定占有、使用财产一方应给付对价（买卖、租赁、融资租赁）；

（c）约定单方或双方承担维修费用（租赁、赠予、借用）；

（d）约定合同期满返还财产（租赁、借用、典当）；

---

① 在性质上，无效联营合同依然是联营合同，此为税法认定之关键所在。但在名为联营实为借贷情形，因其联营的外表或名称不足以表征其借贷的实质，故性质上已经发生改变，名实不符。

② 我国《合同法》并不否定无形财产的租赁。实务中，无形财产为租赁标的大量存在。参见《合同法》第二百一十二条，租赁合同的标的物为"租赁物"，未指明必须为"有体物"。

由于（a）是必备要件①，因此：

（a）+（b）+（c）；

（a）+（b）+（d）；

（a）+（b）+（c）+（d）场合皆成立财产租赁合同关系。

3. 交易关系不属联营

（1）派人每月结算钱款与"共同经营"事业不能画等号。（a）派人结算钱款属代理行权，不属"共同经营"一个事业的行为；李某派人如系联营体的职务行为，则联营体应该负担其报酬，不存在李某负担其财务人员工资和报酬的问题。（b）结算钱款，系李某合作目的、权利和利益所在，若把收取钱款看成经营"事业"本身，则显然把"联营事业"与"经营事业目的"等同。（c）派人每月结算钱款≠参与财务管理≠共同管理≠共同经营。（d）收取钱款乃行使权利而非履行"共同经营"职责，权责不能混淆。故双方不成立联营合作关系。

（2）未参加"共同管理"就不构成联营关系。联营合同的法律特征是：（a）共同投资；（b）共同管理；（c）共享盈亏。因李某未参与B超机的管理和掌控，派会计收取钱款，不属于履行共同管理义务，系主张个人利益之权利，不符联营之"共同管理"要件，故双方不成立联营关系。

4. 交易定性应为租赁

（1）某中心医院占有并使用B超机：（a）院方掌握这台B超机；提供B超室并派员专门操作；（b）李某本人不亲自或派人参与对B超机实施占有、使用、管理；（c）合同虽约定"共同管理"，但实际履约时无共同管理行为；（d）本案合同满足租赁合同的重要特点：转移财产的占有和使用权由此可知双方交易关系为租赁，李某获得所得性质为租赁所得。

① 《合同法》第二百一十二条："租赁合同是出租人将租赁物交付承租人使用、收益，承租人支付租金的合同。"

（2）其与中心医院的交易符合租赁的构成要件：（a）转让使用权；（b）约定（浮动）租金的给付；（c）约定维修金的承担；（d）约定到期返还租物。因此符合租赁协议的构成要件。李某之主体身份系自然人。①

案例②9：名为赠予实为租赁

1993年，A地产公司与B银行签订优惠贷款合同，在银行为其提供优惠贷款的前提下，A公司将其开发的写字楼中的1600平方米无偿赠予B银行，1996年底银行信用卡部进驻使用以上房产。1997年上述房产估价4000万元记入"固定资产"，提取折旧并缴纳房产税，2005年前未办理过户手续。2005年底双方签订协议，A公司将以上房产以3925万元出售给B银行，并在年底办理了产权过户。A公司缴纳此次房产买卖交易营业税196万元。（1）税务稽查时，上级机关认为：无偿赠予合同系银行个别人员与A公司内外勾结，为骗取B银行低息贷款所为，因此有可能撤销该赠予合同。（2）稽查局问题：按照1993年前订的赠予合同征税还是按照2005年签订的销售合同征税？（3）上级稽查局意见：如果2005年签订的销售合同不撤销，则按照2005年的销售合同征税，如果撤销则按照1993年双方签订的赠予合同征税。

本案案情也不复杂。双方书面约定"赠予"不动产且实际交付，但这一"赠予"是否符合营业税法之"赠予不动产"？营业税法之"赠予"（视同销售不动产）须满足何种要件？作出"赠予"的意思表示且实际交付是否满足营业税法的赠予要件？换言之，营业税法对"赠予"征税究竟是对无偿转让不动产之债权行为征税还是对物权行为征税？营

---

① 本案主体身份认定问题，系税案中的另一问题。根据当时生效法律，"个体工商户"主体资格须依申请核准才能取得。因此，须调取李某经申请，工商局核准颁发的《个体工商户营业执照》，否则，不能认定为个体工商户，只能认定为自然人纳税主体。如果认定中心医院系非营利性医院，须调取下列任一证据：（1）卫生局核准的非营利性医院的核准文件（或者资质）；（2）市编委核准的事业单位法人单位证书（或编制委员会核准的相关资质文件）。

② 本案例为向某地税务机关提供法律咨询之实例。

业税之"赠予"与民法之赠予其成立要件是否一致？营业税法之销售不动产课税是在债权行为环节还是在物权行为①环节？试简析如下：

1. 债权行为还是物权行为？营业税之课税客体为销售不动产、转让无形资产和提供应税劳务。旧《营业税暂行条例》（国务院令〔1993〕第 136 号）第九条规定："营业税的纳税义务发生时间，为纳税人收讫营业收入款项或者取得索取营业收入款项凭据的当天。"新《营业税暂行条例》（国务院令第 540 号）第十二条规定："营业税纳税义务发生时间为纳税人提供应税劳务、转让无形资产或者销售不动产并收讫营业收入款项或者取得索取营业收入款项凭据的当天。"旧《营业税暂行条例实施细则》（财政部令第 52 号）第二十五条规定："纳税人转让土地使用权或者销售不动产，采用预收款方式的，其纳税义务发生时间为收到预收款的当天。"换言之，房产交易营业税的缴纳以房屋产权所有人取得转让收入为条件，而不以民法中关于房屋交付或者产权过户登记等交易是否完成为条件。由此可知，营业税系对销售不动产等行为征税，由于民法之不动产转让可抽象或简化为签订转让合同和过户登记两个环节，亦即不动产转让债权行为和物权行为两个环节，不动产转让系复杂交易，包括从签约、预售登记、预付款、按揭、交房、登记等诸多环节和流程，根据上述税法规则，我国营业税系在债权行为（及其收款行为）环节征税，即在签约环节收到定金、预收款或房款时成

---

① 物权行为理论有关大陆文献，参见梁慧星《我国民法是否承认物权行为》，《法学研究》1989 年第 6 期；王利明《物权行为若干问题探讨》，《中国法学》1997 年第 3 期；赵勇山《论物权行为》，《现代法学》1998 年第 4 期；孙宪忠《物权行为理论探源及其意义》，《法学研究》1996 年第 3 期；孙宪忠《物权变动的原因与结果的区分原则》，《法学研究》1999 年第 5 期；孙宪忠《再谈物权行为理论》，《中国社会科学》2001 年第 5 期；尹田《物权行为理论评析》，《民商法论丛》（第 24 卷），金桥文化出版（香港）有限公司 2002 年版；金勇军《一分为二，还是合二为一？论不动产物权行为的无因性》，《中外法学》2001 年第 4 期；米健《物权抽象原则的法理探源与现实斟酌》，《比较法研究》2001 年第 2 期；肖厚国《物权变动研究》，法律出版社 2002 年版；葛云松《物权行为理论研究》，《中外法学》2004 年第 6 期；尹田《物权法理论评析与思考》，中国人民大学出版社 2004 年版，第 180—235 页。

立税收债权，并非在产权过户登记行为环节征税①。也即营业税纳税义务成立的时点非以过户登记为准。

2. 赠予于民法和税法。依据我国营业税法，不动产赠予视同销售，赠予方系营业税纳税主体。问题是，此处税法"赠予"概念与民法概念是否同一？一般认为，税法借用民法概念，税法评价以私法行为为基础，故私法行为之规则和概念在税法如无特别规定，则税法概念和应借鉴和承继和遵从民法概念，此所谓民商法概念的优先性。由于税法对赠予概念并无特别界定，故税法可以承接民法之赠予概念和制度。在民法，赠予分为负担行为和处分行为，在负担行为，赠予是指为赠予之意思表示且受赠人接受赠予（达成合意）②；在处分行为，指在约定的时间和期限赠予人单方面无偿将赠予物交付或者过户至受赠人。我国《合同法》规定赠予人在赠予物交付前可以撤销赠予③，但公益捐赠除外④，可见我国民法认同赠予系实践性合同，也即赠予物交付或过户后方始"成立"赠予（《民法通则》司法解释第一百二十八条⑤）。在税法，赠予视同销售之类型化规定，背后的理念为税收效率和实质课税：若赠予不视同销售，则产生税法规制之明显空当，不符合实质公平的理

---

① 相关讨论参见陈敏之《对财产转移行为课税——对债权行为还是物权行为?》，《政大法学评论》2002 年第 69 期。

② 《中华人民共和国合同法》第一百八十五条规定："赠予合同是赠予人将自己的财产无偿给予受赠人，受赠人表示接受赠予的合同。"

③ 《中华人民共和国合同法》第一百八十六条规定："赠予人在赠予财产的权利转移之前可以撤销赠予。"但契税规则表明，契税纳税义务发生时间为赠予合同签订之时，《中华人民共和国契税暂行条例》第八条规定："契税的纳税义务发生时间，为纳税人签订土地、房屋权属转移合同的当天，或者纳税人取得其他具有土地、房屋权属转移合同性质凭证的当天。"

④ 《中华人民共和国合同法》第一百八十六条规定："……具有救灾、扶贫等社会公益、道德义务性质的赠予合同或者经过公证的赠予合同，不适用前款规定。"

⑤ 《民法通则司法解释》（1988 年 1 月 26 日通过）第一百二十八条规定："公民之间赠予关系的成立，以赠予物的交付为准。赠予房屋，如根据书面赠予合同办理了过户手续的，应当认定赠予关系成立；……。"以"物权行为理论"观之，赠予意思表示一致则设定赠予债权的合同已经成立且生效；但赠予尚未过户，表明双方在物权行为之意思表示未取得一致，物权行为尚未成立，此处立法语言所谓"成立"实为物权行为尚未"成立"。

念，故税法作类型化之规定，将赠予拟制为销售。然而，赠予并非在法律性质上等同于销售，税法如此类型化规定，乃指赠予在税法上与销售性质一致，故税法评价和税法后果一致。在销售不动产，营业税法规定赠予不动产在税法上"拟制"为销售，并非指（税法）赠予之构成要件和（税法）销售不动产之构成要件完全相同。销售不动产之于税法，系对债权行为及其经济后果（取得预收款或者收款凭证当日）征税；而赠予之于营业税法，并未特别规定于债权行为环节纳税①。那么，税法上赠予之成立与否应遵从民法概念，亦即一般日常生活观念，而民法之赠予系实践性合同，且交付或者过户之前得予撤销，故民法赠予之成立（即以过户登记成立且生效）要件，亦为税法认定赠予行为成立之要件。

3. 交易定性与税法处理。本案之交易分为两个环节，先是双方有赠予之合意达成，且不动产已经交付使用，但未办理过户登记，后双方以同一标的签订销售合同，以 3925 万元售出该房产，并办理过户登记，民法上系以新的意思取代旧的意思表示，双方达成新的房产买卖合意，亦即房产买卖合意取代先前之赠予合意。依据《物权法》之规定，自房产过户登记之日，房产权属发生转移，房产销售完成。由于先前房产并未过户，故某银行实际使用该房产，其使用对价即为低息与正常利息之差，双方此阶段之交易定性，究其实质名为赠予实为租赁；此阶段房产公司为租赁之营业税应税行为，系营业税及其附加之纳税主体，如租

① 《中华人民共和国营业税暂行条例实施细则》（财政部令第 65 号）第二十五条第三款规定："纳税人发生本细则第五条所称将不动产或者土地使用权无偿赠送其他单位或者个人的，其纳税义务发生时间为不动产所有权、土地使用权转移的当天。"可见新的《实施细则》实行赠予过户登记环节纳税，这也与民法对于赠予的一般概念相吻合。亦即税法之赠予行为的成立与民法之赠予的成立（要件）一致。《中华人民共和国营业税暂行条例实施细则（条款失效）》（财法字〔1993〕第 40 号）第二十八条规定："纳税人将不动产无偿赠予他人，其纳税义务发生时间为不动产所有权转移的当天。"可见，旧的《实施细则》对赠予之营业税纳税义务（税收债权成立）发生时间与新《实施细则》原则一致。

金低于正常水平的，税务机关可依《税收征管法》第三十五条①核定课税；某银行实际使用该房产系房产税之纳税主体，但该银行错误将房产以 4000 万元记入固定资产并计提折旧（税前扣除），应将折旧转出并调增应纳税所得额，进行企业所得税之纳税调整。后双方签约销售房产并过户登记，房产公司为销售不动产之应税行为，系营业税及其附加税、契税、印花税、所得税等之纳税主体，某银行为契税、印花税之纳税主体。自权属过户登记之日，该房产可记入银行固定资产计提折旧，计算应纳税所得额时准予税前扣除。

4. 小结。本案存在两个交易行为，前期名为赠予实为租赁，地产公司将房产交付某银行使用，仅仅转移占有和使用权，而某银行使用房产则向房产公司支付租金对价，其租金即为优惠贷款之利息差；后重新签订房产转让合同并履行，为销售不动产之交易行为，双方为不动产转移之纳税主体。

（二）资产交易类

1. 资产转让与不动产转让：简析一则国税函

《国家税务总局关于深圳爱都酒店转让经营权及全部资产征税问题的批复》（国税函〔1997〕573 号）

深圳市地方税务局：你局《关于企业转让经营权及全部资产是否征收营业税问题的请示》（深地税发〔1997〕414 号）收悉。文中述及你市龙岗镇爱联经济发展公司（以下简称爱联公司）将爱都酒店的经营权及全部资产以 3000 万元价格转让给抚顺市福达商行（以下简称福达商行）。双方签订的转让协议书规定，爱都酒店"转让前产生的债权

---

① 《中华人民共和国税收征收管理法》第三十五条规定："纳税人有下列情形之一的，税务机关有权核定其应纳税额：（一）依照法律、行政法规的规定可以不设置账簿的；（二）依照法律、行政法规的规定应当设置但未设置账簿的；（三）擅自销毁账簿或者拒不提供纳税资料的；（四）虽设置账簿，但账目混乱或者成本资料、收入凭证、费用凭证残缺不全，难以查账的；（五）发生纳税义务，未按照规定的期限办理纳税申报，经税务机关责令限期申报，逾期仍不申报的；（六）纳税人申报的计税依据明显偏低，又无正当理由的。税务机关核定应纳税额的具体程序和方法由国务院税务主管部门规定。"

债务由甲方（爱联公司）处理并承担，与乙方（福达商行）无关"；福达商行则"协助甲方（爱联公司）做好楼宇及酒店原管理从业人员的去留工作"。

从上述转让的具体协议及形式看，爱都酒店的经营权及全部资产的转让，其实质是酒店的不动产和动产的所有权转让，所谓经营权转让，不过是所有权转让的一种形式。因此，这种转让符合营业税现行有关销售不动产征税规定和增值税有关销售货物征税的规定。同时，酒店附属的动产，是整个酒店经营必要的条件和有机的组成部分，且随不动产的转移而转移。现对上述形式的转让具体征收流转税问题明确如下。

一、爱都酒店全部资产中的不动产部分，按销售不动产征收营业税。

二、附属于爱都酒店并随同酒店转让的动产（除商品部的商品外），应并入不动产部分，一并按销售不动产征收营业税。

以上国税函系对某一具体交易的具体回复，在对事实概要和交易的细节作具体分析之后，国家税务总局函复认为，由于转让前的债权债务由转让方具体承担，与受让方无关，受让方协助原企业人员的去留工作，因此，从企业产权交易①的特征看，此次交易不符合资产、债权、债务、人员的整体转让。故交易双方的"实质"是不动产的转让。最后得出具体处理结论：全部资产中的不动产部分，应按转让不动产征收营业税；附属于该酒店的并随同酒店转让的动产（除商品部的商品外），应并入不动产部分，一并按照销售不动产征收营业税，这一处理

---

① 产权转让不征营业税的规定，另参见《国家税务总局关于转让企业产权不征营业税问题的批复》（国税函〔2002〕165号），"海南省地方税务局：你局《海南省地方税务局关于海南省金城国有资产经营管理公司转让富岛化工有限公司全部产权是否征收营业税问题的请示》（琼地税发〔2002〕9号）收悉。经研究，现批复如下：根据《中华人民共和国营业税暂行条例》及其实施细则的规定，营业税的征收范围为有偿提供应税劳务、转让无形资产或者销售不动产的行为。转让企业产权是整体转让企业资产、债权、债务及劳动力的行为，其转让价格不仅仅是由资产价值决定的，与企业销售不动产、转让无形资产的行为完全不同。因此，转让企业产权的行为不属于营业税征收范围，不应征收营业税。"

的法理依据在于，从营业税法看，上述随同不动产一起转移的少量动产的销售行为，系营业税混合销售行为，应一并征收营业税。

从民法看，酒店内置的一些必备的动产，如桌椅床铺等设施，系酒店这一不动产正常运营不可或缺的添附部分，二者形成主物与从物的不可分割关系，分割从物则对主物的使用性能和商业价值造成减损，因此从商业上应整体转让交割，一并计算营业额并缴纳营业税。这一函复对双方的交易定性十分准确。双方交易不符合所有权转让或者产权转让的法律特征，故不能享受营业税和增值税免税待遇。

与此类似的税法规则另有：

2. 交易分解：以房屋联建为例

税法中的"交易分解法"主要运用于"以物易物"的交易场合，比如：以房抵债、以房抵息、以股抵债、企业并购（现金换股、以股换股、以债券换股、债转股）等多种场合，交易各方的交易实质必须一一进行税法考量，从而对交易各方的营业税（城建税及其附加）、所得税、契税、印花税分别做出税法处理。税法的交易分解法还涉及资产重组、以物易物、以货抵债、以服务冲抵租金等形形色色交易安排。

适用交易分解法为税法评价的一般特征和条件是：（1）存在一个两方主体的复合交易。此所谓"复合"交易，虽指"单一合约交易"但合同性质乃为"复合合同"，而非指合同形式为复合（合同）交易；（2）其复合交易体现为一方不以现金结算或者给付对价，而以形形色色的经济利益（货物、产品、劳务、债券、股权、收益权、期权等）冲抵对价；（3）上述经济利益可以金钱计量，构成会计学上的经济利益净流入，从而可以将双方交易进行分解，分别进行税法评价；（4）对交易分解的过程乃是一个寻求和发现交易实质和交易对价的过程，与实质课税原则不无关联。交易实质决定交易定性，交易对价决定交易定量，二者是为税收客体之两造。本文仅以房屋联建为例进行说明。

显然，房屋联建系单一合同交易。但联建的情况可能错综复杂，①系合伙（联营）合同、建筑施工合同与互易合同的混合合同，故每种联建方式双方交易定性都不一样。房屋联建合同系出资方与出地方联合进行地产开发并分配联建成果（分房或分利），联建合同从合同法上看系无名合同，从合同性质上讲系单一合同性质，但具有复杂的表现形式和权利义务内容，故应分别作出税法判断。

（1）供地方立项，建筑方带资施工。以供地方的名义立项、领取建设工程规划许可证和施工许可证，建筑方带资施工，双方按照合同约定分配房屋。在这种房屋联建合同中，建筑方完全以供地方的名义建筑房屋，供地方应按约定分给建筑方一定的房屋，并将该房屋所占用的土地使用权一并登记转移给建筑方。以税法观之，建筑方以建筑施工和垫资为对价换取房屋所有权，存在两个营业税应税行为：一为建筑施工之应税行为；二为借贷融资之应税行为；由于双方没有进行货币结算，因此应当按照《营业税暂行条例实施细则》第十五条的规定分别核定双方各自的营业额。如果合作建房的双方（或任何一方）将分得的房屋销售出去，则又发生了销售不动产行为，应对其销售收入再按"销售不动产"税目征收营业税。②

（2）建筑方立项，供地方分配房屋。以建筑方的名义立项、领取建设工程规划许可证和施工许可证，双方按照合同约定分配房屋。在这种房屋联建合同中，建筑方系以自己的名义建筑房屋，建筑方应按约定分给供地方房屋并转移登记于供地方。同时，供地方将建筑方分得的房屋所占用的土地使用权转移登记于建筑方。以税法观之，建筑方存在销售不动产之应税行为，对其按销售不动产税目征收营业税；而供地方则

---

① 联建之交易性质在民法上有两种："合伙合同"和"建设工程合同与互易合同的混合合同"。参见吴利军《房屋联建合同的若干疑难问题分析》，《中国律师和法学家》2006年第2期。

② 此种类型之分析与《国家税务总局〈关于印发营业税问题解答（之一）〉的通知》（国税函发〔1995〕156号）第十七条规定的将房屋联建分配房产的"以物易物"行为的唯一区别：建筑方带资施工。对于发生两个营业税应税行为，应分别核定营业额，计缴营业税。

存在转让无形资产之应税行为，对其按转让无形资产税目征营业税。由于双方没有进行货币结算，因此应当分别核定双方各自的营业额。如果合作建房的双方（或任何一方）将分得的房屋销售出去，则又发生了销售不动产行为，应对其销售收入再按"销售不动产"税目征收营业税。另，建筑方自建房屋之后销售的，其自建行为"视同发生应税行为"，应计缴营业税。

（3）供地和建筑方共同立项，按约分配房屋。供地方和建筑方以共同的名义立项、领取工程规划许可证和施工许可证，双方按照合同约定分配房屋。在这种房屋联建合同中，建筑方是以合同双方共同的名义建筑房屋，房屋建成后双方按照合同约定的比例分配，并由供地方将分配给建筑方的房屋所占用的土地使用权转移给建筑方。从合同法观之，若双方实际参与经营管理，且共同投资、共担风险、共享赢利的，双方系联营合作关系即合伙关系。以税法观之，供地方存在转让无形资产之营业税行为，应按转让无形资产税目征收营业税；建筑方为建筑施工之营业税之应税行为，由于双方没有进行货币结算，因此应当分别核定双方各自的营业额。若供地方实际不参与经营管理，但约定享有固定利益分配比例的，则名为联营合作实为借贷。供地方存在销售不动产之营业税应税行为，建筑方为资金借贷及建筑施工之应税行为。由于双方没有进行货币结算，因此应当分别核定双方各自的营业额，计缴营业税。

（4）共同组建房产公司，销售后分配收入。供地方与建筑方共同组建新的房地产开发公司，并以该公司的名义领取建设工程规划许可证和施工许可证，进行开发建设，待房屋售出后按约定分配所得收入。此时联建合同的性质，应根据实际情况进行把握：若合同约定双方出资，即一方提供土地使用权，另一方提供资金，双方在房屋建成后，共享房屋售出后的利益，则这类房屋联建合同应为合伙（联营）合同；投资过程中，供地方将土地使用权过户至新公司名下，系投资行为不征营业税；在分配房产环节，联建合同的供地方系以土地使用权获得交换房产，发生营业税应税行为，对其应按"转让无形资产"税目征营业税；提供资金方获得房产收益，以及房产公司将房产过户至投资方，不属于销售不动产，不征收营业税。若提供资金方实际从事建筑施工，则属于建筑工程与互易合同的混合合同，应计算其建筑施工之营业收入部分，就此部分计算缴纳营业税。

（5）供地方出租土地换取房屋。以出租土地使用权为代价换取房屋所有权。即供地方（甲方）将土地使用权出租给投资方（乙方）若干年，乙方投资在该土地上建造建筑物并使用，租赁期满后，乙方将土地使用权连同所建的建筑物归还甲方。在这一经营过程中，乙方是以建筑物为代价换得若干年的土地使用权，甲方是以出租土地使用权为代价换取建筑物。甲方有出租土地使用权之营业行为，对其应按"服务业—租赁业"征收营业税；乙方有销售不动产之营业税行为，对其应按"销售不动产"税目征收营业税。由于双方没有进行货币计量，对双方分别征税时应按《营业税暂行条例实施细则》第十五条的规定核定其营业额。

二　法律关系与交易定性相异

合同是当事人进行经济交易的主要工具，经济交易主要表现为私法领域的自治行为，这时丰富多彩的合同形式呈现出来，民法的关注点在于分析实质的法律关系，以便确定参与交易各方之权利义务关系。法律关系的性质认定固然重要，但是，税法评价不能止步于法律关系的性质而最终取决于经济交易的性质。税法系公权力对私法秩序之合法和强力介入，客观上成为公法连接私法的桥梁，税法评价必然以追求经济交易的实质为基础，否则，无法把握税收客体。

法律关系与交易定性相悖的一般情形和特征如下：（1）复合交易。比如上文提到的连环交易、线性交易、交易回购等，及后文简要检讨之信托、融资租赁等第三方介入交易，以及一个合同中包含两个或两个以上法律关系的交易，比如融资融券交易。（2）虚假交易。即以虚假的交易形式掩盖一个真实的交易实质。在民法，虚假交易为无效或可撤销合同；在税法，被虚假交易掩盖之实质必须得以挖掘和认定，并不以民法之或然无效认定为准，民法或然无效判断发生在诉讼或者仲裁环节，税法评价与民法判断发生在不同程序、时点和环节，税法评价不以民法无效认定为准，两者以不同的规则和轨迹运行。（3）违法交易。税法评价也不以行政法之或然行政违法判断为准，若交易双方获得并保有其经济利益，则具有可税性，税法评价的重心是审核税收构成要件是否圆满，税法交易定性是否准确，涉税证据是否充分（税企双方皆然）；至于税法评价之时行政违法或无效评价致使纳税主体应税所得减损的，则应在税收客体的量化计算上作出相应调整。（4）税收规避。此种情形尤为复杂，有些税收规避行为实属意思自治范围，税法无缘置喙，故不宜一概否定，而有些税收规避行为则其交易形式与实质不相吻合，税法必以实质课税原则否定之。反避税领域的实质课税原则适用，变化无穷，异常生动，俟有心且具税法功力者，切磋之，琢磨之。有关税收规避话题，容后检讨。

当法律定性与经济交易定性二者发生冲突时，税法必以经济交易的性质为据，准确把握经济交易的实质，并以此作出税法评价。故税法不能止步于民法关于合同关系性质的区分，民法的重点在法律关系，税法的重点在交易定性，二者关注点不一样，并非一一对应。当合同法律关系与交易性质二者相悖时，实质课税原则的内涵是：撇开合同呈现的表面交易形式，把握隐藏在合同之后的经济交易实质，并以此做出税法评价。以下试以交易回购、线性交易、融资租赁为例简析之。

（一）"销售—回购"与融资

案例10：名为"销售—回购"实为融资[①]

2005年8月，A（房地产开发公司）因资金短缺拟向B（大型国

---

① 滕祥志：《试论实质课税应成为我国税法之基本原则——以一起房地产预售与回购引发的税案为例》，《税法实务与理论研究》，法律出版社2008年版。

企）融资，但限于财务制度双方不得签订借款协议，故商签《合作协议》约定将 A 开发之在建写字楼两层共一万平方米以每平方米 3000 元预售给 B，并约定一年后以每平方米 4000 元购回。双方遂签订房屋预售合同，且确定合同暂不生效。合同中买方名称、预售许可证号（签约时未获预售许可）、付款时间、交房（配套设施达到使用条件）时间期限、签约时间等均为空白，且空白合同交由 B 之中介某投资公司法定代表人陈某保管。后 B 向 A 支付 1 亿元融资款，且双方（在 A 取得预售许可证后）未办理预售登记。2006 年 1 月，B 假戏真做，以伪造（套打套印）之空白合同为据提起仲裁，要求 A 履行预售合同办理预售和过户登记，仲裁期间预售房产被法院查封，后仲裁庭裁决预售合同有效，A 不服向该市中级人民法院提起撤销仲裁裁决之诉。A 遂以合同诈骗为由控告 B，公安经侦立案查处后，认定合同之空白处系套打套印事实。此时税务机关对双方交易行为产生争议。焦点为：双方究竟系房屋销售关系还是融资关系？若法院判决预售合同有效，税务机关对甲公司之房地产预售行为是否按营业税应税行为处理？2008 年底，预售合同之诉讼于某市高级人民法院终审判决，维持仲裁裁决。

本案案情及交易行为十分简单，但双方就房产预售合同是否应真正履行产生了司法纠纷，先仲裁和查封房产，后有提起撤销仲裁之诉，中间又夹杂着合同诈骗罪之刑事控告，使得双方关系十分错综复杂且纠结。但是，对于税法及税法评价的目标而言，却有内在规则和逻辑可以遵循。以下试作简单探讨：

1. 复合交易与交易定性。一项商务交易有时通过一组合约安排得以实现，这时，经济交易便成为复合交易。在复合交易的场合，交易的法律外观呈现为一组合约安排，这时，合同的法律关系的外观与税法的交易定性势必产生冲突。最明显和最简单的例子就是"销售—回购"交易。一般推论：特定标的物的买卖与回购（比如土地、股票、期权、国债）作为融资手段，在商事交易中曾经大量呈现，并不鲜见。从合同呈现的法律结构看，表面存在销售和回购两个合同关系，但是综合交易双方最初的意思表示和履约情况，实质是"销售—回购"方的借款行为，和"购买—出售"方的放贷行为；"销售—回购"方以较低价钱售出约定的标的物，而"购买—出售"方则以较高价钱在约定的期限内回售，中间的差价即为融资之利息对价。双方融资行为之税务处理和税法评价为：销售—回购方支付的价差视同利息支付，在满足借贷利息的税法规定前提下准予利息税前扣除；而"购买—出售"方则取得利息收入，应计入所得合并缴纳所得税。

　　2. 经济实质与税法处理。本案之税法处理分为几个层次推演：
（1）若法院最终判决①A 履行预售合同，双方实质按照预售合同执行，即预售登记也办理过户登记，且前提是 A 公司在合理期限内没有提起履行回购合同之诉②，则 A 公司为销售不动产之营业税纳税主体，但双

---

　　① 仲裁机构不得裁定 A 公司履行预售登记和过户登记，因预售与过户有悖双方真实合意，且 3000 元每平方米的"成交价"奇低于当时同地段同档次的楼盘价格，为显示公正应予调整。

　　② 合理期限是指合乎常情的期限。提起履行回购合同之诉，从诉讼法上讲，不影响已经生效的判决，且一个诉只解决一个合同纠纷，在现行民事诉讼的框架内，一旦 B 先提起履行预售合同之诉，则 A 注定在诉讼上处于被动状态，除非 A 提起履行回购协议之诉，这是该交易安排形成之初应该预见和可以预见的最大法律风险和商业风险。这也是 A 转而刑事控告 B 以伪造之合同行合同诈骗的原因，刑事控告可以使局面复杂化，类似围魏救赵之术。但一般而言，刑事控告不一定影响已经启动的民事仲裁或诉讼程序。在税法方面，这些司法行为和过程对必须启动的税法评价之过程和结果有何影响？这里有两个理论：其一为"税收无因性"理论，详见张晓婷《论征税行为的无因性》，《法学家》2007 年第 1 期；其二为"法律评价无位阶"的理论，详见杨小强《法际整合与打破法学学科矩阵》，杨小强、叶金育《税法的合同考量》，山东人民出版社 2007 年版；滕祥志《税法实务与理论研究》，法律出版社 2008 年版。笔者认为，后者比较切合上述问题之解。依照税法的法理和税法评价的逻辑，税法必须按照自身的逻辑来进行，已经开始的任何司法过程对行政执法之税法适用均不产生直接的约束力。主要原因在于民法、刑法评价的过程和结果，对于税法的评价并无必然的、绝对的、优先效力。税法自有自己的评价规则。以本案为例，即便司法确认预售合同的效力，税法仍然需要按照《合作协议》之"预售—回购"来做交易性质的认定，而非从合同的表面形式出发，来决定交易的定性。我国新近的税法规则《关于确认企业所得税收入若干问题的通知》（国税函〔2008〕875 号）第一条第三款规定："采用售后回购的方式销售商品的，销售的商品按售价确认收入，回购的商品作为购进商品处理。如以销售商品方式进行融资，收到的款项应确认为负债，回购价格大于原售价的，差额应在回购期间确认为利息费用。"虽该规则在本案发生时尚未出台，但其税法之法理则早已成立。

方约定的 3000 元每平方米交易价格明显偏低，税务机关有权依照税法对交易价格实施矫正以核定计税价格。若以单个合同观察即以房产预售合同观察，双方签约且 A 公司获得预收款，即为应税行为成立且取得应税收入，即成立营业税之纳税义务①，但本案不得以单个合同为观察对象。（2）若 B 胜诉且房产正在申请过户执行之中或过户至 B 之后，A 起诉 B 要求房产回购且获得法院支持（本应获得支持②），双方将《合作协议》全面履行之经济实质即为融资法律关系，且合同双方之真实意思表示即为融资，并非买卖。若为买卖，则双方在条件许可时即 A 获得预售许可后，B 应办理预售登记但 B 并未要求办理，也印证双方最初并非真正买房，B 假戏真做的动机在于房价随时间推移飞涨，假戏真做可以获得巨大利润。（3）税务机关对交易定性的判断与仲裁机构或者法院对单一合同的效力判断，二者不能互相取代，合同法律关系的生效与否不能代替税法的交易性质的定性，因此，无论是仲裁机构乃是法院的生效判决，对税法评价而言都不具有直接的约束力，前者对后者不具有效力层级关系。（4）从理论上推演，若一方（A 公司）主张整个交易系"以合法的形式掩盖非法的目的"之行为，故而无效，且获得仲裁庭或法院支持。皮之不存，毛将焉附？"融资"交易行为之无效，则作为融资步骤和手段的"预售合同"或"回购合同"亦然无效。而融资行为无效之后，A 公司则从经济利益上并不吃亏，而税法对"恢复原状"之无效交易，即对经济利益和归属不存在之交易，无从作出评价。

---

① 从我国营业税法观察，营业税法之不动产转让纳税行为系指德国民法之"债权行为"，而非"物权行为"，即营业税法在"债权行为"时征税，而非待"物权行为"成就即房产过户时纳税。

② 从理论推演看，若一方主张无效，"以合法的目的掩盖非法的目的"，也只能导致"融资"行为之无效，而不导致作为融资手段的"预售合同"或"回购合同"无效。而融资行为无效之后，从经济利益上看 A 并不吃亏，且交易"恢复原状"之后合同利益不得实现，无从表彰行为人之赋税能力，故税法对此不予评价。

3. 其他实务问题。预售合同是否成立？合同作为法律行为的一种，乃双方意思表示一致的产物。因双方预售合同中"买方名称、预售许可证号（签约时未获预售许可）、付款时间、交房（配套设施达到使用条件）时间期限、签约时间等均为空白"，且双方所签空白合同交由中介公司代为保管，故双方未就合同主要条款①达成意思一致，预售合同根本就没有成立，从而谈不上生效问题。因房屋买卖系从签约到付款到交房到过户登记之完整系列复杂的交易过程，如果合同主体、标的和价款尚未达成一致，则合同根本就没有成立。这是一种观点。笔者先前曾持预售合同不成立的观点，现予纠正之。② 推理过程为：合同正文中买方名称虽系空白，以中国司法实践之习见，既然本案双方已经签章，应看作合同主体明确，且本案预售合同之标的和价款亦然明确，从民法合同法上看，合同已经成立。问题转变为预售合同是否有效？若有效，对税法评价有何影响？总体来看，即便合同有效，对税法评价的影响有限。查诸本案双方最初意思表示乃是融资，而非为真正之买卖，预售合同仅为实现"销售—回购"这一交易的一个环节和步骤，仲裁庭之"合同有效"和法院"维持仲裁裁决的判决"，对合同和交易作割裂式的理解和处理，对系列合同分拆进行个别评价和处理，有违背基本诚信和基本公正，也令居心叵测、见利忘义之人有可乘之机，显系不妥。此乃当前司法实践中所谓法律职业"专业化"流弊所致，亦由此导致法律与道德两不相合，分道扬镳。仅以具体个案观之，似无碍大局，然长此以往，其后果则不堪设想。

（二）融资租赁③

融资租赁交易模式，实乃典型之复合交易，其中的税法评价必以实

---

①　买方主体、付款期限、标的条款、价金条款、交房期限、预售登记期限等均为房屋预售合同之主要条款。

②　滕祥志：《税法实务与理论研究》，法律出版社 2008 年版，第 164—167 页。

③　滕祥志：《实质课税与融资租赁》，《中国税务报》2009 年　月 19 日第 9 版。滕祥志：《融资租赁税收政策法律评析》，《财贸经济》2015 年第 2 期；融资租赁之国际税法比较参见［美］罗伊·罗哈吉《国际税收基础》，林海宁、范文祥译，北京大学出版社 2006 年版，第 187—189 页。

质课税的观念对待，方能妥当处置、交易定性以求诸公平。

1. 融资租赁交易要点。融资租赁是指具有融资性质和所有权转移特点的租赁业务。即出租人根据承租人所要求的规格、型号、性能等条件购入设备租赁给承租人，合同期内设备所有权属于出租人，承租人只拥有使用权，合同期满付清租金后，承租人有权按照残值购入设备，获得设备的所有权。(a) 出租人交易不仅是为了取得租赁物件的所有权，还通过租赁物件所有权来赚取其资金融通的利润，租赁物件的所有权实质上是一种信用关系的载体，而非单纯的民事权利。融资租赁是融通资产使用权的一种方式，而不是取得资产所有权。(b) 在融资租赁合同中，承租人有权选择所需设备及其厂家、供应商，出租人只能依承租人要求出资购进设备，进而租给承租人使用。① 且实务上，购买的启动和选择权只能源于承租人。(c) 承租人负责设备质量、规格、数量以及技术上的鉴定验收，并承担设备在使用过程中的保养、维修、保险和风险，这种承租人跨越出租人同出卖人所建立的特殊关系，及由此形成的出租人瑕疵担保免责②，标的物之危险及维修义务由承租人负担等特点，构成融资租赁合同与经营性租赁合同之根本区别。(d) 由于租赁物件系承租人指定从出卖人处购得，故其通用性差，为确保出租人能通过融资租赁交易获取利润，融资租赁合同的租金往往具有特殊性，通常包括设备购置成本、融资成本、租赁手续费及利润四项要素，故对于承租人而言，"租金"并非租赁物件使用收益的对价，

① 《中华人民共和国合同法》第二百三十七条规定，融资租赁合同是出租人根据承租人对出卖人、租赁物的选择，向出卖人购买租赁物，提供给承租人使用，承租人支付租金的合同。

② 《中华人民共和国合同法》第二百四十条规定，出租人、出卖人、承租人可以约定，出卖人不履行买卖合同义务的，由承租人行使索赔的权利。承租人行使索赔权利的，出租人应当协助。第二百四十二条规定，出租人享有租赁物的所有权。承租人破产的，租赁物不属于破产财产。第二百四十四条规定，租赁物不符合约定或者不符合使用目的的，出租人不承担责任，但承租人依赖出租人的技能确定租赁物或者出租人干预选择租赁物的除外。

而是"融资"① 的对价。

2. 融资租赁交易结构。以私法观之，融资租赁行为可分解为三方主体之间的两个合同关系，其一为买卖合同，其二为委托买卖及融资兼租赁服务合同。这是融资租赁交易合同的法律外观，这种合同外观或合同交易模式，乃交易各方在长期博弈中力图规避交易风险所致，其核心在于：赋予"出租人"租期内的"所有权"以控制承租人拒付"租金"的风险，以及货物瑕疵担保责任转移至厂方以便"出租人"从真正"租赁"法律关系②中脱身。但是，从实质课税理论观之，融资租赁（转移所有权前提下）的经济交易实质是，厂方与承租方完成货物买卖行为，而出租人在此提供了融资兼中介的服务。从交易目的看，出租人旨在赚取服务差价，以"融资"—"买卖"—"租赁"的手段和交易结构实现这一目的。承租人（买方）出于经营方式和经营成本的考虑，不愿意一次性地出资购置作为固定资产的机器设备、厂房或者不动产，尤其是在《增值税暂行条例》未修改之前，购置机器设备固定资产的进项税额不予抵扣，固定资产只能在一定年限内以折旧的方式逐年扣减成本，这势必加大买方的财务负担。而融资租赁公司具有市场信息和资金充裕的优势，其乐意提供融资的服务并以此收取服务费，故产生了租赁公司"先买后租"的经营方式。因此，从交易的经济实质观察，出租人提供了融资服务收取手续费，依法为营业税纳税主体，而买方公司（承租人）则以支付"租金"的方式支付"服务手续费"，"出租人"对机器设备等的"购买"仅具有法律形式的意义，不具有经济实质的意义，故在税法处理或会计处理上，均不应将出租人以买方或货物资产

---

① 《中华人民共和国合同法》第二百四十三条规定："融资租赁合同的租金，除当事人另有约定的以外，应当根据购买租赁物的大部分或者全部成本以及出租人的合理利润确定。"所以，融资租赁的租金往往要高于一般租赁的租金。

② 在租赁关系中，出租人需保障租赁物的使用价值和品质，使其处于适租的状态。由于合同的相对性，租赁物的瑕疵担保责任之首要责任主体应为出租人，而非货物的厂家。但融资租赁则不然，有关出租人对于租赁物之瑕疵担保责任参见王泽鉴《民法概要》，中国政法大学出版社 2003 年版，第 360—363 页。

"所有权"人的法律外观处理。

3. 融资租赁交易定性。按照《国际会计准则第 17 号——租赁会计》的相关规定①，出租人在法律上拥有"所有权"的资产之收益，在资产负债表中不得作为不动产、厂房和设备等"固定资产"计提折旧，收益应当按照"应收账款"入账，其金额等于该项投资的净额。出租人租金收入应分解为收回投资本金和财务收益两部分，作为对出租人对其投资和劳务的补偿和报酬。我国关于融资租赁的相关会计准则②，与国际会计准则大同小异，而对于固定资产和租金的下列处理原则完全一致：其一为出租人不得将租赁资产记入固定资产计提折旧，租金收入只能记入应收账款，体现投资收益和劳务报酬的性质；其二为承租人获得由于使用该资产而产生的收益，因而应视同自有资产在承租方作资本化处理，即承租方将融资租入资产确认为承租企业的资产计提折旧，予以税前扣除。这两项会计处理的会计法依据为，由于租赁资产上的"一切风险和报酬"都已转移给了承租方，承租方实质上已经拥有了"控制权"，故应按实质重于形式的原则，将融资租入资产确认为承租企业的资产。由此可见，会计法上实质重于形式原则③为：在法律形式与经济实质不一时，应以交易或者事项的经济实质处理，在出租方，资产之风险和收益已经转移至承租方，故会计上不得视为固定资产并计提折旧；在承租方，则应记入固定资产科目允许税前扣除折旧。是故，从会

---

① 《国际会计准则第 17 号——租赁会计》（1982 年 9 月公布，1994 年 11 月格式重排）第 28 条："在融资租赁下持有的资产，在资产负债表中应确认为应收账款，而不是确认为不动产、厂房和设备，其金额应等于对该项租赁的投资净额。"第 29 条："在融资租赁中，出租人实质上转移了与所有权有关的全部风险和报酬，因此，出租人应将应收租金作为本金的收回和财务收益处理，作为出租人对其所作的投资和劳务的补偿和报酬。"

② 《金融企业会计制度》（财会〔2001〕49 号），财政部 2001 年 11 月 27 日印发、2002 年 1 月 1 日起暂在上市的金融企业范围内实施，同时鼓励其他股份制的金融企业实施；《企业会计准则第 21 号——租赁》，财政部 2006 年 2 月 15 日发布、2007 年 1 月 1 日起在上市公司范围内施行，鼓励其他企业执行。

③ 会计法的实质重于形式原则，最早为税法实质课税原则提供了实践土壤和思想先导。但二者的区别在于，税法实质课税原则在于对交易行为的税法评价，不在于对交易或者事项的经济计量，前者的概念内涵包含后者。

计处理的角度观察，上述税法之交易定性应为妥当，符合法理又满足现行流转税制（增值税未扩围前提下的）融资租赁税制应为：厂方缴纳增值税，出租方缴纳营业税，而承租方应为固定资产的购置方，享受增值税抵扣优惠。

4. 融资租赁税制之缺陷。《国家税务总局关于融资租赁业务征收流转税问题的通知》（国税函〔2000〕514号）规定：对经中国人民银行等批准经营融资租赁业务的单位，无论租赁货物的所有权是否转让给承租方，均征收营业税，不征增值税；其他单位从事融资租赁业务的，租赁货物的所有权转让给承租方的，征收增值税，不征收营业税；未转让给承租方的，征收营业税，不征收增值税。由此可见，行政审批造成了身份差异，身份差别又决定税收的差别待遇，这本身就违反税法正义①。而消费性增值税转型后②，经审批从事融资租赁的企业，不得抵扣进项税也无从开具专用发票，进而影响到客户的税收利益。客观来说，这一税收规范有其具体的背景，但是，在增值税转型的大背景下，融资租赁税制造成横向的不公正。现行融资租赁税法规则的缺陷在于，没有对特定交易类型的交易性质进行准确定性，未在交易定性的基础上决定税法处理的规则。这样，税法规制不基于交易定性，税法规则不能合轨运行且不符合法理。

---

① 参见滕祥志《法治与医改》，《中国发展观察》2009年第3期。医院的税收待遇上也是如此。经卫生行政机关审批为"非营利性医疗机构"的，免收所得税和营业税及其附加税，而其他不能获得许可的则定位为"营利性医疗机构"，税收待遇以普通企业法人对待。

② 2016年，全面增值税改革之前有所谓"消费性增值税转型"。2009年1月1日起施行的《中华人民共和国增值税暂行条例》，修订内容为：一是允许抵扣固定资产进项税额；二是为堵塞因转型可能会带来的一些税收漏洞，修订后的增值税条例规定，与企业技术更新无关且容易混为个人消费的自用消费品（如小汽车、游艇等）所含的进项税额，不得予以抵扣；三是降低小规模纳税人的征收率为3%；四是将一些现行增值税政策体现到修订后的条例中。主要是补充了有关农产品和运输费用扣除率、对增值税一般纳税人进行资格认定等规定，取消了已不再执行的对来料加工、来料装配和补偿贸易所需进口设备的免税规定；五是根据税收征管实践，为了方便纳税人纳税申报，提高纳税服务水平，缓解征收大厅的申报压力，将纳税申报期限从10日延长至15日。明确了对境外纳税人如何确定扣缴义务人、扣缴义务发生时间、扣缴地点和扣缴期限的规定。

5. 融资租赁税制重构方向。因此，融资租赁税制的改革方向，是将税法对交易行为实质的追求呈现，同时配合私法领域的动产登记和公示制度，以实现实质课税和有效规避交易风险。重构融资租赁税制应符合实质课税原则和税收公平原则。解决的可能方法是，不对现行税制作大的调整，将融资租赁行为通过税收立法规定为"视同销售"。简言之，承租方可以拿厂方的增值税票直接抵扣进项①，同时在融资租赁领域，辅以租赁物的强制登记公示制度，以保护动产物权法律秩序，杜绝承租方在所有权转移之前借发票在手而恶意转手。这就需要税法与民事基本法的配套跟进。在全球爆发金融危机的背景下，中央决策部门重申促进金融产业发展的政策和决心，融资租赁作为新兴的金融产业，具有巨大的发展潜力，且多数承租方为中小企业，系民生经济之重点关注所在。因此，在民事基本法无法做出修改的前提下，宜先发挥税务总局的授权立法优势，对"视同销售"范围做扩大解释，并配套融资租赁动产登记的行政法规出台，为中小企业和金融产业振兴营造公平税收竞争环境。

（三）线性交易

案例② 11：交易定性与房产税筹划

2009 年，甲房地产公司开发建成一大型建材商城供乙公司作为大型建材卖场使用，由于某市房产税不以（当年）房产计税原值③计缴，而以租金的 12% 计算，若以市价每年 2000 万元租金计算，则房产税（12%）和营业税及其附加（5.5%）两项合计为 17.5%×2000＝350 万元。注册税务师之税收筹划方案有二：其一，转租法。新设公司丙将物业以低价（比如 600 万元）租于丙，丙再以每年 2000 元租金转租于

---

① 相关方案，参见玲慧《增值税转型后财税法治指导融资租赁业解困》，《中国法学会财税法学研究会 2009 年年会暨第十一届海峡两岸财税法学术研讨会论文集》。

② 案例来源律师实务，笔者曾为该案提供税法咨询。

③ 按照现行的税收法规规定，实行从价计征的房产税依照房产原值一次减除 10%—30% 后的余值计算缴纳房产税。

乙。由于丙以低价租进再以市价租出，其转租行为应征营业税的 5.5%
共计 110 万元，甲、丙两公司之两项税收（不计所得税）负担共 215
万元，节省 135 万元。其二，拆分法。将两千万元租金拆分为：租金 800
万元、墙体广告位使用费 500 万元、物业设备设施使用费 400 万元、地面
和地下停车位使用费 300 万元，这样每年的房产税额为 17.5%×800＝140
万元，节省 210 万元。

1. 税收筹划之合法性检讨

（1）"转租法"之税法检讨。其优点是合约简单，流程为甲公司—
乙公司—丙公司，即典型的"线性交易"。这种筹划方法的最大税法风
险为二：其一，甲、丙之间的租金明显偏低，税务机关可依据《税收
征管法》第三十五条的规定核定营业额，若租金偏高则达不到节税的
目的；且若甲、丙之间为非关联公司，则利润回流（从丙回流到甲）
也会产生税法问题；若甲、丙之间为关联企业，其交易价格明显偏低
的，税务机关有权依照《税收征管法》第三十六条的规定调整关联企
业计税价格。其二为：甲、乙之间本来要建立租赁关系，但人为设计一
个交易环节，插入一个新公司，且新增交易环节除了税收利益之考量
外，别无其他合理的商业动机和目的，这种无任何合理商业目的而人为
增加的交易环节，依照英美法的"反避税规则"之"分步交易理
论"①，将多个交易环节视为一个交易即甲、乙之间的交易，实施有效
反避税。由于我国不属于判例法系，税法实务中也没有发展出"分步
交易理论"，税务或司法机关也不必遵循先例来处理涉税案件。现实的
税法依据为，税务机关可依据《营业税暂行条例》第七条②之规定，由
主管税务机关核定其营业额。

---

① 分步交易理论在笔者看来背后的理念即实质课税，最初为了反避税之目的才总结出
这一理论，但这一理论背后的理论则是实质课税，即撇开经济交易形式，按照经济交易的实
质进行税法评价。

② 《中华人民共和国营业税暂行条例》（国令第 540 号，自 2009 年 1 月 1 日起施行）第
七条规定："纳税人提供应税劳务、转让无形资产或者销售不动产的价格明显偏低并无正当理
由的，由主管税务机关核定其营业额。"

（2）"拆分法"之税法检讨。拆分法之优点是不改变交易性质，直接将拟定中的租金①进行拆分，将总的租金化解为具体的收费项目。但是其税法风险是：其一，其他三项费用有可能明显偏高，脱离市场行价，税务机关可以依法行使核定计税价格或核定营业额，比如广告位使用费、停车场使用费等都有可能偏离市场常态之交易价格；其二，有些项目比如地下停车位、物业设备设施之使用即为对物业本身的使用，且从标的物的物理属性和建筑属性上讲，地下停车位或物业设备设施即为物业之组成部分，且成为建筑物物业的成本分摊对象②，系物业本身之有效和必要组成部分，故这项收费从性质上讲应该归入物业使用"租金"的部分，这便构成收费或者交易"名称"与其实质不一致时，应该按照其交易的实质来进行税法认定和评价。至于外立面之广告位收费及地面停车场收费则与租金无关，在性质上可以税法拆分。地下停车位还存在一种情况，即人防工程被挤占为停车位，由于人防工程的产权归属不是开发商，仅为开发商代管，故对该部分"停车位"的收费可能导致其他法律风险。

---

① 若交易尚未发生，对交易各环节之税收成本实施预计、控制和筹划，本身系企业财务管理和税法风险管理的内涵之一，谈不上逃避缴纳税款（偷税）的问题，偷税与节税之分界点就在于交易是否发生且纳税义务是否已经成立。反之，若纳税义务已经成立，通过人为改变税收义务之构成要件（交易定性、时间、地点、价款、归属等）以减少或规避纳税义务的实为逃避缴纳税款（偷税）。

② 《中华人民共和国物权法》（已随《中华人民共和国民法典施行同时废止）上，建筑物之成本分摊不构成物业产权归属之唯一判断依据，要依据自然属性是否能确认为独立产权合同是否约定等因素来决定产权归属。如果开发商在销售商品房时，将地下车库计入公摊，显然是采取分摊销售的方式，地下车库的所有权应当属于全体业主。如果开发商没有将地下车库计入公摊，车库所有权究竟属于开发商抑或全体业主，需要依法律进行推定。参见陈甦《小区地下车库的权属须依是否记入公摊而定》，《法意探微》，法律出版社2007年版，第72—79页。成本分摊之税法意义在于，被分摊对象的成本已经归集到项目物业之中，使得在税法上已经分摊成本的部分，构成物业整体之有效组成部分。税法上应该将该部分计入房产（或固定资产）原值，计缴房产税。实务中，车库的产权分两种情况：或登记在开发商名下，或登记在物业公司名下。

2. 改变交易性质：可能方案？

（1）交易性质宜定为联营。将甲、乙之间的拟租关系改为联营合作，联营合作协议具体规定为：（a）共同投资。由甲出场地，乙出资金、管理团队和品牌实施联营，项目为某某家居建材城。（b）组建联营管理机构之"联营会议"管理联营事业，但凡联营体①之招商定价、客户管理、市场营销、财务管理等管理制度和管理活动均形成会议记录，以存档备查。联营会议之召集程序及次数另行专章规定。（c）共担亏损。联营体经营时若当年度发生亏损，在某数字额度内甲之亏损分担比例递减②，超出某一亏损额度时亏损分担比例为0。（d）共享盈利。甲方享有的（税前）利益分成"总额"为：前五年每年不小于基准数2000万元，以后每五年增加10%，如果联营体之营业额达到或超过（比如）1亿元，超出部分的20%作为甲方的额外利益分成。如此合约安排，完全符合上文所述联营合同之三大构成要件：共同经营、共同投资、共负盈亏③。

（2）联营方案之税法评价。（a）甲方承担亏损之条款虽非"典型"之亏损承担条款，但从性质上仍属承担亏损，与固定收取利润之"资金借贷"或者"不动产租赁"定性有本质区别，实质体现了"有限亏损"原则；（b）该合约安排之共享盈亏、共同投资和共同经营条款均为联营合同所构造，故交易性质上应为联营而非租赁；（c）设计交易方案时，乙方律师之"收取固定利润"系"无效联营合同"之顾虑

---

①　此处"联营体"系指联营之管理机构。双方为松散式即契约式联营，其实体以乙方在某省会城市之全资子公司为载体，该公司和联营协议和联营会议的决议向联营会议定期报告财务。

②　例如：实际亏损在100万元以内的，甲方应承担实际亏损额的10%；实际亏损在100万元—500万元之内的，甲方承担实际亏损额的2%；实际亏损额500万元以上的，甲方的利益分配总额中不再扣减实际亏损的任何比例。这一比例还可根据双方的实际情况及结合税务机关的容忍程度作调整。

③　甲方承担亏损之实质系"有限亏损"，虽非"典型"之亏损承担条款，但从性质上仍然系承担亏损，与固定收取利润之"资金借贷"或者"不动产租赁"有本质区别。

不能成立。首先，本契约安排之联营本不属于收取固定"利润"，因协议中存在亏损分担之约定，且利益分配之约定亦有超出某基数另行加成分配的条款，显然其数额取决于当年度之联营事业进展，且处于变动之中；其次，无效联营合同性质上仍属于联营，故税法认定上仍当以联营为准，从而甲方享有自联营体获税前利益之分配权；而乙方对于甲方之利益分配支出，准以成本在税前扣除，于乙方无税收利益损失。（d）合同有效抑或无效皆为民法概念，其评价发生在私法主体提起仲裁或诉讼后之司法过程，与税法评价为两个体系，相互独立，税法不因合同或然无效而不做评价或做出其他评价。实务中，无效带来的法律和商业风险随《合同法》之施行而减少，少数因《合同法》第五十一条第（五）款"违背法律行政法规的强制性规定"而确认无效；而第（三）款之"以合法形式掩盖非法目的"之"非法"，须以"非税法"目的（违反税法目的）之认定为准，即法院之认定"非法"恰好要以"非税法"目的之认定为据。现实中，我国税法施行之解释权归属于财政部、国家税务总局和海关总署，法院因税法解释能力欠缺而少有作为，故违背"税法"目的司法认定在实践中何从谈起？

（3）"一般反避税规则"① 得以适用？尚有下列问题需要讨论：实质课税原则之下的一般反避税规则②或在本例中得以适用？（a）因本案系单一合同交易，故合同性质与交易性质一致，不存在适用实质课税原则否定交易安排之可能，且本案交易形式虽为"人为"设定，但难道有任何合同不属"人为"？在德国税法，只有违反税法目的且

---

① 《中华人民共和国企业所得税法》第四十七条规定："企业实施其他不具有合理商业目的的安排而减少其应纳税收入或者所得额的，税务机关有权按照合理方法调整。"这之间的张力问题参见杨小强、叶金育《合同的税法考量》，山东出版集团、山东人民出版社2007年版，第32—50页。

② 本书之第一章已经论证，反避税规则与实质课税原则实在不能相提并论，二者系统领关系，一般反避税规则或特别纳税调整规则应涵摄于实质课税原则之下，二者系种属、归属或包含关系。

滥用民法之形成可能性的交易，才能适用实质课税原则予以税法否定，我国没有类似《德国租税通则》第42条（"税法不因滥用法律之形成可能性而得规避其适用。于有滥用之情事时，依据与经济事件相当之法律形式，成立租税请求权"）之规定，故"滥用法律交易形式之税法否认"在实定法上无直接依据；且在法理上本案之交易定性实质应为联营而非租赁，故实质重于形式原则（去形式而求实质）虽可适用，但在本案难以奏功，无适用空间。（b）另需讨论的是，《企业所得税法》第四十七条之"一般反避税条款"如何适用？"不具有商业目的"应否作为独立的判断标准？以本案为例，交易之前当事人在租赁和联营之间取舍，考虑其税收成本之多寡纯系理所当然，当属于纯粹商业目的之范畴，税务机关如何以该条之规定否定本案之交易结构？况且本案系针对房产税之税基实行交易结构筹划，不涉及所得税之税基大小调整，故《企业所得税法》之一般反避税条款无从适用①。（c）还需讨论的是：契约自由、意思自治与税法规制（反避税）之间究竟应维持多大张力？窃以为，不能以反避税为由（为目的）侵犯意思自治和契约自由之领地，纳税人权利保护的视角亦为实质课税原则之内在关怀，且反避税本身是个模糊的概念，避税与节税有重合之处，避税之一部分为节税，节税即利用法律赋予的自由，安排自己的经济生活包括税法生活，故不存在违法问题。故在反避税的场合，有可能将一部分不违法的行为否定，这不合税法正义理念。相反，实质课税则具有本质上的中立性，它不倾向于偏重保护纳税人，或倾向于基于财政目的的"反避税"，二者均可以涵盖在实质课税的理论之下，系实质课税引出的两个分支。另，反避税在理论上本身难以自立。为什么要反避税？因为财政目的，抑或因为税法之正义

---

① 笔者认为，一般反避税条款的适用范围问题，导致国家在反避税领域的作用范围限制，这促生了制定"税收通则法"或"税收基本法"的内在需求。

追求？可见反避税本身不能说明其存在且自立的正当性，急需另行援引税法理论来加以论证。实质课税理论恰可担当此任。不要反避税，但要实质课税。

第二节　税收客体之有无和量化

税收客体的有无和量化实乃税收客体的性质和数量两端，前者由交易定性确定，呈现税收客体之质的规定性；后者由税收客体的量化决定，表彰税收客体之量的规定性。纳税主体确定之外，尚有甄别税收客体的有无、性质和数量之重任，此乃课税要件（税收构成要件）确认之重要方面。当然，纳税主体和税收客体的甄别，有时并非截然两分或分阶段依次循序进行，而是互相论证、互相支援或互为前提条件。以下专门讨论税收客体的定性和量化以及其与实质课税原则的密切关联。

一　税收客体有无

判定是否存在税收客体的前提是对经济交易或者经济事项定性，交易定性之后才能判定被定性的交易是否符合税收客体（征税范围或征税对象），然后才涉及对税收客体的量化进行税法确认，因此，交易定性位于税法评价的首要环节。在日益复杂的商事交易中，对交易之税法定性乃税企争议的焦点所在，也是税企争议中最具复杂性、法律性和专业性的核心和难点。在具体的涉税案件中，税收客体的认定和定性，有时显得十分复杂而难以斟酌，征纳双方往往各执己见，莫衷一是，难以信服。此时，坚持和探求交易背后的法律和经济的实质，而不为交易之表面法律形式或合同形式所限，确立实质课税的原则和标准就成为税法的独特秉性和精神气质所在。

简言之，税收客体的有无即为"是否存在应税行为或是否取得应税所得"？大体言之，要判断某种行为是否是"应税行为"，① 涉及该行为是否是交易行为，该交易行为是否是应税交易行为两个方面。判定某种所得是否为应税所得，则更为复杂。以下试以民商事交易为例，对如何甄别是否存在应税行为简述之。

（一）是否存在应税行为

例如，自益信托终止时不动产转移是否为真正之转移？显然，自益信托终止，不动产应回复至委托人名下，并非经济实质上之转移不动产，故不存在应税行为。他益信托设立和终止时两次不动产转移是否均应缴纳营业税？同理，他益信托设立时视为不动产向受益人的转移，对委托人而言发生不动产转移之应税行为；由于在设立环节，不动产转移已经征收委托人营业税，故而他益信托终止时，不动产虽过户至受益人名下，但为了避免双重征税，受托人将不动产转让至受益人名下，不得视为应税行为。

再如，民间借贷合同是否需贴花缴纳印花税？借贷行为系印花税之税收客体，在形式和实质上，民间借贷合同均表征双方之金钱"借贷"行为，但《印花税暂行条例》附件"《印花税税目税率表》之八"规定了"借款合同"的范围是"金融组织和借款人（不包括同业拆借）所签订的借款合同"，可见，《印花税暂行条例》仅限于对银行与企业之间的借贷合同征收印花税，民间借贷合同不属印花税征收客体。这与营业税法对民间借贷征收营业税所秉持的理念不一致，也即，对民间借贷而言，营业税法采实质课税的理念：虽属"非法借贷"然实质课税；而印花税法则采形式课税之理念：不符合银行借贷之形式合同则不予课税。故民间借贷不属于印花税之应税行为。质言之，两种合同皆为借款

---

① 新近关于增值税法"应税行为"的讨论，深入到税收构成要件之税收客体认定问题，笔者认为，是税法研究进入内核和精细化的标志。参见杨小强、王森《论增值税立法上的经营活动》，《税收经济研究》2023 年第 4 期；翁武耀《论增值税非应税交易的界定、体系化分类与立法完善》，《江西社会科学》2024 年第 3 期。

合同，但税法将其中之一种借款形式课以印花税，而另一种形式的借款不纳税。其采取形式化的处理，无非出于经济成本的考量。是故，实质课税原则有时受到行政法（税法）效率原则的限制，一味贯彻实质课税，将之推向极端则有悖行政效率。

案例 12：集资建房之应否征收营业税问题？

2010 年，某地方税务局干部曾咨询本律师：某单位利用自有使用权之土地集资建房分配给集资的职工，根据现行营业税法是否需要缴营业税？

1. 集资建房于民法。我国城市个人要获得居住房屋，不外乎以下五种方式：购买商品房、购买公房、公房承租、单位集资建房、购买二手房。自 1998 年国家停止福利分房以来，一种帮助职工取得住房的应对措施便是单位集资建房，以成本价或者房改价卖给职工。1999 年，我国相关税法规则规定：为了支持住房制度的改革，对企业、行政事业单位按房改成本价、标准价出售住房的收入，暂免征收营业税。① 但 2005 年后，税法规则发生了根本变化，单位自建房屋分配给职工的行为一概视为销售不动产征收营业税。② 正是 2005 年后，商品房销售这种获得住宅的形式占据了压倒性的绝对优势地位，成为房屋供给唯一的形式，导致房价不断高涨，成为民生的一大难题，为社会各界所诟病。③ 单位集资建房在税收、土地等政策的方面受到挤压。实践中，各地的执行也有不尽一致之处，例如在陕西，集资建房征收营业税政策得到严格执

---

① 《财政部、国家税务总局关于调整房地产市场若干税收政策的通知》（财税字〔1999〕210 号）规定："为支持住房制度的改革，对企业、行政事业单位按房改成本价、标准价出售的收入，免征营业税。"

② 《国家税务总局关于呼和浩特市铁路局向职工销售住房征免营业税问题的批复》（国税函〔2005〕334 号）："内蒙古自治区地方税务局：你局《关于呼铁局向职工销售住房是否征收营业税问题的请示》（内地税字〔2005〕18 号）收悉。经研究，批复如下：纳税人自建住房销售给本单位职工，属于销售不动产行为，应照章征收营业税。抄送：各省（自治区、直辖市）和计划单列市地方税务局。"因该函"抄送"到各省（自治区、直辖市）和计划单列市地方税务局，就集资建房的税法规制而言，被视为对全国有约束力。

③ 房屋供给方式的单一性，乃由地方政府卖地财政积极推动，遭各界诟病日久。

行①；在哈尔滨，自建房分配职工征收营业税的政策也得到严格执行②；而在沈阳，对集资建房的税收则另有解释。③ 实际上，除以上四种取得

---

① 《陕西省地方税务局关于职工集资建房有关营业税问题的批复》（陕地税函〔2008〕254 号）："榆林市地方税务局：你局《关于职工集资建房有关营业税问题的请示》（榆市地税发〔2008〕183 号）收悉。经请示国家税务总局并研究决定，现就职工集资建房营业税征免问题批复如下：一、对于企业、行政事业单位在已拥有土地使用权的土地或通过竞拍等方式所取得的土地上，以职工集资建房的方式建造住房或经济适用房，然后销售给本单位职工，属于销售不动产行为，应依照税法规定征收营业税。二、对于企业、行政事业单位建设职工住房，凡符合住房制度改革规定，并按房改成本价、标准价出售住房取得的收入，按照《财政部国家税务总局关于调整房地产市场若干税收政策的通知》（财税字〔1999〕210 号），暂免征收营业税。三、第二条中企业、行政事业单位按房改成本价、标准价出售住房，是指销售给本单位职工。如果对外销售，不管以什么价格，一律按照销售不动产征收营业税。"

② 《关于哈尔滨体育学院集资建房免征营业税问题的答复意见》（哈地税函〔2007〕81 号）："市委办公厅：贵厅转来的哈尔滨体育学院集资建房要求免缴税款的请示收悉。我局经认真研究并请示上级税务机关，现答复如下：一、基本情况。该单位近期多次到我局对集资建房是否征免营业税问题进行咨询。我局悉心听取了该单位的陈述，并详细解答了税收政策。财政部、国家税务总局财税字〔1999〕210 号文件规定'为了支持住房制度改革，对企业、行政事业单位按房改成本价、标准价出售住房的收入，暂免征收营业税'。在该政策的执行过程中，国家税务总局再次明确，凡同时符合以下三个条件的免征营业税：（一）政府不收取土地出让金；（二）房改部门正式下发文件批准为房改房并规定成本价、标准价；（三）按规定的成本价、标准价出售给本单位职工。目前，房改房的认定是由市政府房改办负责，只有在房改办认定后，我局才能进行减免税的审批。我局今年已两次向哈尔滨市房产住宅局发函，请其对我市企业、行政事业单位的自建职工住房是否符合国家房改房规定，以及是否按房改成本价、标准价出售等问题以文件形式发出，我局将根据认定文件来审核是否享受减免税政策。但我局至今仍未收到市房产住宅局的答复意见。我市存在类似问题的还有东轻、哈飞、工大、林大、省民政厅和省商务厅等数十个单位已经建完或正在建设的集资房，上述集资建房均被市房产住宅局批准为经济适用住房，但未被认定为房改房。按照文件规定，经济适用住房在税收政策上没有照顾。二、我局意见。对哈尔滨体育学院集资建房免征营业税问题，我局认为，可根据市政府房改办认定的意见予以确定是否享受减免税。没有认定房改房的集资建房，应按章纳税。以上意见，请审阅。"这份文件显示：国家税总之"口头答复"增加了"房管局批准为房改房并规定成本价和标准价"要件，配合其他要件才能免征营业税。

③ 《辽宁省地方税务局关于集资建房征收营业税有关问题的通知》（辽地税函〔2003〕335 号）："各市地方税务局，省局直属局：1999 年，省局为配合住房制度改革，有效地推进我省房改进程，根据财政部、国家税务总局《关于调整房地产市场若干税收政策的通知》（财税字〔1999〕210 号）中'为支持住房制度改革，对企业、行政事业单位按房改成本价和标准价出售住房的收入，暂免征收营业税'的精神，下发了《关于集资建房免征营业税的批复》（辽地税流〔1999〕249 号），对在房改过程中，单位的公有住房分配货币化的单位，向职工收取建房集资款，用单位自有土地或以单位的名义取得的建设用地，并以集资单位的名义办理《建设用地规划许可证》和计委的集资建房的立项批复，采取自建或由开发公司代建的形式，建设住宅分配给本单位职工，对集资建房单位向职工收取的集资收入免征销售不动产营业税。凡已经参加过房改或实行住房分配货币化，职工已享受过房改政策的单位，不得享受集资建房的优惠政策。鉴于我省已开始实行住房分配货币化政策的实际情况，经研究，辽地税流〔1999〕249 号从 2003 年 12 月 1 日起停止执行，2003 年 11 月 30 日以前发生的集资建房行为，凡同时符合上述条件的，对集资建房单位取得的集资款收入免征营业税。对不符合以上条件的集资建房行为应严格按规定征收营业税。"

住房的方式外，还有一种方式也为我国法律所允许，那就是个人自建房屋。① 但由于目前在城市规划区内的国有土地上建造房屋，首先必须要取得合法的土地使用权，而要取得合法的土地使用权，则必须要通过出让手续获得土地使用权，这对个人来说，无疑是天方夜谭。因此，个人自建房屋理论上可行，但实践中行不通。因此，个人自建房必须采取集体行动的方式，集合资金竞拍土地使用权，才能进行。本文所指个人集资建房，是指城市居民利用国家政策和法规依照合作协议设立住宅合作社、合伙、有限或者股份公司集资建造房屋或者委托建房并分享房屋建造成果的活动。

2. 集资建房于税法。（1）单位集资建房。单位集资建房利用单位

---

① 张东伟：《个人集资建房主要法律问题与风险全面分析》，http：//www.law110.com/firstcreat/200300015.htm，2010年3月7日。张彩云：《单位集资建房的法律问题》，《经营与管理》2007年第1期。关于集资建房的依据：（1）政策支持。1991年12月31日，由国务院住房制度改革领导小组颁发《关于全面推进城镇住房制度改革的意见》第六条："住房投资和建设体制问题。住房投资和建设体制的改革，就是把现行由国家、企业统包的住房投资体制，转换成国家、集体、个人三方面共同负担的住房投资体制。各地政府应大力支持单位或个人的集资、合作建房，特别是结合'解危''解困'进行的集资、合作建房。计划、金融、财政、税收、城建、规划、土地等有关部门应该积极配合、支持，通过减免税费等扶持政策，努力降低建房造价。……"1994年7月18日，国务院发布《国务院关于深化城镇住房制度改革的决定》第二十六条："鼓励集资合作建房，继续发展住房合作社，在统一规划的前提下，充分发挥各方面积极性，加快城镇危旧住房改造。"以上政策表明，国家对个人集资建房持鼓励与支持态度。（2）法律支持。《中华人民共和国城市规划法》和《中华人民共和国建筑法》是目前规制我国城市建设各种建筑物的统筹规划、立项许可、施工审批等法律，这两部法律中，无任何禁止个人可以建房的规定。（3）行政法规支持。《中华人民共和国城镇国有土地使用权出让和转让暂行条例》第二条规定："中华人民共和国境内外的公司、企业、其他组织和个人，除法律另有规定者外，均可依照本条例的规定取得土地使用权，进行土地开发、利用、经营。"（4）行政规章支持。1992年2月14日，由国务院住房制度改革领导小组、建设部、国家税务局联合印发的《城镇住宅合作社管理暂行办法》（以下简称《办法》）。该《办法》的宗旨："为了鼓励城镇职工、居民投资合作建造住宅，解决城镇居民住房困难，改善居住条件，加强对城镇住宅合作社的组织与管理，制定本办法。"该《办法》共计30条，对城镇居民合作建造住宅的成立、行政管理、如何运行、减免税费的优惠政策及建造后的房屋归属问题等都作了详细的规定。这些规定具有可操作性。且该《办法》的出台背景，是国家在结合北京、上海、沈阳、武汉、昆明等城市的实践运作情况的成功经验之基础上才制订出来，并向全国范围内推广应用的。笔者以为，后来的发展演进表明，地方政府为了贯彻卖地财政，一直就没有很好地执行这个规章。

已经拥有的土地使用权以单位名义立项、规划、建筑施工并办理竣工验收的建房行为，其特点为单位自建，土地使用权归属于单位，项目所有权归属于单位，房产建成后分配给职工。从上述程序可以看出，项目的立项开发建造没有商业运营的目的，房改房的价格也以建筑成本价计算，职工取得的房屋产权支付的对价为房屋的建造成本。职工取得的房屋实际上隐含了土地使用权在当年的市价，这部分应该为职工的工资福利性质，应该计算缴纳个人所得税。但是，就单位而言，以成本价出售房屋给职工本质上系解决职工福利问题，与商品房销售有本质的区别，因此房改房以成本价售予职工的，理应免征营业税。其之所以免征，不仅在于实质上不具有销售不动产的营利性，还在于即便按照形式上看，在单位和职工之间发生了产权的转移行为，但是单位却没有取得销售不动产的收入差价，量的规定性反过来决定并制约其质的规定性，因而也无从计缴营业税；问题是以适当高于市价的部分转让房地产的，现行税法规则以销售不动产看待，但是，其确认税基必须探寻并依照经济的实质，仅有高于市价的部分才构成销售不动产的营业收入，而不得以单位收取职工的全价计缴营业税。（2）个人集资建房。2005 年前后，虽然媒体曾经集中报道集资建房行动，但是个人集资建房实际操作成功的却屈指可数；其中原因大致可归结为集体行动的逻辑：成本太高且集体意志不容易集中，最终是方案在经济上不可行。但是，从税法视角观之，若个人通过合伙或者在政府管制之下组建住宅合作社，竞拍土地使用权以入伙人的名义立项开发，或者委托开发后分配房产的，在本质上不具有销售不动产的特征：商业营利性和产权转移性。商业营利性乃从量上规定了不动产转让的税基；而不动产产权的转移特性则从性质上规定了销售不动产的本质；二者皆符合才满足营业税的课税要件。在个人集资建房，由于在形式上产权从合伙、公司或者合作社转移至集资人，但是实质上二者之间不仅没有销售不动产盈利的本意，也没有盈利的实质，在量的规定性上没有收入，根据唯物辩证法的质量对立统一的原理，没有不体现一定数量的质，故在质的规定性上，个人集资建房不产生营业税应税行为。在税法上表述为，由于合伙或者合作社或者有限公司没有取得建造和销售的差价，因而没有取得销售不动产的营业收入，无法计算税基，故无从计算缴纳营业税。

3. 营业税之客体。营业税之应税客体为销售不动产、转让无形资产和提供应税劳务的行为。其中销售不动产是指签订产权转移书据，使不动产在两个主体之间转移的行为。转让不动产有限产权或永久使用权，以及单位将不动产无偿赠予他人，视同销售不动产。笔者认为，《营业税暂行条例实施细则》第四条规定："单位或个人自己新建（以下简称'自建'）建筑物后销售，其自建行为视同提供应税劳务。"此处"单位自建房销售"之"自建行为"视为"提供应税劳务"，是指"自建行为"本身系提供"建设工程施工"之"应税劳务"，而单位自建房屋后以成本价或者房改价分配（销售）给单位职工，不得视为"销售不动产"之应税行为。在单位集资建房，如果在集资建房之后以房改价或者成本价售予职工的，职工取得房屋的所有权，但是单位并未发生销售不动产的营业行为；单位的行为不具有销售不动产盈利的内在动机，亦不具有销售不动产之税基量化的外在表现，因此，不应征收营业税。但是，国税函〔2005〕334号将所有集资建房行为均"视同销售不动产"，不具有税法的内在法理，没有考虑到集资建房分配（销售）给职工的几种情形（以成本价销售、以溢价销售）的区别：前者在实质上不具有销售不动产的商业营利性和产权转移特性；后者具有商业营利性和产权转移的双重特性，故应依法征收营业税。对个人集资建房而言，则从本质上不具有销售不动产的目的和动机，合伙、合作社其他形式的实体仅以集资建房或成本价格的房屋的目的组建，实际取得房屋时也严格按照成本价加计合理的费用后之对价分配给集资参加人，其中没有销售不动产的所谓"营业收入"。因此，不应征收营业税。

案例 13：劳务派遣之实质与形式问题①

2004 年 8 月，北京市某保安服务有限公司（以下简称"保安公司"）经北京市保安服务总公司审批，于北京市某区工商局注册成立。公司业务流程为：与用工单位签订用工合同后，按照用工指标招聘保安人员，将经过基本培训后派遣保安人员到用工单位工作。保安人员与保安公司签订劳动合同，其工资薪金保险等由保安公司代为发放。保安公司从用工单位收取服务费中包括应向保安人员发放的工资薪金保险部分，在扣除保安人员的工资薪金保险之后的余额为保安公司的实际所得。保安公司自成立起，由于不了解劳务派遣差额纳税之营业税法规则②，一直按照从用工单位收取的服务费全额缴纳营业税，故业务难以为继。在了解到业里同行均系差额缴纳营业税之实情后，于 2008 年 6 月向北京市地税局某区分局某税务所提交《退税申请书》《退税申请计算清单》及相关证据，但某区税务分局以保安公司没有"劳务派遣证"为由，以及劳务派遣公司不符合"代收代付"为由，迟不作出退税决定。

1. 劳务派遣在民法：法律关系性质

劳务派遣是改革开放深化后出现的一种用工形式，其与一般劳动关

---

① 案例来源于律师税法咨询实务。

② 劳务派遣公司之差额纳税待遇参见《财政部、国家税务总局关于营业税若干政策问题的通知》（财税〔2003〕16 号）第三条第十二款："劳务公司接受用工单位的委托，为其安排劳动力，凡用工单位将其应支付给劳动力的工资和为劳动力上交的社会保险（包括养老保险金、医疗保险、失业保险、工伤保险等，下同）以及住房公积金统一交给劳务公司代为发放或办理的，以劳务公司从用工单位收取的全部价款减去代收转付给劳动力的工资和为劳动力办理社会保险及住房公积金后的余额为营业额。"另参见《北京市地方税务局关于贯彻落实营业税若干政策规定有关问题的通知》（京地税营〔2003〕506 号，2003 年 9 月 8 日起施行）第三条第五款："劳务企业接受用工单位委托安排劳动者，凡在相应委托合同或协议中，由用工单位明确委托劳务企业代为发放劳动者工资及福利费、代理上交劳动者社会保险和住房公积金，以及经用工单位确认签证代为劳动者从事任职行为报销用人单位应予列支业务费用的，对该劳务企业从用工单位统一收取的全部价款，以减除其实际支付的劳动者工资及福利费、劳动者社会保险和劳动者住房公积金以及代为报销业务费用后的余额为营业额，照章征收营业税。"

系的区别在于：（a）法律主体。劳务派遣法律关系涉及三方法律主体：用工单位，劳务派遣公司，劳务人员。（b）合同形式。在签署合同时，劳务派遣公司作为中介，捕捉到用人单位的用人需求，与用工单位签订《劳务派遣协议》或者《派遣劳务人员合同书》，然后把招聘到的劳务人员依据上述协议派往用工单位，劳务人员一般与派遣公司签订劳动合同。（c）报酬形式。报酬形式上，劳务派遣公司按照每人每月的人头费收取用工单位费用，上述费用依照劳务派遣公司与劳务人员签订的《劳动合同》发放劳务人员工资薪金保险之后的余额为派遣公司的实际所得额。用人单位无须直接与劳务人员结算劳动报酬，而是通过派遣公司代收代付。劳务派遣法律关系的性质表明，劳务派遣具有用工的即时性和灵活性。一则用工单位通过劳务派遣公司的中介，可以及时获取所所需的劳务人员。（d）另外，用工单位无须与劳务人员直接签订劳动合同，而是通过中介公司一次性签订派遣协议，有效地解决了用工的灵活性。改革开放初期，劳务派遣的用工形式仅出现在外资企业，后期逐步发展到民企、国企、机关和事业单位等，随着改革开放的逐渐深入，其范围和规模不断发展壮大，并为我国新修改的《劳动合同法》① 以法律形式所肯定。

2. 劳务派遣在税法：应税行为认定

（1）派遣证之形式与实质。首先，劳务派遣法律关系的认定，不以公司是否获得北京市劳动保障局核发的"劳务派遣证"为准。综上所述，劳务派遣法律关系的性质应该从合同主体、合同形式和报酬发放三个方面来认定，与劳务派遣证没有必然联系。简言之，有劳务派遣证的公司可以认定为从事劳务派遣业务，因为从历史条件出发，有些从事劳务派遣业务（下岗职工派遣）的公司，先前已经获得过市劳动和社

---

① 参见《中华人民共和国劳动合同法》（2008 年 1 月 1 日起施行）第二节第五十七条至第六十七条。

会保障局办理的劳务派遣证①，这些公司毫无疑问可以认定为劳务派遣公司，但是，由于《行政许可法》颁布以后劳务派遣证的行政许可已经被依法取消②，如果再以是否获得劳务派遣证作为认定劳务派遣业务的先决条件就没有依据；反之，有许多从事劳务派遣业务的公司，如家政、保安、外企服务总公司等，客观上并未取得劳务派遣证③，但并不改变这些公司从事劳务派遣业务的性质，因此，以劳务派遣证作为判定劳务派遣业务的唯一标准，犯了以形式取代实质的错误，逻辑上限缩了劳务派遣业务公司的主体活动范围。

（2）三方主体两个法律关系。综上所述，劳务派遣法律关系的性质取决于三个方面。其一，合同法律主体加入了第三方派遣公司的要素。其二，通过两个合同（劳务派遣合同和劳动合同），一个主体（劳务派遣公司）将劳动者与用工单位连接起来：用工单位不与劳动者直接签订劳动合同，但用工单位真正实现用工的目的；派遣公司虽然与劳动者签订劳动合同，但是劳动者并不为派遣公司付出劳动，费用发放时

---

①　根据《北京市劳务派遣组织管理暂行办法》（京劳社发〔1999〕39 号，1999 年 6 月 28 日起施行）规定，劳务派遣证只是招用下岗职工的劳务派遣组织享有营业税补助、安置补助费、社会保险补助费等优惠政策的依据；劳务派遣证的核发与审批均依据劳务派遣组织招用下岗职工的情况；劳务派遣证失效后，劳务派遣组织仍继续存在，仅不能享有由市劳动和社会保障部门、市地税部门给予招用下岗职工的劳务派遣组织的营业税补助、安置补助费、社会保险补助费等优惠政策。

②　2004 年 7 月 1 日《中华人民共和国行政许可法》施行后，许多地方政府规章设定的行政许可事项已被取消。根据《北京市劳动和社会保障局关于对部分规范性文件废止和部分内容停止执行的通知》（京劳社法发〔2004〕80 号），北京市劳动和社会保障局自 2004 年 4 月 9 日起已不再继续核发劳务派遣证。

③　1999 年，北京市劳动和社会保障局出台了一项政策，即为了促进下岗职工再就业，鼓励劳务派遣组织招用下岗职工，国家对这些企业提供了专项政策性补贴和税收方面的优惠政策，正是在此背景下出现了劳务派遣证。根据《北京市劳务派遣组织管理暂行办法》（京劳社就发〔1999〕39 号）的规定，劳务派遣组织可自愿招收下岗职工，北京市劳动和社会保障局则依据劳务派遣组织招用下岗职工的情况核发劳务派遣证，并给予相关的政策性补贴。安防保卫工作对劳务提供人员的年龄和身体状况均有特殊要求，故保安公司不适合招用下岗职工，未向北京市劳动和社会保障局进行登记，故而没有取得劳务派遣证，相应地，保安公司历来亦未享受市政府的上述专项政策性补贴。

用工单位不直接对劳动者，而是通过支付派遣公司服务费的方式，其服务费或者派遣费中包括应该支付给员工的工资。因此，符合这一法律特征的行为即为劳务派遣行为，与京地税营〔2003〕506 号《北京市地方税务局关于贯彻落实营业税若干政策规定有关问题的通知》（以下简称"《通知》"）第三条第（五）款所属不存在一一对应关系。也即，劳务派遣应税行为之认定，不由劳务派遣协议的个别条款或者财务处理方式所决定；不以劳务派遣协议合同条款中出现"委托代付"劳动者工资及福利费等"字眼"来认定；也不以用工单位"确认签证代为劳动者从事任职行为报销用人单位应予列支业务费用"的特征来认定。也即，符合京地税营〔2003〕506 号《通知》第三条第（五）款条件的可以认定为劳务派遣关系，但是，第三条第（五）款所述条件对劳务派遣性质的认定做出了限缩解释，缩小了劳务派遣业务的主体范围，不符合税收立法①的基本精神，也与财税〔2003〕16 号《财政部、税务总局关于营业税若干政策问题的通知》所述劳务派遣公司应实行差额纳税的营业税法理相悖。

3. 京地税营〔2003〕506 号文评析

（1）主体限缩问题。原则上，我国营业税法以全部营业额为计税依据，纳税不受成本费用等影响，但有原则必有例外，我国税法在施行全额纳税原则的基础上，也适用差额纳税例外方式；在某些特定的行业从事特定业务的纳税人，税法准予差额纳税，比如，金融保险的某些业务、服务业广告业的某些业务、服务业的劳务派遣业务准予实行差额纳

---

① 究竟何谓"劳务派遣"？应按照税法的内在法理进行判断，属于事实判断也即税收客体判断的范畴，市地税局营业税处无权就此进行税法解释，更不能作限缩性解释，并颁行在其辖区内的"有约束力"的规范性文件，其解释也没有税法效力和实质约束力。应该说，我国税法解释虽大量存在，但其范围和限度亟待研究，尤其急需从法理层面进行梳理和审查。实践中，国家税务总局实际担当此任，由于我国不存在税法解释的违宪审查机制，故国家税总的税法解释和适用工作并未引起重视，日后亟待加强。突破口是，应该先着力强化税务行政复议的功能，使之成为审查税收规范、自我防弊纠错、培训锻炼队伍、厉行税收法治的有益路径，将税企争议纳入常规化、法治化和制度化的轨道。

税。由于劳务派遣业务的性质决定了派遣公司收取用工单位的费用之绝大部分必须以工资薪金等名义支付给劳动者，劳动者虽然提供劳动服务给用工单位，但不与用工单位发生形式上的劳动关系，其工资薪金等费用由派遣公司代收代付。劳动者虽与派遣公司签订"劳动合同"，但与劳动者并未产生实质意义上的劳动合同关系，派遣公司收取费用，支付劳动者工资薪金等费用，其差价部分系派遣公司之营业收入。其工资薪金部分系代收代付，故财税〔2003〕16号《通知》规定："劳务公司接受用工单位的委托，为其安排劳动力，凡用工单位将其应支付给劳动力的工资和为劳动力上交的社会保险（包括养老保险金、医疗保险、失业保险、工伤保险等，下同）以及住房公积金统一交给劳务公司代为发放或办理的，以劳务公司从用工单位收取的全部价款减去代收转付给劳动力的工资和为劳动力办理社会保险及住房公积金后的余额为营业额。"这一税法规则的内涵是符合实质课税的法理的。

（2）位阶冲突问题。税法是公法对私法行为的强力干预和评价，因此税法评价应建立在私法秩序即民商法秩序的基础之上，这也是公法以私法为基础的现代法制观念的内在逻辑。因此，税法评价不能脱离民事行为的私法秩序而存在，离开了民事行为和私法秩序，税法评价无从谈起。尽管税法系公法规范，然税法若与私法秩序完全脱节，独立作出一些与私法规范相冲突和矛盾的解释，那么税法就变成了空中楼阁，税法与其他法域的冲突就会产生，这显然不利于法律体系中法际之间的整合和协调。以本案为例，民商法对何谓"劳务派遣"法律关系也即何谓"劳务派遣"有一套公认的行之有效的认定规则，如果税法不以这些认定为依据，显系不妥。因此，在税法已经对劳务派遣业务实行营业税差额征收原则的情况下，京地税营〔2003〕506号《通知》以规范性文件的形式，对税法规定的劳务派遣业务范围作出限缩解释，在税收立法和解释层面上，人为造成税法之位阶冲突。而执法人员以此规范文件为由，否定纳税人之税款退还请求权，于法无据，于理不通。依据我国《立法法》关于法律适用的基本原则，上位法优于下位法，下位法与上位法相冲突时可以提请有权机关作出解释，依《行政复议法》也可对相关规范性文件之合法性提起行政复议。是故，地税营〔2003〕506号《通知》在实际执行和解释上，对何谓"劳务派遣"作出缩小上位法适用范围的解释，其与上位法冲突的部分无效。

（3）不切实际问题。京地税营〔2003〕506号《通知》规定的三方签订合同或者两两合同的劳务派遣模式，在实践中是不存在的。实务中，劳务派遣须先寻找到用人单位和用工人数及用工要求，再由派遣公司寻找到劳务人员并与其签订劳动合同，再派往用人单位。支付工资时，用人单位先将有关工资费用支付给劳务派遣公司，再由派遣公司发放给劳务人员。实践中，基本上是劳务派遣公司给劳务人员发放公司福利和购买保险。实务中，用工单位为避免与大量不固定员工签订有约束力的劳动合同，才衍生出劳务派遣业务，这是市场实践累计和存留下来的交易模式，符合交易各方风险规避和盈利模式之实际，税收立法对此不应视而不见，闭门造车。因此京地税营〔2003〕506号《通知》在实践中没有针对性和指导意义。税收规范性文件的拟定、执行和解释，应该在符合税法原理和民商法秩序的前提下进行，否则，无论是扩大还是限缩税法主体的适用范围，都是不合法的。相应地，税法之立法和解释若完全置民商法之基础概念（分析框架）于不顾，既不符合税法的秉性，也是对统一法秩序的一种戕害，与依法行政和法治政府之目标和理念相悖。

案例14：房产加名看契税税收客体之有无——以财税〔2011〕82号"房产加名免征契税"为例

2011年，《婚姻法司法解释》三（法释〔2011〕18号）强势出台，其第七条第一款规定："婚后由一方父母出资购买的不动产，产权登记在出资人子女名下的，可视为对自己子女一方的赠予，应认定该不动产为夫妻一方的个人财产。"其第十条规定："夫妻一方婚前签订不动产买卖合同，以个人财产支付首付款并在银行贷款，婚后用夫妻共同财产还贷，不动产登记于首付款支付方名下的，离婚时该不动产由双方协议处理。"第二款："依前款规定不能达成协议的，人民法院可以判决该不动产归产权登记一方，尚未归还的贷款为产权登记一方的个人债务。双方婚后共同还贷支付的款项及其相对应财产增值部分，离婚时应根据《婚姻法》第三十九条第一款规定的原则，由产权登记一方对另一方进行补偿。"一石激起千层浪，引发婚前房产婚后加名热潮。现试以此为例，分析并论证本案契税税收客体之有无。

首先，《契税暂行条例》所规制的转移不动产和土地使用权的行为，在房地产开发和销售环节大量存在，其税收客体为转移不动产之交易行为。税法为堵塞税收规避漏洞，又规定不动产赠予视同不动产转移之交易行为，是将赠予拟制为交易。《婚姻法司法解释三》出台后，彻底打破了同居共财的习惯法，将婚姻关系中的个人主义推向极致[1]，这样，由于婚前财产并不因婚姻关系存续而转变为共同财产，势必引发婚姻关系中的动荡、算计[2]和不安。于是，无房产的一方为保障自己的权益，势必要求有房一方在房产证上加上自己姓名，以为将来婚姻生活幸福之长期保障，这一行为，实质上是有房一方将财产带入婚姻，组建家庭，维持家庭情感生活的人伦行为，而非单纯的民法意义上的不动产转移行为，更不是契税法需要规制的纯粹交易行为。婚姻家庭关系毕竟是以身份关系、伦理关系为主以财产关系为辅的社会关系，家庭存在的价值是伦理意义和社会意义[3]；有限责任公司和合伙固然是资合与人合的统一体，但其存在的目的乃在商业和交易层面。二者毕竟不同。

---

① 赵晓力：《中国家庭资本主义化的号角》，《文化纵横》2011年第1期；强世功：《司法能动下的中国家庭——从最高法院关于〈婚姻法〉的司法解释谈起》，《文化纵横》2011年第1期。

② 王涌：《法律，请不要离间我们的婚恋》，《新世纪周刊》2011年第33期。

③ 夫妻之间有相互抚养的义务。参见《中华人民共和国婚姻法》（2001年修正）第二十条。

　　其次，依照中国传统，男方置房迎娶新娘，女方置办嫁妆进入婚姻，乃是天经地义之事。这种男方备房迎娶新娘，是以无房的女方对家庭婚姻的将来付出作为对价的，这种付出的代价虽通常不以金钱计量或记录，但实质上，女方对家庭的贡献与男方具有同等的经济价值，这样，婚前一方的房产自然进入家庭成为夫妻共同财产。因此，"婚后加名"行为貌似没有对价，实质具有对待给付，且具有不可计量的经济价值，这就与民法的"赠予"要件不合。民法上的赠予系单方、无偿和交付之前可以撤销（《合同法》第一百八十六条）的行为。如果要把婚前房产婚后加名视为"赠予"，必然缺乏"赠予"的"交付"环节，况且，由于双方并不签订"赠予合同"，这不符合征收契税的形式要件。由此，将加名行为视作"赠予"，与当事人真实意思不符（加名实质是对未来婚姻幸福的承诺）、与赠予的形式要件不合（无赠予合同也不准备签订合同），没有明显的先做出"赠予"表示而后"交付"的行为。

　　再次，契税法规则所谓"转移不动产者"，实乃房产产权或者土地使用权的整体转让，而民商法意义上的"赠予行为"，经税法的拟制才转换成为"转移不动产"的行为，符合这两个要件，行为人才具有应税行为，才负有纳税义务。而"婚后加名行为"因为原本就没有无偿"赠予"的动机和目的，即没有无偿"赠予"的意思表示，只是为了防止婚姻的破裂，有房的一方将房产权由个人独享变更为夫妻二人共享，本质上是为婚姻存续和家庭幸福提供担保和抵押，这并非典型的民商法意义上的"赠予"，因此，将之混同为民商法的"赠予"实乃言不及义。况且，契税法规则意义上的"不动产转移"应为产权之整体和不可分割的转移，若加名而不划分份额，焉能以共同共有的房屋价值作为征税对象，然则如何计量标的？共同共有不同于按份共有，在产权的份额和标的物价值的计量上，诚为法律难题，此其三。

　　最后，若发生离婚时，依照"同居共财"的习惯法，接受房产的一方取得一半房屋产权，如同企业清算的原理一样，股东分得原来价值的资产，不应认定为收入，只是投资的取回，不产生所得税纳税义务。同理，夫妻双方经过较长时间，经离婚取得分割财产，实乃共同生活的家庭成员原先共同的固有财产的取回，将原来属于自己共有的房产分割取回过程，相当于将原本属于自己的房产判归自己，哪里发生权属的转移？至于夫妻形成共同财产的时间，原 1993 年《婚姻法司法解释》以 8 年为限，符合传统习惯法并经社会广泛认可和接受，对法官判决和税务机关有约束力。对税务机关而言，时间长短与否没有意义，因为，本质上归属于自己财产的取回，不产生转移所有权的问题。因此，即便一方取得离婚析产，获得房产的一方亦不产生契税纳税义务。至此，国税函〔1999〕391 号关于离婚析产取得房屋免征契税的税法规则，符合法理。

既然没有"交易"，那么，"交易定性"就无从谈起；本不存在税收客体，就不应该征税。征了也要退税。婚姻关系存续期间的房产加名行为，依照《婚姻法》司法解释三应认定为转赠予，但是，税法无须按照司法解释的指挥棒旋转。税法必须坚守本身的实质主义，将其实质认定为以家庭同居共财为中心的伦理生活行为，实际上，在营业税法规则（财税〔2009〕111 号）中，离婚析产取得房屋、三代以内的直系亲属的房产赠予，不"视同发生应税行为"，不缴纳营业税，符合同居共财和家产制的习惯法。至于报载的财税〔2011〕82 号"免征契税"的理由①是：按照"税理当征"，但是按照"清理不征"。这就构成双重的不当：首先是公然宣称"免征"不当，不由使人联想起税法基本原则之税收法定主义；其次是误以为"税理"当征契税，而按照情理"免征"，让人引发"情理"高于"法理""税法"让位于"舆情"的联想。当税法评价进入婚姻法领域，应该更加谨慎和慎重，与税法规制一般民商事交易行为，应有较大的区别和不同。当然，为配合今后开征

---

① 蒋彦鑫、李蕾、冯尧：《夫妻间房产证加名免契税 离婚"除名"或收契税》，《法制与经济（中旬刊）》2011 年第 9 期。

房产税和遗产税，应考虑将直系亲属之间的房屋赠予免征范围限制在一套或者两套之内，以为房产税和遗产税预留制度空间。

值得注意的是，交易定性是税法认定的前提和基础，针对婚姻中的房产加名或者房产减名行为，如果以正确的交易定性作为税法判断的基础，就不会产生始征终弃、首鼠两端的困难局面。从本来意义上讲，如果各级税务机关能够熟练掌握交易定性理论和分析工具，财税〔2011〕82 号本来就无须出台。

（二）是否取得应税所得

实务中，是否存在应税所得，有非常复杂的表现形式，这也使得税法呈现出复杂多变的局面，需要借助相关法律分析技术，才能准确应对，这也凸显了税企争议中核心环节的法律属性。是否取得应税所得，事关所得定性问题，本质上属于交易定性的范畴。

案例 14：限售股解禁引发的税法问题

2009 年，股权分置改革中的限售股解禁，在证券市场引发一系列税法问题。先是三大部委决定对限售股解禁时，在转让环节对限售股转让人根据所获转让差价征收个税，以示税法公平。① 自然人在资本市场上取得收益有两种：一种是资本利得即股票的买卖差价，目前税法对这部分收益实行免税，另一种收益即上市公司的股息分配，这部分按"股息利息红利所得"税目以 10% 税率征收个税；对企业而言，资本市场的这两种投资所得皆计入当年度应纳税所得额，依法计缴所得税。问题是：限售股转流通股时，限售股股东对流通股股东的"补偿"是否为"应税所得"？这个问题实务界和理论界如何看待？

1. 现行税法规则。《财政部、国家税务总局关于股权分置试点改革有关税收政策问题的通知》（财税〔2005〕103 号）规定："股权分置改革过程中因非流通股股东向流通股股东支付对价而发生的股权转让，

---

① 《财政部、国家税务总局、证监会关于个人转让上市公司限售股所得征收个税的通知》（财税〔2009〕167 号）。

暂免征收印花税。股权分置改革中非流通股股东通过对价方式向流通股股东支付的股份、现金等收入，暂免征收流通股股东应缴纳的企业所得税和个人所得税。"根据《财政部、国家税务总局关于企业所得税若干优惠政策的通知》（财税〔2008〕1号）的有关规定，流通股股东及企业获得的对价收入免税，系税收"单项优惠政策"，执行到"股权分置改革结束"。《国家税务总局关于股权分置改革中上市公司取得资产及债务豁免对价收入征免所得税问题的批复》（国税函〔2009〕375号）[①]又重申："股权分置改革中，上市公司因股权分置改革而接受的非流通股股东作为对价注入资产和被非流通股股东豁免债务，上市公司应增加注册资本或资本公积，不征收企业所得税。"可见，现行税法规则中，因股权分置改革中而获得对价收入（股份、债务豁免或现金等收入）应予免税，明确被定位为"单项税收优惠"政策，换言之，国家为加强证券市场的改革和扩容，对特定证券交易事项实行免征相关税收。从税收特别措施的法理来看，特别措施的出台往往取决于宏观调控的考量，而非特定的交易行为本身具有免税的特质。

2. 税法之实质所得观。（a）税法如何看待股权分置改革中的对价问题，取决于对价的性质剖析，而不取决于现行的"单项优惠政策"。非流通股股东为了取得流通股的地位（流通权），向流通股股东支付对价，或者向上市公司支付对价或豁免债务，在法律性质上，有"对价论""赔偿论"和"补偿论"等理论。[②]笔者认为，股权分置改革中非

[①]　该函开宗明义，"根据《财政部、国家税务总局关于企业所得税若干优惠政策的通知》（财税〔2008〕1号）的规定，《关于股权分置试点改革有关税收政策问题的通知》（财税〔2005〕103号）的有关规定，自2008年1月1日起继续执行到股权分置试点改革结束。"第二自然段继而规定："股权分置改革中，上市公司因股权分置改革而接受的非流通股股东作为对价注入资产和被非流通股股东豁免债务，上市公司应增加注册资本或资本公积，不征收企业所得税。"因此，"注入资产或者豁免上市公司债务"应"作增加注册资本或资本公积"处理，亦然系"单项税收优惠政策"，执行到"股权分置改革结束之日"。

[②]　郑鈜：《股权分置改革"补偿论"的法学分析》，《法制与社会》2009年第26期；詹浩勇：《股权分置改革对价依据辨析》，《商场现代化》2006年第9期；龚慧艳：《股权分置改革的法律问题探索》，硕士学位论文，暨南大学，2007年。

流通股股东支付给流通股股东的补偿，源于对招股说明书中"不流通承诺"的更改，而流通股股东正是基于对国有股和法人股不予流通的信赖，投资并取得股权，而招股说明书的签署、流通股的定价及认购都是在存在非流通股的前提下进行的，这样，在非流通股股东和流通股股东之间形成了一个关于各自股票不流通或流通的合同关系，并据此确立了各自的地位和利益。此时非流通股要实行全流通和同股同价，必须商谈违约补偿的费用；或者以支付对价的方式换取流通股的"独占流通权"，因此，对价在法律上将具有补偿和赔偿的性质，性质上与"违约金"一致。另，股权分置改革的方案中，融入许多公法介入私法行为的因素，比如国家规定的通过股权分置方案的程序等，使得股权分置法律规范具有经济法的某些特性①。但笔者认为，这并不改变支付对价的交易定性，支付对价的交易定性只能由民商法提供。（b）违约金的税法规制。在我国税法规则中，并未忽视违约金的收入性质。在所得税法、增值税法、营业税法规则中，皆有明文规定②。故对流通股股东和上市公司而言，皆应依照税法相关规则计算缴纳所得税。然而税法之优惠政策给予免税，并非上述收益之不具有"所得"的性质，而是国家根据宏观经济调控的需要，对特定的行业或者经济交易实行特定的优惠。因此，从税法上进行甄别十分必要。

3. 错误论点剖析。一是"补足投资论"。该说认为非流通股股东支

---

① 王欣新、徐阳光：《上市公司股权分置改革法律问题辨析》，豆丁网，https：//www.docin.com/p—1293633132.html，2022 年 8 月 28 日。

② 参见《国家税务总局关于个人股权转让过程中取得违约金收入征收个人所得税问题的批复》（国税函〔2006〕866 号）；《中华人民共和国增值税暂行条例实施细则》（财政部令第 50 号）第十二条规定，"违约金"属于"价外费用"，应计入销售额计算缴纳增值税；《中华人民共和国企业所得税法实施条例》（国务院令第 512 号）第二十二条规定，企业所得税法第六条第（九）项所称其他收入，是指企业取得的除企业所得税法第六条第（一）项至第（八）项规定的收入外的其他收入，包括企业资产溢余收入、逾期未退包装物押金收入、确实无法偿付的应付款项、已作坏账损失处理后又收回的应收款项、债务重组收入、补贴收入、违约金收入、汇兑收益等；《中华人民共和国营业税暂行条例实施细则》（税务总局令第 52 号）第十三条有"违约金"等属于《条例》第五条所称"价外费用"的规定。可见违约金在各税种中均为"应税收入"或"应税所得"。

付给流通股股东的补偿（违约金）系对最初投资的补足，系再投资行为，与上市公司的收益无关，故不构成收入。这一观点的错误是没有看到法人股或国家股在当初发起设立股份公司时，其投资已经足额缴纳，否则公司发起设立和上市融资根本就不能奏功。应该说，当公司发起设立且发起人认购原始股份并公开招股上市起，在股价问题上不存在投资不足的问题，否则限售股股东与流通股股东不能长时间达成动态平衡。是故，并不存在投资补足或者不足投资的问题，否则公司的债权人和其他股东早就可以提起股东侵权诉讼以救济，但是，实践中这种股东侵权诉讼并不存在，这说明现实中流通股股东并不认为当初的法人股或国家股股东存在出资不足的问题。二是"不符会计收入论"。即不符合企业会计准则有关收入的界定，① 鉴于补偿金或者对价与"补足投资有关"而"与日常经营无关"，因此补偿或者对价不属于流通股股东和上市公司的所得。三是"会计科目决定论"。② 论者认为：根据目前会计处理文件规定，非流通股股东对于对价支付的会计处理为"股权分置流通权"和相应的资产类科目，而流通后出售股权的收益属于投资收益，也证实了"股权分置流通权"实质上等同于"长期股权投资"科目的性质，因此，限售股股东支付的对价系"补足投资"。上述二、三观点的错误在于，将会计准则关于"收入"的概念或者"会计科目分类"的概念直接挪移到税法的"收入"概念中，犯了偷换概念的错误。会计之于税法如同手足之于身体，至关重要，但手足不能取代身体，手足更不能代替大脑，亦为常识；会计准则之宗旨在于解决经济活动中的计量问题，且会计计量的最初目的是提供经济核算以供投资决策者财务判

---

① 《企业会计准则第 14 号——收入（2006）》第二条："收入，是指企业在日常活动中形成的、会导致所有者权益增加的、与所有者投入资本无关的经济利益的总流入。"

② 谢芳玲：《重组对价，是捐赠？还是投资？——谈股权分置改革中重组对价的税收问题》，中国经济网，http://finance.ce.cn/stock/gsgdbd/200903/25/t20090325_1438561 2. shtml，2022 年 8 月 28 日。笔者认为，"会计科目决定论"系"补足投资论"的一个分支。"会计科目决定论"错在以会计计量之类别或分类，决定税法的交易定性，实质是以会计思维取代税法分析思维，究其然，二者并非前者决定后者。

断之用，公众公司出现之后，上市公司的股东借会计出具之财务报表等研判财务数据，以作投资决策参考之凭据，故会计准则的直接目的就是客观计量和防止财务造假虚假夸大，因此，会计准则具有特定目的和规范，其与税法虽密切相关但不能互相取代；当会计计量与税法判断之间存在冲突时，会计计量及其准则应服从于税法规则，而会计与税法的冲突与协调亦众所周知，会计计量须根据税法规则进行纳税调整也由来已久，此种冲突与协调贯穿于每个税法领域，于所得税领域尤甚，因此，不能以会计判断取代税法判断，更不能以会计计量之技术手段论证并取代某种经济交易的税法性质判断。质言之，经济交易的税法性质是由交易本身的性质决定，而非由交易的会计计量手段决定。有时，交易的会计计量手段和记账科目之分类，即代表或者指代税法之交易定性，但更多情形之下二者并非一一对应。

4. 赠予及其税前扣除。"赠予说"不能成立。众所周知，我国民法之赠予系单方且无偿之合同行为，而股权分置改革中非流通股股东对流通股股东的支付，具有违约赔偿和置换"独占流通权"的性质，因而是双务和有偿的行为，并非单务无偿之赠予行为；在所得税法，赠予财产应依法合并计算为应税所得，赠予方应就赠予财产缴纳所得税；由于支付对价的补偿性质，《企业所得税税前扣除办法》（国税发〔2000〕84号）第五十六条规定："纳税人按照经济合同规定支付的违约金（包括银行罚息）、罚款和诉讼费可以扣除。"而赠予说的税法后果是，既然不属于公益捐赠则不符合税前扣除的法定要件，因此赠予说使限售股股东支付的对价不得税前扣除，这显然不符合客观实际，也不符合税法法理。但支付对价的法人股东是按照国家规定支付的，这种行为不是一种无偿赠予，而是为了使不能流通的股份获取流通资格从而获得更大利益和报酬的行为，是与企业生产经营相关的一项必需支出，该项支出符合国家税务总局《关于印发〈企业所得税税前扣除办法〉的通知》（国税发〔2000〕84号）中规定的税前扣除应遵循的相关性原则，即纳税人可扣除的费用从性质和根源上必须与取得应税收入相关。[①] 所以，该项支出可以税前扣除，或计入"长期股权投资"计税成本。

案例 15：资本公积金转增股本时股东是否取得所得？[②]

1. 资本公积金的概念。资本公积金是指投资者投入，所有权者权益[③]归属于投资者，但不构成实收资本的那部分资产。根据《企业会计准则》相关规定[④]，"资本公积金"包括"股本溢价""资产评估增值""接受捐赠实物资产""外币资本折算差额等"。"盈余公积金"[⑤] 是会计法的概念，是具有特定用途的留存利润，具体是指依《公司法》规定或者股东会决议从利润中提取的公积金，包括两个内容："法定公积金"和"任意公积金"。法定公积金和任意公积金则是公司法上的概念，2006 年《公司法》第一百六十七条第二款规定："公司分配当年税后利润时，应当提取利润的百分之十列入公司法定公积金。公司法定公积金累计额为公司注册资本的百分之五十以上的，可以不再提取。"第三款规定："公司从税后利润中提取法定公积金后，经股东会或者股东

---

① 陈萍生：《股权分置改革支付的对价可税前扣除》，百度文库，https：//wenku.baidu.com/view/46d826c9bf1e650e52ea551810a6f524cdbfcb32.html，2022 年 8 月 28 日。

② 这个话题成为西南政法大学举办的"2016 年年会暨第 25 届海峡两岸财税法学术研讨会实务论坛"的重要话题。其后，众多实务界著名大咖，赵国庆、叶永青、韦国庆，均参与讨论，并写出了极有分量的分析文章。比如，叶永青的《资本公积转增注册资本的税务争议该翻篇了》《如何破解征纳困局？——有感于资本溢价转增被征税后》《个税丨股改中转增股本的个税争议与反思》等文章，分析细致深入，且有比较法视角，载"菜花来了"微信公众号；赵国庆实务文章参见"财税星空"微信公众号；韦国庆相关论文参见"税里税外"微信公众号。相关讨论参见黄茂荣《溢价发行股份之收入不是所得》，《税法总论——法学方法与现代税法》（第二册），台湾植根法学丛书编辑室 2005 年版，第 309—315 页。此处只讨论资本公积金转增股本问题，其他公积金转增问题的细致分析，参见赵国庆论文。

③ 《企业会计准则》（1992 版，现已失效）第三十八条规定："所有者权益是企业投资人对企业净资产的所有权，包括企业投资人对企业的投入资本以及形成的资本公积金、盈余公积金和未分配利润等。"

④ 《企业会计准则》（1992 版，现已失效）第四十条规定："资本公积金包括股本溢价、法定财产重估增值、接受捐赠的资产价值等。"

⑤ 《企业会计准则》（1992 版，现已失效）第四十一条规定："盈余公积金是指按照国家有关规定从利润中提取的公积金。盈余公积金应当按实际提取数记账。"

大会决议，还可以从税后利润中提取任意公积金。"可见，法定公积金是指公司税后利润在弥补亏损后，在利润分配前按照法律规定的比例提取的用于企业发展的公积金；任意公积金则是依照公司股东决议，在提取法定公积金后再提取一定比例的税后利润作为企业发展的公积金。

2. 资本公积金的性质。从资本公积金的来源来看，资本公积金主要是股本溢价所得；从财务会计的角度看，它不能用于企业的亏损弥补，原因是企业的投入资本通常被视为企业的永久性资本，根据资本维持原则，投入的资本不能任意支付和分配给股东，资本公积金是企业所有者投资的一部分，具有资本的属性。它不来源于企业的经营行为，与企业的利润无关，如果用资本公积金来弥补亏损，它不是资本的收益，而是资本的发回；企业用资本公积金弥补亏损后，如果当年还有盈利，则要分配给股东红利，这在事实上是一种变相抽逃资金的行为，将会直接影响到企业债权人的利益，为新《公司法》所不允许。① 故 2006《公司法》第一百六十八条规定："股份有限公司以超过股票票面金额的发行价格发行股份所得的溢价款以及国务院财政部门规定列入资本公积金的其他收入，应当列为公司资本公积金。"第一百六十九条规定："公司的公积金用于弥补公司的亏损、扩大公司生产经营或者转为增加公司资本。但是，资本公积金不得用于弥补公司的亏损。"

3. 转增股本是否形成所得。由此可见，（1）资本公积转增股本。资本公积金本质上属于资本的范畴，因此，从本质上来说，属于公司股东的原始出资，由投资者共同享有。资本公积金则是公司存续期间的公司基础财产，是对外信用的基石，属于公司的永久性资本，不得任意支付给股东，一般仅在企业清算时，在清偿所有负债后才能将剩余部分返

---

① 资本公积不得弥补亏损的理由，参见谢德仁《资本公积金可否用于弥补公司亏损？——基于股东对公司承担的有限责任之价值边界的分析》，《会计之友》2022 年第 9 期。2023 年 12 月 29 日第十四届全国人民代表大会常务委员会第七次会议第二次修订《中华人民共和国公司法》，改变了公积金不得弥补亏损的规定，公积金可以弥补亏损。

还给投资者。① 因此，资本公积金转增股本时，从民法上看，仅仅是将共同共有的财产（所有者权益—资本）转换成按份共有的财产，并未成为股东的收益或所得，既不属于股息红利所得，也不属于其他形式的所得，因此，资本公积金转增股本不应成为所得税之税收客体。② 笔者认为，资本公积金，本质上属于资本而不属于利润，无论是资本溢价，还是"接受现金捐赠""拨款转入""外币资本折算差额"等"其他资本公积"转增资本时，在性质上均未发生改变，唯一发生改变的是共有方式，即从共同共有变成按份共有，都不应当按"利息、股息、红利所得"项目计征个人所得税。故，国税函〔1998〕第289号关于"与此不相符合的其他资本公积金分配个人所得部分，应当依法征收个人所得税"的规定则与法理不符，不符合实质课税的原理。对企业而言，亦不应以所得看待并计征所得税。③ （2）盈余公积金转增资本。公

---

① 关于资本公积金的用途，1999 年修订的《中华人民共和国公司法》第一百七十九条规定，公司的公积金主要用于弥补亏损、扩大生产经营规模和转增资本。这里的公积金主要包括法定公积金、任意公积金和资本公积金，也即 1999 年修订的《中华人民共和国公司法》未规定资本公积金不可以弥补亏损，只是这三个公积金弥补亏损的顺序没有交代清楚。中国证监会《公开发行证券的公司信息披露规范问答第 3 号——弥补累计亏损的来源、程序及信息披露》（证监会计字〔2001〕16 号）对上市公司弥补累计亏损的来源和顺序做了规定，公司当年对累计亏损的弥补，应按照任意盈余公积金、法定盈余公积金的顺序来依次弥补，仍不足以弥补累计亏损的，可通过资本公积中的股本溢价、接受现金捐赠、拨款转入及其他资本公积明细科目部分加以弥补。而新颁布的《中华人民共和国公司法》第一百六十九条则明确规定"资本公积金不能用于弥补亏损"。

② 《国家税务总局关于股份制企业转增股本和派发红股征免个人所得税的通知》（国税发〔1997〕198 号）第一条规定："股份制企业用资本公积金转增股本不属于股息、红利性质的分配，对个人取得的转增股本数额，不作为个人所得，不征收个人所得税。"《国家税务总局关于原城市信用社在转制为城市合作银行过程中个人股增值所得应纳个人所得税的批复》（国税函〔1998〕第289号）又重申："《国家税务总局关于股份制企业转增股本和派发红股征免个人所得税的通知》（国税发〔1997〕198 号）中所表述的'资本公积金'是指股份制企业股票溢价发行收入所形成的资本公积金。将此转增股本由个人取得的数额，不作为应税所得征收个人所得税。而与此不相符合的其他资本公积金分配个人所得部分，应当依法征收个人所得税。"

③ 实务中对此问题有争议。笔者认为，应该先厘定资本公积的性质属于资本，故转增资本时并非取得所得再行入资，因此，《国家税务总局关于股份制企业转增股本和派发红股征免个人所得税的通知》（国税发〔1997〕198 号）对"资本公积金"随意作限缩性解释，没有法理依据，违反了法统一性原理。

司将从税后利润中提取的法定公积金和任意公积金转增注册资本，实质上是该公司将盈余公积金向股东分配了股息、红利，股东再以分得的股息、红利转增注册资本，因此，对属于个人股东分得并转增注册资本（投入公司）的部分应按照"利息、股息、红利所得"项目征收个人所得税①；对企业而言，应按照红利所得计缴企业所得税。（3）未分配利润转增资本。从实质上看，未分配利润转增股本时，可以分解为两个环节，一是分配利润，二是转增资本。因此，在分配利润环节，股东已经获得股息、红利所得，应依法计缴所得税。是故，《国家税务总局关于企业股权投资业务若干所得税问题的通知》国税发〔2000〕118 号强调"除另有规定者外，不论企业会计账务中对投资采取何种方法核算，被投资企业会计账务上实际做利润分配处理（包括以盈余公积和未分配利润转增资本）时，投资方企业应确认投资所得的实现。"因此，未分配利润转增资本应视同利润分配，缴纳个人所得税和企业所得税。不过，笔者认为，从税法的宏观经济政策角度看，所有的转投资行为（盈余公积金转增资本或未分配利润转增资本），为鼓励投资和振兴经济计，均应实行税收减免。

案例 16：2006 年，某税务机关咨询问题，房产公司清算时分配股东剩余房产是否应缴纳营业税和土地增值税？

---

① 《国家税务总局关于股份制企业转增股本和派发红股征免个人所得税的通知》（国税发〔1997〕198 号）第二条规定："股份制企业用盈余公积金派发红股属于股息、红利性质的分配，对个人取得的红股数额，应作为个人所得征收。"另，《国家税务总局关于盈余公积金转增注册资本征收个人所得税问题的批复》（国税函〔1998〕333 号）："青岛市地方税务局：你局《关于青岛路邦石油化工有限公司公积金转增资本缴纳个人所得税问题的请示》（青地税四字〔1998〕12 号）收悉。经研究，现批复如下：青岛路邦石油化工有限公司将从税后利润中提取的法定公积金和任意公积金转增注册资本，实际上是该公司将盈余公积金向股东分配了股息、红利，股东再以分得的股息、红利增加注册资本。因此，依据《国家税务总局关于股份制企业转增股本和派发红股征免个人所得税的通知》（国税发〔1997〕198 号）精神，对属于个人股东分得再投入公司（转增注册资本）的部分应按照'利息、股息、红利所得'项目征收个人所得税，税款由股份有限公司在有关部门批准增资、公司股东会决议通过后代扣代缴。"

1. 清算之法律性质。新《公司法》（2006 年 1 月 1 日施行）第一百八十一条规定，公司清算有下列情形：公司有营业期限届满或章程规定事由满足之解算，股东会或者股东大会决议解散清算，因公司合并或者分立需要解散之清算，依法被吊销营业执照引发之清算，责令关闭或者被撤销之清算，人民法院依照本法第一百八十三条的规定予以解散之清算。清算实质是公司为了消灭公司法人人格的一个必经程序，清算中公司对股东进行剩余财产分配与一般交易行为有别：股东从公司分配剩余财产具有财产转移的外观，但是对公司而言则没有盈利的实质和交易的秉性——通过财产转让获取特定的交易利益。如果说公司通过剩余财产的分配得以获得股东之股权的注销权的话，那么，公司在剩余财产的分配中并未获得任何实质性的经济利益。因此在清算分配环节，公司分配剩余财产不属于典型的交易行为且公司并未获得交易的经济利益；对股东而言，获得剩余财产的分配权只是其最初投入公司财产的收回，本质上不具有财产所有权转移的性质。在公司存续期间，公司的法人格经过法律的拟制，具有独立的财产权和人格权，在清算分配环节，公司的法人格即将消灭，且分配剩余财产即为消灭拟制之法人人格的必经途径，因此，对股东而言，在经济实质上实为收回投资的行为，而不属于不动产转移而获得不动产所有权的行为。在此环节，笔者认为法律形式上的不动产转移，应该服从于经济实质和法律实质上的投资收回行为之认定。[①]

2. 清算分配之营业税法规制。根据上述分析，对公司而言，分配公司作为剩余财产的房产给投资人，不属于销售不动产之营业行为，《国家税务总局关于房地产开发业务征收企业所得税问题的通知》（国税发〔2006〕31 号）："开发企业将开发产品转作固定资产或用于捐赠、赞助、职工福利、奖励、对外投资、分配给股东或投资人、抵偿债

---

① 关于股东"清算所得不征税"之国际税法比较研究，参见［美］罗伊·罗哈吉《国际税收基础》，林海宁、范文祥译，北京大学出版社 2006 年版，第 505 页。

务、换取其他企事业单位和个人的非货币性资产等行为，应视同销售，于开发产品所有权或使用权转移，或于实际取得利益权利时确认收入（或利润）的实现。"此处"分配给股东"和"清算分配"，系两个不同的概念，前者系指公司存续环节之正常经营行为，具有经营盈利之业务行为的典型特征，而后者系投资收回行为。在营业税法，《营业税暂行条例实施细则》（财政部、国家税务总局第52号令）规定：提供应税劳务，转让无形资产或销售不动产，是指有偿提供应税劳务、有偿转让无形资产或者有偿转让不动产所有权的行为。所称有偿，"包括取得货币、货物或其他经济利益。"公司清算注销后，房地产所有权从公司转移给股东过程中，公司并不是以取得经济利益为目的，不具有一项"业务"行为的特征，也未因清算分配行为取得所得，因此不属于有偿销售不动产。《财政部国家税务总局关于股权转让有关营业税问题的通知》（财税〔2002〕191号）规定："以无形资产、不动产投资入股，参与接受投资方利润分配，共同承担投资风险的行为，不征收营业税。"可见，以不动产投资入股不属于营业税之课税客体。与此相对应，公司清算注销后，投资者收回投资的行为，亦不属于营业税之课税客体。在《企业所得税法》及《所得税法实施条例》①，均不涉及"清算分配"系"视同销售"行为。新《企业所得税法》实施之后，相关配套的税法规则如国税函〔2008〕828号文等界定了"视同销售"行为的范围②，其中并不包含清算分配行为，而〔2008〕828号文开宗明

---

① 《中华人民共和国企业所得税法实施条例》第二十五条规定："企业发生非货币性资产交换，以及将货物、财产、劳务用于捐赠、偿债、赞助、集资、广告、样品、职工福利或者利润分配等用途的，应当视同销售货物、转让财产或者提供劳务，但国务院财政、税务主管部门另有规定的除外。"不涉及"清算分配"行为"视同销售"问题。

② 《国家税务总局关于企业处置资产所得税处理问题的通知》（国税函〔2008〕828号）第二条规定："企业将资产移送他人的下列情形，因资产所有权属已发生改变而不属于内部处置资产，应按规定视同销售确定收入。（一）用于市场推广或销售；（二）用于交际应酬；（三）用于职工奖励或福利；（四）用于股息分配；（五）用于对外捐赠；（六）其他改变资产所有权属的用途。"

义即规定了"不视同销售①确认收入"之范围，即凡"资产所有权属在形式和实质上均不发生改变"皆"可作为内部处置资产"行为。笔者认为，其中"其他不改变资产所有权属的用途"当适用于"清算分配"行为。同理，清算分配时，被清算公司未取得收入，不应征收土地增值税。

3. 余论：清算所得及所得税。当然，个人或者法人股东取得清算分配财产超出原投资价值的部分，应为其投资之股息、利息、红利性质的所得，个人应以所得额计征 20% 之所得税，企业当以其差额计算缴纳所得税；个人或者企业法人以清算分配所得房产再对外投资、赠予、奖励或者销售时，均应确认销售收入实现并计缴所得税；其中赠予、奖励或者销售不动产的，以营业所得计缴营业税。另，被清算企业应该以清算所得②，计缴企业所得税。③ 另，清算过程中发生"以物抵债"行为的，应认定为视同销售行为；转移增值税应税货物的，对转让方应征

———————————

① 《国家税务总局关于企业处置资产所得税处理问题的通知》（国税函〔2008〕828 号）第一条规定："企业发生下列情形的处置资产，除将资产转移至境外以外，由于资产所有权属在形式和实质上均不发生改变，可作为内部处置资产，不视同销售确认收入，相关资产的计税基础延续计算。（一）将资产用于生产、制造、加工另一产品；（二）改变资产形状、结构或性能；（三）改变资产用途（如，自建商品房转为自用或经营）；（四）将资产在总机构及其分支机构之间转移；（五）上述两种或两种以上情形的混合；（六）其他不改变资产所有权属的用途。"

② 《中华人民共和国企业所得税法》第七章第五十五条规定："企业应当在办理注销登记前，就其清算所得向税务机关申报并依法缴纳企业所得税。"《中华人民共和国企业所得税法实施条例》第十一条规定："《企业所得税法》第五十五条所称清算所得，是指企业的全部资产可变现价值或者交易价格减除资产净值、清算费用以及相关税费等后的余额。投资方企业从被清算企业分得的剩余资产，其中相当于从被清算企业累计未分配利润和累计盈余公积中应当分得的部分，应当确认为股息所得；剩余资产减除上述股息所得后的余额，超过或者低于投资成本的部分，应当确认为投资资产转让所得或者损失。"

③ 股东为单位法人，该部分清算所得也是税后利润分配的股息性质所得，根据《国家税务总局关于企业股权转让有关所得税问题的补充通知》（国税函〔2004〕390 号，全文已废止失效）规定："企业进行清算或转让全资子公司以及持股95%以上的企业时，应按《国家税务总局关于印发〈企业改组改制中若干所得税业务问题的暂行规定〉的通知》（国税发〔1998〕97 号）的有关规定执行。投资方应分享的被投资方累计未分配利润和累计盈余公积应确认为投资方股息性质的所得。为避免对税后利润重复征税，影响企业改组活动，在计算投资方的股权转让所得时，允许从转让收入中减除上述股息性质的所得。"

收增值税；以转移不动产所有权抵债的，对转让方以视同销售不动产行为对待，依法征收所得税和营业税及其附加；对以物抵债的债权人，应依法核定其收入额并计缴所得税。

再如，企业分立时，土地房产进行分割是否需要缴纳土地增值税①？物业公司代收水费电费煤气费是否应计算营业额并缴纳营业税②？公用企业收取集资费是否应计算所得③？相应地，电力企业收取电能表成本费究竟系代收款还是应计算所得④？在财产税，位于城市、县城、建制镇之有顶、有柱、无墙（能避雨但不能遮风或避雨遮风功能均较差）之"仓库"是否为"房屋"？相应地，该储物之"仓库"是否为

① 《中华人民共和国土地增值税暂行条例》第二条规定："转让国有土地使用权、地上的建筑物及附着物（以下简称转让房地产）并取得收入的单位和个人，为土地增值税的纳税义务人（以下简称纳税人），应当依照本条例缴纳土地增值税。"《中华人民共和国土地增值税暂行条例实施细则》（财法字〔1995〕6号）第二条规定："条例第二条所称的转让国有土地使用权、地上的建筑物及其附着物并取得收入，是指以出售或者其他方式有偿转让房地产的行为。不包括以继承、赠与方式无偿转让房地产的行为。"

② 《国家税务总局关于物业管理企业的代收费用有关营业税问题的通知》（国税发〔1998〕217号）："关于物业管理企业代收费用是否计征营业税的问题，根据《中华人民共和国营业税暂行条例》及其实施细则的有关规定精神，现通知如下：物业管理企业代有关部门收取水费、电费、燃（煤）气费、维修基金、房租的行为，属于营业税'服务业'税目中的'代理'业务，因此，对物业管理企业代有关部门收取的水费、电费燃（煤）气费、维修基金、房租不计征营业税，对其从事此项代理业务取得的手续费收入应当征收营业税。维修基金，是指物业管理企业根据财政部《物业管理企业财务管理规定》（财基字〔1998〕7号）的规定，接受业主管理委员会或物业产权人、使用人委托代管的房屋共用部位维修基金和共用设施设备维修基金。"

③ 史学成：《铺设天然气管网收取集资费应否纳税》，刘剑文主编：《财税法论丛（第2卷）》，法律出版社2003年版。笔者认为：公用企业收取公用事业集资费，虽然作为收费依据的相关规范性文间将收费名头冠以"专户专用"或"收支两条线"管理，但本质上，在实际未进入"专户专用"和"收支两条线"管理的情况下，该等收费系企业向用户收取费用取得收入的行为，且不属于企业所得税法之免税收入范围，故应计缴所得税。

④ 《某供电局诉某地税稽查局税务处理决定超越职权一案的法律分析》，北京市地方税务局、北京市地方税务学会编《税务稽查疑难案例法理评析（1）》，中国税务出版社2007年版，第1—21页。本质上，电能表成本费，向用户收取用于安装农电用户之室外电表，该项费用究竟系"代收款"还是供电局之"资本性支出"？取决于电能表成本费之实际收支状况，而不取决于国家或者省发改委某个规范性文件将之定性为"代收费"或者"收支两条线管理"。实际情况为：施工合同、验收报告、结转固定资产决算表，可证明电能表是构成农网改造工程的一部分，且供电局收取费用时向农户开具发票，在其中某一个年度结转收入并交纳企业所得税，说明性质上电能表是成本费应该是工程投入的固定资产的一部分，本应由供电局资费投入，但是，却向农户收取，故应以收入看待，且不得税前扣除，而应该在固定资产中逐年计提折旧。

房产税之课税客体？

在税法实务中，是否产生应税所得系针对税收构成要件中课税客体而言，存在着相当丰富多彩的表现形式，系税企争议中最富有税法之专业性、复杂性和法律特性的核心部分。实务中，由于思维惯性使然，人们首先喜欢把这类问题当成"财务"问题而非"税法"问题，或者仅看成一个"税务"问题而非"税法"之法律问题。由于大型会计公司由财务咨询和财务审计入手，极易顺利切入税务咨询，目前该类问题总是由会计师公司最先接触并解答，其问题之法律属性尚未充分展示和推演出来。这也是"税务文化"和"税法文化"的分歧和差异所在。究其根本原因，在于税法理论研究之脱离实际，税法理论对实务问题的解释能力和法学功力欠缺所致。同人仍需努力。

二　税收客体量化

税收客体的量化要解决的是应纳税所得额或交易金额的计算问题。这也是会计与税法的交叉领域。以往在税务学界，对税收政策的解释、领悟和执行较多，但缺乏从法律角度的对诸多税法规范的评判和剖析，因此，当法律力量介入税务事务时，税务事项之中的法律秉性才逐渐显露出来，传统的税务问题逐渐演变成一个税法问题，执业的会计师或税务师们逐渐发觉，必须以解释和适用税法的角度来说明和自证其执业行为的正当性。但是，会计师和税务师的专长不是对税务问题的法律分析，因为从知识结构和训练上看，其不具有法律训练之先天优势，即便在税基及其量化的领域，首先呈现在税企争议双方面前的依然是税法定性问题，然后才涉及会计语言之计量问题。前已述及，会计计量之目的和税法判然有别，在会计准则与税法准则产生冲突时，前者必以后者为准做出让步和调整。

税法的复杂性在于，其多学科、跨部门和法学综合的特性造就了税法势必后于民商法、行政法、刑法甚至会计学而形成知识积累，并在此基础上形成自觉、自足或繁荣发展之局面。当税务问题之中的法律秉性日益呈现的时候，税法之日益精细和逻辑自足之历史机遇随之呈现。税收客体的量化也即税基的量化，包括所得、收入或者营业额之数额的确认、成本费用或亏损之归集和扣除、所得实现的时点等内容，具有非常复杂的法律特性和丰富多彩的表现形式，实质课税原则去形式而求实质的精神气质在此领域亦有非常精彩的表现，兹简述之。

（一）股票期权差价收入之个税问题①

案例 17. 上市公司股票期权个税案

1. 股票期权实现之流程。为激励员工，境外某上市公司之中国全资子公司对其员工授予母公司股票期权。总部设有股票期权管理机构，并聘用股票经纪人负责中国公司雇员股票在国际证券交易市场之出售。其操作流程为：总部通过电脑网络在员工信箱中授予股票期权，员工按照公司总部规定时间行使已归属于自己的股票期权时，网上填写表格，注明行使的股票数，由股票经纪人在证券交易市场将其售出。股票售出扣除手续费和税金后，以两种方式将股票期权差价收入汇给员工：通过汇款汇入员工指定的个人账户；由股票经纪人签发支票寄给员工。股票经纪人将授权价所得汇入总部资本账户。由于其全部的操作资料及数据均在境外总部，收入来自境外国际证券交易市场，境内不进行核算。股票经纪人直接与员工个人联系，交易的原始单据在国外经纪人和股票组保存，中国公司无任何资料；税务稽查人员要求公司美国总部协助提供下列资料（经所在国公证且驻在国使领馆认证）：员工股票期权的《分配计划》、检查期间取得股票期权差价收入的《人员名单》《股票期权协议书》《授权通知书》《行权通知书》和《行权调整通知书》、行权取得收入的原始证据及收入等详细资料。发现 2000 年 1—12 月，其中 23 人在华行使了其"在中国工作期间取得的股票期权"，收入总计约 334 万美元，约合计人民币（汇率为 8.2766）2800 万元，另有 18 人在华行使从境外取得的股票期权，就其在华工作期间所得总计为 245 万美元，合人民币约 2000 万元，该公司未代扣代缴个人所得税。2001 年，某税务稽查局立案调查此案。

---

① 案例及其分析参见北京市地方税务局第二稽查局编《税务稽查案例》（内部培训资料），2005 年 10 月第 1 版。

2. 税基之量化：所得实现时点

笔者认为，从性质上看，股票期权收入系因受雇而获得奖励，该收益具有确定性、可预期性和无风险性，与二级市场单纯股票买卖的投资性和风险性有别，因此可以视作"工资薪金"所得。股票期权之差价收入应定性为工资薪金收入无疑[①]，因为其收入源于在该中国公司受雇所得，非股票买卖收入，因此应在中国纳税。但是，由于员工被授予股票期权时尚在国外工作，在被授权一定年限后方可有权行使股票期权，而在有权行使其股票期权后，员工一般并不立刻行权而是再相隔一定时间段后实际行权。在实际行权之前，历经境外和在华工作两个时间段，故存在划分国外所得和国内所得的区分问题，依照我国《个人所得税法》，该中国公司之外籍雇员应仅就其在华工作期间之股票期权差价收入计缴个税。因此，存在授权日之授权价，可行权日和可行权价，以及实际行权日和实际行权价几个概念区分。授权价是授予期权当日之母公司股票市价；行权价是指员工在公司规定的时间行使股权，出售股票时行使股权当日的股票市价；行权价格超出授予价格的部分即为"股票期权差价收入"。

股票期权差价收入境内外所得的判定，根据其授权日、行权日及在华任职时间，可分为以下三种情况。

其一，"境内授权境内行权"。即在华任职期间取得股票期权并行使该权利取得差价收入。雇员从授权日至行权日期间一直在境内工作，其取得的股票期权差价收入负有全额纳税义务。

其二，"境内授权境外行权"。即在华任职期间取得股票期权，在华工作期满离开中国后行使该权利取得差价收入。根据《国家税务总局关于在中国境内无住所个人以有价证券形式取得工资薪金所得确定纳税义务有关问题的通知》（国税函〔2000〕190号）文件规定："个人停止在华履约或执行职务离境后收到的属于在华工作期间的所得，也应确定为来源于我国的所得，但该项工资薪金性质所得未在中国境内的企

---

① 梁俊娇：《股票期权的个人所得税问题探讨》，《中央财经大学学报》2003年第4期。

业或机构、场所负担的，可免扣缴个人所得税。"因此，对雇员境内授权境外行权取得的差价收入应免扣缴个人所得税。笔者认为，该国税函存在问题。从国税函文的表述来看，个人离境后收到在华履职期间之所得，"也应确认为来源于我国的所得"，其定性无疑正确，但后面的处理部分"免缴个人所得税"，显然不合逻辑。因此，根据实质所得实质课税的原理，外籍个人虽在国内无住所①，但亦可能构成居民纳税人，理应在中国负有纳税义务，但该国税函却对其股票期权差价收入给予"免缴个人所得税的待遇"，违背了实质课税和量能课税的法理，且不当免除相关主体的税收债务，亦无法理依据，有违背税收法定主义之嫌。

其三，"境外授权境内行权"。即来华任职前取得股票期权，在华任职期间行使该权利取得差价收入。雇员在境外任职取得股票期权，来华任职期间行使该权利取得差价收入，根据国税函〔2000〕190号的规定应对雇员取得的股票期权差价收入按照"劳务发生地原则"划分境内外所得。② 但问题是如何划分境内外所得，亦存在着如下三种不同的划分方

---

① 我国个税法区分居民纳税人和非居民纳税人，居民纳税人就境内和境外所得负有纳税义务，非居民纳税人仅就境内所得负有纳税义务。《中华人民共和国个人所得税法实施条例》（国务院令第142号，1994年1月28日签发）第七条规定："在中国境内无住所，但是在一个纳税年度中在中国境内连续或者累计居住不超过90日的个人，其来源于中国境内的所得，由境外雇主支付并且不由该雇主在中国境内的机构、场所负担的部分，免予缴纳个人所得税。"《OECD税收协定范本》第十五条第一款规定，对于雇用所得而言，居住国拥有征税权，但工作是在另一缔约国履行的除外；第二款还对居住国的征税权进行了限制，只有在同时满足下列三个条件的前提下，居住国才有征税权：（一）在一个会计年度内的任何12个月内，纳税人对另一缔约国停留的时间不超过183天；（二）报酬是由另一缔约国的非居民支付或者代表其支付的；（三）报酬不是由雇主在另一缔约国的常设机构负担。由此可见，只要在中国居住183天以上，中国具有雇用所得的管辖权。参见［美］罗伊·罗哈吉《国际税收基础》，林海宁、范文祥译，北京大学出版社2006年版，第112—114页。

② 国家税务总局《关于在中国境内无住所个人以有价证券形式取得工资薪金所得确定纳税义务有关问题的通知》（国税函〔2000〕190号，已全文废止）的规定："根据《中华人民共和国个人所得税法》及其实施条例、政府间税收协定和有关税收规定，在中国境内无住所的个人在华工作期间或离华后以折扣认购股票等有价证券形式取得工资薪金所得，仍应依照劳务发生地原则判定其来源地及纳税义务。上述个人来华后折扣认购股票等形式收到的工资薪金所得，凡能够提供雇用单位有关工资制度及折扣认购有价证券办法，证明上述所得含有属于该个人来华之前工作所得的，可仅就其中属于在华工作期间的所得征收个人所得税。"

法。假定一名外籍雇员于 1997 年 1 月 1 日在境外工作期间被授予 400 股股票期权，授权价为每股 10 元，并规定在四年内每年可行使 25% 的期权（100 股），该雇员于 2000 年 1 月 1 日被派来华工作，于 2002 年 1 月 1 日在华工作期间一次性行使这 400 股期权，售出价格为每股 20 元，差价收入为每股 10 元（无交易费），所得差价收入为 4000 元。图示如下[①]：

（1）按授权日至可行使日（等待期）划分境内外所得

按此种方法划分，境外所得为 3750 元，境内所得为 250 元，其理由为 1998 年、1999 年、2000 年、2001 年分别可行使的 100 股股票期权，等待期分别为 1 年、2 年、3 年、4 年，1998 年、1999 年、2000 年分别可行使的股票期权合计 300 股，因雇员均在境外工作，因此这 300 股在 2002 年行使取得的差价收入 3000 元为境外所得，而 2001 年可行使的股票期权 100 股的等待期为 4 年，雇员在境内外工作，因此这 100 股在 2002 年行使取得的差价收入 1000 元应划分境内外所得，该雇员在境外工作 3 年，境内工作 1 年，因此境内所得为 1000÷4×1＝250 元。

（2）按照最长等待期平均划分境内外所得[②]

按此种方法划分，境外所得为 3000 元，境内所得为 1000 元，其理由为 2002 年 1 月 1 日行使 400 股股票期权取得差价收入 4000 元，为 4 年工作的收入，境外工作 3 年，境内工作 1 年，因此境内所得为 4000÷4×1＝1000 元。

---

① 参见《某（中国）有限公司未代扣员工股票期权收入少缴个人所得税案》，北京市地方税务局第二稽查局网站，http://jicha2.tax861.gov.cn/aldp/display.asp? more_id＝791630，2010 年 3 月 22 日。其后续的税法规则，参见财税〔2005〕35 号。

② 即按照授权日至最后一个可行使日（最长等待期）平均划分境内外所得。

（3）按授权日至行权日划分境内外所得

按此种方法划分，境外所得为 2400 元，境内所得为 1600 元，其理由为 2002 年 1 月 1 日行使 400 股股票期权取得差价收入 4000 元，为 5 年工作的收入，境外工作 3 年，境内工作 2 年，因此境内所得为 4000÷5×2＝1600 元。

3. 实质所得：法律判断抑或会计计量

本案中税企双方对于是否存在税收客体当无异议，但是如何划分境内外所得则有歧义。公司和雇员方面当然希望采纳对其最为有利的方案，但是，税务机关如何划分境内外所得并予以课税则事关实质课税原则。实质课税原则在本案中表现为，必须按照雇员在境内的实际所得①来决定税收客体的量化，不能偏重于纳税人得到税项利益，也不能违背实质课税的法理做有利于国库的操作。如果按照（1）方案划分境内外所得存在一个问题，即在"可行权日"雇员并未获得现实所得，也即在"可行权日"仅因为其履职且业绩符合股票期权奖励条件，雇员享有以某种价格售出该某一数量股票的权利，但是，在未实际出售该股票之前，这一权利尚未转化为现实的"所得"；并且，这种权利是一种选择权，到期如果股票市价高于执行价格，行权者有利可图则可以执行，

---

① 从我国《个人所得税法》的内容看，个税法中的"所得"为现实所得，即已经实现的所得，或实质所得。但是，有些国税函却未坚持"现实所得"的原则，例如，《国家税务总局关于个人认购股票等有价证券而从雇主取得折扣或补贴收入有关征收个人所得税问题的通知》（国税发〔1998〕9 号）规定："在中国负有纳税义务的个人（包括在中国境内有住所和无住所的个人）认购股票等有价证券，因其受雇期间的表现或业绩，从其雇主以不同形式取得的折扣或补贴（指雇员实际支付的股票等有价证券的认购价格低于当期发行价格或市场价格的数额），属于该个人因受雇而取得的工资、薪金所得，应在雇员实际认购股票等有价证券时，按照《中华人民共和国个人所得税法》（以下简称税法）及其实施条例和其他有关规定计算缴纳个人所得税"。可见，该文件对股票差价认购行为实行"认购时"按照差价缴纳个人所得税的规则，但此时个人并未产生所得，其认购之差价收益尚未实现。依照实质课税的原理，应在该股权转让时确认所得实现，对其差价收入征收个人所得税。所幸，《财政部、国家税务总局关于个人股票期权所得征收个人所得税问题的通知》（财税〔2005〕35 号）规定："《国家税务总局关于个人认购股票等有价证券而从雇主取得折扣或补贴收入有关征收个人所得税问题的通知》（国税发〔1998〕9 号）的规定与本通知不一致的，按本通知规定执行。"且财税〔2005〕35 号第二条第一款规定："员工接受实施股票期权计划企业授予的股票期权时，除另有规定外，一般不作为应税所得征税。"可见，财税〔2005〕35 号文悄悄纠正了国税发〔1998〕9 号文件的错误。

并产生现实收益；但如果到期日股票市价低于执行价格，期权拥有者就可能放弃行权，不能产生收益。因此，股票期权作为一种选择权，在"授权日"和"可行权日"并没有获得任何形式的物质利益，不应被认定为得到收益而纳入课税范围。如果按照（2）方案划分境内外所得，最长等待期与实际行权的日期不重合，显然使得境内所得的计量出现偏差。因此，本案稽查局的最终处理方法是（3）方案①，即按照"实际行权日"来划分境内外所得，实际行权日之前有部分属于境外工作应取得的所得，中国税务机关对此无管辖权；对实际行权日之前部分属于因在华工作居留期间取得的所得，无论是否为居民纳税人，该公司外籍雇员理应在中国缴纳个人所得税。因此，税收客体的量化有时看似一个会计计量问题，实际是一个法律问题，事关实质课税的理念是否得到执行和贯彻。

（二）股票之持有收益和转让收益问题②

对于股权转让而言，股权持有人在转让股权时，获得对价，但是其对价之中究竟系持有收益（股息利息红利所得）还是转让收益（股权转让所得）？由于两种所得对应的税法处置不一样，因此，在股权转让时，应将二者区别处理，否则必将带来税负的差异和税收的不利益。

（三）捐赠之个税扣除问题③

案例18. 案情简介。2003年12月，原告余某与某房地产公司签订《解除劳动合同协议》，约定公司于年底前分期支付劳动合同补偿金200万元，2003年6月首笔补偿金到位之前，其向北京市红十字会捐赠200余万元衣物，获得捐赠物品凭据。但因所捐衣物存在质量瑕疵，仅有部

① 从本案发生的时间看，北京市地税局第二稽查局的稽查实务和研究，直接促成了《财政部、国家税务总局关于个人股票期权所得征收个人所得税问题的通知》（财税〔2005〕35号）、《国家税务总局关于个人股票期权所得缴纳个人所得税有关问题的补充通知》（国税函〔2006〕902号）两个文件的出台。

② 关于"持有收益"问题，参见刘燕《我国股权转让所得税法存在的问题与改进》，《中央财经大学学报》2005年第6期；刘燕《企业股权转让所得确认的法律冲突及其解决：未完成的变革》，《中外法学》2005年第3期。

③ 郭涛：《百万捐赠扯出纳税纠纷》，《中国税务报》2004年9月15日第5版；郭涛：《全国首例捐赠税案尘埃落定》，《中国税务报》2005年7月29日第7版。

分货物符合捐赠服装质量要求，故当年仅获得 87 万元之捐赠票据（以下简称"11 号票据"）。2003 年 7 月，无锡市地方税务局（以下简称"市地税局"）向余某征收首笔 150 万元补偿金之个人所得税 43 万余元。2003 年底，余某得到剩余 50 万元补偿金。2004 年 1 月 15 日，地税局根据余某于 2003 年底提交的 11 号票据进行了税前扣除，经核算向余某征收个人所得税 1.5 万余元。2004 年 2 月和 4 月，余某又分别向北京市红十字会补充捐赠了价值 86 万余元和 25 万余元的物资。红十字会开具了两张相应金额的接受捐赠物资（品）票据（以称"14 号票据和 18 号票据"）。2003 年 10 月和 2004 年 4 月，余某先后向市地税局两次提起行政复议，请求退还所征个人所得税，均被驳回。余某遂向无锡市崇安区人民法院（以下简称"一审法院"）提起行政诉讼，要求撤销分局两次征收原告个人所得税共计 45 万余元的决定。余某一审、二审均败诉。

1. 捐赠扣除诸问题。本案的蹊跷之处在于，余某已经与被捐赠人达成捐赠 200 万元衣物意向并交付捐赠货物，但因捐赠货物存在瑕疵被捐赠人实际确认捐赠市值 87 万元。余某补足捐赠货物和价值后已经跨年度，税务机关已经将其经济补偿金两次征收个税，使得并未实际享受到捐赠之全额税前扣除①。原被告争议的焦点问题是，解约经济补偿金

---

① 本案捐赠的相关法律依据为：（1）《中华人民共和国个人所得税法》（1999 年修正）第六条规定："个人将其所得对教育事业和其他公益事业捐赠的部分，按照国务院有关规定从应纳税所得中扣除。"（2）《中华人民共和国个人所得税法实施条例》（中华人民共和国国务院令第 142 号）第二十四条则规定："税法第六条第二款所说的个人将其所得对教育事业和其他公益事业的捐赠，是指个人将其所得通过中国境内的社会团体、国家机关向教育和其他社会公益事业以及遭受严重自然灾害地区、贫困地区的捐赠。捐赠额未超过纳税义务人申报的应纳税所得额 30% 的部分，可以从其应纳税所得额中扣除。"仅从上述两个法源，无法得出余某的捐赠可以在税前全额扣除的结论，而仅能部分扣除。（3）余某所据以主张应当作全额扣除的依据是转发《财政部、国家税务总局关于企业等社会力量向红十字事业捐赠有关所得税政策问题的通知》（财税〔2000〕30 号）文的规定，即："企业、事业单位、社会团体和个人等社会力量，通过非营利性的社会团体和国家机关（包括中国红十字会）向红十字事业的捐赠，在计算缴纳企业所得税和个人所得税时准予全额扣除。"（4）至于如何扣除，则规定在财税〔2001〕28 号文，该文第三条规定："接受捐赠的红十字会应按照财务隶属关系分别使用由中央或省级财政部门统一印（监）制的捐赠票据，并加盖接受捐赠或转赠的红十字会的财务专用印章。"（5）最后是国税总局在针对本案的《批复》中规定："根据《中华人民共和国个人所得税法》及其实施条例的有关规定和立法精神，允许个人在税前扣除的对教育事业和其他公益事业的捐赠，其捐赠资金应属于其纳税申报期当期的应纳税所得；当期扣除不完的捐赠余额，不得转到其他应纳税项目以及以后纳税申报期的应纳税所得额中继续扣除，也不允许将当期捐赠在属于以前纳税申报期的应纳税所得中追溯扣除。"

之课税，是否能够享受公益捐赠之全额扣除？如果捐赠已经发生但是没有取得税法规定的票据，是否能够享受全额扣除？如果捐赠已经发生但是捐赠出现瑕疵捐赠人随即在补足捐赠但已经跨年度的，是否能够享受税前扣除？依照税法和民法何谓捐赠？何谓赠予？二者有何区别？依照民法是否一次性捐赠？如果依照民法系一次性捐赠，那么依照税法是否认可捐赠的一次性扣除？

2. 所得定性在税法。其实，任何税企争议的出发点皆是定性问题，在行为税则是交易定性，在所得税则是所得定性。要回答民法上的一次性捐赠税法上是否能够一次性扣除的问题，就必须回答"经济补偿金"之所得性质若何？其税法地位和处理若何？由于《个人所得税法》第二条规定了 11 种"所得"需缴纳个税，与之对应 11 个税目，而每一个税目的纳税义务发生时间均不同，即不同性质的所得，其申报期不同。① 经济补偿金的所得定性以税法为准还是以民商法为准？在民商法，有"法定违约金说""社会保障金说""劳动贡献补偿说"几种理论②。而三种性质的所得，对应不同的税目和不同的申报期。在税法上，三种性质对应三种所得，系属不同的税目，适用不同的税率。劳动补偿金是劳动者过去劳动内容和成果的推迟兑现，是工资的一部分，应当按九级超额累进税率征税；按"法定违约金说"，劳动补偿金是用人单位违反合同约定支付的违约金，属收入中的"其他所得"，按 20%的税率征税；按"社会保障说"和"用人单位帮助义务说"，劳动补偿金是一种保障性的补偿，而保障金性质的"福利费、抚恤金、救济金、军人的转业费、复员费、保险赔款、安家费、退职费、退休工资、离休

---

① 在工资薪金所得，按月计征，次月七日内缴入国库；在承包或承租经营所得，按年计算，在年度终了后三十日内缴入国库；在生产或经营所得，按年计算，分月预缴，由纳税义务人在次月七日内预缴，年度终了后三个月内汇算清缴，多退少补。

② 董保华：《劳动合同法中经济补偿金的定性及其制度构建》，《河北法学》2008 年第 5 期；张国兴、李威：《论我国劳动法中经济补偿金的性质》，《金卡工程：经济与法》2009 年第 7 期；朱慧、陈慧颖：《经济补偿金的个人所得税问题刍议》，《中国人力资源开发》2007 年第 9 期。

工资、离休生活补助费"等均系免税所得，① 与个人领取的医疗保险金、失业保险金性质一样可以免征个人所得税。我国劳动法采用工龄和工资相结合的标准计算补偿金数额，可按补偿金总额一次适用九级超额累进税率征税。

3. 所得定性在民法。笔者认为，经济补偿金系用人单位单方（劳动者被迫）解约、双方协商解约等情况下，对劳动者的一种补偿。理由如下：根据我国《劳动法》和原劳动部的相关规定，经济补偿金主要适用于以下几方面：（a）经劳动合同当事人协商一致，由用人单位解除劳动合同的；（b）劳动者患病或者非因工负伤，经劳动鉴定委员会确认不能从事原工作，也不能从事用人单位另行安排的工作而解除劳动合同的；（c）劳动者不能胜任工作，经过培训或者调整工作岗位仍不能胜任工作，由用人单位解除劳动合同的；（d）劳动者订立合同时所依据的客观情况发生重大变化，致使原劳动合同无法履行，经当事人协商不能就变更劳动合同达成协议，由用人单位解除劳动合同的；（e）单位濒临破产进行法定整顿期间或者生产经营状况发生严重困难，必须裁减人员。新近通过的《劳动合同法》进一步扩大了经济补偿金的范围，将用人单位终止劳动合同等也列入了用人单位须支付经济补偿金的范围。② 从上述经济补偿金的适用范围可以看出经济补偿金主要用于劳动者被迫离职的情况，劳动者一般处于需要帮助的地位。鉴此，用人单位对劳动者进行经济补偿，是对劳动者生活的补助，旨在对处于弱势地位的劳动者提供生活安定之保障。因此，有一种观点认为，经济补偿金是对劳动者的一种社会保障，具有保障金的性质。③

但是，"保障金性质说"在民法上不能彻底贯彻，因而不能成立。

---

① 《中华人民共和国个人所得税法》（2018 年修订版）第四条规定："下列各项个人所得，免纳个人所得税：……"

② 《中华人民共和国劳动合同法》（2008 年 1 月 1 日起施行）第四十六条。

③ 朱慧、陈慧颖：《经济补偿金的个人所得税问题刍议》，《中国人力资源开发》2007年第 9 期。

例如，在《婚姻法》上，保障金等性质的所得具有专属性，离婚分割财产时不能当作夫妻共同财产看待。这显然与常情和常识相悖。考察当时社会背景，国家正在逐步建立并完善社会保障制度，而经济补偿金制度与之并存，若个人基本保障无虞，则解约补偿金不仅仅具有保障个人之特殊属性，也兼具保障家庭之社会属性，且让个人能够承担更多的家庭责任，故将经济补偿金认定为夫妻共同财产既符合现实，也不违反法律规定。笔者认为，经济补偿金既有保障的性质亦有违约补偿的性质，但违约补偿的性质占主导地位，因为，首先，劳动合同亦受合同法的原理约束，强势或者主动解约一方对弱势的一方进行补偿，理所应当；其次，对某些高收入管理层而言（以本案余某为例），"经济补偿金"显然数额巨大，其根本不具有"保障金"之保障属性。既然生活宽裕无虞，又能享受税收优惠，亦能提升精神愉悦层次，将之全部捐赠何乐而不为？这也是余某将其一次性捐赠的内在动因。至于"劳动积累补偿说"根本就不能成立，工资薪金为双方商定所致，系劳动者提供劳动获得的对价，且用人单位雇用劳动者从事价值创造，系资本、生产资料和劳动的有机结合，用人单位享有剩余产品和剩余价值之索取权，而劳动者则一般不享有，"劳动积累补偿"所从何来？因此，从法理上看，《国家税务总局关于个人因解除劳动合同取得经济补偿金征收个人所得税问题的通知》（国税发〔1999〕178 号）将一次性经济补偿金归入"工资薪金"所得，与民商法的相关认定规则矛盾，与常识相悖违，没有法律（税法上位法或法理上之）依据。①

---

① 税收立法中的法律缺位，乃我国一大特色。按理，国税发〔1999〕178 号出台前，应该仔细研究《劳动法》关于经济补偿金的规定，不应将其纳入"工资薪金"所得。无独有偶，《个人所得税自行纳税申报办法（试行）》（国税发〔2006〕162 号）第二条第二款提及"从中国境内两处或者两处以上取得工资、薪金所得"的概念时，也应该仔细阅读《劳动法》的相关规定，使得税收立法与其他部门法之间有充分的衔接。在"宗庆后个人所得税涉税案"中，也存在"两处工资薪金所得"的问题，从理论上讲，个人不可能与两家单位建立劳动合同，固不可能取得两处"工资薪金"所得。税法当然可以有不同于其他部门法的概念，或者借用其他部门法的概念时赋予不同含义，但是，与其他法律保持内在一致，难道不是税法的首要德行和品质？

4. 捐赠扣除规则简析。所得税之扣除额直接涉及应税所得的量化，即税收客体的量化，事关个人的税收利益，故非同小可。然而，税法概念之"捐赠"与"赠与"之间关系问题①，以及税法与私法的冲突与协调问题，系本案引出的另一问题，也与实质课税理论密切相关，有讨论和注意的必要。但，本案核心问题不在此。本案问题的切入点应该是，相关税法规则的内在法理若何？是否违背实质课税的原理？是否违背税收法定主义？执法机关和司法机关在进行税法实务操作时，是否有悖实质课税的法理？对于捐赠扣除来说，《个人所得税法》已经表明立场：依法得予以扣除。从税法对于个人捐赠的扣除规定看出，公益捐赠系社会鼓励和褒奖的行为，因此对红十字会之捐赠额予以全额税前扣除（财税〔2000〕30号文），体现了税法鼓励公益捐赠社会价值取向。有关个人所得税之捐赠扣除的税法规则，简述如下：（a）《个人所得税法》鼓励公益捐赠，故捐赠应"按照国务院的有关规定"税前扣除。（b）《个税实施细则》（国务院令第142号）规定："超过应纳税额30%的部分不予扣除。"这个规定有点不合时宜，被看成我国公益捐赠发展之一大制度障碍，曾备受批评。（c）财税〔2000〕30号文又突破30%的规定，将公益捐赠（通过红十字会等公益机构捐赠的）全额纳入扣除范围。这一规定虽没有上位法的依据和授权，但是却符合捐赠立法的趋势和内在法理。（d）财税〔2001〕28号文规定了扣除时的票据形式规则："加盖红十字会财务专用章的捐赠票据"始予扣除。（e）财税〔2001〕57号规定：经济补偿金在当地上年职工平均工资3倍数额

---

① 李刚的《税法与私法关系溯源——兼评我国"首例个人捐赠税案"》获2007年9月23日"中国财税法学教育研究会2007年年会暨第七届海峡两岸财税法学术研讨会"青年优秀论文评选一等奖。该文对于赠与与捐赠的种属关系、税法之捐赠和赠与的法源有详细梳理。但是该文认为税务机关将税法之"捐赠"与民法之"赠与"概念割裂并对立起来，故造成不予扣除的错误处理，有失妥当。问题不在于税务机关无视民法之"赠与"概念，而是税务机关无中生有地造出《批复》之"申报期扣除"规则，以及将财税〔2001〕28号之"见捐赠票据扣除"之形式规则推向极端和绝对，而无视实质课税原则和行政法之正当程序原则，造成行政强权和侵犯纳税人权利的后果。

以内的部分，免征个人所得税，超出部分按照工资薪金所得征税。（f）本案爆发后，国家税务总局专门行文《批复》①规定"申报期持捐赠票据始予扣除"标准。

5. 捐赠扣除规则之断裂。由上述可以清楚看出税法规则之间的断裂。从 a 到 b 发生一次断裂；从 b 到 c 又发生一次断裂，但这次断裂比较符合公益捐赠全额扣除的法理；c 到 d 又发生一次断裂，将全额扣除之捐赠额限定在"取得合法票据"的形式框架内，这一规定本无可厚非，因为规则本身就是一种限制，规则导致限制系规则之本质属性。问题是解释并执行规则的人，将形式规则推向绝对化，完全罔顾真实之民法或经济交易事实，不顾规则背后的实质课税原则与正当程序原则约束，二者代表着实质正义和程序正义之两个追求，容以下详述；从 d 到 e 又发生一次断裂，规定"当地职工平均工资三倍以内"的经济补偿金免税，超出部分按照工资薪金所得征税。从 e 到 f 的断裂更大，生硬地创造出"超出申报期不予扣除"的规则，直接规定了个人所得税"申报期"之内的捐赠仅既符合财税〔2001〕28 号之形式要件，又符合《批复》之"申报期扣除"要件，始得扣除，这就超出《个税法》及其实施细则的本来精神。对捐赠扣除实施双重的限制，使得实际捐赠人的捐赠额不能享受税收优惠（扣除），有悖实质课税主义和税收法定主义的法理。理由简述如下。

6. 形式要件不得推向极端。财税〔2001〕28 号之形式要件应服从于实质课税的法理。在本案余某于 2003 年 6 月与公益机构达成捐赠之合意，余某实际为捐赠行为，公益机构接受捐赠，开具《捐赠证书》，双方之捐赠合意真实有效，受到私法的保护。且捐赠于私法上系达成合

---

① 从行政复议和行政诉讼角度观察，该《批复》针对个案系具体行政行为，具有可诉性。同时该《批复》又普遍转发，具有普遍约束力，系规范性文件，在提起行政复议时可以一并申请撤销。我国税收规范性文件大量存在，且法律属性之审查缺位，故漏洞亦然伴随，纯属自然。由于我国违宪审查机制缺位，从税法实践之实际情况出发，今后该类问题应由税务总局专设规范性文件审议机构，以兹加强规范性文件之法律属性之审议。随着时间的推移，该类机构或可渐渐独立于国家税务总局，形成类似税务仲裁或法庭之类的机构。

意、履行合同、出具证书、开具（合乎税法规则财税〔2001〕28号之）票据的概念一系列行为，从民法看，捐赠分为债权行为和物权行为两个环节，前者系达成合意行为，后者系交付与接收之履行行为。从公益捐赠不可撤销的法理看，债权行为一旦产生，物权行为必须后续跟进，否则产生民事法律责任。在本案，捐赠之债权行为成立且有效，余某公益捐赠必须实际到位，又余某实际为捐赠交付行为，公益机构接受捐赠，捐赠已经成立且生效。仅因捐赠标的物出现瑕疵，在民法和合同法上，系履行瑕疵问题，捐赠人应予以补救，以新的符合捐赠衣物之标准为替代交付，且余某实际已经按质补足捐赠物，符合《个人所得税法》及其实施细则以及财税〔2000〕30号文之"全额扣除标准"。因此，原告律师辩称"系一次性捐赠"，符合民法之法理。而财税〔2001〕28号之形式要件和《批复》之"申报期持捐赠票据始予扣除"标准，没有考虑纳税人已经实际为捐赠行为，对捐赠之履约瑕疵实施了足额补救，且获得公益机构的捐赠票据，此时，税务机关以"超过申报期限"不予扣除为由，实际系借税收规范性文件限制法定之捐赠扣除权，无中生有，违背税收法定主义和实质课税的原则。在税法，税收构成要件（包括税收特别措施之扣除优惠），当以税收之法律为准，不得以规范性文件予以限制和剥夺。税务机关以获得票据的时间为据判定第二批货物交付系第二次捐赠，本质上是以票据这一形式要件决定捐赠实质，割裂了民法与税法的内在联系，不符合民法的内在法理，也不符合税法的内在法理。

7. 捐赠税前扣除之信赖利益。依民法之一般认识，普通赠予系实践性合同，赠予在交付赠予物时成立；但公益捐赠系诺成性合同，一旦捐赠意思表示发出且被捐赠人同意接受捐赠，则捐赠人受此约束，不得撤回捐赠。故此可见，余某之捐赠系补救行为不构成新的捐赠，系前一次捐赠之后续履约行为。故从税法看，当捐赠之票据形式要件满足时，捐赠人得准予税前扣除；若先前税务行政行为受到形式要件的约束未予税前扣除捐赠款项，则后续形式要件满足时，应该以实质完成捐赠为由，准予扣除，而不得设置诸多限制条件。因公益捐赠之扣除，系税法之法定构成要件，不得在税法构成要件上以规范性文件为据作出限制性解释，否则违反税收法定主义之精髓；且纳税人先前已经对捐赠之税前扣除形成合理信赖和期待，税务机关若出尔反尔，设置障碍，打压捐赠人之善良本意，无益增进善良风俗，也侵害纳税人之信赖利益，因此，余某之复议请求和诉讼请求应得到支持。且从民法看，余某之捐赠行为（债权行为及物权行为）发生在申报期之前，后期为捐赠补救或履约补救（物权行为）行为，故取得捐赠票据这一形式要件发生在捐赠之后，税法此时应以捐赠人之捐赠实质为准，而不得以税法之形式要件为准，在票据形式与经济实质发生冲突时，应秉持实质高于形式的原则，以经济实质而非税法之形式要件决定扣除，否则，有违实质课税的基本法理。

8. 实质课税与正当程序约束。在实质课税之法理，实质捐赠当然应该予以实际扣除，不得以规范性文件设置之规定，剥夺和限制纳税人的权利，违背实质课税原则。且本案在申报期之后扣除，有合法合规之票据为证，税务机关受正当程序原则之约束，理应在作出不利于相对人的行政决定前，听取当事人的申辩和陈述，尊重行政程序中纳税人的举证权，以体现程序正当和程序正义。纳税人的举证权既是权利也是义务，体现为税收行政程序之中的协力义务，违背此协力义务者当承担法律责任。① 因此，在余某向税务机关进行申辩和举证（补充捐赠票据证据）时，税务机关理应听取和收集证据，将证据入卷归档并对证据予以综合判断，然后根据实质课税的原则和听取申辩和陈述的原则，作出税务处理决定。本案中，税务机关先前在2003年底已经作出一次征税决定，

---

① 《中华人民共和国税收征收管理法》（2001年修订）第五十六条规定："纳税人、扣缴义务人必须接受税务机关依法进行的税务检查，如实反映情况，提供有关资料，不得拒绝、隐瞒。"《最高人民法院关于行政诉讼证据若干问题的规定》（法释〔2001〕21号）第五十九条规定："被告在行政程序中依照法定程序要求原告提供证据，原告依法应当提供而拒不提供，在诉讼程序中提供的证据，人民法院一般不予采纳。"此规则亦即"案卷外证据排除规则"。

此时捐赠行为尚未完成，但当捐赠行为实际完成且取得合法票据之后，税务机关先前赖以作出决定的基础和证据发生了实质性的改变，此时应以客观情况的实质性改变为据，以实际的捐赠额作为扣除标准，而不得罔顾事实，固守财税〔2001〕28号之形式要件，将形式要件标准推向极端。况且，当余某提起行政复议时，财税〔2001〕28号之形式要件已经完全满足，况且余某怀捐赠之善意，且无逃税、避税之动机或恶意，税务机关应撤销先前的具体行政行为，重新作出具体行政行为，以体现实质正义。当前，执法机关将形式要件绝对化，罔顾实质的经济交易和情况，拒绝纳税人的举证和申辩，将一些扣除条件之"形式化要件"推向极端①，从思维和哲学方法上，犯了形而上学的错误，从税法学理上有违实质课税原则，从行政法学原理上，背离正当程序原则，客观上造成行政强权和侵害纳税人权利的局面，应从理念上予以全面纠正甚至拨乱反正。税法形式要件必须遵守，但不能将之绝对化和僵硬化②，且在形式要件之上，尚有更高的实质正义存在，若罔顾这些约束，实属不妥。

所得实现的数量、时点和扣除等具有非常复杂的表现形式。就实现时点而言，个人所得税的所得实现，以现实所得为原则，以权益所得为补充。而企业所得税以权益所得（权责发生制）为原则，以现实所得为补充。两种所得税在所得实现上秉持了不同的原则：前者为现实所得原则，后者为权益所得原则。

（四）房产税之税基问题。例如：房产税计税房产原值中是否应该包括地下车库和配套设施？本文上已述及，由于从物理和使用特性看，

---

① 例如非故意取得发票是否能税前扣除问题。参见北京市地方税务局、北京市地方税务学会编，《税务稽查疑难案例法理评析（1）》，中国税务出版社2007年版。

② 从增值税看，"非故意取得虚假发票"的税法处理，已经有所松动，其背后的法理依据是实质正义，及形式规则不得绝对化。参见《国家税务总局关于纳税人善意取得虚开增值税专用发票处理问题的通知》（国税发〔2000〕187号）规定："购货方能够重新从销售方取得防伪税控系统开出的合法、有效专用发票的，或者取得手工开出的合法、有效专用发票且取得了销售方所在地税务机关已经或者正在依法对销售方虚开专用发票行为进行查处证明的，购货方所在地税务机关应依法准予抵扣进项税款或者出口退税。"

地下车库和相关配套设施系房产之不可分割之有机组成部分，开发商在归集建设开发成本和费用时须将地下车库和小区配套设施计入开发成本，因此，地下车库和配套设施系"房产"，应该合并计算缴纳房产税。财税（2005）181号《关于具备房屋功能的地下建筑征收房产税的通知》规定，具备房屋功能的地下建筑，包括与地上房屋相连的地下建筑以及完全建在地面以下的建筑、地下人防设施等都需要征收房产税。再如，与厂房一起转让的中央空调应如何纳税？是否应单独计征增值税？从物理特性看，中央空调系房产的配套设施和有效组成部分，应当计入房产原值计缴房产税，并进入固定资产逐年计提折旧并所得税税前扣除，相应地，在房产转让时中央空调的转让应该计入房产转让总值计算缴纳营业税（及附加）和企业所得税。[①]

（五）复合交易的税收客体定性与定量

案例19. 上海某对赌交易涉税案例简析[②]

1. 上海对赌涉税案[③]案情简述

2015年12月18日，高升控股股份有限公司（以下简称高升公司）王某、案外人袁某某签订《购买资产协议》[④]、《利润预测补偿协议》[⑤]、《业绩承诺补偿协议》。2016年3月至6月，签订《购买资产协议之补充协议》等补充协议[⑥]，约定高升公司收购某某公司股权，以现金、股

[①] 《财政部、国家税务总局关于固定资产进项税额抵扣问题的通知》（财税〔2009〕113号）规定："以建筑物或者构筑物为载体的附属设备和配套设施，无论在会计处理上是否单独记账与核算，均应作为建筑物或者构筑物的组成部分，其进项税额不得在销项税额中抵扣。附属设备和配套设施是指：给排水、采暖、卫生、通风、照明、通信、煤气、消防、中央空调、电梯、电气、智能化楼宇设备和配套设施。"中央空调属于附属设备和配套设施。因此，纳税人销售厂房附属的中央空调，应按照转让不动产对待。

[②] 中国社会科学院大学2024级税务硕士陈琪，对本案例资料收集、写作思路有贡献。

[③] 王某与国家税务总局上海市税务局等其他行政行为一审行政判决书（2023）沪7101行初518号、王某与国某等不予退税决定及行政复议决定二审行政判决书（2024）沪03行终133号。

[④] 《发行股份及支付现金购买资产的协议》（简称《购买资产协议》）。

[⑤] 《发行股份及支付现金购买资产的利润预测补偿协议》（简称《利润预测补偿协议》）。

[⑥] 2016年3月7日签订《购买资产协议之补充协议》《利润预测补偿协议之补充协议》2016年6月2日签订《利润预测补偿协议之补充协议（二）》2016年6月22日签订《利润预测补偿协议之补充协议（三）》。

权方式向王某等支付对价，并约定 2015 年 12 月 31 日作为资产评估基准日。王某等承诺某某公司净利润不低于约定数值，若净利润低于承诺数值，王某等将退还股份及现金补偿的方式对交易总对价进行调整。

2016 年 9 月 8 日王某收到 25000 万元现金对价，9 月 26 日上述股票最终登记到账，王某正式成为高升公司股东。2017 年 3 月某某公司代王某缴清现金对价部分税款。2017 年 11 月 15 日王某因收到税务机关补缴通知，缴纳股票对价个人所得税 6400 万元。后因某某公司 2018 年度、2019 年度净利润未达约定目标，依照协议，2019 年 8 月 15 日、2021 年 3 月 4 日高升公司分别以总价 1 元的价格回购并注销王某所持有的股份。

2022 年 10 月 11 日，王某认为其股权转让交易多申报和缴纳个人所得税 53744652.18 元，向青浦税务局申请退还。青浦税务局认为王某不符合误收多缴税款应退税情形，于 2022 年 11 月 8 日作出不予退税决定。王某不服从该决定，向青浦市税务局申请行政复议。青浦市税务局于 2023 年 3 月 16 日作出维持不予退税决定的复议决定，故王某继而提起行政诉讼。

2. 争论焦点

一审、二审法院皆认定对赌失败后的股份补偿属于另一法律关系，不影响原股权转让应税事实和金额确定，并认为目前个人所得税征管领域的法律法规政策文件等尚未作出相关退税规定。故法院经审理支持税务局不予退税决定，驳回王某诉讼请求。

本案争议焦点在于王某以对赌失败补偿股份导致股权转让所得利益减少为由申请退税，涉及补偿义务的履行是否影响涉案股权转让所得的确定、个人所得税的退税依据等问题。

3. "对赌协议"之民商法评价

民商法学界关于对赌协议中利润补偿的性质认定，主要有捐赠说、保证金说、违约金说、或有对价说、转让价款调整说等，但利润补偿条款不符合前三种观点在民法上法律属性的认定，或有对价说采用静态视角分析利润补偿行为，因此从动态、统一、整体的视角综合考察对赌协议履行过程，"转让价款调整说"与对赌协议的法律属性最为契合。①
而采用此观点的争议主要在于，对赌机制后触发应采用合并税务处理或
是分别税务处理。

最高人民法院《九民纪要》将"对赌协议"定义为"估值调整协
议"②，初步界定了"对赌协议"的性质，指出对赌协议中包括金钱补
偿、股权回购等调整目标公司估值的条款，是对各种投资要素重新进行
配置组合。将对赌明确为价格调整机制，与股权融资协议看作交易整
体，而非独立的经济活动。

依据《民法典》第三百八十八条，第六百八十二条③可知，对赌协
议非法定从合同④，但由于《利润补偿协议》的设立、履行，都基于股
权转让交易行为产生，与股权转让的交易对价具有较强关联性，且即便
单独签署对赌协议，通常也会约定在投融资合同解除、无效的情况下，
对赌协议随之解除。⑤ 业绩补偿条款依附于股权融资协议而存在，故对
赌协议与股权融资协议之间或可看作存在主从关系。如若仅签署《购
买资产协议》而缺少后续补偿协议，那么整个股权转让交易无法完成，

---

① 刘斌：《对赌协议的交易属性与税务认定研究》，《税务研究》2022 年第 8 期。

② 《全国法院民商事审判工作会议纪要》法〔2019〕254 号二（一）："履行实践中俗称
的'对赌协议'，又称估值调整协议，是指投资方与融资方在达成股权性融资协议时，为解决
交易双方对目标公司未来发展的不确定性、信息不对称以及代理成本而设计的包含了股权回
购、金钱补偿等对未来目标公司的估值进行调整的协议。"

③ 《民法典》第三百八十八条："设立担保物权，应当依照本法和其他法律的规定订立
担保合同。担保合同包括抵押合同、质押合同和其他具有担保功能的合同。担保合同是主债
权债务合同的从合同。主债权债务合同无效的，担保合同无效，但是法律另有规定的除外。
担保合同被确认无效后，债务人、担保人、债权人有过错的，应当根据其过错各自承担相应
的民事责任。"第六百八十二条："保证合同是主债权债务合同的从合同。主债权债务合同无
效的，保证合同无效，但是法律另有规定的除外。保证合同被确认无效后，债务人、保证人、
债权人有过错的，应当根据其过错各自承担相应的民事责任。"

④ 根据合同相互间的主从关系，可以将合同分为主合同与从合同。从合同是以其他合
同的存在而为存在前提的合同，例如，保证合同相对于主债务合同而言为从合同。由于从合
同要依赖主合同的存在而存在，所以从合同又被称为附属合同。

⑤ 杨明宇：《私募股权投资中对赌协议性质与合法性探析：兼评海富投资案》，《证券市
场导报》2014 年第 2 期。

不能实现对赌的初始交易目的。综上，案例中的利润补偿行为实质是对原有交易的价格调整，股权转让方支付的业绩补偿款应与股权转让初始交易对价看作一个整体进行税务处理。

4. 对赌协议之税法评价

（1）本案对赌交易之第一组交易：投融资

本案对赌交易包含两组交易行为，其一为高升公司以现金和股票溢价投资某某公司，并收购其全部股权。某某公司作为融资方，其实际融资成本需减除对赌条款触发后被高升公司回购股票的对应价值；同理，将对赌交易看作一个整体的情况下，高升公司投资成本之计税依据，亦应减除对赌失败后的股权收回部分，同时增加回购的对价两元。据税法交易定性理论，对赌协议中股权交易行为应看作一个交易整体并结合其商业目的进行分析，此交易是借助股权转让之途径行资产重组（融资）之实。但是，本案的涉税争议，未发生在这一交易环节，而是围绕第二组交易行为——王某与高升公司之间的股权转让问题展开，故此，本文不深入研讨投资融资（资产重组）交易的税法评价问题。

（2）本案对赌交易之第二组交易：股权转让

接着分析第二组股权转让交易行为。评价王某与高升公司之间股权转让问题时，需借助"三次评价理论①"以及"民商法评价第一性原理"，即针对交易活动进行税法评价的前提是民商法评价，如若合同的法律关系与交易活动实质相符，则无需突破交易的法律外观，直接依据民商法对交易行为的定性，确认纳税义务。经前文分析，王某与高升公司之间对赌行为的民商法律形式与经济实质高度契合，即此处无需交易变性，遵循民商法律体系的认定，将利润补偿视作价格调整机制，与股权转让交易合为整体进行评价。《购买资产协议》与《利润预测补偿协议》民法形式上相互独立，但其实质是借助两个合同分步骤、借助一组合约的复合交易，两交易合同互为条件，不可分割，如若认定为相互

---

① 杨小强教授提出"三次评价理论"。根据三次评价理论，经济交易借助合同工具，税法评价必然遵循民商法评价，非必要不能打破其外观主义。

独立的两个应税行为分别课税，不符合税法实质课税原则的法律实质要义，无法体现税收的公平性和合理性，故此处需看作整体进行税法评价。其实，从交易定性理论推导出两个结论：其一，由于不属于单一交易，而是复合交易也即借助一组合约实现交易目的的交易，所以，绝对不能分阶段作税法评价，而是把整个交易看成一个整体，其哲学根基是联系地、全面地、发展地看待交易整体，而非孤立、片面且静止地看待交易，不能够在哲学上犯形而上学的错误；其二，从税法交易定性的角度观察，一般遵循民商法第一性原理，当且仅当"形式—实质"分离之时，才发生去形式而其实质的实质课税原则适用的问题。

（3）股权转让之经济实质：计量价值的实质回归

实质课税原则要求对所得归属者课税并进行经济利益的实质计量回归。一方面，需明确王某是否为所得归属者。由于王某在对赌期间持有的是高升公司定向增发的股票，依据《上市公司证券发行管理办法》第三十七条、第三十八条①可知，王某取得的是具有限售锁定期无法享有股权完全支配权的限售股②，部分观点认为限售股有限售锁定期、对

---

①　《上市公司证券发行管理办法》[中国证券监督管理委员会令第 30 号]第三十七条："非公开发行股票的特定对象应当符合下列规定：（一）特定对象符合股东大会决议规定的条件；（二）发行对象不超过十名。发行对象为境外战略投资者的，应当经国务院相关部门事先批准。"第三十八条："上市公司非公开发行股票，应当符合下列规定：（一）发行价格不低于定价基准日前二十个交易日公司股票均价的百分之九十；（二）本次发行的股份自发行结束之日起，十二个月内不得转让；控股股东、实际控制人及其控制的企业认购的股份，三十六个月内不得转让；（三）募集资金使用符合本办法第十条的规定；（四）本次发行将导致上市公司控制权发生变化的，还应当符合中国证监会的其他规定。"上述规定已于 2020 年 2 月 14 日作出相应修改，修改后变更为第三十七条："非公开发行股票的特定对象应当符合下列规定：（一）特定对象符合股东大会决议规定的条件；（二）发行对象不超过三十五名。发行对象为境外战略投资者的，应当遵守国家的相关规定。"第三十八条："上市公司非公开发行股票，应当符合下列规定：（一）发行价格不低于定价基准日前二十个交易日公司股票均价的百分之八十；（二）本次发行的股份自发行结束之日起，六个月内不得转让；控股股东、实际控制人及其控制的企业认购的股份，十八个月内不得转让；（三）募集资金使用符合本办法第十条的规定；（四）本次发行将导致上市公司控制权发生变化的，还应当符合中国证监会的其他规定。"

②　限售股指有一定时间或条件限制出售的股票。在股权分置改革前，上市公司的法人股不能在公开市场自由买卖，这些法人股就是早期的限售股。通过股权分置改革，实现了企业所有股份的自由流通买卖。

赌结束前不能转让等条件仅是对所有权部分权能的限制，故需认定应税行为已经发生①。但"应税所得"指除法律规定不征税或免于征税的各种已实现的来源所得减去法定扣除项目后的财产净增加值。② 个人取得限售股股票未实际带来财产净增加，不直接产生所得，根据"167 号文"第三条③可知个人实际发生转让限售股时需确认所得并缴纳个人所得税。因此王某取得的股票对价所得并未实质实现，即对赌协议履行完毕前，王某没有成为所得利益实际归属者，不应纳税。另一方面，确定税收客体数量计量问题。本案对赌失败触发的后续业绩补偿应与初始交易处于同一法律关系。虽然"67 号文"第八条、第九条④仅明确规定了股权转让后续收入的处理方式，但对赌协议中股权转让交易实质是价格调整问题。由于我国税收领域的立法缺陷和空白漏洞等问题，导致税务机关在确定应税所得过程中具有较强的自主性和随意性。虽法无明文，但法官可综合运用实质课税原则、税收公平原则等进行税法评价和相关调整。本案某某公司作为融资方，其实际融资成本需扣除对赌条款触发后被高升公司回购股票的两元对价，同一逻辑下，高升公司作为交易对手，其交易价格亦需调整，同理税务机关在计量经济利益时，应依照经济利益实质计量回归原则，采用可反映交易真实经济价值的方法，衡量本案中王某财产转让的应税所得额，确保税法评价的公平性和合理性。即股权转让交易价格不应仅作调增而不调减，故本案后续利润补偿需冲减初始交易价格。

---

① 黎江虹、高文博：《"对赌协议"中个人所得税纳税义务发生时间认定——以一起申请分期缴税案为例》，《税务研究》2023 年第 8 期。

② 施正文：《"应税所得"的法律建构与所得税法现代化》，《中国法学》2021 年第 6 期。

③ 《财政部国家税务总局证监会关于个人转让上市公司限售股所得征收个人所得税有关问题的通知》（财税〔2009〕167 号）第三条："个人转让限售股，以每次限售股转让收入，减除股票原值和合理税费后的余额，为应纳税所得额。"

④ 《股权转让所得个人所得税管理办法（试行）》国税总〔2014〕67 号（简称"67 号文"）第八条："转让方取得与股权转让相关的各种款项，包括违约金、补偿金以及其他名目的款项、资产、权益等，均应当并入股权转让收入。"第九条："纳税人按照合同约定，在满足约定条件后取得的后续收入，应当作为股权转让收入。"

（4）税法先例之法理蕴含值得遵循。税法实务中关于对赌交易不乏税务机关按照一个交易整体进行税法评价、准予调减收入之先例，这些案例的税法处理取得了良好效果，促进了投融资的发展。如银禧科技个人股东对公司进行业绩补偿后，向税务局提交了个人所得税退税申请，东莞税务局予以退税①。广州市税务局第三稽查局处理的李菊莲对赌案②中，其业绩补偿退回的股份在计算个税时予以扣除。海航对赌案③中，海南航空股份有限公司在对赌协议中取得的利润补偿判定视作是对最初受让股权的定价调整，将收到的利润补偿调整相应长期股权投资的初始投资成本。上述按照一个交易的税务处理方式更符合对赌协议是估值调整协议的本质属性，既能解决"两次交易法"可能导致的重复征税问题，也能更好保证纳税人的合法权益。

5. 本案再审要点

（1）指出法院存在对赌协议法律性质判断问题。二审法院认为"从民商事交易形态来看，本案补偿股份义务的履行是对某某公司经营风险的补偿，并非是对交易总对价的调整。"二审判决书表明二审法院已认可将股权转让和后续的利润补偿协议是一个"整体交易"，这就产生了矛盾，且违背了民商法评价的第一性原理。既然，民商法上看成一个整体交易，其民法交易定性是股权转让，那么，后续的所谓"补偿"只能产生"估值调整"的民法后果，这也是税法评价的基础。本案补偿股份义务的履行，应当是对交易总对价的调整，而非独立的对某某公司经营风险的补偿。从公开信息看，王某转让某某公司股权后，没有证

---

① 东莞中院关于原告银禧科技与被告胡恩赐上市公司收购纠纷一案民事判决书（2019）粤19民初113号。

② 国家税务总局广州市税务局第三稽查局在国家税务总局广东省税务局官网公告《税务文书送达公告（李菊莲税务处理决定书）》（国家税务总局广州市税务局第三稽查局2020年第91号送达公告）自然人李菊莲对赌案例中，税务机关在确定李菊莲需缴纳的"财产转让所得"项目应纳税所得额时，股权转让实际总价扣除了对赌股份偿协折算的股权转让价格。

③ 《海南省地方税务局关于对赌协议利润补偿企业所得税相关问题的复函》（琼地税函〔2014〕198号）。

据能够证明王某参与了实际生产经营管理，即便王某参与了后续实际管理活动，但最终经营责任和法律风险仍应归属于全资控股股东，故王某无法掌控某某公司的经营风险。此时经营风险的补偿就意味着对交易对价的调整，二者并不冲突。

（2）主张溢缴税款退还请求权存在法理依据：有利于纳税人原则。从二审判决中可看出，法院已认可王某与高升公司之间的对赌行为被交易各方看作整体交易，但仍将《购买资产协议》等系列合约拆分，独立分段地进行税法评价，此行为实将整体股权转让交易割裂处理，不符合民商法和税法的内在法理，违背了交易定性原理及实质课税原则，法院判决有失妥当。一如前述，本案认定为一个交易过程最合理，即王某对赌失败后履行补偿义务导致税务机关认定的股权收益并未实现，作为一项应税行为，可适用《税收征收管理法》第五十一条①，王某有权要求税务机关对多征部分进行退税。《契税法》中亦有保障纳税人溢缴税款退还请求权的相关法理依据，根据《中华人民共和国契税法》第十二条规定，"在依法办理土地、房屋权属登记前，权属转移合同、权属转移合同性质凭证不生效、无效、被撤销或者被解除的，纳税人可以向税务机关申请退还已缴纳的税款，税务机关应当依法办理。"，此规定明确保障了纳税人合法的税款退还请求权。此外，王某与税务机关之间就申请退税期限问题存在争议，可反映出在具体实务中，纳税人往往并不确切知道其是否存在溢缴税款情形，待纳税人自行发现后再提出退税申请，通常早已超过自结算缴纳税款之日起三年内申请退税的时效。故此处可借鉴参考最高人民法院在陈建伟案、广州德发案②中的判决——

① 《中国人民共和国税收征收管理法》第五十一条："纳税人超过应纳税额缴纳的税款，税务机关发现后应当立即退还；纳税人自结算缴纳税款之日起三年内发现的，可以向税务机关要求退还多缴的税款并加算银行同期存款利息，税务机关及时查实后应当立即退还；涉及从国库中退库的，依照法律、行政法规有关国库管理的规定退还。"

② 《陈建伟与福建省地方税务局税务行政处理及行政复议纠纷再审案》（2018）最高法行申209号《广州德发房产建设有限公司与广东省广州市地方税务局第一稽查局税务处理决定纠纷上诉案》（2015）行提字第13号。

"根据依法行政的基本要求，没有法律、法规和规章的规定，行政机关不得作出影响行政相对人合法权益或者增加行政相对人义务的决定；在法律规定存在多种解释时，应当首先考虑选择适用有利于行政相对人的解释。"退税申请时效起算之日或可调整为纳税人"知道或者应当知道"其存在溢缴税款之日。

（3）变更股份对价缴纳的个人所得税为预缴的说法。原告二审代理人认为"2018 年税务处理决定没有要求王某缴纳滞纳金，故王某对现金对价和股权对价缴纳的个人所得税属于预缴性质。"王某取得股权对价后，应于次月 15 日前缴纳税款，逾期税务机关须征收滞纳金，事实上税务机关应征滞纳金未征，这与税务机关认定股权转让交易和后续利润补偿是两个独立交易行为相矛盾。根据《个人所得税法》，财产转让所得纳税并不适用预缴制，律师再审不宜宣称原告对股份对价部分的个人所得税为预缴，但可以此为切入点，提出整体交易并未结束，此处缴纳的税款或可视为预先缴纳或为接收税务机关补缴通知后"不得不缴"，并明确此处的"预先缴纳"与"预缴制"并非同一内涵，故后续发生的利润补偿需对初始计量价格进行调整。

（4）指出税务机关交易定性问题。一审税务机关的征税依据以及二审判决中均引用了"41 号文"①。一方面，本案整个股权交易过程可看作"转让股权—获得非货币性资产—回购"三个环节，其中第二环节实为支付第一环节的股权对价，交易目的并非二审法院所认定的"个人以非货币性资产投资"。即便认可本案股权转让是税务机关认定的"投资"行为，但细究时间节点可发现，2015 年 12 月王某等与高升

---

① 《财政部 国家税务总局关于个人非货币性资产投资有关个人所得税政策的通知》（简称 41 号文）"一、个人以非货币性资产投资，属于个人转让非货币性资产和投资同时发生。对个人转让非货币性资产的所得，应按照"财产转让所得"项目，依法计算缴纳个人所得税。二、个人以非货币性资产投资，应按评估后的公允价值确认非货币性资产转让收入。非货币性资产转让收入减除该资产原值及合理税费后的余额为应纳税所得额。个人以非货币性资产投资，应于非货币性资产转让、取得被投资企业股权时，确认非货币性资产转让收入的实现。"

公司签署《购买资产协议》，2016年9月王某取得的股权对价登记到账并被正式列入高升公司股东名册，时间上相差9月有余，因此并不符合"41号文"中"转让非货币性资产"和"投资"同时发生。另一方面，王某转让某某公司股权过程中的交易对手为王某与高升公司，王某收到股权对价登记成为高升公司股东过程中的交易对手为王某与高升公司股东，两环节交易对手不同。综上，税务机关根据41号文将此过程同时定性为非货币性资产投资，实则法律适用错误，导致逻辑错乱，交易杂糅。此外，经前文分析可发现"41号文"制定者未充分考虑交易主体（交易对手）、交易性质、交易所得等问题，使得文件中存在部分缺陷，美国税法针对财产出资领域符合"权益持续性"的交易行为，即非货币性资产出资行为中无法随时确认所得实现的收入，给予所得不确认的待遇①，我国相关税收文件制定者进行政策制定过程中，应结合具体税收实践案例并依据实质课税原则，综合考虑纳税主体是否实际取得所得，从而确定真实的计税基础，不断完善我国财产出资领域的税收制度。

（六）其他。公车私挂其所得税纳税主体若何？成本费用如何归集？如何扣除？在企业所得税法，收入的确定应遵循权责发生制和实质课税原则，那么利息的扣除（某地产公司借款案）同样遵循权责发生制。也即利息的扣除按照合同约定已届支付期限，但实际未支付，此时能否主张税前扣除？所得实现的时点？所得实现的数额？所得实现判定的准则及其法理依据？

本书囿于篇幅和时间精力，恕不能对上述问题一一做出分析和解答，似可留待将来，以作深入探讨之线索，每个话题，都有展开研究的无穷空间。值得指出的是，税法中的税收客体有无也好，量化也好，定性也好，欲求得合理合法之解决，离开法律分析的技术和综合法学的功

---

① 赵文祥：《美国税法关于非货币财产出资的规定及启示》，《税务研究》2015年第4期；赵文祥、叶永青：《特殊性税务处理中应当坚持"权益连续性原则"吗？——一个换股案例引发的思考》，《税法解释与判例评注》2018年第9期。

底，殊难奏功。这也说明了税法之综合性、复杂性、专业性和挑战之前所未有。而实质课税之理念，即须在简单合约交易的场合贯彻，方能求得税法之公平正义，亦在交易定性和法律关系相悖时呈现，以彰显税法实质课税之独特精神气质。

第 六 章

交易定性与其他

本章试从税收优惠条件是否成就、税收管辖权是否成立、税收核定之法理依据、合同变动的税法考量（含非法收入的可税性、合同无效及异常交易的税法评价）、税收规避之税法规制等实证视角，探讨税法交易定性理论在税法确定性问题之功能范围、具体运用。

第一节　实质课税与税收优惠

税收优惠乃国家意志之体现，系对特定领域、特定主体之特定经济行为实施税法特惠措施，是税法之财政和宏观调控品质使然，偏离税法之普遍和绝对税收公平主义，因此，系税收立法讨论的范畴，实质课税原则之施展余地殊小，且税收优惠政策的社会目标、价值取向、产业影响、成本收益等均有特别研讨和斟酌之必要，以使税法在宏观层面发挥调节经济、调整产业、实现公平之功效。在抽象层面，税收优惠属于"税收特别措施"之一种，[①] 与纳税主体、税收客体、税目、税率等一道组成税收构成要件不可分割的一部分，而税收优惠条件是否成就则是另一概念。由于税法对于税收优惠的设定局限于特定主体、特定行业之

---

① 其他税收特别措施为：税收核定、特别纳税调整。

特定经济行为，因此，在判定主体之经济行为是否符合税收优惠政策时，当有税法实质课税原则之适用余地，因为，优惠条件之是否满足，本质上系判定主体资格和经济行为的性质，亦即确认纳税主体和甄别交易定性，即判定主体是否适格，经济行为与税法指向是否同一。如上所述，实质课税原则作用的两大主要领域即为确定纳税主体和交易定性。

税收优惠的内容极为丰富，主要包括：免税、减税、退税、优惠税率、起征点与免征额、缓交税款、税额扣除、加速折旧、盈亏互抵和税收饶让等。其分类也多种多样，如按性质分类为税基优惠、税额优惠、税率优惠和时间优惠；按税种分类为增值税、消费税、营业税、关税或所得税等优惠；按纳税人分类为本国和外国人享受的税收优惠；按享受期限分类为长期和定期税收优惠；按程序分类为自然享受和经批准税收优惠；按法律地位分类为法定、特定和临时税收优惠等。是故，税收优惠的种类五花八门、纷繁复杂，既涵盖特定企业（外资企业、福利企业、残疾人企业、高新技术企业、新开办企业），也涵盖特定主体（如非营利性医疗机构、第三部门、慈善性基金）等等，故在我国内地税法，实务中存在税收优惠条件是否满足之税法问题，如何甄别其条件是否满足当有实质课税原则适用的余地。以税收减免为例，《税收减免管理办法（试行）》（国税发〔2005〕129号）第二十五条规定："税务机关应按照实质重于形式原则对企业的实际经营情况进行事后监督检查。检查中，发现有关专业技术或经济鉴证部门认定失误的，应及时与有关认定部门协调沟通，提请纠正，及时取消有关纳税人的优惠资格，督促追究有关责任人的法律责任。有关部门非法提供证明的，导致未缴、少缴税款的，按《中华人民共和国税收征收管理法实施细则》第九十三条规定予以处理。"而涉及税法概念解释问题，如上文提及《国家税务总局关于"免征营业税的博物馆"范围界定问题的批复》（国税函〔1996〕679号）关于营业税免税待遇之"博物馆"的范围界定问题，牵涉税法之立法本意和实质正义（实质课税理论），与税法解释的原则、方法和价值导向①等诸多问题。

税收优惠条件是否满足，在税法处理上分为两个层面：一是交易定性以及交易是否符合特定交易行为的法律判断，二是特定主体资格的认定和判定。这两个方面均涉及民商法、行政法（工商登记、行政核准、行政许可或行政确认）等与税法认定之间的协调和冲突问题，实质课税原则之内涵为：有时，应该以民商法的交易形式为准有时又必须突破民商法表面的交易形式；有时，必须借助并仰赖与相关部门的行政登记、行政许可或行政确认等行政行为，有时又不能完全仰赖上述行政决定，必须依照税法的实质课税精神来确认税收优惠资格条件是否满足。而且，在认定主体资格和交易定性的税法操作之间并非楚河汉界、泾渭分明，有时还互相影响，互相决定。实务中精彩案例所在多有，兹不一一列举。

第二节　交易定性与税收管辖权

一　泛美卫星公司涉税案②

（一）案情简述。在泛美卫星公司涉税案中，中央电视台与泛美卫

---

① 刘继虎：《税收优惠条款的解释原则——以我国〈企业所得税法〉相关条款的解释为例》，《政法论坛》2008 年第 5 期。笔者以为，税收优惠条款归类为"社会政策"取向和"经济政策"取向，前者采从宽解释原则后者采从严解释原则，在理论上不失为一种有益的探索和创新，但在实践中不可行。理由是，两种取向在实践中几乎难以区分。比如，营业税法对"博物馆"采免税优惠政策，系社会政策取向还是经济政策取向？应从宽解释还是严解释？殊难分辨。

② 《法院公布"民告官"十大典型案件》，北京法院网，http：//bjgy. bjcourt. gov. cn/article/detail/2002/12/id/818146. shtmll，2022 年 8 月 28 日；法悟：《美国泛美卫星公司是否应向中国纳税》，道客巴巴，https：//www. doc88. com/p—1758608308357. html，2022 年 8 月 28 日。案情参见张靛卿、刘景玉《涉外税收行政纠纷法律适用研究——泛美卫星国际系统有限责任公司诉北京市国家税务局对外分局第二税务所代扣代缴预提所得税决定案法律问题研究》，北京市高级人民法院编《审判前沿：新类型案件审判实务》（总第 7 集），法律出版社2005 年版，第 60—71 页；傅纳红《美国泛美卫星公司应否在中国纳税》，刘剑文主编《财税法学案例与法理研究》，高等教育出版社 2004 年版，第 300—304 页；刘怡、林劼《ABC 卫星公司税收案例分析》，《涉外税务》2003 年第 1 期；陈延忠、任婕茹《从泛美卫星公司税案看国际税收协定的解释》，《涉外税务》2005 年第 10 期；苏浩《泛美卫星公司税案与跨国营业利润和特许权使用费的界分》，《武大国际法评论》2004 年第 00 期。该案系北京法院 2002 年十大民告官案件，北京法院首起外资企业状告税务局行政诉讼案件。

星公司签订《合作协议》，约定由泛美卫星公司提供卫星频道服务，中央电视台借泛美卫星公司提供的特定卫星频道将其卫星信号转播到南美洲、亚太平洋之特定区域，作为对价，中央电视台付给泛美卫星公司"服务费"。北京国税局涉外分局对其收入按照《中美税收协定》之"特许权使用费"扣缴税款，以中央电视台为扣缴义务人。税企发生争议后，卫星公司起诉税务机关，要求确认其所收服务费用是积极收入（营业收入），而非收取"租金"或者"特许权使用费"等消极收入，加之卫星公司在中国无常设机构，因此，根据《中美税收协定》第七条第一款之规定①，中国税务机关无税收管辖权。

（二）争论焦点。该案自北京市第二中级人民法院一审再到北京市高级人民法院二审，双方争议焦点是：谁在使用卫星②？卫星公司所得究竟系积极收入还是消极收入？其收入究竟是租金③还是特许权使用费④？中

---

① 《中美税收协定》第七条第一款："缔约国一方企业的利润应仅在该缔约国征税，但该企业通过设在缔约国另一方常设机构在该缔约国另一方进行营业的除外。如果该企业通过设在该缔约国另一方的常设机构在该缔约国另一方进行营业，其利润可以在该缔约国另一方征税，但应仅以属于该常设机构的利润为限。"

② 根据民商法对《中美税收协定》中"使用"一词的分析解释，参见龙英锋《再论 ABC 卫星公司税收案》，《涉外税务》2005 年第 1 期。

③ 根据民商法对"租赁"交易法律关系特征进行分析，参见滕祥志《泛美卫星公司涉税案再探讨》，《税法实务与理论研究》，法律出版社 2008 年版。

④ 《中美税收协定》第十一条英文表述如下：Article 11: 3. The term "royalties" as such in this Article means payments of any kind received as a consideration for the use of, or the right to use, any copyright of literary, artistic or tapes used for radio or television broadcasting, any patent, technical know—how, trademark, design or model, plan, secret formula or process, or for the use of, or the right to use industrial, commercial or scientific equipment, or for information concerning industrial, commercial or scientific experience。可见，中美双边协定中的"特许权使用费"（"royalties"）包含机器及工业设备的"使用"或者"有权使用"所支付的费用，这在我国税法当中即是"租金"。关于"使用"系指对有形物的直接管领和使用，二"有权使用"是对无体物或者相关权利的有权使用，参见张靛卿、刘景玉《涉外税收行政纠纷法律适用研究——泛美卫星国际系统有限责任公司诉北京市国家税务局对外分局第二税务所代扣代缴预提所得税决定案法律问题研究》，北京市高级人民法院编《审判前沿：新类型案件审判实务》（总第 7 集），法律出版社 2005 年版，第 60—71 页。《中美税收协定》第十一条第二款之规定表明，中国税务机关有权对泛美卫星公司所获"特许权使用费"收入课税。参见 Article 11: 2. However, such royalties may also be taxed in the Contracting State in which they arise and according the laws of the contracting State。

国税务机关是否有税收管辖权？国家税务总局针对该案，也先后发出两个文件，第一份文件为国税发〔1998〕201号《国家税务总局关于外国企业出租卫星通讯线路所取得的收入征税问题的通知》①，着重解决双方交易定性问题，确定泛美卫星公司的所得性质为"租金"所得，即"属于《中华人民共和国外商投资企业和外国企业所得税法》（以下简称税法）实施细则第六条规定的来源于中国境内的租金收入，应依照税法第十九条的规定计算征收企业所得税。"此文件系给交易定性并在此基础上对收入定性，进而解决税收要件之税收客体问题。

（三）国税发〔1998〕201号之评论。首先，国税发〔1998〕201号适用国内税法对所得进行定性，其解释路径为："国内税法—交易定性—租金"；接着，国税函〔1999〕566号则首先适用《中美税收协定》对所得性质进行解释，其分析路径为："国际法—特许权使用税—税收管辖权—国内税法—租金。"应该说，前者的解释抓住"交易定性—收入定性—应税所得"的路径，在论证上并无错误，只是没有解决税收管辖权的问题，显得无的放矢。由于在中国境内并没有常设机构和住所，泛美卫星公司不属于我国税法的居民纳税人，国税函〔1999〕566号的解释基于国内税法，并没有能够明确回答税收管辖权的问题，或者在税收管辖权方面显得有点说理不力，而原告代理人坚持认为该国税函不当扩大了中国的税收管辖权，违反了税收法定主义。② 其否认我国税收管辖权的

---

① 《国家税务总局关于外国企业出租卫星通讯线路所取得的收入征税问题的通知》（国税发〔1998〕201号）现已全文失效，国家税务总局网站，http：//202.108.90.178/guoshui/action/GetArticleView1.do？id＝3661&flag＝1，2010年3月9日。《国家税务总局关于外国企业出租卫星通讯线路所取得的收入征税问题的通知》（国税发〔1998〕201号，全文废止）表明："近期，一些地区询问，外国公司将其所拥有的国际通信卫星等通信线路租给我国用户使用，其所取得的收入是否征税，要求总局进一步明确。经研究，现明确如下：外国公司，企业或其他组织将其所拥有的卫星、电缆、光导纤维等通信线路或其他类似设施，提供给中国境内企业，机构或个人使用所取得的收入，属于《中华人民共和国外商投资企业和外国企业所得税法》（以下简称税法）实施细则第六条规定的来源于中国境内的租金收入，应依照税法第十九条的规定计算征收企业所得税。"

② 陈端红：《电视信号卫星传输所得涉外税收中的法定主义》，百度文库，https://wenku.baidu.com/view/d0baf466a2116c175f0e7cd184254b35effd1a1a.html，2022年8月28日。

思路如下："租赁物在外层空间—客户未使用租赁物—不属于租金—而属于积极营业利润—中国无管辖权。"应该说，原告论证思路之错误在于前半部分。其错在于没有抓住泛美卫星公司的主体特征不属于"居民纳税人"，因而没有解决税收管辖权的问题，而该案的争议焦点不在于交易定性，在于确定中国税务机关是否具有税收管辖权。

（四）管辖权之确定。针对同一事实，国家税总又发出另一份函复，对同一交易行为做出不同的定性，此即国税函〔1999〕566号①。前后两份行文是否矛盾？国税发〔1998〕201号文为何要全文失效？② 实际上，因为我国《合同法》未禁止无体物的租赁，因此，该合同满足民法上租赁合同的所有构成要件（转移占有、支付对价、约定维修费用、期满返还），中央电视台所付泛美卫星公司的"租金"对价的确属于民法上的租金，根据法统一性的原理，民法上的交易性质为租赁，故泛美卫星公司之所得应定性为租金，因此，国税发〔1998〕201号文在和认定事实（交易定性）上没有错误，但在适用法律环节则存在问题。③ 本案在法律适用方面，应首先选择适用双边税收协定，因为我国税收征管

---

① 《国家税务总局关于泛美卫星公司从中央电视台取得卫星通讯线路租金征收所得税问题的批复》（国税函〔1999〕566号）："北京市国家税务局：……现批复如下：泛美卫星公司承诺通过提供其固有的卫星设施进行电视信号转发而从中央电视台取得的全部定期费用（包括服务费和设备费等），属于《中华人民共和国和美利坚合众国政府关于对所得避免双重征税和防止偷漏税的协定》（以下简称中美税收协定）第十一条规定的'使用或有权使用工业、商业、科学设备或有关工业、商业、科学经验的情报所支付的作为报酬的各种款项'和《国家税务总局关于外国企业出租卫星通讯线路所取得的收入征税问题的通知》（国税发〔1998〕201号）规定的'外国公司、企业或其他组织将其所拥有的卫星、电缆、光导纤维等通信线路或其他类似设施，提供给中国境内企业、机构或个人使用取得的收入。'对其应依照中美税收协定和《中华人民共和国外商投资企业和外国企业所得税法》第十九条的规定计算征收企业所得税。"

② 国税发〔1998〕201号现已全文失效，税屋网，https：//www.shui5.cn/article/eb/15605.html，2022年8月28日。

③ 认定事实与适用法律是两个相互关联又有区别的环节，二者的规则不一样。参见滕祥志《泛美卫星公司涉税案再探讨》，《税法实务与理论研究》，法律出版社2008年版。关于本案的适用法律问题，另参见翟继光《从泛美卫星案看中美双边税收协定的国内法适用》，《涉外税务》2006年第2期。

法对此有专门规定。^① 显然，国税发〔1998〕201 号没有从根本上解决税收管辖权的问题，系该文之纰漏所在。不过，由于其后的国税函〔1999〕566 号文的论证思路^②为："国际法—特许权使用税—税收管辖权—国内税法—租金"，该论证逻辑严谨且清晰明了，既有效地解决了税收管辖权的问题，也解决了所得性质即所得定性问题，其论证思路优于前者。

（五）小结：关键在交易定性。交易定性在确定经济交易主体的税收义务之归属方面，有不可替代的作用，租金、特许权使用费等消极收入，依照国际税法之规则，东道国当拥有税收管辖权，根据税收协定，积极营业收入在来源地国不征税，但公司在该国有常设机构的除外。^③而且，从性质上看，该案的争议焦点是交易定性以及由此引起的涉外税收管辖权争议，而交易定性的确定必须遵循实质课税的理念，以交易的实质代替交易的形式或者名称的"实质标准"认定为妥，与原告律师所指责的"违背税收法定主义"实不相关。当然，泛美卫星公司涉税案引发的其他税收实体法和程序法问题，本文未作详尽讨论，但是，笔者认为，确定税收管辖权的基础还是交易定性，而交易定性既是税法与民商法的交叉领域，也是国内税法与税收协定的交集领域，系实质课税

---

① 《中华人民共和国税收征收管理法》（中华人民共和国主席令〔2001〕第 49 号，条款修订）第九十一条规定："中华人民共和国同外国缔结的有关税收的条约、协定同本法有不同规定的，依照条约、协定的规定办理。"有论者认为，这种规定并不符合法理，即绝无优先适用双边税收协定的法理依据。国内税法应优先适用，因国内税法系经议会审议批准生效，而双边协定系经政府部门签署，在程序上一般未获得议会的审议核准，故在法理上不具备优先适用的效力。

② 涉外税案适用法律的一般路径分析，参见陈延忠、任婕茹《从泛美卫星公司税案看国际税收协定的解释》，《涉外税务》2005 年第 10 期。但该文分析的"国内税法对所得归类——双边协定对事实充归类——国内税法之课税要素（应税所得或者税率）是否受到国际税法限制"税法适用路径，尚欠充分论证，不足为取。笔者认为，国税函〔1999〕566 号文的论证思路可取。

③ ［美］罗伊·罗哈吉：《国际税收基础》，林海宁、范文祥译，北京大学出版社 2006年版，第 490 页。

理念施展的空间或领地。本案提出的其他问题是：交易定性应以收入来源国的民商法和税法为准，还是以双边税收协定为准？国际惯例和原则对内国的税法之约束力如何？

二 外资股权收购案①

（一）案情简述。在一起外资股权并购案中，股权标的企业是在我国天津设立的中外合资经营企业，但股权转让和受让方均为境外离岸公司，转让方系毛里求斯共和国居民企业，受让方为百慕大群岛居民企业，此项交易在境外完成，根据双方所签《股权出售与购买协议》，该项股权转让交易将产生收益813万美元。因新《企业所得税法》规定②，转让股权的两家企业虽为外国非居民企业，且转让行为发生在境外，但转让标的系我国境内居民企业股权，境外企业取得的该项股权转让所得，系来源于中国境内的权益性投资资产转让所得，应在被投资企业所在地纳税，即所得来源地纳税，税务机关遂与外资企业进行约谈。

（二）抗辩要点。转让人抗辩：其在毛里求斯共和国注册，根据中国与毛里求斯共和国的《双边税收协定》（以下简称"《中毛税收协定》"）第十三条关于"财产收益"（CAPITAL GAINS 实为"资本利得"）③ 规定，此项财产转让收益应适用第五款"转让第一款至第四款所述财产以外的其他财产取得的收益，应仅在转让者为其居民的缔约国征税"，即在毛里求斯共和国完税，并提交了毛里求斯共和国的居民身

---

① 孙文胜、古立杰、冯培进：《突破管道公司避税围栏》，《中国税务报》2010 年 2 月 5 日第 7 版。

② 《中华人民共和国企业所得税法》第三条第三款规定："非居民企业在中国境内未设立机构、场所的，或者虽设立机构、场所但取得的所得与其所设机构、场所没有实际联系的，应当就其来源于中国境内的所得缴纳企业所得税。"但该法第五十八条规定："中华人民共和国政府同外国政府订立的有关税收的协定与本法有不同规定的，依照协定的规定办理。"

③ Capital Gains 实为"资本利得"，参见［美］罗伊·罗哈吉《国际税收基础》，林海宁、范文祥译，北京大学出版社 2006 年版，第 633 页。因资本利得税之大部分被我国"财产转让"税涵盖，故《双边协定》之汉语文本译成"财产收益"。

份证明，要求享受协定待遇。《中毛税收协定》第十三条第四款"转让一个公司财产股份的股票取得的收益，该公司的财产又主要直接或者间接由位于缔约国一方的不动产所组成，可以在该缔约国一方征税"，即中国拥有征税权。如果达不到50%，才适用《中毛税收协定》第五款，由毛里求斯共和国征税。调查人员立即详细计算了该公司账面上的不动产比例，计算出的结果竟然是49.8%。显然，转让方已经对涉税企业的股权和资产进行精心筹划，以便享受适用《中毛税收协定》和财产转让收益在居民国纳税的税项利益。

（三）调查取证。由于交易双方系非居民企业，股权协议签署和资金交割均在境外进行，转让和受让方勿须向税务机关申请"售付汇凭证"，税务机关就失去了开具售付汇凭证这道"防火墙"，没有售付汇限制，双方随时可以付款完成交易。此时，工商变更登记在即，外方要求将股权过户登记，如果不能准确判定该项交易的税收管辖权，交易结束后，税务机关只能依照《企业所得税法》的规定从毛里求斯控股公司在中国境内其他收入项目中追缴，实践中，对于一个未在我国设立机构或场所的非居民企业来说，这种追缴手段殊难奏功。税务机关遂经继续调查取证发现：（1）通过该公司先前的售付汇申请资料，发现其与两家设立在美国的总部签订了《技术支持和许可协议》（以下简称《协议》），根据《协议》该企业分别按照出售许可产品的净销售额的1%和0.5%向两家美国总部支付特许权使用费。（2）《协议》要求该公司按照美国的工时和标准生产，且在两家美国总部派遣技术人员的监督下进行，产品需美国总部测试合格后认可。（3）经核对该公司历年汇算清缴资料申报的关联交易，其购销业务大部分由美国总部安排，交易频繁而且金额巨大。（4）最重要的是，经审核该企业设立之初文件，其《合资经营企业合同》载明："合资企业的外方股东，毛里求斯的控股公司是一家由美国某公司独资，依毛里求斯共和国法律设立的公司。"该企业设立资料足以认定，美国总部对其全资子公司（毛里求斯控股公司）拥有绝对控制权，此项财产转让收益之最终受益人是美国总部。

（四）经济实质。从《合资经营企业合同》看，外方股东某毛里求斯的控股公司，系美国某公司之独资公司，属于美国公司之关联和全资控股公司；从外资公司的业务操控和管理过程看，其实际管理中心和利益中心均系美国公司；从本次股权转让和受让的两家公司看，其实质系美国的两家总部公司之间的股权交易，设立在毛里求斯和百慕大群岛的公司实为管道公司，设立管道公司旨在获取税收利益。鉴此，应将此次交易之主体视同美国公司取得在中国的股权转让所得，撇开形式上的股权转让交易各方，从管理中心和利益中心的角度审视此次交易的实质，税务机关认定，此次交易实质系美国公司获得从中国股权转让所得，根据《中美税收协定》第十二条第五款①的规定，应由中国征税。税务机关认定，两家企业在股权交割支付款项时，应由转让方在中国纳税或支付方代扣代缴。美方表示需研究中国税务局的意见并咨询中介机构后答复。作为大型的跨国公司，其聘请了国际知名的会计公司，故税务机关做好了应对艰苦谈判的准备。然而出人意料的是，第二天就得到了美方的答复，同意在中国纳税，由受让股份的一方在支付转股款时代扣代缴税款550余万元。

（五）简评。本案的蹊跷之处在于，转让方和受让方虽在国际避税地设立管道公司，但其100%股权实由美国母公司掌控，故，此次股权交易之实际利益享有者和管理决策中心均为美国公司，故美国公司有来源于我国的股权转让所得，且该股权转让比例恰好占标的企业的25%以上，故可以适用《中美税收协定》第十二条第五款的规定，中国税务机关拥有管辖权。从本质上看，中国税务机关通过控股比例、生产决策、产品控制、关联交易和利润流向综合判断，将两个设立在避税地

---

① 《中美税收协定》第十二条第五款规定："转让第四款所述以外的其他股票取得的收益，该项股票又相当于参与缔约国一方居民公司的股权的25%，可以在该缔约国征税。"

的企业之间的股权转让视为其独资控股的两个美国公司之间股权转让，实质性地突破了公司的法人面纱构筑的有效防御体系，直接将经济利益的归属主体实质性地揭示出来，并以经济利益的实质归属主体决定双边税收协定的连接点，然后根据该连接点直接适用《中美税收协定》而非《中毛税收协定》，求解中国税务机关的税收管辖权。但是，这种刺破法人面纱直接探求利益归属主体的限度何在？值得探讨。有一点可以肯定，这种以利益直接归属主体确定税收行为主体的方法，的确属于实质课税原则的内在含义。① 从案件的处理效果看，达到了预期目的。

第三节　交易定性与税收核定

一　《税收征管法》第三十五条之法理

（一）税收核定概念。税收核定是指在纳税人不能准确提供纳税资料等情况下，税务机关根据税法的规定，不根据直接资料而根据间接资料认定课税要件事实。法律上的推定是指当基础事实存在时，必须假定推定的事实存在，除非另有证据推翻假定事实。顾名思义，推定是从一定的前提事实出发，推断出假定的事实。税收核定作为一种补充手段，旨在弥补常规申报和征收的不足。在常规申报纳税情况下，法律推定纳税人为诚信申报，故税务机关一般不启动稽查程序，不存在税收核定的问题。但是，当税务机关发现，纳税人具有"账簿瑕疵""申报瑕疵"

---

① 虽然本案达到了"反避税"的效果，但本文在此不直接用"反避税"这个术语。笔者认为，这个术语本身欠缺理论性，它代表了一种政策取向，不具有内在的法理力量。而实质课税理论则与此相反，具有税法之内在依据和法理论证空间。"反避税"代表了一种国家力量和强大威权施加的压力，而实质课税则与此相反，它试图提供一种理论力量，使人心悦诚服。在本案，美国企业及其聘请之著名国际会计公司究竟是慑于"反避税"压力还是服膺于中国税收管辖权认定和推理当中所蕴含的内在法理？不得而知。

"计税依据瑕疵"或"违反独立交易原则"行为时①，税务机关可以依法启动税收核定程序，核定其应纳税额（课税要件事实），或按照一定的规则和程序对交易价格或计税依据进行纳税调整。由于税收核定仅仅针对课税要件事实，属于事实认定范畴，而不属于创设课税要件，故不与税收法定主义相冲突。

（二）税收核定前提。税收核定启动的前提是《税收征管法》第三十五条、第三十六条和第三十七条②、《营业税暂行条例实施细则》（2008修订版）第二十条及新《企业所得税法》第四十一条之规定。当然，增值税法、消费税法、关税等皆有涉及计税价格和交易价格税收核定之相关规定。其中，《税收征管法》第三十五条第一款为"依法不设置账簿"；第二至四款为"账簿瑕疵"；第五款为"申报瑕疵"；第六款及《营业税暂行条例实施细则》（2008修订版）第二十条为"计税依据瑕疵"。第三十六条及《企业所得税法》第四十一条为"交易瑕疵"（违背独立交易原则）；第三十七条为"未履行税务登记而从事生产经营"。其中，《税收征管法》第三十五条第一款"依法不设置账簿"之税法处置为"定额征收"。定额征收系税收核定之一，系指从征管效率考虑，依据不具备设置账簿的纳税人的申

---

① 《中华人民共和国税收征收管理法》第三十五条规定："纳税人有下列情形之一的，税务机关有权核定其应纳税额：（一）依照法律、行政法规的规定可以不设置账簿的；（二）依照法律、行政法规的规定应当设置账簿但未设置的；（三）擅自销毁账簿或者拒不提供纳税资料的；（四）虽设置账簿，但账目混乱或者成本资料、收入凭证、费用凭证残缺不全，难以查账的；（五）发生纳税义务，未按照规定的期限办理纳税申报，经税务机关责令限期申报，逾期仍不申报的；（六）纳税人申报的计税依据明显偏低，又无正当理由的。税务机关核定应纳税额的具体程序和方法由国务院税务主管部门规定。"其第三十六条规定："企业或者外国企业在中国境内设立的从事生产、经营的机构、场所与其关联企业之间的业务往来，应当按照独立企业之间的业务往来收取或者支付价款、费用；不按照独立企业之间的业务往来收取或者支付价款、费用，而减少其应纳税的收入或者所得额的，税务机关有权进行合理调整。"其第三十七条规定："对未按照规定办理税务登记的从事生产、经营的纳税人以及临时从事经营的纳税人，由税务机关核定其应纳税额，责令缴纳；……"。

② 《中华人民共和国营业税暂行条例实施细则》（2008修订）第二十条规定："纳税人有条例第七条所称价格明显偏低并无正当理由或者本细则第五条所列视同发生应税行为而无营业额的，按下列顺序确定其营业额：……"。

请，税企双方核定当年度应纳税额并按照核定的额度纳税的制度。在定额征收，纳税人亦然有税收申报的义务，税企双方根据纳税人当年度的实际收入额调整第二年度的税收定额，因此，纳税人如不据实申报，有可能导致虚假纳税申报和少缴税款的后果，而这恰前是《税收征管法》第六十三条之"偷税"的构成要件。① 而账簿瑕疵、申报瑕疵和未登记实际从事生产经营者，实际上有应税行为和应税所得，只是不能通过正常的会计计量准确和客观的记载，由于会计账簿资料掌握在纳税人手中，若纳税人无法提供准确的簿记资料，税法须启动税收核定程序予以应对，核定其应税要件事实，旨在对实质所得者予以课税。

（三）"征收不能"与"核实征收"之间。在常规征管程序中，纳税人有设置账簿并准确记载经济活动的义务，但是，在"账簿瑕疵"的场合，税务机关无法根据账簿所记载的原始资料查实征收，因此，税法赋予税务机关税收核定的职权，用以弥补"征收不能"的缺陷，以及平衡"征收不能"与"核实征收"之间的张力。对税收征管操作而言，诚信申报是基于诚实信用原则在税法领域的推定，而核实征收则是税收征管的一种理想状态，且核实征收也依赖于纳税人的诚信申报、如实设置账簿、客观记载经济交易，且交易定价符合独立交易原则，但这些理想状况并不一定始终呈现。相反，纳税人之"账簿瑕疵""申报瑕疵""计税依据瑕疵"或"违反独立交易原则"的行为始终客观存在，

---

① "陈德惠律师所偷税案"之二审判决当有再检讨的余地。笔者观点有所改变，现倾向于应认定该所涉嫌偷税，而税务机关的处理决定及一审法院的有罪判决，有事实和法理基础。论证思路简述如下：定期定额之下纳税人有再申报义务，此义务系法定；纳税人应如实申报，以便税企双方决定下一纳税年度的定额；陈德惠律师所未行申报更未如实申报，则对后续纳税年度的定额产生影响；律所未申报行为造成减少缴税款的后果。以前的论述，包括辩护律师的抗辩和检察官的指控，皆未涉及"再申报义务"，以及由此引出的"偷税"法律责任。有关案情背景及讨论参见滕祥志《全国首例律师涉税案法理评析》，《税法实务与理论研究》，法律出版社 2008 年版，第 99—116 页；熊伟《陈德惠律师事务所偷税案的几个法律难题》，《中国法学会财税法学研究会 2009 年年会暨第十一届海峡两岸财税法学术研讨会论文集》2009 年。

因此，税法规定纳税人在征管和稽查程序中负有协力义务①，违背协力义务者将承担不利后果。尽管如此，"账簿瑕疵"必导致核实征收客观不能，正是为避免"征收不能"的极端不公正，税收核定应运而生。因此，税收核定既不属于"核实征收"之理想状态，也不属于"征收不能"之不公状态。税收核定是这样一种制度安排：在纳税人满足诸多法定要件的前提下，税务机关对应纳税额和计税价格进行核定和调整，以便无限逼近应税事实之"客观事实"。在税收核定情况下，税务机关只需证明前提事实或基础事实的存在，即可依照法定程序做出核定或者调整；而纳税人不能举出反证证明税收核定不当的，税收核定之税收确认行为当具有拘束力。因此，税收核定可以理解为税收行政确认行为②，亦可以理解为一种税收证据规则。

（四）税收核定的法理基础。有学者认为，税收核定与核实征收相对应，前者偏离实质课税主义，故与实质课税原则无关，而后者则代表了税法所追求的实质正义，关涉实质课税原则。③ 笔者认为，核实征收恰恰是一种税收征管的"理想类型"，就像马克斯·韦伯所说的理想类型（Ideal Type）如三种权威类型④一样，纯粹为学术分析和研究方便从现实中抽象而来，在现实中未必有一种真实类型能与之一

---

① 纳税人和扣缴义务人的"协力义务"具体为，《中华人民共和国税收征收管理法》第六条规定："纳税人、扣缴义务人和其他有关单位应当按照国家有关规定如实向税务机关提供与纳税和代扣代缴、代收代缴税款有关的信息。"其第十七条规定："从事生产、经营的纳税人应当按照国家有关规定，持税务登记证件，在银行或者其他金融机构开立基本存款账户和其他存款账户，并将其全部账号向税务机关报告。"其第二十条规定："从事生产、经营的纳税人的财务、会计制度或者财务、会计处理办法和会计核算软件，应当报送税务机关备案。"其第五十六条规定："纳税人、扣缴义务人必须接受税务机关依法进行的税务检查，如实反映情况，提供有关资料，不得拒绝、隐瞒。"有关文献参见林淞《税收征管程序中的当事人协力义务研究》，硕士学位论文，厦门大学，2008年；李吟芳《纳税义务人协力行为之研究》，硕士学位论文，台湾政治大学，1995年。
② 刘剑文、熊伟：《税法基础理论》，北京大学出版社2004年版，第382页。
③ 黄茂荣：《税法总论——法学方法与现代税法》（第二册），台湾植根法学丛书编辑室2005年版，第204—206页。
④ ［德］马克斯·韦伯：《经济与社会》（上、下卷），林荣远译，商务印书馆1997年版，第238—242页。

一对应。古今中外，做到真正客观的核实征收而与实际毫无差错，从现有征管技术和制度设计看，几乎不能奏功，原因在于，既有征管效率和成本的制约，也有纳税人心态和税收遵从度的制约，还有法律制度和技术本身的制约。法律的固有漏洞、纳税人的避税心态和征管成本的算计，都决定了现实中的征管只能无穷逼近客观真实，而永远达不到核实征收。核实征收无疑是一种典型的甚至是极端的实质课税主义，但是，承认现有征管制度和税法技术的缺欠，承认人的理知能力和智慧的局限，就势必承认某种特定情况下的税收核定权，依赖核定程序规则尽可能逼近客观真实，允许纳税人用相反的证据链条推翻税收核定，在税法制度和证据法上，体现了人性、制度和技术缺陷前提下的实质课税。正是税收核定中蕴含的实质课税的理念①，支撑起账簿瑕疵、申报瑕疵、交易瑕疵、账簿设置不能和未经税务登记而实际经营情况下的税法介入，且这一税法介入既要遵循正当程序，满足证据法则，还要兼顾实质公正，以便对实质所得者予以课税，笔者将之称为"中道实质课税主义"。离开了实质课税的理念支撑，税法中的税收核定（包括纳税调整）制度就失去了根基。可以看出，在税收核定的制约因素或前提条件中，绝大多数是账簿瑕疵、申报瑕疵和交易瑕疵，这些瑕疵中未必每种情形都必然包含或仅仅出于纳税人恶意避税的动机，因此，账簿瑕疵也好，申报瑕疵也好，交易瑕疵（计税依据瑕疵）也好，账簿设置不能也好，有可能与恶意避税的主观动机无关，因此，税收核定（含纳税调整）制度在法理依据上，应从实质课税和实质正义的层面得到论证，而不能从反避税视角

---

① 税收核定与实质课税关联讨论之国内文献参见程灿烂、唐剑《论推定课税在税收征管中的适用》，《湖南科技学院学报》2010 年第 7 期；王惠《推定课税权制度探讨》，《法学家》2004 年第 3 期，脚注第（8）："笔者认为，从本质上说，广义的推定课税包括实质课税，因为他们都是税务机关在无明确课税依据的情况下作出的具有主观推断性的税务认定，因此笔者将有关关联企业避税的规定既视为实质课税的规定也视为推定课税的规定"。截至 2022 年 8 月 28 日，知网对于德发案件的讨论，共有 14 篇论文，知网，https://kns-cnki-net-s.ra.cass.cn：8118/kns8/defaultresult/index。

论证。① 前者是税法内在法理的视角，后者是国库主义的视角。

二　税收核定案例实务②

（一）案情简介。2008 年，某税务机关主管稽查的领导咨询律师：最近审理一个关联企业税案在对《税收征管法》第三十六条的理解上把握不准，且曾经给全国人大、总局、省局都发过帖子，但均未得到回复。案情是这样的：甲企业生产一种产品，唯一的销售对象是自己的控股企业，其销售价格在控股企业与外商所签销价基础上下浮 5% 作为销售费用给控股公司，因控股公司所在地的所得税税率只有 15%，甲企业所在地为 33%。税务稽查局认为甲企业未按独立企业之间业务往来支付价款，应调整应税收入和应税所得。现在的问题在于怎样理解《税收征管法》第三十六条。《税收征管法》第三十六条中"不按独立企业之间业务往来收取或者支付价款、费用，……"其"不按独立企业之间"怎么界定？以下有几种比较方法，不知用哪种合适：（a）甲、乙（属关联企业）间的收付活动与甲、丙（非关联企业）间的收付活动进行比较；（b）甲、乙（非关联企业）与丙、丁（非关联企业）比较；（c）甲、乙（关联企业）与乙、丙（非关联企业）比较。

（二）抉择之标准。实务中的问题有时非常生动，千奇百怪。就本案而言，甲、乙之间系关联企业，而甲丙之间、乙丙之间、丙丁之间均

---

① 核定的税款是否能定性偷税？在故意销毁账簿的场合，税务机关依法核定税款可以定性偷税，从证据法理看，直接证据和间接证据均可以证明待证事实，核定是运用间接证据的方法推定应纳税额，因此，若推定本身没有瑕疵，且间接证据之间能够形成链条，则可适用《中华人民共和国税收征收管理法》第六十三条之"偷税"规定。赞同意见参见李刚《核定征收的税款能否定性偷税》，厦门大学国际税法与比较税制研究中心网站，http://citact-xmu.com/plugin.php? mid=12&hcid=18&tid=796，2010 年 4 月 6 日。反对意见参见《稽查局能不能核定税款后再按偷税处罚？》，北京市地税局开发区分局网站，http://kaifaqu.tax861.gov.cn/jcyd/zcxc.asp? more_id=1101331，2010 年 4 月 6 日；《核定征收的税款能否定性偷税》，会计家园，https://www.mykuaiji.com/post/15711.html? channel=fdxm530，2022 年 8 月 28 日。

② 此处限于篇幅，不详细讨论德发案件，详见最高人民法院行政判决书（2015）行提字第 13 号。

为独立企业。实务中上述甲丙之间、乙丙之间、丙丁之间的交易定价有可能相同（差距不大），也有可能差距很大，这就涉及自由裁量的问题，以及自由裁量的规制问题。目前关于自由裁量权及其规制的论述汗牛充栋，但是少见讨论深入到具体规则、程序和技术的领域。税收核定的确有其独特的技术问题，既要体现实质所得者课税的原则，又要在自由裁量权和保护纳税人权利之间保持平衡。笔者认为，从税法的角度，只要是独立企业之间的交易定价就可以作为税收核定的参考价格，因此，甲丙之间、乙丙之间、丙丁之间的交易定价均可以作为税收核定参考价。本案中，甲乙之间的交易定价明显比甲丙（甲公司与外商企业）之间的定价低 5%，其定价显属异常，由于控股公司位于低税率地区，这种低成本转让定价作为利益输送和利润转移的手段，不符合"独立交易原则"，依据《税收征管法》之相关规定，对其交易定价可依法进行税法调整。税务机关最终采取何种定价作为非独立企业之间的交易定价税收核定的参考价，需要结合具体案情、当事人的声辩和陈述、同时其核定还须受到"无罪推定""举证责任"[1]、比例原则、正当程序原则等行政法原则的约束，最终达成税法实质正义。

第四节　交易定性与合同变动[2]

一　合同无效的税法考量

（一）案情简介[3]。A 和甲系表兄弟。1999 年 6 月 A 于北京购得某

---

① 刘继虎：《论推定课税的法律规制》，《中国法学》2008 年第 1 期。该文涉及推定的无罪推定、举证责任等问题，但未讨论行政法基本原则对税收推定的规制问题。笔者认为，在故意销毁账簿的场合，税务机关如何行无罪推定之情怀并核定课税？

② 合同的变更、转让和终止构成合同变动。参见杨小强《合同变动的税法适用》，杨小强、叶金育《合同的税法考量》，山东出版集团、山东人民出版社 2007 年版，第 84—110 页。笔者认为，合同的无效、撤销、变更、转让和终止均构成合同变动，与合同正常履行之终止相对应。限于篇幅和时间，本书仅讨论合同无效的税法评价问题，其他问题容后讨论。

③ 案例来源：《从无效民事行为看征税对象的确定》，刘剑文主编，《财税法学案例与法理研究》，高等教育出版社 2004 年版，第 157—163 页。

处房产（非普通住房），但 11 月房产证尚未办妥，A 出国承担某研究项目，于是，A 委托甲代为办理房产证并代为保管该房产。2000 年 9 月甲乙签订房屋买卖合同，约定甲以 60 万元的价格将该房产转让给乙，乙在 3 个月内支付价金。乙支付价款的 50%后，甲应将该房产交付给乙，并办理房产转移手续。在乙支付全部价款后，甲应将房产转移证明及相关的证明文件交给乙。合同签订后，甲、乙按合同的约定全部履行了合同。甲以 A 代理人的名义办理了过户手续，将产权转移给乙。乙取得房屋的产权证明。房产转移后，甲缴纳了土地增值税和印花税，乙则缴纳了契税和印花税。2001 年 10 月 A 回国，向甲主张返还该房产，甲以房产已转让为由拒绝，A 遂起诉甲返还房产。法院经审理认为甲无处分权，甲与乙之间的房屋买卖合同无效，但甲已将房产交付给乙并办理了房产转移登记手续，其房产所有权转移有效，A 无权要求乙返还该房产。法院判定乙取得房屋的所有权，甲应将转让房产所得的价款返还给 A。

（二）争议焦点。乙认为其与甲订立的合同无效，因此并无纳税的义务，于是要求税务机关返还其所缴纳的税款。甲则提出，他并非房产的所有权人，在房屋买卖合同被认定为无效后，房屋产权转移的事实与他无关，房产转让的相关纳税义务的承担者应为 A，他并无纳税义务，因此，甲要求税务机关返还其已缴纳的税款。A 则认为，甲缴纳税款是基于其与乙签订的房屋买卖合同，税款征收是针对该债权行为。房屋产权转让并不是依据该买卖合同，因此，A 对因签订该买卖合同而发生的纳税义务不应当承担责任。税务机关则认为，房屋转让的相关税种其征税对象是房屋产权转移这一物权行为，而不是针对债权行为。尽管甲、乙间的房屋买卖合同被认定为无效，但房屋产权仍为乙所取得，产权已发生了转移。基于该房产权变更的事实，税务机关有权征税。各方就此发生争执，税务机关拒绝返还税款，A 拒绝缴纳税款。

（三）征税环节。征税环节也即何时产生纳税义务，税法对房产转让交易行为实施营业税、土地增值税、契税、印花税等税法规制。一如前述，营业税系对销售不动产等行为征税，由于不动产转让在民法可抽象为签订转让合同和过户登记两个环节，亦即不动产转让债权行为和物权行为两个环节。不动产转让系复杂交易，包括从签约、预售登记、预付款、按揭、交房、登记等诸多环节和流程，根据我国营业税法，营业税系在债权行为（及其收款行为）环节①征收，即在签约环节收到定金、预收款或房款时即成立税收债权，并非在产权过户登记行为环节征收。契税之征税环节亦在签订房产或者土地转让合同的当天，②纳税人持契税完税证明，依法到房地产管理部门办理房产或土地权属变更登记手续。③土地增值税的征税环节亦在合同签订之时，房地产转让人（纳税人）应当自转让房地产合同签订之日起七日内向主管税务机关办理纳税申报，并在税务机关核定的期限内缴纳土地增值税。纳税人未缴纳土地增值税的，土地管理部门、房产管理部门不得办理有关的权属变更手续。④印花税亦然在签订合同环节缴纳。可见，现行不动产转让税皆为签订合同环节征收，即对民法所谓债权行为征收营业税、土地增值税、契税、印花税。个人所得税在取得现实所得时征收。

（四）合同无效与税法评价。本案法院判决甲、乙之间买卖合同无效，但房产转移有效，乙合法取得房产权。在买卖合同无效，而乙合法

① 《中华人民共和国营业税暂行条例》（中华人民共和国国务院令第136号，1993年1月26日国务院第十二次常务会议通过）第九条规定："营业税的纳税义务发生时间，为纳税人收讫营业收入款项或者取得索取营业收入款项凭据的当天。"《中华人民共和国营业税暂行条例》（国务院令第540号）第十二条规定："营业税纳税义务发生时间为纳税人提供应税劳务、转让无形资产或者销售不动产并收讫营业收入款项或者取得索取营业收入款项凭据的当天。国务院财政、税务主管部门另有规定的，从其规定。"《中华人民共和国营业税暂行条例实施细则》（财政部令第52号）第二十五条规定："纳税人转让土地使用权或者销售不动产，采用预收款方式的，其纳税义务发生时间为收到预收款的当天。"

② 《中华人民共和国契税暂行条例》（中华人民共和国国务院令第224号）第八条规定："契税的纳税义务发生时间，为纳税人签订土地、房屋权属转移合同的当天，或者纳税人取得其他具有土地、房屋权属转移合同性质凭证的当天。"

③ 《中华人民共和国契税暂行条例》（中华人民共和国国务院令第224号）第十条、第十一条。

④ 《土地增值税暂行条例》（国务院令第138号）第十条、第十一条、第十二条。

取得房产权的前提下，税法的判断依据即税收要件是否构成、纳税人是否因合同交易取得经济交易之经济利益。如果是，法院对合同无效的判定，对税法就税收构成要件的判定不产生直接约束或者影响。简言之，无效归无效，征税归征税，无效而至合同利益恢复原状的，纳税人产生税款退还请求权，合同利益已经实现，纳税人具备负税能力，应实质课税，这就是实质课税原则的基本内涵。具体本案，法院显然将甲看成 A 的代理人，甲、乙之间的转让看成甲代表 A 转让，而乙则视同善意第三人。法院的这一认定是否有事实和法律基础？姑且不作深入讨论。但是根据《合同法》第五十一条的"无处分权他人财产致合同无效"规则①，房产转让合同被认定无效。理应适用《合同法》第五十八条之"恢复原状规则"，乙不能得到诉争房产权。考虑到诉争和判决当时《物权法》尚未出台，但法院却认定过户登记有效，乙合法获得房产权，匪夷所思。就本案税法问题而言，税法评价当以法院判决（买卖合同无效而房产转移有效）为起点。已如前述，房产权属转移之相关税收均在签订合同环节征收，系指纳税义务发生时间标准而言，而营业税、土地增值税、契税和印花税皆对房产转让行为征税，其征税对象系房产转移行为，因此，即便本案法院判决甲乙之间签订的买卖合同无效，但是，就房产转移而言，在经济事实上已经既定，法院亦然不支持原房主 A 之"返还房产"的诉讼请求，故税收客体已经成就，转移房产之纳税义务即已发生。税务机关认为房产转移相关税收系对"物权行为"征税，而非对"债权行为"征税，符合相关税法规则。所谓对"物权行为"征税，是指税收客体乃"房产转移"之行为，所谓对"债权行为"征税系对"税收债权"成就时间而言，税法选择在"债权行为"环节征税，旨在征管效率和税收规避防杜。由于在房产过户转让环节，相关主体已经缴纳土地增值税、

---

① 笔者认为，善意第三人纯粹出于法学的抽象和理论概括，也即法学上的"理想类型"（Ideal Type），在法律实践的现实中根本不能成立。真正的不知情者或者善意第三人十分鲜见。在当今联系日益紧密的前提下，只需做适当的尽职调查，便可知代理权是否成立，无论是夫妻互相代理抑或一般代理，皆极容易核实。债权合同既然无效，但房产转让则反而有效，似不合逻辑，且对原房主不利益。笔者非专攻民商法，在此对民法理论不作深入置评。

契税、印花税等，故已经缴纳的税款税务机关无权退还，甲缴纳的税款系代原房主 A 缴纳，税务机关之收取税款为纳税主体之代理人代缴，故在甲和 A 之间产生代缴税款之债权关系，甲有权向 A 主张金钱（税款）返还，而无权向税务机关主张退还税款，否则违背诚实信用原则；而乙实际取得房产，其缴纳的印花税、契税系取得房产之税法负担，理应依法缴纳，不符合"税款退还请求权"的前提条件。

（五）小结。合同无效的税法评价之实例所在多有。[①] 在合同无效或者撤销的情况下，如果当事人之间因交易取得的经济利益并未恢复原状，这时税法应该实施评价，以税法要件是否满足为据征收税款。一旦交易的经济利益完全恢复原状，交易双方因交易取得的经济利益不存在，则当事人取得"税款退还请求权"。

二　非法收入的可税性[②]

（一）实例简介。[③] 1996 年，广州市及沈阳市地税部门先后发文对一些娱乐场所的陪唱人员、服务人员的服务所得征收个人所得税。这逐

[①]　案例参见李刚、王晋《实质课税原则在税收规避治理中的运用》，《时代法学》2006 年第 4 期。案情：杨某与某酿酒厂签订买卖合同，销售的白酒被认定为假冒国内某名牌白酒注册商标，合同被认定无效，但是白酒已经销售。国税稽查局经调查确认：酿酒厂当时销售的该批冒牌白酒没有在纳税申报表上反映，构成偷逃增值税和消费税。税务机关除责令酿酒厂补缴税款外，还对酿酒厂处以偷税额一倍的罚款。税务机关对某酿酒厂征收增值税、消费税的依据，是该酿酒厂销售白酒并取得销售收入。购销合同虽然无效，但白酒已经销售，双方当事人无法相互返还财产，购销合同实际上已经作为有效合同履行完毕，酿酒厂确实取得销售收入，无效合同所发生的经济效果持续存在，即酿酒厂的资产取得了增值，应当缴纳增值税、消费税，其纳税义务不受购销合同被判决无效的影响。税务机关对其征税的法理即为实质课税原则。

[②]　刘磊：《关于税收"所得"概念的评价与分析》，《扬州大学商学院学报》，1995 年第 5 期；熊伟：《非法所得的可税性》，《财税法论丛》2004 年第 3 期；王玮：《应税所得的合法性》，《财税法论丛》2004 年第 3 期；翟继光：《也论非法所得的可税性——非法所得课税问题争论之误区》，《河南河南省政法管理干部学院学报》2007 年第 3 期。

[③]　案例参见刘剑文《非法收入，实质课税》，中国财税法网，http：//www.cftl.cn/ArticleInfo.aspx？Aid＝45894&LevelId＝002002001002，2024 年 9 月 18 日；申继乐《非法收入可税性之案例分析》，硕士学位论文，华东政法大学，2016 年；王治《非法收入可税性研究》，硕士学位论文，兰州商学院，2012 年。

渐引起了社会各界对非法收入征税问题的关注，越来越多的人开始思考非法收入的可税性问题。2006 年 1 月 12 日，财政部、国家税务总局联合发布了《关于加强教育劳务营业税征收管理有关问题的通知》，该通知明确指出，赞助费、择校费不属于免征营业税的教育劳务收入，应按规定征税。一石击起千层浪，财税〔2006〕3 号文的公布再度引发了社会对非法收入可税性问题的热议。

（二）税法回应之可税性理论。非法收入的课税问题，税法理论的回应主要为"可税性理论"。可税性理论的核心即为解决征税范围问题。征税范围的确定首先须考察行为主体是否具有收益，主体具有收益是征税的基础，无收益造成征税之客观不能，故"收益性"系可税性的基础。然后考察行为主体之行为是否以盈利为目的，主体有收益但其行为完全以公益为目的，则对其收益不征税，即公益性收益不具有可税性，主体收益的"营利性"也奠定可税性的基础。在税法上，收益区分为营利性收益和非营利性收益，主体也可以区分为营利性主体和公益性主体，营利性主体的营利性收益一定具有可税性，公益性主体的非营利性收益一定不具有可税性；公益性主体的营利性收益部分亦具有可税性。① 由此可见，根据可税性理论，娱乐场所的"三陪"服务人员非公益性主体，其收益亦不具有非营利性，故其收益具有可税性。

（三）税法回应之实质课税理论。笔者认为，非法收入的可税性可以从实质课税理论的视角进行论证。实质课税的理论认为，主体取得收益且该收益不属于个人所得税法（或企业所得税法）之免税（不征税）收益范围，且该收益自市场交易取得，则其收益应该为"应税所得"。我国所得税法对"应税所得"或"应税收入"采取"正列举"和"例外式"相结合的立法体例，在"正列举"之外的所得是否为应税所得？税法理论认为，如果个人或者法人从事营利活动且产生所得，虽法律并

---

① 可税性理论，参见张守文《财税法疏议》，北京大学出版社 2005 年版，第 137—180 页。

未明文规定该项所得系属何种所得，但是，由于该所得系从市场交易中获得，具有市场交易之形式要件和取得交易所得的实质要件，由于国家维护市场交易秩序必须产生成本和支出，故经过交易途径取得所得虽然行为属于主体意思自治，但仍需占用国家资源和公共产品，而税收乃国家提供公共产品之对价，交易者取得所得必须分担市场交易的成本，故其市场交易所得具有可税性。① 笔者称这种可税性理论为"交易可税性理论"或"成本分担理论"。当然，理论上，并非任何所得皆属于所得税之课税客体，在我国所得税法，直系亲属之间赠予财产或接受遗产，不属于所得税之课税客体，因此，在所得是否构成应税所得的认定上，既有税收法定主义作用空间，也有实质课税原则的作用空间。

（四）税法的行动边界。持"非法所得"不具有可税性的观点认为，一旦对非法所得课税，则有可能导致承认非法所得的合法性。笔者认为，这一观点没有认清税法的作用范围。依据税法之法理，税法必须判定所得是否为应税所得，以及行为主体之所得是否符合税法之课税要件，如果符合则即便属于非法收入，也应该实质课税；② 况且，除非其他法定机关经终局裁决认定主体之收益系"非法所得"，税务机关对行为主体之收入应首先行合法之推定，税务机关既无认定所得系非法的能力，亦无认定所得系非法之相应职权③，因此，对税务机关而言，所谓"非法所得"实在是一个伪命题。税务机关的职责和权限为，判定是否产生所得，进而判定是否为应税所得？若其他法定机关已经终局裁决该所得系非法所得，该非法所得必为国家有权机关没收无疑（假冒伪劣

---

① 葛克昌：《所得税与宪法》，北京大学出版社 2004 年版，第 44—51 页；［美］史蒂芬·霍尔姆斯、凯斯·R. 桑斯坦《权利的成本：自由为什么依赖于税》，毕竞悦译，北京大学出版社 2004 年版。

② 刘剑文：《非法收入，实质课税》，《中国纳税人》2006 年第 2 期。

③ 张守文：《财税法疏议》，北京大学出版社 2005 年版，第 148 页；翟继光：《也论非法所得的可税性——非法所得课税问题争论之误区》，《河南省政法管理干部学院学报》2007 年第 3 期。

商品销售所得、赌博所得、贩毒所得等），税务机关也因此不可能有何征税客体存在。因此，若市场主体存在交易收益，在其他有权机关尚未终局裁决并行使处罚权、没收权之前，税务机关应当按照可税性理论，对交易所得行实质课税，以求税收之公平正义。在这个意义上，实质课税理论亦可以建立在可税性理论基础之上，无可税性则无实质课税，有可税性则才有讨论实质课税的前提和基础。收益出自市场交易则予以课税的理论（"成本分担理论"），实际是另一种可税性理论，这种可税是建立在对价的基础上，因交易主体借市场获得收益，作为国家对市场提供秩序和法律保护的回报（"对价"），从市场交易的维度看，其必须支付国家对价，其给予国家的对价就是租税，以分担市场交易之秩序维护成本。笔者认为，非法所得实质课税的原理与本文前述之"违法"或"无效"行为之税法评价相似，税法评价不得以"违法""无效"或"非法"等为由，放弃做出是否满足课税要件的税法判断，这也是实质课税原理的内在含义。前已述及，在我国的税法中，存在不少"违法所得实质课税"的税法规则，在实定法上，非法所得实质课税的例子所在多有，兹不赘述。①

---

① 《辽宁省地方税务局关于集资建房征收营业税有关问题的通知》（辽地税函〔2003〕335号）："各市地方税务局，省局直属局：1999年，省局为配合住房制度改革，有效地推进我省房改进程，根据财政部、国家税务总局《关于调整房地产市场若干税收政策的通知》（财税字〔1999〕210号）中'为支持住房制度改革，对企业、行政事业单位按房改成本价和标准价出售住房的收入，暂免征收营业税'的精神，下发了《关于集资建房免征营业税的批复》（辽地税流〔1999〕249号），对在房改过程中，单位的公有住房分配货币化的单位，向职工收取建房集资款，用单位自有土地或以单位的名义取得的建设用地，并以集资单位的名义办理《建设用地规划许可证》和计委的集资建房的立项批复，采取自建或由开发公司代建的形式，建设住宅分配给本单位职工，对集资建房单位向职工收取的集资收入免征销售不动产营业税。凡已经参加过房改或实行住房分配货币化，职工已享受过房改政策的单位，不得享受集资建房的优惠政策。鉴于我省已开始实行住房分配货币化政策的实际情况，经研究，辽地税流〔1999〕249号从2003年12月1日起停止执行，2003年11月30日以前发生的集资建房行为，凡同时符合上述条件的，对集资建房单位取得的集资款收入免征营业税。对不符合以上条件的集资建房行为应严格按规定征收营业税。"当时集资建房政策法规，参见本书税法分析之税收客体认定部分。

三 异常交易：二手房交易之营业税或阴阳合同问题

（一）案情简介①。甲于 2002 年 6 月 2 日与某开发商签订购房合同，7 月 6 日缴纳契税，12 月 5 日取得房屋产权证。2006 年 10 月 15 日甲、乙签订二手房《房屋买卖合同》（以下简称"合同"），合同约定：（a）房屋买价 50 万元（签约日收取定金 10 万元），签约后 10 日内付首期房款 30 万元时交付房屋，付二期款 9.5 万元时交付房产证原件，产权过户之日给付余款 5000 元；为规避购买不超过五年之二手房转让营业税，双方特别约定于 2007 年 12 月 10 日后办理产权转让过户登记，有关税费由乙承担。（b）付清房款时甲出具由乙代办房产过户登记的特别授权委托书，该特别授权委托书于 2007 年 12 月 10 日后生效。（c）合同及《授权委托书》均自公证机关出具公证书之日起生效。合同签订后，双方于当日办理了公证并按约定履行了合同义务。但 2007 年 12 月 11 日，乙持相关证件办理房产交易契税（产权转移之前置程序）手续时被税务机关告知：此房于 2006 年 10 月 15 日转让时距前次购买时间不足五年，根据国家税务总局《关于加强住房营业税征收管理有关问题的通知》（国税发〔2006〕74 号）的规定，应补缴营业税及其附加 2.7 万余元，加收滞纳金 4900 余元。避税不成乙甚为诧异，经与甲多次协商未果后起诉，诉请确认合同有效和判令甲交付房产过户登记所需之营业税及其附加。经审理查明，甲乙不及时办理诉争产权过户登记，而约定在"2007 年 12 月 10 日后"才办理，旨在满足二手房满 5 年转手交易不缴纳营业税的条件，故合同中"有关税费由乙承担"的约定不包括营业税及其附加。另，甲辩称，若现今必须由被告（甲）承担高达数万元的营业税，则违背了其当初以 50 万元价款转让诉争房屋的初衷，故要求变更合同售

---

① 陈文富、刘娟：《二手房"公证"交易模式的实质及合法性分析》，中国民商经济法网，http://www.civillaw.com.cn/article/default.asp? id=41110，2010 年 4 月 9 日。

房价款为 53 万元或者解除合同。

（二）税法规则之固有缺陷。《国家税务总局、财政部、建设部关于加强房地产税收管理的通知》（国税发〔2005〕89 号）规定："（一）2005 年 6 月 1 日后，个人将购买不足 2 年的住房对外销售的，应全额征收营业税。（二）2005 年 6 月 1 日后，个人将购买超过 2 年（含 2 年）的符合当地公布的普通住房标准的住房对外销售，应持主管机关要求的相关证明材料申请办理免征营业税手续。"此即最初的"两年以上普通商品房产销售"免征营业税之税法规则。又规定："（四）个人购买住房以取得的房屋产权证或契税完税证明上注明的时间作为其购买房屋的时间。"这就表明：首先，税法确立了"购买不足两年住房"销售缴纳营业税的规则；其次，购房的起算点从"产权证"或"契税凭证"注明的时间为准；《国家税务总局关于房地产税收政策执行中几个具体问题的通知》（国税发〔2005〕172号）又规定："二者所注明的时间不一致的，按照'孰先'的原则确定购买房屋的时间。"此后，炒房团盛行而房价大涨，招致怨声载道。为抑制投机性购房需求，《国家税务总局关于加强住房营业税征收管理有关问题的通知》（国税发〔2006〕74 号）规定："（一）2006 年 6 月 1 日后，个人将购买不足 5 年的住房对外销售全额征收营业税。（二）2006 年 6 月 1 日后，个人将购买超过 5 年（含 5 年）的普通住房对外销售，应持有关材料向地方税务部门申请办理免征营业税手续。经审核符合规定条件的，给予免征营业税。"此即，"超过五年的普通住房销售免征营业税"之税法规则。如此看来，5 年免税起算点从"契税凭证"或"房产权证"载明的"日期"计算，这一规则显失公平。因为，前已述及，营业税法之纳税义务发生时间为债权行为及其收款之日，并非物权行为之产权转移或者缴纳契税之日，如果5 年期间从缴纳契税或办理产权转移之日起算，则 5 年之"终止点"以何时为准？以签约并收费日为准？以缴纳契税时间为准，还是办理二手房产权过户之日为准？显然，二手房销售时营业税之发生时间应从签约并收款之日起算，税法之"销售"房屋营业税发生时点系《营业税暂行条例》等行政法规确定，此税法规则早已公布且执行良久，故从法理看，"终止点"只能以签约并收费之日计算。但是，这将导致 5 年之"终止点"与 5 年之"起算点"标准不一，前后矛盾。本质上属于税法规范（国税发、国税函）对行政法规的违反，造成税收立法的冲突和对纳税人权益的剥夺。可见，该税法规则时在制定存在先天缺陷，其合法性和合理性未作法理上的深思熟虑。

（三）合同效力与税法评价。本案双方设定一个交易模式，旨在规避"不满五年二手房交易应交营业税"之税法规则。① 从税法看，当事人以人为设计的"签约—交房—缴税—办证"的交易模式，故意推迟"缴税"和"办证"的时间点，意图达到符合"五年内之二手房免缴营业税"之税法规则，但最后功亏一篑，在税法上未能达到合理节税的效果，源于对营业税法之规则和法理的误解。一如前述，首先，税法中关于不动产营业税应税行为（交易行为）是否发生的界定，不以民法关于交易是否完成或物权法关于物权是否转移为据。为保障国家税款及时和足额入库，《营业税暂行条例实施细则》第二十五条规定："纳税人转让土地使用权或者销售不动产，采用预收款方式的，其纳税义务发生时间为收到预收款的当天。"可见，房产交易营业税义务发生时间以房屋产权所有人取得转让收入为准，而不以民法中关于房屋交付或者产权过户登记等交易是否完成为准。税收征管实务中，税务机关把对二手房交易征收营业税的征税环节确定在交易双方到房管部门办理房屋转让过户登记阶段，易使人误认为二手房交易纳税义务发生时间为二手房转让过户登记时。按现行税法规则，该二手房之购买时间从缴纳契税（2002 年 7 月 6 日）起算，到转让二手房签约且第一次收款（收取定

---

① 参见《国家税务总局、财政部、建设部关于加强房地产税收管理的通知（条款修订）》（国税发〔2005〕89 号）、《国家税务总局关于房地产税收政策执行中几个具体问题的通知（条款修订）》（国税发〔2005〕172 号）和《国家税务总局关于加强住房营业税征收管理有关问题的通知（全文废止）》（国税发〔2006〕74 号）。

金）之日（2006 年 10 月 15 日）终止，尚不足 5 年，故不符合 5 年免征营业税的条件。如不考虑税法规则本身的合法性问题，仅从执行税法规则的角度看，税务机关并无不当之处。问题是，双方意图推迟房产过户登记时间以获得 5 年免征营业税待遇不果，导致合同本身的效力存疑。实际上，意图规避税法的相关条款无效，但不影响整个二手房买卖合同的效力。① 营业税之负担问题本应在价款中体现，但先前之 50 万元的价款的确不包括营业税问题，营业税问题为双方始料未及，故可以根据公平原则予以调整，而不应宣布整个合同无效。②

（四）其他引申问题。如果当事人各方摈弃该案之"房产买卖公证"模式，而将《房屋买卖合同》和收款收据倒签，亦相应推迟房产过户登记时间，以求满足 5 年转让房产免征营业税之条件，则该避税行为极难被税务机关发现。③ 当然，本案之推迟缴纳契税和产权过户行为，在民法上依意思自治之观点衡量并无不妥之处。但自税法衡量，目前税法学界通说观点：上述行为显系追求单纯税项利益之行为，不具有税项利益之外的其他合理商业目的，税法对此不应保持沉默，应予以实施反避税。但使用何种武器来达成反避税之伟业？我国税法理论武器库中有何武器可资使用？可惜，我国的税法理论和定定法对此尚无应对。

---

① 本案合同之效力，陈文富、刘娟文章有准确分析。问题是，合同价款本身不包括营业税，现在营业税突如其来，价款应如何调整才显公平？按交易惯例，买家应承担全部税费；按照税法规定，卖方须承担全部营业税。窃以为，较为恰当的处理是买卖合同有效，营业税则各自对半承担。

② 实践中有的法院以"合法形式掩盖非法的目的"为由，判决买卖合同无效，实在是对涉税条款之非法性与合同效力取舍关系不当的放大。王亚宁：《房产中介避税合同惹纠纷》，新浪财经，http://finance.sina.com.cn/roll/20080219/00232003005.shtml，2022 年 8 月 28 日。

③ 实务中二手房之避税行为花样繁多，例如：（1）一手房买主迟不办理房产证，相应地，既未缴纳维修基金，也未缴纳契税，更不办理房产证。（2）房屋升值后寻找到买家，双方达成买卖意向，共同到开发商处变更购房发票之买受人名称并加盖公章，开发商与买家另签《房屋买卖合同》，其合同价款和日期以先前为准，均不作改变。同时开发商收回原买主之购房合同原件。（3）到税务部门和房管部门，由新买家缴纳维修基金、契税并申请办理产权证，房产公司和原购房人协助。或者，有的签订阴阳合同，即在税务部门和房产管理部门报税和登记过户的合同价款与私下留存的合同价款不一致，前者大大低于实际买价，借此避税。上述第（1）种方式中，一手房买家系典型的以隐匿转让财产所得之手段偷逃个人所得税行为。

前已述及，《企业所得税》第四十七条之"一般反避税条款"不能当然适用于其他税法领域。这是我国实定法在反避税问题上的制度缺失。但是，以税法观之，倒签合同和收据之行为，系改变或伪造合同形成日期和形式之"虚假"行为，依德国税法，可以其真实之民事行为对其进行税法否认和纠正。我国税法尚无"实质课税原则"之明文规定，目前对这一法理的研究亦尚待深入，不过，税法实质课税的法理依然存在，可以实际运用。若税务机关查明合同和收据系倒签，税法认定相关涉税要件事实应以实质（实际）为准，不得将合同签约日期认定为合同载明的日期（倒签日期）。此外，依现行税法，若依照《税收征管法》之编造虚假"计税依据"且造成"不缴或少缴税款"后果认定为偷税行为，从实定法的依据看有点勉强。因为编造虚假计税依据必须符合"虚假纳税申报"才构成第六十三条之偷税行为，但是"虚假纳税申报"是否包含"以虚假材料骗取税收减免"？而且倒签合同和收据是否属于编造虚假"计税依据"，尚存疑义。可行的方法是将倒签合同和收据认定为伪造"记账凭证"行为，且行为人造成不缴应缴税款之后果，以《税收征管法》第六十三条之偷税定性处理。

（五）余论。所谓"异常交易"，是指人为设计的仅有税收利益考虑而无其他合理商业目的的交易，在我国的《企业所得税法》中，对于这类异常交易，税务机关有权进行纳税调整。① 学界通说认为该条是一般反避税条款。由于在企业所得税法中，旨在保障国库的特别纳税调整制度，尚有第四十一条和第四十四条的"关联交易纳税调整"规则、第四十二条的"预约定价安排制度"、第四十六条之"资本弱化税制"等等，实务中，税务机关对于第四十七条的适用十分罕见，且学界亦对该条款之妥当性存有质疑。笔者拙见，《企业所得税法》第六章之"特别纳税调整"（第四十一条至第四十八条），系对最广义的"异常交易"

---

① 《中华人民共和国企业所得税法》（2018 年修正）第四十七条规定："企业实施其他不具有合理商业目的的安排而减少其应纳税收入或者所得额的，税务机关有权按照合理方法调整。"

进行纳税调整。所谓异常，系指交易结构的形式和实质发生分离，或者故意人为设计的交易形式掩盖一个真正的交易实质（"虚假交易"），或者改变交易的形式而掩盖获得税前扣除的实质（比如以债权性融资取代股权性融资之税收弊端①），或者以虚假的交易价格（关联交易）掩盖一个实质的转移利润的行为，如此等等。笔者认为，特别纳税调整的理论基础是去形式而求实质和去虚假而求真实，这恰好是实质课税原则的独特精神气质所在。笔者以为，在其他法学部门，亦有这种去形式取实质的精神追求，但是贯彻和体现均不彻底，唯税法贯彻得十分彻底且淋漓尽致，且在其他法学部门，实质与形式、虚伪与真实的矛盾并非像税法表现得如此突出。先前，在税法理论和实务部门②，一般将"特别纳税调整"与"反避税"相关联，即将特别纳税调整制度看成反避税制度。笔者认为，这些制度不应仅仅从保障国库的"反避税"角度理解，更不能在学理上从反避税的角度进行论证。反避税理念和制度本身亦需要理论论证，它不能自证其明。能担当"特别纳税制度"之理论支持的唯有实质课税理论。

第五节　实质课税与税收规避

自有国家政府以来，即有税收。西谚有云，"唯税收和死亡不可豁免。"霍布斯曾言，人类因恐惧和避免暴死之虞，从而被迫让渡权利于国家，使之负保护公民财产和公共安全之责，此即人类思想史上社会契约论之最初思想火花。同理，出于自利的动机，人们会想尽办法避税，除非其人不关心自身财产权。因此，花样繁多的避税手段层出不穷，税

---

① 股权性投资既要面对企业所得税，又要面对在股东分红环节尚有个人所得税或者企业所得税之经济性双重征税问题。故，从节税角度，投资人愿意选择较少股权投资而较多借款投资，因借款可以支付利息获得税前扣除，享有所得税之税项利益。税法必对此实施规制，否则，侵蚀税基。

② 参见《税务总局：我国反避税管理进入科学规范的新阶段》，中国政府网，http://www.gov.cn/gzdt/2009-02/09/content_1225587.htm，2022年8月28日。

法之制定法应对永远难以涵盖所有。是故，税法之不断反复修订和弥补漏洞以应对避税，就成为各国税法发展之常态。加之税法负有社会调控之宏观职能，以至于税法成为变动不居，繁复难懂，甚或捉襟见肘的法学部门，以美国《国内收入法典》为据，其卷帙浩繁足资证明。制定法尚且如此复杂繁多，为一般纳税人所难以捉摸，还逐年累积大量判例，使得税法体系蔚为大观。因此，所谓"简税制、重征管"就成为一句口号和政策目标，就像反避税一样，愈反愈生，再反再有，此消彼长，生生不已。避税和反避税的较量益发惊险，国外以毕马威兜售避税规划方案牟取暴利，遭美国政府起诉为例[1]，足见避税与反避税之较量如何惊心动魄。外资企业在中国屡屡亏损却年年扩大投资，可见其避税活动十分隐蔽，跟中国税务机关反避税的能力反差强烈。[2] 在税法学界，论者每将反避税与实质课税原则相提并论，并疑虑实质课税原则有扩大行政自由裁量权之后患，其所忧虑不无道理，且不乏慎思明见，但言之色变则大可不必，而将实质课税原则隔于反避税领域，则一叶障目而不见泰山。

现试以我国税法之反避税实例简述之，旨在说明实质课税理论之适用领域，挂一漏万，在所难免。

一　利用法人人格避税案[3]

（一）案情简介。A 公司系注册设立在某区域的外商独资企业（优

---

① 任明川、敖曼：《毕马威"恶性避税"及其分析》，《中国注册会计师》2006 年第1 期。

② 陶勇：《跨国公司违法"避税"长亏不倒》，新浪新闻中心，https：//news. sina. com. cn/c/2005-11-14/14168294002. shtml，2022 年 8 月 28 日；王萌、张刚：《中国不能做跨国公司避税天堂》，新浪财经，http：//news. sina. com. cn/o/2005 - 07 - 11/07506401861s. shtml，2022 年 8 月 28 日。

③ 陈晓晨：《一起公司组织形式避税案例的法理分析》，《涉外税务》2009 年第 2 期。类似案例参见《上海荣增工贸有限公司转让上市流通股票个人所得税的稽查案》，上海财税网，http：//big5. csj. sh. gov. cn/gate/big5/www. csj. sh. gov. cn/gb/csj/csgg/sw/userobject7ai36606. html，2010 年 5 月 3 日。

惠税率为 15%），其投资人某跨国集团位于欧洲某避税港。A 公司的法律架构为下属 P 工厂（位于注册地）和位于上海的营销中心 MO（登记为上海办事处），P 工厂负责建安产品的制造和生产加工；办事处管辖10 个营销分公司专门负责国内市场销售。经税务稽查发现，A 公司法定代表人、财务总监和总经理等均不在注册地上班，而在上海办事处履职。上海办事处是 10 个分公司的直接管理、决策和控制中心。P 厂由欧洲集团总部委派厂长负责管理，A 公司不按照总分公司的架构设账和进行核算，没有一个作为会计主体的财务处理中心，实际不对其下属机构之人事、财务、管理和决策实施管控。P 厂和办事处分别使用 ORA-CLE 和 SCALA 等外国版管理（财务）软件系统，而近来虽然两者统一改用 SAP 软件，但仍是各自独立的两条网络化管理系统，径直受控于境外的集团供应链部门和亚洲地区销售中心，从不支持在 A 公司法人层面的数据共享和信息互通。上述财务软件管理系统，均未按照《税收征管法》的相关规定向税务机关登记备案。P 厂的纳税申报表、出口退税申请表等税务类法律文书均无 A 公司法定代表人签署，为使销售分公司的企业所得税享受注册地之 15%优惠税率，A 公司采用在上海编制合并会计报表汇总纳税，报送注册地税务机关之应对方式。税法问题是：在一个法人主体、两个会计主体、两个经营决策控制中心的情况下，税法能否对一个法人人格予以否认并按照实质的两个会计主体和虚假的一个总机构来确认两个纳税主体？换言之，税务机关能否否认公司登记的外在法人形式，打破一个法人对应一个纳税主体的常例，按照实际情况确认 P 厂和上海 MO（营销中心）系两个实质的纳税主体？

（二）会计主体与纳税主体。会计主体系会计学的抽象或假设，是指企业进行会计核算、计量和报告的空间范围。会计计量和核算并非漫无边际，而是要严格限定在每一经营或经济上具有独立性或相对独立地位的单位或主体之内，会计信息系统所接受、处理或输出的数据和信息，都不应超出这些单位的界限。每一个具有独立性的单位，就是"会计主体"，会计信息系统在设计、运行时，要以每一个主体为空间界限，即"会计主体假设"。就财务管理而言，总部与分公司同属于一个法人单位，分公司系法人单位的内设机构，须在总部的严格控制和管理之下从事业务活动。分公司与总部之间的业务系会计主体的内部事项，分公司受控于总部的集中管理和会计核算，总分公司的会计核算联合体系一个完整的会计主体。这是从理想状况看待会计主体。《会计法》第二条规定："国家机关、社会团体、公司、企业、事业单位和其他组织（以下统称单位）必须依照本法办理会计事务。"由此可见，公司是编制会计报表、进行会计核算的基本单位，公司作为《公司法》之法人主体同时也是会计主体。但在本案，A 公司下属的 P 厂和诸多分公司之间各自使用不同的会计核算系统，将会计主体一分为二，即将生产机构和销售机构分别构建各自独立的按照两家法人公司之间的外部业务进行会计核算，只有在纳税申报时才将两个会计主体合并为一个会计主体，这种合并会计报表只有母子公司或者企业集团才可行使。违反了《企业财务会计报告条例》（国务院令第 287 号）第二十八条和《企业会计制度》（财会〔2000〕25 号）第一百五十八条关于合并会计报表的规定。其纳税主体与会计主体的形式与实质矛盾。

（三）总部机构及其功能。我国新《企业所得税法》实施之前，《外商投资企业和外国企业所得税法》实行法人所得税制度，即一个法人对应一个纳税主体。但是，原《外商投资企业和外国企业所得税法实施细则》第五条规定：外商投资企业由"总机构"汇总缴纳企业所得税。《实施细则》第五条还对"总机构"做出界定："依照中国法律组成企业法人的外商投资企业，在中国境内设立的负责该企业经营管理与控制的中心机构。"因此，外资企业法人汇总缴纳企业所得税是有前提的，其前提是法人本身即为总机构，即法人并非等同于纳税主体①，只有具备总机构条件的法人才是纳税主体。一般情况下，法人与总机构二者同一，但二者

---

① 论者认为，新《企业所得税》抛弃外资企业"总机构"之纳税主体的辨别标准，统一采用法人纳税主体标准，系一种立法技术上的粗糙和倒退。参见陈晓晨《一起公司组织形式避税案例的法理分析》，《涉外税务》2009 年第 2 期。

并非总是一致。从法人治理结构看，正常情形下 P 厂和办事处之下辖诸多分公司均为二级机构，其应对总部（注册地）之权力机构（董事会和股东会）负责，但实际上，P 厂和销售中心却不共同受制于总部，注册地总部并非决策、管理和控制中心，P 厂是集团总部在全球布局的一家制造商，受控于集团总部的供应链部门；上海办事处（营销中心）则受控于亚洲营销中心，其与注册地之制造商截然分开，独成体系，二者泾渭分明。从总部经济的特征和功能看，A 公司不具有明显的总部经济的聚集效应，总部是指具有信息、人才、资本、技术优势的决策、控制和管理中心，一般设立在一线城市，而制造基地一般在下列因素即原材料、劳动力、客户、物流、土地、税收优惠等制约条件下设立。从实际看，A 公司注册地在三线城市，既无总部内涵，也不履行总部职能、不属总部入驻地，而是利用税收优惠政策设立的公司"壳体"。

（四）公司人格的税法否认。① 公司人格的税法否认，从严格意义上讲，不属于民商法意义上的公司人格的否认，与公司法上的"刺破法人面纱"理论的出发点和法律后果稍有不同。前者系对公司法有限责任制度的补充和平衡，是对滥用公司法律人格侵犯债权人利益的补救，其法律后果是直接否认民商法的法人人格，追索公司外壳之后的实际股东和控制人承担法律责任。而在税法，则是分析法人主体、会计主体和经济成果归属主体的冲突，在法人主体与会计主体和经济成果归属主体不一致时，不局限于法人主体的外壳，而是按照税法之经济责任主体、会计主体确认纳税主体，并非从法律形式上来断定法人主体一定就是纳税主体。笔者拙见，从根本上税法的法人人格否认在于确认纳税主体，而非否定民商法意义上的法人主体，因此，公司人格的税法否认不冲击民商法的外观主义秩序基础，而是税法实质课税原则在公司人格（纳税主体）领域的适用，并非真正之"法人人格否认"。在本案，A

---

① 税法领域公司法人格否认制度之美国判例，参见朱慈蕴《公司法人格否认法理研究》，法律出版社 1998 年版，第 336—342 页。中国案例参见王震《税收：如何解开法人面纱？》，律政网，http：//www.govgw.com/show—m.asp？id=14358，2022 年 8 月 28 日。

公司的法律形式是一个法人主体，但是从经济实质看，内部的经营决策和管控体系、财务会计核算体系、总部经济运行机制和功能等方面，属于两个独立核算的会计主体和所得归属主体，这构成对《公司法》《会计法》和税法规定的一个法人主体即一个纳税主体和会计核算主体的挑战，为法律所不允许。因此应该以实质重于形式的原则，否认其一个纳税主体，责成其以两个纳税主体申报纳税。从本案的实际处理效果看，虽然 A 公司后面的欧洲集团总部聘请了国际知名的会计公司作为其税务代理人，但是，法律事实面前，集团不得不做出 A 企业分别注册登记（生产公司和销售公司）和税务登记的决定。但笔者认为，公司采用何种法律和管理形式显然属于意思自治的范围，无论如何，不得将之视为法律"形成可能性"的"滥用"，毕竟，何谓正常的"形成可能性"？公司架构和交易形式怎样安排才不至于违反"形成可能性"？如何判断"滥用"，尚需深入研讨。如果本案 A 公司在财务管理、决策控制、会计核算上真正实现总分公司之间的一体化管理，这样就将法律形式与会计核算、总部管控的经济实质合二为一，税务机关就没有适用实质课税原则的任何空间。可见，实质课税原则是在实质与形式分离时发生作用。

（五）法律形式与经济实质。纳税主体的确认，主要依据民商法的外在法律形式和外观，一般情况下法人主体即为会计核算主体和纳税主体，但是在人为设计的一个法人外壳之下，潜藏着两个实质相互独立，泾渭分明的决策、控制、核算中心，而且两个独立中心之间按照独立法人之间核算业务往来，这两个独立中心又分别受制于境外的集团供应链部门和亚洲营销中心，其实际的业务操作流程、财务管控和核算与注册登记的"上级法人"无任何实质的经济上的联系。因此，在这种只有法律外壳的上级法人与二级机构之间，形成了注册登记的法律形式与经济运营实质之间的冲突，也即法人主体和会计主体以及纳税主体之间的冲突。这时，税法实质课税原则发生作用，对于纳税主体的认定而言，税法应着重其透过会计核算主体和管理控制决策环节体现的运营实质来决定，而非仅以工商注册登记的法人形式来决定。税务机关将一个法人，两个运营和核算主体，按照两个纳税主体予以对待，责令其另行按照实质的经营管理控制流程重新办理纳税申报，符合实质课税的原则。在先前的案例中，如何确认纳税主体主要按照实质所得归属者的原则来判定，或者按照实质投资及其所得主体来确认，本案情况的独特性在于，不发生投资及其所得主体的形式与实质的矛盾，也未发生形式所得者与实质所得者的冲突，但发生了形式经营主体与实质经营主体（会计核算主体、决策管理和控制主体）的冲突，以实质课税原则的精神而言，否定其外在通常的以一个法人为单位表征的一个纳税主体，而代之以两个实际运营管控核算的纳税主体，符合《企业所得税法》第四十七条"一般反避税条款"的精神。但笔者拙见，在理论上，实质课税原则应适用于本案，实质课税的法理提供本案之所以区别两个纳税主体的理论解释；在实定法上，一般反避税条款构成税收规避的最后屏障。

（六）实质课税与个案差异。本案的蹊跷之处在于，注册登记的法律形式与实际经营管理的经济实质不符，前者系法律外壳，后者系经济实质，碰巧税务稽查部门经调查取证掌握了从公司登记、税务申报、财务软件、公司治理、退税申请、总部管控的系列证据，深入公司财务核算和管理、公司治理和决策的核心环节，才得以揭示外在注册登记的法律形式与经济实质之间的巨大冲突。应该说，本案的查处和顺利解决具有相当的难度，必须具有财会、经济、法律和管理的综合知识方能识别其外在法律形式与内在经济实质之间的巨大冲突，带有偶然性和个案差异性，但其中蕴含的税法内在法理具有普适性，值得深思。一如前述，税收筹划也好，一般反避税也好，特别纳税调整也好，其税法评价和论证背后的理论支撑都是实质课税原则。经实质课税的视角审视和评价，若税收筹划方案既不违反税法的现行规定也不产生名实不符或形实冲突的尴尬，则税法无法迳行启动否认权；在反避税领域，离开实质课税原则，反避税既难以实际操作，也难以在理论上自圆其说。反避税毕竟系经济政策和司法政策。笔者拙见，试图对"避税"行为作构成要件式的抽象和概括的税法学努力，其用力方向也许正确，但迄今在法理上尚未奏功，理由容后再述。在税法学界，论者每将反避税与实质课税原则相提并论，并疑虑实质课税原则有扩大行政自由裁量权之后患，不无道理且不乏慎思明见，但言之色变则大可不必；而将实质课税原则局限于反避税领域，则一叶障目而不见泰山。

二　非居民企业股权转让涉税案

以下分别简析新疆、青海、重庆和江苏地方国税机关查处四个案例，事涉非居民企业转让中国企业（合资或外资）股权涉税案。

（一）四个案例简况

1. 案例一[①]：税收协定优惠待遇否认

国税函〔2008〕1076 号文实际是一起反避税案例。该文的核心是：一家巴巴多斯公司转让新疆合资公司股权的所得（1217 万美元）是否可以享有中国和巴巴多斯税收协定（以下简称"中巴协定"）的优惠待遇？新疆乌鲁木齐市国家税务局对此进行了否决的裁定，裁定中巴协定的优惠条款并不适用于巴巴多斯公司取得的转让所得。

该案例所牵涉的一连串交易步骤如下：步骤一：2003 年 3 月，新疆公司 B 公司与 C 公司共同出资在新疆成立了一家 A 公司（又称"合资公司"）；步骤二：2006 年 5 月，巴巴多斯 D 公司成立；步骤三：2006 年 7 月，D 公司与 B 公司、C 公司签署了《合资协议》，由 D 公司通过向 B 公司支付 3380 万美元来购买其所持有的 A 公司 33.32% 的股权；步骤四：《合资协议》签署 27 天后，投资三方签署《增资协议》，决定 A 公司的注册资本增加 2.66 亿元人民币（合 3380 万美元）。新增的注册资本由 B 公司缴付，恰等值于 B 公司从 D 公司收到的股权转让

---

① 案情简介及分析参见《国家税务总局关于印发新疆维吾尔自治区国家税务局正确处理滥用税收协定案例的通知》（国税函〔2008〕1076 号）；普华永道中国税务/商务新知《特殊目的公司在中国面对税务上新的挑战》，税屋网，https://www.shui5.cn/article/2c/44216＄2.html，2022 年 8 月 28 日。

价款；步骤五：2007 年 6 月，D 公司将其所持有的 A 公司的全部股权以 4596.8 万美元的价格转让给 B 公司，至此，D 公司从股权转让中获得 1217 万美元的所得。图示如下：

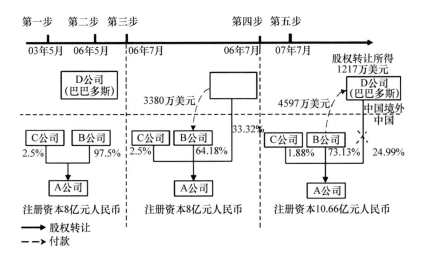

为了汇款给 D 公司以支付股权转让价款，B 公司首先以 D 公司名义，向乌鲁木齐国税按照中巴协定第十三条申请对 D 公司来源于中国的股权转让所得免缴中国预提所得税，并申请开具相应的免税证明。乌鲁木齐国税在对此申请进行审核时注意到了以下疑点。

（1）巴巴多斯 D 公司的设立时间及其资本的来源。D 公司成立还不到一个月就与 B 公司和 C 公司签订了合资协议。而且，其用于购买 A 公司股权的资金（步骤三）是从某一开曼群岛银行账户直接汇入 B 公司在中国的账户。将该笔资金注资到 A 公司及后来有关的股权转让交易，均是在事前约定好的。换句话说，在整个交易过程中，D 公司介入的目的很可能仅是避税。

（2）巴巴多斯 D 公司的税务居民身份。由中国驻巴巴多斯大使馆和巴巴多斯某律师事务所出具的证明 D 公司为巴巴多斯税收居民的文件，只能证明 D 公司是按照巴巴多斯法律在该地注册成立的公司。成立日期为 2006 年 5 月 10 日（同年 7 月即与我国公司签署合资协议）。

而实际上，D 公司在巴巴多斯没有任何人员、实际营运和资产；该公司的三位董事也是以美国为常居地的美国人。

（3）交易的性质。表面上，这一系列交易实际上是先投资于新疆合资公司，随后在从该公司撤资。但是，乌鲁木齐国税局注意到，将所有的事实结合起来，从本质上却很难判断这些交易的性质究竟是投资、借款、融资或是其他经济行为。

乌鲁木齐国税即向国税总局汇报上述疑点。国税总局随后依照中巴协定启动了税收情报交换机制。根据收集到的反馈信息，国税总局最终认定 D 公司不是巴巴多斯的税收居民，因此不能享受中巴协定待遇。中国对 D 公司来源于中国的股权转让所得有征税权。乌鲁木齐国税对 D 公司有关股权转让所得征收了 920 万元人民币（约合 120 万美元）的中国预提所得税。

2. 案例二：特殊目的公司（SPV）之税法否认

2008 年 5 月，渝中区国税局某税务所通过合同登记备案发现重庆 A 公司与新加坡 B 公司签署了一份《股权转让协议》，新加坡 B 公司将其在新加坡设立的全资控股公司 C 公司 100% 的股权转让给重庆 A 公司，转让价格为 6338 万元，股权转让收益 900 多万元。从表面上看，该项股权转让交易的目标公司 C 公司为新加坡企业，股权转让收益并非来源于中国境内，我国没有征税权。但渝中区国税局通过进一步调查核实，目标公司 C 实收资本仅为 100 新加坡元，该公司持有重庆 D 公司 31.6% 的股权，除此之外没有从事其他任何经营活动。因此，新加坡 B 公司转让 C 公司股权的实质是转让重庆 D 公司 31.6% 的股权。由于该项股权转让交易错综复杂，经请示总局，最终判定新加坡 B 公司取得的股权转让收益实质上为来源于中国境内的所得，根据新《企业所得税法》第三条第三款，以及《中华人民共和国政府和新加坡共和国政府关于对所得避免双重征税和防止偷漏税的协定》第十三条第五款的规定，我国有征税权。2008 年 10 月，渝中区国税局对新加坡 B 公司取得的股权转让收益征收了预提所得税 98 万元，税款已全部入库。①

股权转让前后的控股结构如下图所示：

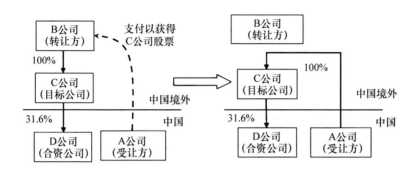

3. 案例三②：境外公司转让 A 股涉税案

青海某国税局发现某外商投资企业（以下简称 A 企业）三家外资股东（以下简称 B 股东、C 股东和 D 股东）的股权发生较大变化，马上约谈了三家外资股东，对他们持有 A 企业的股权变化情况进行深入了解，情况如下：

A 企业于 2007 年 7 月在国内上市，2007 年 A 企业利润分配方案为每十股配送五十股。

B 股东是注册在开曼群岛。该公司于 2004 年 2 月 18 日以 4807.5 万元等值外汇购买 A 企业定向增发的股票 1602.5 万股，2007 年 A 企业利润分配之后 B 股东持有 A 企业股份 9615 万股，占 A 企业总股本的 5%。2008 年 9 月至 2009 年 3 月限售流通股禁售期满后，B 股东将持有的全部 A 企业股票经上海证券交易所陆续卖出。

C 股东是注册在美国特拉华州。该公司与 10 月经商务部批准以

①　参见《渝中区国税局采取措施加强非居民税收管理》，国家税务总局重庆市税务局网，"基层税讯"，https：//chongqing.chinatax.gov.cn/qxtax/yz/。

②　参见《青海省国税局加强非居民企业股权转让企业所得税征管》，豆丁网，https：//www.docin.com/p—458175870.html，2022 年 8 月 28 日。

9615 万元的成本受让 A 企业股东东风实业公司的股份，2007 年 A 企业利润分配之后该公司持有 A 企业股份 19230 万股，占 A 企业总股本的 l0%。2008 年 9 月至 2009 年 3 月限售流通股禁售期满后，陆续售出 11393.84 万股。

D 股东注册在英属维尔京群岛。该公司于 2004 年 3 月取得 A 企业 2243.5 万元的股份，2007 年 A 企业增资扩股后，持有 A 企业股份 13461 万股，2008 年 7 月 15 日以后限售流通股禁售期满，截至 2009 年 6 月底，陆续售出 1000 万股。

省国税局随即与外汇管理局联系，要求对其对外支付款项进行严密监控，须在收到国地税联合出具的税务证明后方可汇出。同时，调查人员也对这三家外国公司进行税收政策的跟踪辅导，督促其尽快申报缴纳企业所得税，并积极协调解决异地缴税等问题，最终这三家非居民企业都表示将会及时将所得税缴纳入库。2009 年上半年，这三家非居民企业自行申报所得税 21253 万元，包括股票转让收益和孳生利息所得税，其中 B 股东申报缴纳 7000 万元，C 股东申报缴纳 12646 万元，D 股东申报缴纳 1607 万元。

4. 案例四：vergin 公司收购香港公司控股内地公司股权涉税案

中外合资南通 A 公司于 2006 年成立，注册资本 1200 万元。外方香港某国际投资有限公司（以下简称香港 X 公司）占股 25.2%。该公司 2007 年进入获利年度，开始享受"两免三减半"税收优惠。

2009 年 1 月 8 日，香港 X 公司与维尔京 W 公司签订《股权转让协议书》，将其南通 A 公司 25.2% 的股权转让维尔京 W 公司，转让价格为 733 万元，转让收益 = 733 − 1200 × 25.2% = 431（万元）。协议规定维尔京 W 公司应于协议书生效之日起十天内将股权转让款以银行转账方式一次性支付给香港 X 公司。同时，南通 A 公司于 2009 年 1 月 13 日召开了董事会，决定将 2008 年度未分配利润按出资比例全额分配给各投资方，香港 X 公司获得分配利润 356 万元，南通 A 公司于 2009 年 3

月 6 日向中国某银行办理了购汇手续并将 356 万元汇给香港 X 公司
(南通 A 公司就该笔款项未向税务机关申请办理付汇证明)。

根据《国家税务总局关于印发〈非居民企业所得税源泉扣缴管理
暂行办法〉的通知》(国税发〔2009〕3 号)第十五条第二款规定,税
务机关书面通知要求其协助办理税款扣缴事宜。2009 年 4 月 24 日办理
了补充申报手续。根据《企业所得税法》第十九条及《税收征管法》
有关规定,直属分局就上述股权转让收益和 2008 年度利润分配共计追
缴预提所得税 79 万元,加收滞纳金 4.1 万元。

(二) 非居民企业股权转让之所得税法规制简述

1. 新《企业所得税法》施行前的税法规则

新《企业所得税法》颁布之前,原《中华人民共和国外商投资企
业和外国企业所得税法》(以下简称《外资所得税法》,已废止)第十
九条第一款有间接性的规定:"外国企业在中国境内未设立机构、场
所,而有取得来源于中国境内的利润、利息、租金、特许权使用费和其
他所得,或者虽设立机构、场所,但上述所得与其机构、场所没有实际
联系的,都应当缴纳百分之二十的所得税。"逻辑上讲,其中的"其他
所得"应该包括外资股权转让所得①。财政部 1987 年发布《财政部税
务总局关于对外商投资企业征收所得税若干政策业务问题的通知》(财
税外字〔1987〕033 号)对外资股权转让所得税问题作出了明确规定:
"股权转让所得是指合营企业的外国合营者、外资企业的出资者转让其
在企业所有的股权而获取的超出其出资额部分的转让收益,应按规定征
收 20% 预提所得税。"

---

① 也有论者认为,原外资所得税法对转让境内企业股权是否缴纳所得税规定不明确,
参见李金燕、刘春宝《非居民股权转让所得税收问题与税收法定主义和税法解释原则》,《涉
外税务》2005 年第 5 期。笔者拙见:首先,股权转让所得首先不属于明确的"免税"范围;
其次,该项所得具有"赢利性"和"可税性",最后,该项所得来源地在境内,故该项所得
应该缴纳所得税。从体系解释看,所得税对"所得"运用列举和排除法,列举不明时,用
"其他所得"概括,并不违反税收法定主义。

　　2000 年 11 月，国发〔2000〕37 号《国务院关于外国企业来源于我国境内的利息等所得减征所得税问题的通知》规定："自 2000 年 1 月 1 日起，对在我国境内没有设立机构、场所的外国企业，其从我国取得的利息、租金、特许权使用费和其他所得，或者虽设有机构、场所，但上述各项所得与其机构、场所没有实际联系的，减按 10% 税率征收企业所得税。"

　　从上述税法规则可知，在执行新《企业所得税法》前，境外企业（非居民企业）转让我国外资股让应缴纳预提所得税，税率为 10%。

　　但实际上，外国企业投资者普遍采取税收筹划的方法来规避我国税务机关针对股权转让征收的 10% 的预提税。如通过海外母公司间接转让境内企业，或者适用税收协定，在预提所得税为零的国家设立中间控股公司，再转让中间控股公司的股权以达到转让境内企业的目的。再者，原外企所得税法仅适用于外国企业投资者，外国个人却不包括在内，这就形成了税法规制的空当，给税收筹划和规避税收预留了可操作的空间。

　　另外，20 世纪 90 年代，内资民企为冲破中国资本市场的限制，通常在世界著名避税地设立离岸母公司，一方面由境外母公司控股中国境内企业和业务，另一方面让海外投资者投资于母公司，并择机将母公司推向海外上市。采取这种境外控股公司模式海外上市的企业中，包括家喻户晓的新浪、搜狐、百度、网易、携程、新东方[①]、中国网通等，这些离岸公司形成了境外"非居民企业"之外观和假象，其实这些企业的实际管理中心、财务决策中心、控制中心和收益来源均为中国境内，这就造成了国家财富、资本和税收的多重外流。[②]

---

　　① 伏军、石伟：《境外间接上市财富外流问题分析——以新东方纽约交易所上市为例》，《暨南学报》（哲学社会科学版）2008 年第 4 期；伏军：《境外间接上市法律制度研究》，北京大学出版社 2010 年版。

　　② 张梦：《审视"民企外资化"》，豆丁网，https://www.docin.com/p - 1270900221.html，2022 年 8 月 28 日；王小波、李圆、李兴文：《民企"外资化"惊现国民财富流失黑洞》，《经济参考报》2005 年 10 月 31 日第 001 版。

2. 新企业所得税法施行之后

为此，新《企业所得税法》区分并界定了"居民企业"和"非居民企业"的概念。居民企业需要对全球所得缴纳所得税。非居民企业如果在境内设有机构场所，或者虽未设立机构场所但有来源于中国境内所得的，需要缴纳企业所得税（第三条第三款），适用税率为20%（第四条）。新《企业所得税法》还规定源泉扣缴制度，"对非居民企业取得本法第三条第三款规定的所得应缴纳的所得税，实行源泉扣缴，以支付人为扣缴义务人。税款由扣缴义务人在每次支付或者到期应支付时，从支付或者到期应支付的款项中扣除（第三十七条）。"

由此可知，新《企业所得税法》之后，非居民企业转让境内企业股权，税率变为20%，税款由买方承担，卖方代扣代缴。

国税发〔2009〕82号《关于境外注册中资控股企业依据实际管理机构标准认定为居民企业有关问题的通知》规定，对于由中国境内的企业或企业集团作为主要控股投资者，在境外依据外国（地区）法律注册成立的企业（简称"境外中资企业"），同时符合以下条件的，根据《企业所得税法》第二条第二款和《实施条例》第四条的规定，应判定其为实际管理机构在中国境内的居民企业（以下简称非境内注册居民企业）：（一）企业负责实施日常生产经营管理运作的高层管理人员及其高层管理部门履行职责的场所主要位于中国境内；（二）企业的财务决策（如借款、放款、融资、财务风险管理等）和人事决策（如任命、解聘和薪酬等）由位于中国境内的机构或人员决定，或需要得到位于中国境内的机构或人员批准；（三）企业的主要财产、会计账簿、公司印章、董事会和股东会议纪要档案等位于或存放于中国境内；（四）企业1/2（含1/2）以上有投票权的董事或高层管理人员经常居住于中国境内。

虽然，在经济全球化和资本全球流动的今天，我国的税法规制和反避税措施在跨国集团外企挖空心思的税收筹划面前，显得捉襟见肘，但毕竟，上述规定彰显我国对大批民企绕道境外上市的税法应对。居民企业并非限于依法在中国境内设立的企业，某些在境外设立但是其实际管理和控制中心仍在国内的，税法上应认定为居民企业。这在税法上已经突破了民商法之外在登记标准，而按照实质控制标准来判断"居民企业"，而实际控制标准就是"经济实质"标准，即通过经济实质的观察和判断，确认纳税主体的资格和身份，而经济实质理论，是实质课税原则固有内涵和下属分支。

3. 新近非居民企业股权转让税法规则

早在 1999 年，为强化售付汇管理，堵塞征管漏洞，国家外汇管理局和国家税务总局曾联合下发《关于非贸易及部分资本项目项下售付汇提交税务凭证有关问题的通知》（汇发〔1999〕372 号，现已废止），规定境内机构和个人在办理非贸易及部分资本项目下购付汇手续时，须提交税务机关开具的该项收入的完税证明、税票或免税证明等税务凭证。这项机制运行以来，对于加强非居民投资所得的税源控管发挥了非常积极的作用。此后，两局又在 2008 年下发了《服务贸易等项目对外支付提交税务证明有关问题的通知》（汇发〔2008〕64 号），对 372 号执行中存在的问题进行了梳理和明确。为更好地贯彻实施 64 号文，国家税务总局下发了《服务贸易等项目对外支付出具税务证明管理办法》（国税发〔2008〕122 号），对出具税务证明的主管税务机关、申请办理程序、资料报送要求、获取申请表的渠道、出具证明的流程、不予征税的审核、出具证明后的复核、错误纠正程序、国地税部门的配合以及专用章的格式等问题进行了具体明确。

2008 年 1 月 1 日之后，由于新《企业所得税法》对非居民企业转让境内股权征收 20% 的预提所得税，是故，一些境外非居民企业转而利用税收协定套取税收优惠（Treaty Shopping）。

继新《企业所得税法》之后，2009 年，国家税务总局关于印发《特别纳税调整实施办法（试行）》的通知（国税发〔2009〕2 号）；国家税务总局关于印发《非居民企业所得税源泉扣缴管理暂行办法》

的通知（国税发〔2009〕3号）；国家税务总局关于印发《非居民企业所得税汇算清缴管理办法》的通知（国税发〔2009〕6号）；《非居民承包工程作业和提供劳务税收管理暂行办法》（国家税务总局令第19号）；《国家税务总局关于进一步加强非居民税收管理工作的通知》（国税发〔2009〕32号）；《财政部、国家税务总局关于企业重组业务企业所得税处理若干问题的通知》（财税〔2009〕59号）；上文已经提及的《关于境外注册中资控股企业依据实际管理机构标准认定为居民企业有关问题的通知》（国税发〔2009〕82号）；《非居民享受税收协定待遇管理办法（试行）》（国税发〔2009〕124号）；《国家税务总局关于如何理解和认定税收协定中"受益所有人"的通知》（国税函〔2009〕601号）；《国家税务总局关于加强非居民企业股权转让所得企业所得税管理的通知》（国税函〔2009〕698号）；《财政部、国家税务总局关于企业境外所得税收抵免有关问题的通知》（财税〔2009〕125号）等。其针对非居民企业税收管理，发文之多、速度之快、涵盖范围之广，前所未有。

在这些法律法规当中，对国际经验借鉴的痕迹颇为明显，例如601号文中对"受益所有人"的规定基本上是对OECD《税收协定范本注释》的复制。对反避税进程影响巨大的当数《企业所得税法》第四十七条的"一般反避税条款"，其基本精神是对任何不具有"合理商业目的"的安排而使纳税人的应纳税收入或者所得减少，中国税务机关有权按照适当方法对该安排作出税务上的调整。而所谓"不具有商业目的"，是指以减少、免除或者推迟缴纳税款为"主要目的"[①]（《实施条例》第一百二十条）。

---

① 一些外企和跨国会计机构在《企业所得税实施条例》颁布前，曾试图影响立法，将"主要目的"换成"唯一目的"或"显著目的"，但未被立法机关采纳。参见普华永道《特殊目的的公司在中国面对税务上新的挑战》，豆丁网，https://www.docin.com/p-427166190.html，2022年8月28日。

反避税之税法规制的标志事件是，颁布国税发〔2009〕2 号文《特别纳税调整实施办法（试行）》（以下简称"《实施办法》"）。该《实施办法》第九十二条规定在下列情况下将可以启动一般反避税调查："滥用税收优惠""滥用税收协定""滥用公司组织形式""利用避税港避税""其他不具合理商业目的的安排"。《实施办法》采取了实质重于形式（实质课税）原则，若一家没有商业实质的企业，特别是那些建立在避税港国家的企业，被安插在一个投资结构中，中国税务机关可以在税收上否定该企业的存在，从而取消企业从这一"避税"安排获得的中国税收利益。另外，一般反避税规则不但适用于关联方交易，也同时适用于非关联方的交易。由此可见，一般反避税规则的适用范围相当广泛。而《实施办法》第九十三条则规定了按照"实质重于形式的原则"来审核企业是否存在避税安排。《实施办法》第九十四条是以"经济实质原则"对避税安排重新定性时，可以对避税港公司的存在予以税法否认。

由此，中国反避税的税法规则从传统的制造业企业向金融控股、投资银行、饭店、零售、汽车、基础设施建设等行业延伸，从对转让定价的关注延伸到非居民企业税收、受控外国公司、成本分摊协议、资本弱化、税收协定滥用、公司组织形式滥用、内资企业"非居民企业外形否定"等领域。可以说，避税与反避税进入了一个新的阶段。这也可以从 2010 年 3 月 30 日"跨境税务专业知识的国际领先提供机构 IBFD 宣布中国办公室开幕"这个新闻中看出一点端倪。与此同时，税务机关反避税领域的先进人物成为全国劳动模范和五一劳动奖章获得者。[1]

（三）非居民转让股权之所得税评析

1. "受益所有人"的概念界定

如果一个美国公司要在中国投资，直接投资设立一家外资企业的

---

[1] 邹国金、张剀：《中国铸就反避税法律利剑》，中国会计视野，https：//news.esnai.com/33/2009/0209/42745.shtml，2022 年 8 月 28 日。

话，在向美国居民公司汇回股息性所得时，依照《中美税收协定》，必须在中国缴纳 10% 的预提税。而如果中国与某第三国 G 签订有税收协定，G 国居民公司在中国设立企业控股一定比例（50%）和一定投资额（300 万欧元）以上的，G 国居民公司可以享受股息性所得的预提税率为 0，而美国与 G 签订的税收协定中，美国居民企业享有从 G 国股息所得的预提税率为 0，那么，一个可能的筹划避税方案是：首先美国公司在 G 国设立一家全资子公司，再通过 G 国的全资子公司向中国境内投资，这样，股息性所得汇回 G 国时，中国税务机关不征预提税，G 国公司在向美国汇回时，G 国税务机关征收 0 的预提税，这种投资结构可以减少 10% 预提税的税收成本，此所谓绕到投资或者"择协避税"。

如果一个设立在 G（一般也称避税港）的特殊目的公司仅为"信箱公司"或"纸面公司"，即只是一个注册登记且租用办公司的控制（控制知识产权和特许权使用费、控制境内境外投资、向集团成员提供贷款融资、控制人力资源的）公司，而不参与实际的经营管理活动，那么，G 国的特殊目的公司（SPV）即便是收益的收取人，但不被认为是税法上的"受益所有人"，则不得享有税收协定中有关股息、利息、特许权使用费以及财产转让收益下的优惠税率待遇，这就是 2009 年 10 月 7 日下发的《国家税务总局关于如何理解和认定税收协定中"受益所有人"的通知》（国税函〔2009〕601 号）的基本精神。根据 601 号文，"受益所有人"对所得或者所得据以产生的权利或者财产具有所有权和支配权，一般是从事实质性经营活动的公司和个人。"代理人""导管公司"等不属于"受益所有人"。导管公司通常是指以逃避或者减少税收、转移或累计利润等为目的而设立的公司，这类公司仅在登记国注册，以满足法律所要求的组织形式，而不从事制造、经销、管理等实质性经营活动。受益所有人身份认定根据个案具体情况、纳税人提交申请资料及情报交换机制等方式确定。601 号文还明确了七种情形不利于"受益所有人的认定"，根据这七类规定①，许多单层模式的境外SPV由于缺乏实质性的经营活动或者交易不具备合理的商业目的，将不被认定为"受益所有人"，而不享有税收协定的优惠待遇。

从立法技术上看，上述概念之界定，系从反面和否定的角度为之，指出七个方面的特征将不利于"受益所有人"身份的认定。实际上，鉴于经济活动日趋复杂，其组织形式和交易形式日新月异，要通过立法或者行政规范的方式完全指出哪些属于或者哪些不属于"受益所有人"，显然并不可行。因此，601号文指出，应该根据"个案的不同情况具体对待"。显然，在实质课税原则具体适用的反避税领域，"个案具有差异性"乃经验理性的一种智慧和法则。仰赖经验理性，通过个案积累，从中提炼其中蕴含的法理和原则，这种思考和解决问题的方式，铸就了普通法系立法和司法的独特风景。在试错和渐进累积中总结经验，然后在其中抽取经验法则和法理依据，以此奠定构筑政治、经济和法律制度大厦之根基，被认为是英美经验主义的一大特征，这也使得普通法系成为判例法系，而从不追求法典的严整、完美、宏大或包揽万象。从哲学上看，经验主义认为人类的理智能力是局限的，因此法律构造只能建立在经验的累积之上。从而，针对个案进行区别分析和对待，

---

① 《国家税务局关于如何理解和认定税收协定中"收益所有人"的通知》（国税函〔2009〕601号）第二条规定："在判定'受益所有人'身份时，不能仅从技术层面或国内法的角度理解，还应该从税收协定的目的（即避免双重征税和防止偷漏税）出发，按照'实质重于形式'的原则，结合具体案例的实际情况进行分析和判定。一般来说，下列因素不利于对申请人'受益所有人'身份的认定：（一）申请人有义务在规定时间（比如在收到所得的12个月）内将所得的全部或绝大部分（比如60%以上）支付或派发给第三国（地区）居民。（二）除持有所得据以产生的财产或权利外，申请人没有或几乎没有其他经营活动。（三）在申请人是公司等实体的情况下，申请人的资产、规模和人员配置较小（或少），与所得数额难以匹配。（四）对于所得或所得据以产生的财产或权利，申请人没有或几乎没有控制权或处置权，也不承担或很少承担风险。（五）缔约对方国家（地区）对有关所得不征税或免税，或征税但实际税率极低。（六）在利息据以产生和支付的贷款合同之外，存在债权人与第三人之间在数额、利率和签订时间等方面相近的其他贷款或存款合同。（七）在特许权使用费据以产生和支付的版权、专利、技术等使用权转让合同之外，存在申请人与第三人之间在有关版权、专利、技术等的使用权或所有权方面的转让合同。针对不同性质的所得，通过对上述因素的综合分析，认为申请人不符合本通知第一条规定的，不应将申请人认定为'受益所有人'。"

个案中如果符合某些特定特征就可以不认定为"受益所有人"，这恰好体现了税收立法机关的谨慎和理性。这是我国税收机关的一个可喜的进步。如再配合各地反避税的案例逐渐累积和规则提炼，则反避税事业有望继续前行。

2. 公司组织形式之"透视"

国税发〔2009〕82号文。根据国税发〔2009〕82号文，中资在境外设立的特殊目的公司，如果其实际管理机构在中国，将被视为我国税法上的居民企业，需要就其全球收入缴纳所得税。这种透视，实际是按照经济实质和管理机构所得在地的原则，来确认税法居民企业的身份。税法居民身份一般按照注册登记地确认，如果注册登记地与实际管理机构所在地冲突，以实际管理机构所在地规则来认定税法居民的归属；从经济观察的角度，以经济的实质否认法律的形式，有效地维护了税收管辖权。

例如，境内某企业甲准备到香港上市，为实现上市重组，甲的股东首先在开曼注册成立A公司，通过A收购境内甲公司的股权，将甲变成开曼A公司的全资控股子公司，同时，甲的股东又在香港成立B公司，通过B收购开曼A公司的全部股权，然后以香港的B公司为载体在香港实现上市。这样，为实现香港上市，境内甲公司经过重组，甲公司的股东由直接控制甲公司，变成通过两家境外特别目的公司间接控股境内甲公司。先假定开曼A公司要将甲公司的部分股权转让给某境外M公司，如果A公司系国内股东实际控制，即A公司被判定为实际管理机构所在地在中国境内，那么可能根据国税发〔2009〕82号文将A公司确定为中国税收居民企业，这一股权转让在税法上可认定为中国居民企业和外国企业之间的转让，居民企业的股权转让所得须缴纳所得税。如果A公司的股权结构中有外国股东，那么A公司在向外资股东派息时，视为居民企业向外资分配股息，需要缴纳10%的预提税。因此，国税发〔2009〕82号文的影响可谓深远，一些通过境外借助离岸公司，借助复杂股权重组以达到海外上市目的的公司，必须重新考虑调整其控股结构，或者将"信箱公司"改造成拥有办公场地、租用人员进行管理和控制的有实质商业经营行为的公司，否则将以中国税法居民企业对待。

最近，另一种透视是国税函〔2009〕698号文。如果设立在境外避税港的特殊目的公司，仅为避税目的而不具有实质的经营行为，即"境外投资方（实际控制方）通过滥用组织形式等安排间接转让中国居民企业股权，且不具有合理的商业目的，规避企业所得税纳税义务的，主管税务机关层报税务总局审核后可以按照经济实质对该股权转让交易重新定性，否定被用作税收安排的境外控股公司的存在（698号文第六条）。"这种透视的方法，是从经济观察的角度，对插入交易结构的中间公司，在符合一定条件的测试标准（商业目的、经济实质）情况下，在税法上予以否认。

上述重庆案例就十分典型。该案例中，新加坡公司B全资控股新加坡公司C，C公司则持有中国重庆合资企业D公司31.6%的股权，这种投资结构实际是新加坡B公司通过特殊目的公司C间接持有D公司31.6%的股权。2009年，新加坡B公司将其持有的C公司的股权全部转让给中国境外的A公司。从税法上讲，权益性投资资产转让所得按被投资企业所在地确认来来源地，B公司转让C公司的股权，该所得不属于来源于中国境内，中国税务机关没有管辖权。但是，重庆国税局在分析和审核后发现，新加坡C公司只是一个"信箱公司"，其实收资本仅为100新加坡元①，其本身并不从事经营行为（证据？）。重庆案例中，经国家税务总局审核，对该项股权转让的经济实质重新定性，否定

① 《渝中区国税局采取措施加强非居民税收管理》，重庆市国家税务局，http：//www. cqsw. gov. cn/jcsx/20081127111. HTM，2010年5月12日；《谨防涉外经济中的税收协定滥用问题》，黄冈市国家税务局，http：//huanggang. hb-n-tax. gov. cn/art/2009/6/9/art _ 3855 _ 135224. html，2010年5月12日；李皓兰：《我国防止税收协定滥用的规则梳理与立法反思》，《税务研究》2018年第8期。

了仅作为税收安排而设立但并不实质经营的新加坡 C 在税法上的存在。

当然，随着上述案例的公布，新的应对手段也不断被讨论到。正如有的论者指出：越是复杂的持股结构，税务机关监管的难度就越大。比如，假设境外美国公司控股新加坡 B 公司，新加坡 B 公司控股开曼 C 公司，开曼 C 公司控股香港 D 公司，香港 D 公司持有中国境内 M 公司股权，此时美国公司就可以通过直接转让新加坡 B 公司股权的形式转让其间接持有的 M 公司股权，此时，如果美国公司获得转股收入但不向我国税务机关主动申报的话，那么我国税务机关很难察觉。① 也有中介机构分析认为，如果特殊目的的公司（SPV）进行实质改造，使得其符合税务机关关于使之经营和商业目的的形式，比如租用场地（即常设机构 Permanent Establishiment）、雇用当地人员、签订经营合同、实施某种服务或并收取费用，或者成立地区总部等，以使得这些中间控股公司能够申请当地居民身份，享受到税收协定的优惠待遇。② 也有论者对我国新近出台非居民企业税收的税法规则，频繁地提到"实质高于形式原则"即实质课税原则，但相关税法及税务机关又未对此原则做出界定，充满了忧虑。③

从证据法上观察，尚看不出国家税务总局和重庆国税局如何认定 C 公司只是一个"信箱公司"。而这引申出实质课税原则适用中的举证责任问题。一般而言，根据信息不对称理论，企业掌控其第一手税务和经营资料，因此，税务机关可以责令纳税人提供相关资料，甚至将财务软件等主动向税务机关进行备案，这被称为"协力义务"，违

---

① 赵国庆：《解读国税函〔2009〕698 号：非居民企业股权转让所得的所得税处理》，中国税务总监网，http://chinacfo.net.cn/fzjx/mj.asp? id = a201041292593257973，2022 年 8 月 28 日。

② 德勤：《国税总局发布"受益所有人"协定解释文件》，http://www.deloitte.com/view/zh＿CN/cn/services/tax/globalemployerservices/41fe259fd6dd4210VgnVCM100000ba42f00aRCRD.htm，2010 年 5 月 7 日。

③ 普华永道：《中国税务/商务新知——境外注册中资控股企业的居民企业认定规则出台》，http://www.pwchk.com/home/eng/chinatax_news_may2009_14_chi.html#sub_15，2010 年 5 月 6 日。

背协力义务，须承担相应的法律责任。与此同时，税务机关将收集到的这些证据和文件，实施审核、归类和分析，以之形成"行政证据"即"案卷证据"。如材料不足以说明相关事实的可以进一步责令并主动调查收集，或者启动税收情报交换机制收集，或者主动收集外资公司母国上市公司公开披露的相关文件和资料，等等。总之，一旦形成税务处理决定或者做出不予税收协定优惠待遇的决定，就必须具有充分的证据基础。因为，税企纠纷一旦产生，行政诉讼中被告不得再行收集证据，否则有违"先举证后裁决"的法理。相应地，实质课税原则立法中，应该强化税务机关的举证责任。不过，在税法实务上，如果某个公司仅有法律上的注册登记，而没有实质的经营活动，则公司的财务报表、工商年检资料、经营合同、财务往来账簿和单据、聘用协议及工资支付、税务资料皆可以佐证。要获得这些材料取决于税务机关的证据收集，而税务机关当然可以责令 C 公司向税务机关履行协作义务，提交相关证据和经营资料，以便税务机关准确做出判断。当然，税务机关也可以像新疆案例所做的一样，通过国际税收情报交换的方式获得上述证据。

3. 居民身份的税法否定

巴巴多斯案例的核心问题是，税务机关注意到巴巴多斯 D 公司通过"合资"—"购股"—"增资"—"转股"这一操作手法，存在下列疑点①。

（1）将合资企业中外方的股权安排在 24.99% 的限度内，而且合资企业并为主动申请其外资企业的注重优惠待遇，可见外商之合资乃是醉翁之意不在酒。后经证实，如此策划是为了享受内资企业进口设备免征海关代征增值税的优惠政策，因新疆 GH 公司的大部分设备都是进口设备，仅此一项该企业就获得了 6 亿多元的免征进口环节增值

---

① 《谨防涉外经济中的税收协定滥用问题》，黄冈市国家税务，http：//huanggang. hb-n-tax. gov. cn/art/2009/6/9/art_3855_135224. html，2010 年 5 月 8 日。这篇文章中披露的税务局察觉的疑点比国税发 1078 号文揭示的疑点更原生态。

税的优惠。

（2）巴巴多斯 D 公司在短短一年的投资时间内，未经实际经营，经过投资和转手交易，获得转让收益高达 1217 万美元，折合人民币 9272 万元，收益率 36%，且事前于 2006 年 6 月合同约定：如果中方投资者在外方投资后约定的 6 个月内，不能实现第二期 LNG（液化天然气）项目有关目标时，外方则以 3380×（1+36%×实际投资天数/360）= 4596.8 万美元的价值，将股权转让给中方投资者——新疆 GH 股份公司，也即该股权投资契约系对赌契约，外方的 36% 收益是在投资时就约定的。而碰巧，中方投资者未能实现第二期 LNG 项目，故外方于 2007 年 6 月 30 日履行股权转让协议，可谓蓄谋已久。税务当局甚至有理由怀疑，这一交易结构系内外勾结侵吞国有资产的结果。因此，国税发 1078 号文表述为："不能明确这一交易属于投资、融资还是借贷。"言下之意，这一交易本属于侵吞国有资产。

（3）最初的转股款 3380 万美元不是巴巴多斯 D 公司账户汇出，而是从开曼另一家公司支付。

（4）当税务机关对其居民身份展开调查时，D 公司提供了我驻巴大使馆为其提供的相关证明，其称为巴巴多斯居民身份证明（该证明只是证明了公司是按巴法律注册的，该巴法律签字人是属实的）；还出具了律师证明，证明 GE 公司是依照"巴巴多斯法律"注册成立的企业，成立日期为 2006 年 5 月 10 日，公司地址位于巴巴多斯托马大街 CANE 花园，公司的三位董事都是美国籍，住址均为美国得州伏特沃思镇商业街 301 号 3300 房间。如果公司董事同在一个办公室办公可以理解，但如果一个公司的三位董事的住所为同一个房间，即使是在贫穷落后的国家也是不可思议的事情，更何况在美国这样的发达、开放的国家。①

----

① 《谨防涉外经济中的税收协定滥用问题》，黄冈市国家税务局，http：//huanggang. hb-n-tax. gov. cn/art/2009/6/9/art_3855_135224. html，2010 年 5 月 12 日。

《特别纳税调整实施办法（试行）》（国税发〔2009〕2号）第九十三条对实质重于形式原则的具体检测有下列标准，一个安排是否是纳入特别纳税调整范围（转让定价、受控外国公司、资本弱化、滥用税收协定、滥用避税港、滥用组织形式、滥用、其他不具有商业目的）和运用一般反避税规则规制，要看下列因素：

- 安排的形式和实质；
- 安排订立的时间和执行期间；
- 安排实现的方式；
- 安排各个步骤或组成部分之间的联系；
- 安排涉及各方财务状况的变化；
- 安排的税收结果。

笔者拙见，这几个步骤和方面系斟酌"实质"与"形式"的测试标准，其中后五项为第一项服务，检测了后五项就等于是推断出第一项的结论，虽然国税发〔2009〕2号文将之并列，但它们彼此之间并非真正的并列关系，而是统属关系。又根据中巴协定，财产转让所得应仅在居民乙方所在国征税①。在确定巴巴多斯D公司的居民身份时，税务机关除了审核D公司经公证的法律注册文件之外，着重从经济的角度进行观察，D公司是否真正系税法居民，其设立的目的、实际经营状况、人员聘用和工资支付、财务报表、账簿和记录、董事会和决策记录、管理决策和控制的证据等。而且新近的税法规则规定，申请享受居民的税收协定优惠待遇的，须经过申请、备案、审核和许可程序。这就从证据法上解决了举证责任的初始分配问题：在行政（申请备案）程序中，纳税人（相对人）有举证义务（权利），违背这一协力义务的须承担相应法律责任。

而且，从法理上看，有关优惠待遇、居民身份、亏损扣除、成本费

---

① 《中巴税收协定》第十四条第六款规定："缔约国一方居民转让第一款至第五款所述财产以外的其他财产取得的收益，发生于缔约国另一方的，可以在该缔约国另一方征税。"

用等事实，在税法上系纳税人理当积极争取并论证的"纯获利事实"，纳税人有足够动机和能力举证，因此，在税务调查中的证据收集之责在税务机关，但证据的出示和举证之责在纳税人，二者相辅相成，系辩证统一关系。本案税务机关还启动国际税收交换程序，从情报交换证据可得知 D 公司不从事实际经营的情况，更加印证了 D 公司不属于巴巴多斯之税收居民，那么税务当局以实质重于形式的原则，否定其居民身份从而否定其享有优惠之预提税率，责令其按照新《企业所得税法》缴纳财产转让之所得税（税率 25%）。

4. 福耀玻璃间接转股涉税案述评

案情简述①。福耀玻璃系上海证交所上市公司，2009 年 10 月 9 日至 10 月 27 日期间，其法人股东虹桥海外有限公司通过上海证交所减持上市公司原始股 2.8 亿股，平均交易价格为 12 元左右。经查，转股前福耀玻璃有两家法人股东，虹桥海外占股 15.6%，三益发展占股 22.49%，两家法人股东占股合计为 38.09%。两家公司皆为曹德旺个人独自持股的投资性非经营性公司，在港注册成立，无实质经营业务。曹德旺系香港居民。福州市和福清市两级国税局认为，虽然虹侨海外转让福耀玻璃股票前的 12 个月内只占上市公司股份的 15.60%，但基于福耀玻璃的第一大股东三益发展与本次股权转让的出让方虹侨海外均属于曹德旺的独资公司，本次股权转让的最终实际受益人是香港居民曹德旺。由于曹德旺全资控股的三益发展持有福耀玻璃 22.49% 的股份，加上虹侨海外原先持有的 15.60% 的福耀玻璃股份，曹德旺间接拥有福耀玻璃 38.09% 的股份。三益发展和虹侨海外这两家香港公司都属于非业务经营性投资控股公司，并不从事其他积极性生产经营活动。福建福清国税主张，按照内地与香港签订的税收协定安排和《第二议定书》以及国家税务总局有关规定，内地有权征税。

---

① 傅硕：《福耀玻璃间接股权转让被征税　地税执法惹争议》，豆丁网，https://www.docin.com/p-523494944.html，2022 年 8 月 28 日。

福清市国税局责令香港公司在所得来源地，即该上市公司所在地办理临时税务登记，并指定其作为代理人协助税务机关履行纳税义务，共缴纳税款 3. 79 亿元。

简要讨论。福耀玻璃转股案中，转股的两家公司有来源于中国境内的财产转让所得，但是，由于从形式上转让方各自在福耀玻璃公司中的占股比例不超过 25%，根据大陆和香港两地的税收安排，大陆本不具有税收管辖权①。然而，中国的税务机关考虑到：（1）这两家公司均为香港居民曹德旺 100% 控股；（2）两家公司均为投资性控股公司，除入股福耀玻璃外无其他实质经营业务；因此，将两家公司视为"一致行动人"②，那么两家在福耀玻璃的占股合计超过 25%，由此责令其分别在境内办理税务登记并缴纳税款。笔者认为，"一致行动人"的理论不能解释税务机关征税的合理性，因为，如果将其经济实质作一番考察，实际上曹德旺个人作为香港两家公司的实际控制人操控整个股权转让并受益，应认定曹德旺个人为行为和受益主体，其应该就境内转让股权所得缴纳个人所得税，而非将两家公司捆绑计算占股比例，然后分别责令办理缴纳税款事宜，这从法理上和逻辑上皆说不通，主要是所得归属主体和纳税主体不清。真正的透视应当是，认定两家香港公司仅为税收导管，其没有任何实质性的经营行为，业绩不具有经济实质，根据国税发〔2009〕2 号《特别纳税调整实施办法（实行）》的规定，对两家香港公司予以税法否定，既不承认两家公家公司在税法上的存在，而将曹德旺视为真正的受益主体，根据两地的税收安排，曹德旺应缴纳股息所得税。因此，这个案例未能彻底体现透视原则。当然，税务机关的实际考量是，这样处理有助于税款入库。而如果责令曹德旺个人缴纳个人所得

---

① 根据国税函〔2006〕884 号第十三条第五款规定可知，关于转让公司股份取得的收益，该项股份又相当于一方居民公司至少 25% 的股权时，可以在该一方征税的规定，执行时暂按以下原则掌握：如香港居民曾经拥有内地公司 25% 以上的股份，当其将该项股份全部或部分转让并取得收益时，内地拥有征税权。

② 马天骄：《"一致行动人"概念在税务领域的运用》，《国际税收》2011 年第 8 期。

税，则税率高于非居民企业在境内获得的股权转让所得的税率，税款将以天文数字计算。同时，考虑到陈发树等在紫金矿业上市前的转股和上市后的股票套现行为约 50 亿元人民币①，未缴纳任何个税，则福耀玻璃税案的处理结果意味深长。

---

① 胡潇滢：《股权转让获利纳税不明：紫金矿业董事长涉税务门》，《证券日报》2009 年 9 月 25 日第 B02 版。

第 七 章

税法确定性问题的领域法学求解

——以税款代缴为例

　　领域法学理论是税法学界的一个新近的学术贡献，然坊间缺乏具体而微的阐释和实证范例。本文以税款代缴为切入点，借助税法交易定性理论的分析工具，追问代缴制度的税法原理，分析代缴引发之税款请求权实证案例，剖析代缴税款引发的税法与刑法评价之不协调和龃龉，融合行政法、民法、税法和刑法等综合知识资源，贯通于税法分析，彰显税法分析的领域法学特性。代缴分为法定代缴和意定代缴。实践中，"已扣未缴"或"未扣未缴"均构成税收行政违法，其税法责任之细化，必须厘清代缴制度的税法原理，修改《税收征管法》，完善相关法律构造。实践中，在"已扣已缴/未缴""未扣未缴/已缴"场合，分别产生纳税人、扣缴义务人民法请求权问题，公私法在税款代缴上产生交集，税法分析借助税收之债原理，长袖善舞。甚者，税款代缴基于民法之借名交易，判定是否构成税法之"虚开"，须借助"三次评价理论"和交易定性理论，进而，提出《增值税法》立法之难点，和《刑法》第二百零五条之修改建议。概言之，税款代缴之制度原理、实例分析和规范续造，彰显税法学的领域法学特质，亦证成税法分析之冰山一角。

　　税款缴纳方式是税法秩序的基本构架，也即税收征管的基本制度。在税法实践中，税款缴纳方式有自缴和代缴两种。自缴，是指法定纳税主体自我申报缴纳税款，税收之债自税款缴纳之日起消灭，比如增值税、所得税和土地增值税的自我申报缴纳，企业所得税、个人所得税和土地增值税的预缴与汇算清缴，均为自缴。代缴，分为法定代缴和意定代缴两种。法定代缴，其代缴义务源于法律或者法规的直接规定，包括代扣代缴（《税收征管法》第四条第二款）、委托代征（《征管法实施细则》第四十四条）、纳税担保人代缴（《税收征管法》第四十四条）、合并分立后的代缴（《税收征管法》第四十八条）、行使代位权的代缴（《税收征管法》第五十条）、破产程序中破产管理人代缴处理破产财产产生的新税款、① 个人独资企业出资人对于企业税收债务承担连带清偿义务代缴税款（《个人独资企业法》第三十一条）、② 合伙企业普通合伙人在企业破产和注销后对于企业税收之债承担连带清偿义务（《合伙企业法》第九十一条和第九十二条）、③ 继承人代缴被继承人税款（原《继承法》第三十三条暨《民法典》第一千一百六十一条）④ 而代缴税款，破产管理人在破产程序中的代缴税款，等等，实践中不下十种。

意定代缴，是因商事交易便利，借商事契约安排而产生之代缴。顾

---

① 此处代缴，破产管理人，仍然以破产企业名义缴纳税款。税务公职律师徐占成认为：《破产法》第二十五条详细列举了管理人职责范围，唯独没有涉税事项。既然清算中新产生的税款属于《破产法》第四十一条的破产费用，应该最优先清偿，这就可以推导出，管理人有义务先将这一部分"分配"给税务机关。另外，国家税务总局对最高人民法院的一份复函（国税函〔2005〕869号）中也明确，对拍卖财产的全部收入，纳税人均应依法申报缴纳税款；税收具有优先权；鉴于人民法院实际控制纳税人因强制执行活动而被拍卖、变卖财产的收入，人民法院应当协助税务机关依法优先从拍卖收入中征收税款。

② 《中华人民共和国个人独资企业法》第三十一条规定："个人独资企业财产不足以清偿债务的，投资人应当以其个人的其他财产予以清偿。"

③ 《中华人民共和国合伙企业法》第九十一条规定："合伙企业注销后，原普通合伙人对合伙企业存续期间的债务仍应承担无限连带责任。"第九十二条规定："合伙企业不能清偿到期债务的，债权人可以依法向人民法院提出破产清算申请，也可以要求普通合伙人清偿。合伙企业依法被宣告破产的，普通合伙人对合伙企业债务仍应承担无限连带责任。"

④ 《中华人民共和国继承法》第三十三条规定："继承遗产应当清偿被继承人依法应当缴纳的税款和债务，缴纳税款和清偿债务以他的遗产实际价值为限。超过遗产实际价值部分，继承人自愿偿还的不在此限。继承人放弃继承的，对被继承人依法应当缴纳的税款和债务可以不负偿还责任。"

名思义，代缴义务主要基于商事交易惯例和契约安排，在不损害公共利益和国家税权的前提下，实践中已有诸多先例。比如，著名卖场与进驻商户之间的开票代缴、商品房买方为卖方代缴营业税（营改增之前）及其附加等、电力公司代缴零散电力销售户代缴增值税（税总公告 2014 年第 32 号）、废旧物资收购中的零散销售户的名义借用代缴（税总公告 2014 年第 39 号、法研〔2015〕58 号）、拍卖增值税货物的由拍卖人代缴（国税发〔1999〕40 号）、企业代持限售股缴纳税款后转付个人环节不征收个税（税总公告 2011 年第 39 号）、司法拍卖中约定由竞买方代缴卖方税款在性质上亦属于代缴、资管产品管理人代缴投资人的增值税款（财税〔2016〕140 号、财税〔2017〕2 号），营改增之后保险公司为保险经纪人代缴税款（税总公告 2016 年第 45 号），等等。

　　税法确定性问题，持续困扰税法实践，影响税法遵从，其破解之道在于构建税法分析的逻辑框架。税法实践中，税法评价要在税收构成要件识别，但是，税收构成要件不会自动呈现，宜借助交易定性的分析工具，通过征纳双方的争辩、分析和沟通方达成税法共识。交易定性理论认为，就纳税主体、税收客体及其量化、税收管辖权、税收特别措施条件是否成就等税收构成要件达成一致，税法确定性就在税法评价过程中呈现。① 税款代缴是税收征管的一项基本制度，也是税法秩序和税法遵从的重要组成部分。概言之，本文以代缴税款为切入口，论证税款代缴之税法原理、实证案例和规范续造，以彰显税法交易定性理论，揭开税法确定性问题之冰山一角，增进税法共识，证成税法的领域法学特性。

第一节　税款"代缴"之税法学原理探究

一　扣缴义务的法律性质辨正

　　扣缴义务的法律属性，在我国税法学上有几种学说，其一，"协助

---

① 滕祥志：《税法的交易定性理论》，《法学家》2012 年第 1 期。

义务说"，以张守文教授、[1] 葛克昌教授[2]为代表。该说认为纳税人是唯一的纳税主体，扣缴义务人不属于纳税主体，其所履行的扣缴义务是与纳税义务有关的义务，而扣缴义务人与纳税担保人、协税义务人均为"相关义务主体"。其二，"行政代理人"或者"行政辅助人"说，以黄茂荣教授[3]和熊文钊教授[4]为代表。该说认为扣缴义务人不属于纳税主体，而是税务机关征税行为的代理人。其三，"双重身份独立主体说"，以施正文教授为代表。[5] 该说认为，扣缴义务人在税款征收阶段和税款缴纳阶段身份不同，前者系"征税主体"身份，后者系"纳税主体"身份，但总体而言，在一个具有三方主体和二重法律关系的复合结构之中，扣缴义务人系"独立主体"身份。其四，纳税主体说或行政相对人说，以叶姗教授为代表。[6] 大多数学者亦秉持这一观点。理由是，《税收征管法》将纳税人和扣缴义务人的法律责任、权力义务等同对待，二者没有本质的区别。其五，新类型说，以钟典宴为代表。[7] 该说认为，扣缴义务人因法律规定，得以自己名义独立行使公权力，仅系以税捐稽征机关指示，协助完成税收征收，不能视为行政委托人或行

---

[1]　张守文：《税法原理》（第二版），北京大学出版社 2001 年版，第 48 页。

[2]　葛教授认为，扣缴程序并非行政委托，扣缴义务人原则上对扣缴内容及程度并无决定权和裁量权，故扣缴义务原则上不属于行政委托，仅为行政助手，扣缴义务人违反扣缴义务所受处罚应限于故意或者重大过失。

[3]　黄茂荣：《税法总论——法学方法与现代税法》（第一册），台湾植根法学丛书编辑室 2002 年版，第 297、310 页。黄茂荣教授主张扣缴义务人为"代理征收"，扣缴义务人与捐税债权人之间法律关系为公法上之法定委任。陈敏：《扣缴薪资所得税制法律关系》，《政大法学评论》1994 年第 51 期。陈敏认为，扣缴义务人系私人依据授权，得以自己名义，对外独立执行特定行政事务，其法律地位，应为行政受托人（Beliehener）。由此，两位教授观点相近。

[4]　熊文钊主编：《税务行政法》，中国人事出版社 2000 年版，第 63—64 页。

[5]　施正文：《税收程序法论——监控征税权运行的法理与立法研究》，北京大学出版社 2003 年版，第 215—216 页。

[6]　叶姗：《论个人所得税扣缴义务人的还付责任》，《当代法学》2004 年第 5 期。扣缴义务人既不是国家的征税代表，也不是纳税人的代理人，对代表国家行使征税权的征税机关而言，扣缴义务人和纳税人皆为行政相对人。

[7]　钟典宴：《扣缴义务问题研析》，北京大学出版社 2005 年版，第 37 页。

政助手，应属于行政组织之上的新类型。其六，"不真正连带责任说"，以叶金育教授为代表，该说认为，从扣缴义务人、纳税人以及税务机关这一立体主体结构，并结合税法的财政功能立场出发，脱法扣缴行为导致国家税款等义务无法实现，税务机关自有向纳税人或扣缴义务人追究责任的权力。实际上，这已经形成了实质的连带责任，但因扣缴义务人的扣缴义务和纳税人的纳税义务非为实质上的连带债务，故界定为一种不真正的连带责任。

上述文献和研究，本书无意作详细评析。笔者曾经撰文指出，扣缴义务法律关系本质上是行政委托关系。[①] 理由如下：其一，扣缴权的性质是公权，以国家强制力为后盾。税法规定，扣缴义务人对国家负有扣缴义务，得对纳税人行使扣缴权。扣缴权，本质上是一种财产侵害权，非经国家法定认可，任何主体不得行使，这与私权形成鲜明对比。其二，扣缴义务主体原系私法主体，本非公法主体，其依民商法规则依法设立、有效存续，以追求市场利益为一贯目的，其设立和存续的宗旨，在于私法利益而非公法目的。先前，最高人民法院关于偷税和抗税司法解释[②]将扣缴义务人和纳税人一同视为犯罪主体，以迄至今。2009 年《刑法修正案》（七）规定，扣缴义务人采取前款手段不缴或少缴已收、已扣税款的，构成逃避缴纳税款罪。从实定法看，纳税人与扣缴义务人一同享有复议权、起诉权等权利，这说明，扣缴义务人非行政主体。其三，行使扣缴权非以自己的名义。扣缴权作为一种权力，其指向的对象是纳税人。但是，扣缴义务人如非以法律之名义，任何私法主体决不会有遵从义务，听任侵夺其财产权。扣缴义务主体之扣缴，于国家而言是义务；于被扣缴之纳税人而言是权利。其四，扣缴后果由税务机关承

---

① 滕祥志：《关于税收代扣代缴制度的几个疑难问题探讨——兼论扣缴法律关系的性质及"单位"的税法学含义》，中国法学会财税法学研究会 2007 年会暨第五届全国财税法学学术研讨会论文。

② 参见最高人民法院、最高人民检察院印发《关于办理偷税、抗税刑事案件具体应用法律的若干问题的解释》的通知（法发〔1992〕12 号、高检会〔1992〕5 号）。

担。扣取以解缴为目的，扣取是税收之债消灭的原因。在"已扣未缴"情形，即已扣除税款但未解缴的，税务机关则无权再向纳税人行使直接追索权，因为，一旦扣缴义务人代表税务机关行使法定扣取权，税收之债即归于消灭，税务机关再向纳税人直接行使债权，则构成重复行权，有悖正义。我国税法未赋予税务机关向纳税人的追索权，表明一旦存在已扣未缴，则税收之债消灭。其五，扣缴主体非纳税主体。扣缴主体"解缴"税款，具有纳税主体的外观，但其实质上不"纳税"，不是"纳税主体"。从"税务机关—扣缴义务"主体角度观察，属于行政委托律关系，扣缴义务人履行委托关系中受托人的法律责任；从"扣缴义务人—纳税主体"角度观察，在缴纳税款环节，扣缴义务人系"代为缴纳"，是代缴税款主体，本文简称"代缴"税款主体。

在行政委托法理上，税款一旦被代为扣取，即视为税务机关已经征收税款，纳税人与国家税收之债消灭，因此，由于税收之债消灭，税务不得再向纳税人征收税款。纳税人拒绝被扣除税款的，得向委托人税务机关报告。[1] 纳税人不服扣缴主体之扣缴行为的，仅能以扣缴义务人的主管税务机关为行政复议被申请人，其后蕴含的法理依据，亦是行政委托关系。在胡俊峰诉湖北省地税局一案，二审判决认为，代扣代缴行为系履行税法义务行为，[2] 在纳税人不服扣缴主体之扣缴税款行为时，只能以扣缴义务人的主管机关为行政复议被申请人，即便税务机关对其员工个人所得税实施扣缴行为，税务机关作为扣缴主体，亦不能外。

综上所述，扣缴义务实质是行政法受托义务。在税款扣取环节，扣缴义务主体与纳税人之间形成拟制的行政法律关系。所谓拟制，是指二

---

[1] 《中华人民共和国税收征收管理法》第三十条规定："扣缴义务人依法履行代扣、代收税款义务时，纳税人不得拒绝。纳税人拒绝的，扣缴义务人应当及时报告税务机关处理。"在已扣未缴之下，税务机关没有向纳税人的追索权。

[2] 参见胡俊峰诉湖北省地税局税务行政复议争议二审判决书（武汉市中级人民法院行政判决书〔2016〕鄂01行终67号）：胡俊峰系湖北黄石市地税局工作人员，不服黄石市地税局扣缴税款行为，以湖北地税局为被申请人向湖北省地税局提起行政复议，裁定不予受理。原告不服提起诉讼，一审败诉，二审亦败诉。

者之间本来基于民商事交易关系，不存在税收行政法律关系，仅因交易关系而便利扣取税款，遂经过法律之委托，依法加入到税收征管法律关系中来，依法代税务机关行使扣取权。因此，在税款扣取环节，扣缴义务人与纳税人之间本质上系税法拟制的征纳法律关系。由于在税款扣缴事务上，其以税务机关的代理人身份出现，不以自己的名义，不具有自己独立意志，其扣缴之法律后果当由委托人承担。扣缴义务人亦非纳税人代理人，此不赘述。

二　法定代缴的几个税法理论追问延伸

（一）"未扣未缴"的税收法律责任问题

在税法上，由于法定代缴扣缴义务人根据法律规定，以税务机关的名义扣取税款，其受托行使公共权力，与行政机关之间构成行政委托关系，是故，其行使权力须局限于法律和法规之规定范围。《税收征管法》第四条，将"代扣代缴"和"代收代缴"合称为"扣缴义务人"。在委托代征中，受托人依法与税务机关签订代征合同，代征零星分散税源和外地税源，其委托合同以委托执行公务为目的，是行政合同，双方成立委托法律关系，不属于行政许可。① 根据《实施细则》第四十四条，与税务机关签订委托代征合同的其他单位或者组织为"委托代征人"，其行使代收税款的权力范围，仅仅局限于零星分散税源和外地税源。

因此，在税收行政法层面，代扣代缴义务人、代收代缴义务人、委托代征人，须依据法律法规之直接规定，在某些特定交易环节中，与税务机关构成委托关系，受托行使"代扣""代收""代征"税款之公权力。此受托义务，必须基于法律法规之明文规定。因此，当其不履行、疏于履行或怠于履行法律义务时，违法性十分明显，均产生行政法律责任问题。现行《税收征管法》，对代扣代缴义务人和代收代缴义务人（二者合称扣缴义务人）的法律责任规定在第三十二条、第六十八条和

---

① 行政许可一般禁止的解除禁止，基于委托代征合同的委托代征，不属于行政许可。

第六十九条。第三十二条之法律责任是"逾期未解缴税款的，从滞纳税款之日起，按日加收滞纳税款万分之五的滞纳金。"第六十八条，实务中一般认为包括"已扣未缴"和"未扣未缴"两种行为引起的"不缴"或者"少缴"后果，主体包括纳税人和扣缴义务人，其法律责任是处以0.5—5倍罚款。第六十九条明确适用于"已扣未缴"情形，其法律责任是0.5—3倍罚款。两种违法形态，法律责任不一致，有欠允当。① 而且，《税收征管法》未规定受托代征人的行政违法责任，实践中有两种情形：一是，基于过失或者故意错误征收，造成多征或者少征后果；二是，"已征未缴"和"未征未缴"，分属两种不同的违法行为，均造成不缴或少缴税款。不缴或少缴未解缴税款亦有两种情形：其一，不缴或少缴是一种违法后果，可以由"已扣未缴"和"未扣未缴"两种行为导致；其二，将"不缴"理解为一种主观心理状态，专门指代已扣取但不解缴税款的违法行为。如作第一种理解，第六十八条和第六十九条的法律责任就有冲突；如果作第二种理解，则两种违法形态，其法律责任相差太大，也不合理。因此，《税收征管法》这几条规定存在立法缺陷，须修改完善。

　　具体修法方案，一种建议是删除第六十八条和第六十九条，这不可取；一种是改造并细化这两个条款。具体而言，依据前述分析，原第六十八条和第六十九条或造成误解，以为"已扣未缴"和"未扣未缴"法律责任不一致。由此，将两条合并简化，改造为："纳税人、扣缴义务人已经办理纳税申报或者税务机关向纳税人、扣缴义务人已经送达税额确认通知书（'评税通知书'），② 但在规定期限内不缴或者少缴应

----

　　① 滕祥志：《税法实务与理论研究》，法律出版社2008年版，第143—156页。
　　② 《中华人民共和国税收征收管理法修订草案（征求意见稿）》第六章税额确认，也即税收评定，为未来征管程序重构的必经方向，以区分纳税评估、税务稽查的界限。该征求意见稿的第五十二条表明在"未进行申报纳税"也即"不申报"或者"申报不准确、不实"的情况下，税务局可出具"申报确认通知书"。因此，《税收征管法》第六十八条和第六十九条的修改，也就包括了未申报、不申报、申报不实等应该发出"税额确认通知书"，且未缴纳或未解缴的情况，将法律责任统一起来。

纳或者应解缴的税款，经税务机关责令限期缴纳，逾期仍未缴纳的，税务机关除依照本法第六十四条的规定采取强制执行措施追缴其不缴或者少缴的税款外，可以处不缴或者少缴的税款百分之五十以上三倍以下的罚款。"

本条修改，一是将"已扣未缴"和"未扣未缴"全部囊括；二是将不申报或者未申报，与原第六十四条第二款法律责任保持一致，仅仅追究不作为之行政违法责任，以免将刑事追责扩大化，稳定征纳信赖合作关系，奠定信赖合作的新型征纳关系。[①] 当然，立法还可以非常细化，比如"不申报"，类型上有故意和过失两种情形，可以分别考虑。

（二）代缴主体的税法定位辨析

显然，若代扣税款受阻，扣缴主体并无税务机关的税收保全、税收强制、行政处罚权。扣缴义务人之权力行使仅限于代理扣取、收取税款本身，如果纳税人拒绝履行纳税义务，则须报告税务机关（第三十条第二款）。为此，学者或认为，代缴法律关系不宜定位太过复杂，将之简单化约为与纳税主体并列的缴税主体即可，不宜在三方法律关系中纠缠不清。立法宜简化处理，将扣缴义务人定位等同于纳税主体，以便对其权利与纳税人权利，同等保护。究其实，扣缴义务人设置之初衷原为方便征纳，在征纳法律关系之内，扣缴主体与纳税主体权利义务内涵，绝大部分相同或重合，扣缴主体是与纳税主体并列的行政相对人。毕竟，未扣未缴与已扣未缴，在税法上均具有违法性和可惩罚性，均应处以行政处罚。在行政相对人这一层面，二者处于同一法律地位。

此说部分允当，但有缺欠。其一，在征纳关系中加入扣缴义务人扣缴这一环节，税款的运行轨迹是扣取—解缴，也即，没有扣取就没有解缴，扣取是解缴税款之前提。如果将扣缴义务人仅定位为代缴主体或纳税主体，则扣缴义务人扣取税款的环节就不具有公权力性质，对纳税人

---

① 朱大旗、李帅：《纳税人诚信推定权的解析、溯源与构建——兼评〈税收征收管理法修订草案（征求意见稿）〉》，《武汉大学学报》（哲学社会科学版）2015 年第 6 期。

不具公法之约束力，显然，这与制度设立初衷相悖。考察代扣代缴制度设立之本意，或是对扣缴义务人在扣取税款的环节赋权，一旦公权力赋权背书，其扣取税款必具有公法之含义，则扣缴义务人扣缴税款的，纳税人不得拒绝。其二，若扣缴义务人怠于扣取税款，不履行或疏于履行扣取义务，须承担行政法律责任，且"已扣未缴"和"未扣未缴"，存在细微区别。其三，民商事交易实践中，纯粹的商事代缴主体，须建立在纳税人与代缴主体约定代缴税款的民事合意之上，但在法定代扣代缴环节，起支配作用的是法定代扣代缴义务，而非代缴税款之民事合意，究其实，税款扣取权纯粹基于法定，而非基于代缴税款之民事合意。否则，法定代缴义务与意定代缴合意，混为一谈了。法定代缴与意定代缴之界限，端在前者源于法律之规定义务，后者乃纯粹源于民事契约之约定义务。二者性质区分，昭然若揭。

（三）一个实例："营改增"之代缴手续费问题

一是，在税法交易定性理论，关于扣缴手续费收入的性质，实属芝麻小问题，然其中蕴含的税法法理，小中见大，尚待厘清。学者或认为，既然法定代扣代缴义务人负有法定义务，那么明文规定代扣代缴手续费，即无法理依据，故宜删除税收征管法关于给付代扣代缴手续费之规定。[①] 学者或认为，既然扣缴义务是法定的，那么法律规定给付扣缴手续费，就混淆了法定义务与雇用关系。[②]

一派实务观点认为，代扣代缴手续费收入，应该纳入营改增范畴。[③]

---

① 程信合、杨小强：《论税法上的他人责任》，《法商研究》（中南政法学院学报）2000年第2期。

② 许善达等：《中国税收法制论》，中国税务出版社1997年版，第281页。

③ 史玉峰、陈斌才：《代扣代缴个税手续费也应缴纳增值税》，《中国税务报》2016年11月11日第B03版。目前，就营改增后个人所得税手续费返还明确征收增值税的地区有深圳国税、内蒙古自治区国税、厦门国税、福建国税、大连国税、安徽国税、辽宁国税（咨询12366）按照"商务辅助服务—代理经纪服务"缴纳增值税；河北国税、河南国税、内蒙古自治区国税（咨询12366）明确保险公司代扣个人所得税、车船税手续费按经纪代理服务征收增值税；湖北国税、湖南国税明确不征收增值税。参见税屋，http://www.shui5.cn/article/d8/110644.html，2017年10月8日。

这涉及扣缴法律关系的性质和获得对价的交易定性问题。支持者认为，营改增后企业获得营业收入，应按照代理业务征收增值税。笔者不认同此观点。其一，由于代扣代缴本质上系公法义务，而非私法营利行为，虽然扣缴义务人与纳税人之间存在其他交易行为，但其扣取税款并解缴税款本身，不构成一项经营或营业行为，适当的手续费收入，在性质上也只能是行政补助收入，系履行行政法义务获得的对价①，不属于经营性收入，因此，营改增之后，代扣代缴个税的手续费收入，不应该纳入征收增值税范畴。其二，公法行为不被征税，应为现代税法基本共识。公法行为非私法行为，更非以营收为目的之营利行为，国家提供公共行政和公共服务之获取对价即为税收，焉有公法非营利行为反被征税之法理。私法主体，协助履行公法义务获取收益不被征税，乃鼓励此种协助行为，俾使公权力运转正常，法秩序井井有条，造福于社会。某些省份国税机关以"三代"服务属于现代服务中的经纪代理服务，依照财税〔2016〕36号文件规定，应按6%税率缴纳增值税，这就将履行法定代扣代缴义务等同于"现代服务业"中的"行纪代理"业务，征收增值税，定性不准，② 法理欠妥。同理，由于其扣取税款和解缴税款系履行行政法义务，获得收入性质系行政补助，因此，营改增之前国税发〔2001〕31号文，将手续费收入纳入营业税法调整范围，法理依据亦然欠妥。

二是，在税法交易定性理论，单位获取代扣代缴手续费收入系单位公款，由此，单位财务人员获得手续费收入免征个税所得，无法理依据。其一，由于手续费收入是以单位名义获得，依法系单位所有，其性质是单位公款，此处"单位"，无论指代私营部门抑或国家机关、企事

---

① 《中华人民共和国个人所得税法》（2011修正）第十一条规定："对扣缴义务人按照所扣缴的税款，付给百分之二的手续费。"

② 所得税和营业税方面，营改增之前，国税发〔2001〕31号明确："对储蓄机构取得的手续费收入，应分别按照《中华人民共和国营业税暂行条例》和《中华人民共和国企业所得税暂行条例》的有关规定征收营业税和企业所得税。"笔者认为，企业所得税不存在疑问，但是，按照代缴义务人的代扣代缴性质分析，对齐征收营业税则存有法理障碍。

业单位，均属公款。由于不属于法律法规明文规定的免税范围，企业取得上述收入，应缴纳企业所得税。其二，基于上述公款之性质认定，个人取得上述单位分享收入的，非属于法定免税范围，依法负有个人所得税纳税义务。财税字〔1994〕20号第二条第（五）款规定"个人办理代扣代缴税款手续，按规定取得的扣缴手续费暂免征收个人所得税"，此规定欠妥。以税收法定主义之视角看，此暂免征收处理，并无法律依据。其三，按照文义解释，"个人"办理代扣代缴手续取得手续费收入，只能解释为个人作为扣缴义务人之情形，单位财务人员办理代扣代缴手续系履行职务，不属于"个人"行为，因此，财务人员"个人"获得单位补贴，不可能获得"代扣代缴手续费收入"，其补贴性质实为单位内部津贴，受法人内部财务制度和分配制度约束。为此，税收规范性文件将上述款项，适用于免税不妥，并无法律依据。同理，国税发〔2001〕31号文规定"储蓄机构内从事代扣代缴工作的办税人员取得的扣缴利息税手续费所得免征个人所得税"，合法性亦然存疑。

三　代缴与第二次纳税义务的法律辨识

第二次纳税义务制度是指，如果纳税人的财产经强制执行仍然不足以抵缴税款，则法律规定由第三人承担补充清偿税款的责任。此制度乃是为了保障税收债权而设立。第二次纳税义务制度，见于德国、日本、韩国的相关规定。韩国《国税基本法》第38条至第41条规定为四种，即清算人等的第二次纳税义务、出资者的第二次纳税义务、法人第二次纳税义务及事业受让人的第二次纳税义务。[①]《日本地方税法》第11条以下则规定有无限责任社员（股东）的第二次纳税义务、清算人等的第二次纳税义务、同族（家族）公司的第二次纳税义务、实际所得者的第二次纳税义务、共同事业者的第二次纳税义务、无偿或显著低价承

---

① 王家福主编：《韩国市场经济法律导论》，中国社会科学出版社1997年版，第218、213页。

受的承受人等的第二次纳税义务、无人格社团等的第二次纳税义务等。①

日本学者金子宏认为：这一制度的根本目的在于谋求税款征收，即在判断从纳税义务人处无法征收或部分征收到税款时，把同该纳税人在物上、在人的关系上有特殊关系者作为第二次纳税义务人，并让第二次纳税义务人替代原纳税义务人之义务，以达到确保税收的目的。第二次纳税义务具有从属性和补充性。② 所谓从属性，是指第二次纳税义务是以税收之债的存在为前提，如果税收之债因为履行、抵消、时效等原因消灭，第二次纳税义务人则随之消失，第二次纳税义务不能够单独存在。所谓补充性，是指税务机关非经强制执行纳税人财产且不足以抵偿税款时，不产生第二次纳税义务，且第二次纳税义务仅仅及于经税务机关强制执行后不能弥补税款的余额部分。

第二次纳税义务，因清偿税款而取得向税收债务人的追偿权，这类似于担保法上的一般责任保证。显然，此制度建基于税收债法理论之上，是税收债务的扩张。我国税法上缺少有关第二次纳税义务制度的全面规定，现有的纳税担保人制度类似于第二次纳税义务制度。③ 此外，《个人独资企业法》第三十一条规定、独资企业出资人和对独资企业债务承担无限连带清偿责任，合伙企业的承担无限责任的合伙人，亦属于此类，这相当于合伙人对于企业税收债务承担第二次纳税义务；《合伙企业法》第九十一条、九十二条规定，合伙企业注销后以及合伙企业破产的，普通合伙人对于原企业债务承担无限连带责任，这就合理推导出，合伙人对于合伙企业存续期间的税收债务承担第二次纳税义务。

第二次纳税义务制度，与代缴制度有明显区别。其一，第二次纳税

① 王家福主编：《韩国市场经济法律导论》，中国社会科学出版社 1997 年版，第 117—120 页。

② ［日］金子宏：《日本税法》，战宪斌等译，法律出版社 2004 年版，第 121—123 页。

③ 刘树艺：《第二次纳税义务制度评介》，《财会月刊》2010 年第 21 期。

义务是法定的，而代缴则有法定和意定代缴两种。其二，第二次纳税义务制度，是在纳税人财产不足以清偿前提之下的补充责任，属于税收债务上的他人责任或第三者责任，目的在保全国家税收债权，是债务补救，不属于重复征收。税收之债以自己责任为基础，以他人责任为补充，故需满足一些法定要件，比如纳税人先行缴纳、纳税人财产不足时通知第三人缴纳等；代缴制度，无论是法定代缴还是意定代缴，均属于第一次纳税义务的他人代为履行，代缴不以通知纳税人先行缴纳、强制执行纳税人财产、税务机关通知第三者缴纳为前提条件。其三，意定代缴基于纳税人与第三人合意，属于债务履行契约，由于代缴不属于债务承担，不改变税收债务双方主体，非债权债务主体的变更，无须债权人同意且达成三方合意，因此，法理上，仅须通知债权人即可。实践中，税务机关接受履行金钱债务即视为债权人同意。

第二节　别开生面：税收债法理论下的税款代缴

税法代缴制度的税收法律分析，离不开税收之债理论。中国税法学界在 20 世纪 90 年代中期引入税收之债的理论，[①] 该理论深化了税收法律关系的认识，从特别权力关系理论走向税收之债理论，税法分析由此渐次展开，别开生面。

一　法定代缴的税法评价

于税收债法层面，对代扣代缴义务人、代收代缴义务人、受托代征人与纳税人之间关系，应该分门别类详细剖析。在代扣代缴义务人，其与纳税人之间存在基础民商事交易关系，一旦其"未扣未缴"，税收之债不消灭，税务机关可追究扣缴义务人法律责任，按照国税发〔2003〕47 号的规定，应该责令改正也即"责令限期补扣补缴"。由于未扣未

---

① 刘剑文主编：《改革开放 40 年与中国财税法发展》，法律出版社 2018 年版。

缴，税收之债不消灭，也可以向纳税人主张税收债权，追缴税款（第六十九条）；一旦其"已扣未缴"，则税收之债消灭，税务机关可追究扣缴义务人行政违法责任，但不得向纳税人主张税收债权。一旦纳税人拒绝代扣代缴，扣缴义务人应立即向税务机关报告，此时，税收之债不消灭，税务机关可以向纳税人主张债权。现行《税收征管法》未规定在"已扣未缴"的场合，税务机关是否可以向纳税人主张债权，是一个立法漏洞，但依据税法原理，① 税收之债应该已经消灭，代收代缴义务人和委托代征义务人亦然。如果已经"代为征收"，开出税票和完税凭证，则税收之债消灭，税务机关不得向纳税人主张税收之债。如果行为人"未代为征收"，则税收之债不消灭，纳税人仍然负有纳税义务，代收代缴义务人和委托代征义务人须承担行政法律责任。未来，宜按照税收之债消灭的原理，构筑税收行政法律责任体系②，并在税收行政责任体系之下，重构或重塑刑事责任，以免加大代缴主体的行使责任风险。

实务中，若扣缴义务主体如实申报但未解缴，构成"应缴未缴"行政违法，应承担相应的行政法律责任，唯《税收征管法》欠缺"应缴未缴"制度安排，系立法漏洞，修法时应予弥补。若扣缴义务主体扣取税款但未缴纳，构成"已扣未缴"；未扣取税款以致未缴纳，构成"未扣未缴"，其结果均为"未缴或少缴税款"。补救之法是引入税额确认制度或称之为税收评定制度，在已扣、已申报未缴纳的情形；或扣缴义务主体未扣、未申报、未解缴情形，税务局应发出税额确认通知书，在规定期限未解缴的，构成欠税，承担相应滞纳责任。由此，亦明确"欠税"的法定构成要件和概念内涵，为破产程序中根据税收征管法第

---

① 按照行政委托的原理和债法原理，既然扣缴义务人已经扣除税款，即表示税务机关已经从纳税人扣除税款，税收之债消灭。在委托代征亦然。

② 未"解缴"在现行《税收征管法》上的法律责任，参见滕祥志《试论扣缴义务人未"解缴"税款的法律责任——以个人所得税为例》，《税法实务与理论研究》，法律出版社 2008 年版，第 236—246 页，另参见叶金育《扣缴义务人责任研究：类型化与反思》，《时代法学》2013 年第 3 期。

四十五条认定"欠税"奠定税法基础。

二　委托代征的法律规制

委托代征，根据《税收征管法实施细则》第四十四条的规定，必须针对零星分散或外地税源，有利于税收控管和方便纳税原则之下，借助签订委托合同的方式，并发给委托代征证书。委托代征须符合法定要件，一是，必须仅针对零星分散税源或者外地税源，营改增之后，出现委托乡镇政府、财政所代征房屋出租增值税并开具发票，以及委托农贸集镇代开发票征税，即属于此；至于，保险公司支付保险经纪人的经纪所得，而代缴经纪人之增值税款，实为因商事交易便利而形成的意定代缴，本质上不属于法定的代扣代缴。二是，必须签订委托合同并发给委托代征证书。前者的考虑是，大量规范的税收征管一般是借助自我纳税申报方式，除非特殊情况，不得大规模委托代征，否则，国家税权控制管理或造成失控。纵观历史，一个王朝末期的税收征管权，一般是向基层或地方势力流失的，清朝末期湘军有权征收厘金的历史，由此尾大不掉，可见一斑。三是，必须在双方合意的基础上，签订合同达成意思表示一致，且发给委托代征证书以公示第三人，或告知纳税人。这些要件，未来税收征管法修改，必须承继。

究其实，未来修法要点或在于：一是，既然委托代征属于行政合同，就必然赋予行政机关行政优益权，也即税务机关单方解约权和处罚权，否则，一旦被委托人违约，税务机关无税法救济手段，造成权利义务失衡，未来立法须顾及此处。二是，作为税收征纳的一项基本制度，与代扣代缴和意定代缴，性质上均属于代缴，必须规定在税收征管法的总则之中，宜由法律统一规制，不宜继续放在《实施细则》当中，以贯彻《立法法》之税收法定原则。

三　意定代缴特例之税法原理追问

实务中，另一疑难问题是：纳税人、代扣代缴义务人能否根据征收便利和交易便利，另行委托他人代缴，由第三人履行税收之债？问题转换为，税收之债能否通过合意转由第三人履行。税法实践提出了理论命题。我国税法没有第三人意定代缴的明文规定，但就税收债权而言，作为金钱之债由债务人或者第三人代为履行，其实没有差异。第三人介入清偿，扩张了债务"人"的范围，有利于保障税收债权之获偿。而且，税款代缴制度，亦有比较法的支撑。《德国租税通则法》第 48 条第 1 款规定："对稽征机关之租税债务关系之给付，得由第三人为之。第三人得以契约承受第一项规定之给付义务。"《日本国税通则法》第 41 条第 1 款，也明文规定税收债务可由第三人清偿。

（1）意定代缴之司法实践回溯：从无效到有效

较早的司法判决认定，第三人代缴税款违反税收法律法规关于纳税主体的认定，违反了法律法规的"强制性规定"和"公共利益"，因而无效。随着税法实践的推进，司法实践对于"强制性规定"影响合同效力的认识逐步深化，代缴税款的合同或条款，经历了从效力否定到肯定的理念转变和逆转。

相关的司法判决[1]认为，扣缴义务人应该代缴的税款由第三人代缴，导致税收之债的消灭，不改变法定扣缴义务人的义务主体。司法判决的观念转变，经历了曲折的过程，现在大多数判决倾向于认为，约定代缴税款的条款有效，应该受到法律保护。[2] 最高人民法院（2007）民

---

[1] 最高人民法院（2014）民一终字第 43 号认为：第三人雄震公司代理扣缴义务人恒大公司代缴代扣代缴税款之后，代扣代缴义务消灭。在雄震公司代为缴纳案涉税款后，恒大公司法定代缴义务履行完毕，并据此取得对纳税义务人的追偿权。扣缴义务人恒大公司在支付股权转让款时，没有从转股款中扣除相应的个人所得税的，不排除其后向纳税人追偿的权利。浙江艾尔派克包装材料有限公司与绍兴厚德包装材料有限公司对外追收债权纠纷一审民事判决书（2015）绍越袍商初字第 189 号判决认为：我国税收法律规定纳税主体，明确的是向国家、地方应缴纳税款的主体。但纳税主体将这部分税金与他人约定、由他人承担，可理解为他人以纳税主体的名义支付税金，纳税主体仍是原来的纳税人，并未违反国家强制性法律、法规的规定，故被告抗辩将原告应缴的税费约定由其承担，违反国家强制性规定，依据不足，不予采纳。

[2] 《最高人民法院公报》2008 年第 3 期公报案例。

一终字第 62 号民事判决书中，当事人在签订主合同后，通过补充协议约定由非纳税义务人承担合同所涉税费，对此条款的效力问题，该判决认为："《补充协议》是对《协议书》约定转让土地使用权的税费承担所作的补充约定，明确了转让土地使用权的税费如何承担及由谁承担的问题。虽然我国税收管理方面的法律法规对于各种税收的征收均明确规定了纳税义务人，但是并未禁止纳税义务人与合同相对人约定由合同相对人或第三人缴纳税款。税法对于税种、税率、税额的规定是强制性的，而对于实际由谁缴纳税款没有作出强制性或禁止性规定。故《补充协议》关于税费负担的约定并不违反税收管理方面的法律法规的规定，属合法有效协议。"其后，最高人民法院（2013）民申字第 2248 号、最高人民法院（2014）民提字第 23 号民事判决书均有代缴契约"意思表示真实""不违反法律的禁止性规定""不违背第三人或者社会公共平利益"之认定。重庆市高级人民法院（2015）渝高法民终字第 00368 号民事判决认为，"甲、乙双方按国家有关规定分别承担的税费均由乙方承担"的决定有效，甲方实际缴纳税款之后，有权向乙方追偿。安徽省高级人民法院（2013）皖民二终字第 00300 号民事判决认为，当事人签订《股权转让协议》后，未及时缴纳税款，税务机关作出《税务处理决定书》，要求扣缴义务人承担扣缴义务的，扣缴义务人缴纳税款后，可以向纳税人追偿。（2014）鄂民监二再终字第 00015 号民事判决认为，房屋租赁合同约定承租方承担出租方的税款，出租方实际缴纳税款之后向承租方享有追偿权，应予以支持，且税款追偿请求权，不必另案起诉处理，应一并在房屋租赁合同纠纷案中处理。

上述判决思路，呈现了法院对于意定代缴契约效力从否定到肯定的过程。

（2）意定代缴的税法法理追溯

根据税法原理，税收之债转由第三人代为履行，不意味着税法上法定纳税主体、法定代扣代缴主体及其义务的转移，上述义务是税法界定的，民事契约不得改变。在税收债法，金钱之债转由第三人履行，在不违背公共利益和其他人利益的前提下，代缴契约的效力应受法律保护，并导致税收之债消灭。实际上，如果第三人并未履行或者履行瑕疵，则税务机关仍然可追究扣缴义务人的责任，其扣缴义务并不因第三人瑕疵履行而解除。代扣代缴人在税务机关同意的前提之下，能否将金钱给付义务约定由第三人代为履行，这要看是否符合税收法定原则、税收效率原则和法安定性原理。当然，从税收法定的角度看，代扣代缴义务应归属于交易对价的支付人，任何通过交易第三方介入的方式，改变扣缴义务主体和扣缴责任，均系违反税收法定。然而，税收作为金钱之债，应该服从税收债法原理，债可以向第三人履行，也可以由第三人履行，只要不损害债权人和其他相关主体的利益。

借鉴民法，《民法典》第五百二十二条①和第五百二十三条②，已经设定第三人履行债务和向第三人履行债务的制度。税法能否予以对接并给予肯定评价，有两点考量，其一，是否违反税收法定原则。也即，扣缴义务人指令第三人代为履行税收给付义务，不得改变扣缴义务人的法定扣缴义务，在第三人怠于履行代缴义务时，扣缴义务主体不因指定第三人履行债务，且税务机关同意第三人履行债务而改变。换言之，扣缴义务主体依然是法定的，不因约定代缴而改变。第三人履行代为给付义务，则扣缴义务完成，税收之债消灭；第三人未履行代为给付义务的，扣缴义务依然存在，税收之债不消灭。其二，不违反税收入库级次的财政法则，如果两地税务机关同属于一个行政区划，且不存在收入入库级次的问题，则代缴不会带来国家整体税收利益的损失，也不会带来

---

① 原《中华人民共和国合同法》第六十四条规定："当事人约定由债务人向第三人履行债务的，债务人未向第三人履行债务或者履行债务不符合约定，应当向债权人承担违约责任。"

② 原《中华人民共和国合同法》第六十五条规定："当事人约定由第三人向债权人履行债务的，第三人不履行债务或者履行债务不符合约定，债务人应当向债权人承担违约责任。"

财政争抢税源。因此,在这两个前提之下,代扣缴义务人履行"解缴"税款之给付义务,并不违反税法的基本原理,① 反而符合税收债法的基本原理。当然,意定代缴,或存在改变税务机关管辖权问题,宜在税收收入权划分层面予以解决,本文不予讨论。

(3)代缴制度的税收立法整合

已如上述,实践中代缴已经存在多种。② 法定纳税主体的意定代缴,亦有司法实践的肯定。本质上,扣缴义务人指定第三人代为履行给付义务,属于代缴的范畴,与扣缴义务法定不相关联。第三人代为履行债务,不改变法定的纳税主体,也不改变法定的扣缴义务主体;代缴完成,则税收之债因履行而消灭,税收债权债务关系亦消灭,并免除扣缴义务。扣缴义务存在的条件,一是法律法规的义务设定,二是存在税收之债。一旦税收之债因第三人履行而消灭,则扣缴义务不复存在。原理上,纳税人、扣缴义务人以及其他征纳关系参加主体,均可以委托第三人代为缴纳税款,前提是不违反公共秩序和其他人的合法利益,有利于税收之债的便利履行。因此,代缴符合税收债法的原理,应受到税法的保护,且应在未来修法当中照应。基本立法思路乃是,将法定扣缴(《税收征管法》第三条)、委托代征(《实施条例》第四十四条)和意

---

① 扣缴义务人委托第三人代缴税款案例,参见法兰西水泥(中国)有限公司诉渭南市蒲城县国家税务局案,渭中行终字(2014)第 00006 号民事判决书。关于第三人代缴扣缴义务人应解缴的税款,等同扣缴义务履行,参见最高人民法院(2014)民一终字第 43 号民事判决书"本院认为,《税收通用缴款书》《代扣代缴税款报告表》均载明,案涉税款为雄震公司代恒大公司代缴刘红波股权转让个人所得税,该缴款行为的目的指向明确,并已经在代缴当时记录于相关缴费凭证之中,故该缴款行为的法律效果,归于恒大公司,在雄震公司代为缴纳案涉税款后,恒大公司法定代缴义务履行完毕,并据此取得对纳税义务人的追偿权。刘红波以案涉税款实际缴纳人为雄震公司为由,主张恒大公司无权向其行使追偿权,缺乏法律依据,本院对此不予支持。"关于税款缴纳的约定条款有效,参见(2015)辽民二初字第 00063 号民事判决书:"关于税费负担的约定,虽然我国税收管理方面的法律法规对于各种税收的征收均明确规定了纳税义务人,但是并未禁止纳税义务人与合同相对人约定由合同相对人或第三人纳税款。税法对于税种、税率、税额的规定是强制性的,而对于实际由谁缴纳税款没有作出强制性或禁止性规定。"

② 增值税代缴,参见滕祥志《破解增值税法发票管理困局的实践、制度与法理——以再生资源行业为例》,《税收经济研究》2013 年第 3 期。

定代缴，整合为总则的一个条款，扩充第三条的内容，建立逻辑一贯的税款代缴制度。①

第三节　税款"代缴"中纳税人或扣缴义务人请求权基础问题

一　已扣已缴之纳税人和扣缴义务人请求权

若商事交易契约约定，交易税费由扣缴义务人承担，且扣缴义务人声称已经缴纳税款，则纳税人诉请扣缴义务人给付缴税凭证的，由于应缴税凭证既具有财务凭证性质，又具有物权性质，纳税人请求给付缴税凭证具有请求权基础。② 纳税人请求税务机关给付缴税凭证，系行政法上的权利；纳税人请求扣缴义务人为缴税凭证给付，系民事权利性质，应予以受理并判决。此不赘述。

如前所述，在扣缴法律关系中，扣缴义务人系受托从事，其法律后果归属于委托人，如果扣缴义务人多扣多缴，侵犯纳税人权益，纳税人在行政法上享有税款退还请求权，但在行政法上，其请求权不得指向扣缴义务人。如果商事契约约定由扣缴义务人承担税款，此时，纳税人与扣缴义务人之间成立税款承担契约或者存在税款承担条款，此时纳税人起诉扣缴义务人，虽不存在诉讼利益，无由起诉，但是其起诉具有合同基础。扣缴义务人由于自身错误多缴纳税款的，与税务机关发生税款缴

---

① 参见滕祥志《税收征管法修改批注 2020》（非公开发表稿），具体第三条增加几款，表述为：根据征管效率和方便控管的需要，税务机关可以与符合条件的主体签订协议，委托代征零散税源，但须报国家税务总局备案。委托代征管理办法由国务院规定。根据商事交易安排，加入征纳关系而代为缴纳税款的当事人为代缴人，税收之债因代缴税款而消灭。但代缴人未代缴税款的，税收之债不消灭。

② 参见牟树强因股权转让纠纷申请再审民事裁定书，（2015）川民申字第 181 号民事裁定书，该判决书裁定认为：给付缴税凭证系行政法律关系，不属于民事诉讼范围，不予立案受理；另参见（2015）惠中法民一终字第 740 号民事判决书，判决书亦认为：给付发票系行政管理领域，不属于民事诉讼审理范围。概言之，"缴税凭证"抑或"发票"均系物权标的，皆可纳入民事诉讼受理范围。上述裁决显然没有法理依据。

纳关系，其税款退还请求权，由《税收征管法》第五十二条调整。

在浙江省浦江白马印染有限公司、柳锡道合同纠纷一案①，资产受让方在资产过户之时，必须先行缴纳税款才能够完成过户，应税务机关《纳税评估确认函》缴纳转让方欠缴的房产税、城镇土地使用税、营业税若干，遂根据"隐形债务由转让方承担"之合同约定，起诉返还税款，得到法院支持。该案的"代缴"税款，并非基于约定"代缴"，而是资产过户必须以缴纳税款为前提受让方被迫代缴，根据合同解释，其欠税系"隐形债务"，应由欠税人也即资产转让方承担。

二　已扣未缴之纳税人请求权基础

一个问题是，在未扣未缴或已扣未缴的情况下，是否存在纳税人向上述主体提起民事诉讼的可能，换言之，起诉是否具有请求权基础。

综合上述，代扣代缴义务人与纳税人之间本身存在支付关系，因为金钱给付而拥有代为扣缴税款的便利，法律规定其为扣缴义务人，负有法定扣缴义务。这里存在两层法律关系：一是在扣缴义务人与纳税人之间，存在民商事法律关系；二是在扣缴义务人与纳税人之间，扣除税款之时，还发生拟制的行政法律关系，扣缴义务人作为行政机关的代理人出现，受托扣取税款，扣取税款行为其性质乃公务行为，其扣缴义务指向税务机关，其扣缴权利指向纳税人。因此，其缴纳税款，有双重含义，一是履行法定的受托义务，将已经扣取之税款缴纳给委托机关，其缴纳行为性质是受托义务、行政义务，现行税法用"解缴"这一术语界定其代扣代缴行为，违反"解缴"义务的，应该承担相应法律责任。二是客观上，扣缴义务人"解缴"之时，即构成"代缴"，法律术语也将之称为"代扣代缴"义务人，其实，从民法看，纳税人是否与扣缴义务人形成代缴的民事合意，从而形成"代缴"值得考量，一般而言，

---

① 参见（2017）浙07民终426号民事判决书。判决书亦认为：税款追索的诉讼时期间，自提出税款追索要求之日起算，而非自代缴税款之日起算，亦非从资产过户之日起算。

基于法定的扣缴义务关系，纳税人和扣缴义务人有服从法律的义务，因此，这一"代缴"，乃是基于行政法义务的"解缴"，并非基于民事合意的"代缴"。因此，将之归属于法定"代缴"，而非意定代缴，较为允当。

质言之，虽然客观上发生了代缴税款的后果，但不能认为其与纳税人之间形成了民事代理关系。因为，其扣除税款并解缴税款环节，是基于行政委托法律关系，而不是出于与纳税人存在代为缴纳税款的合意，自始至终，无法判断纳税人有委托扣缴义务人代缴税款的意思表示。因此，既然在税款缴纳事项上，纳税人与扣缴义务人不存在委托关系，且在扣缴义务人"已扣未缴"之下，纳税人税收之债消灭，纳税人对税务机关无须二次缴纳税款，因而，就不存在向扣缴义务人提出返还税款请求权的基础。质言之，扣缴义务人不存在双方代理。在扣缴义务人"已扣未缴"之下，税法没有赋予税务机关向纳税人追征权，也即向纳税人主张税收之债，这说明，现行税法只承认扣缴义务人是代税务机关扣取并"解缴"税款，而非代理纳税人"缴纳"税款，税法在这一代理成就之时，给予扣缴义务人一定比例的手续费①即为明证。鉴于此，在缴纳税款事项上，我国税法不承认扣缴义务人与纳税人之间存在代为缴纳的合意或代缴法律关系，将之称为"代缴"，纯粹出于约定俗成，准确表述应该为"解缴"。

因此，归根结底，所谓扣缴义务人的代缴，是受税务机关之托"扣取—解缴"税款，而非代理纳税人"缴纳"税款。当然，不排除当事人双方也可以约定，成立代为缴纳税款的契约关系，只要不损害社会公共利益或他人合法权益，法律不应否定其效力，法律完全可以承认这一双重代理关系，尊重其意思自治。不过，一般意义上谈论已扣未缴情形下的纳税人请求权，既没有基础，也没有依据。当然，为了公共利益，法律没必要设定这样的双重代理关系，但如果当事人达成代为缴纳

---

① 参见《中华人民共和国税收征收管理法》第三十条第三款、《中华人民共和国个人所得税法》第十一条。

税款的民事合意，使扣缴义务人实质上形成双重代理，不违反公共利益也不违反法律的禁止性规定，税法无须进行否定评析。

同理，在代收代缴人，其根据法律法规的委托，获得代为征收税款的权力，但是，在征收税款上，代收代缴人纯粹是税务机关的法定代理人，纳税人缴纳税款后应该开具税务机关的完税凭证，税收之债消灭。除非，纳税人与代收代缴义务人另行签订契约，约定其代理纳税人缴纳税款，二者之间构成代为缴纳的民事关系，这种情况之下，纳税人可以违约为由请求税款返还。因此，代收代缴义务人如果"代收未缴"，纳税人对代收代缴义务人，一般不存在请求权基础，也就无从启动民事诉讼，并主张金钱之债。委托代征人亦然。

三　未扣未缴之纳税人请求权基础

在未扣未缴，因为扣缴义务人与纳税人之间没有发生除合同价款之外的税收债权债务关系，因此，就税收金钱之债，纳税人对扣缴义务人没有理由启动民事诉讼，并主张财产返还。

若商事交易契约约定，交易行为的税费负担由交易价款的支付人承担，也即扣缴义务人承担税费有合同依据，则纳税人诉请扣缴义务人承担税款，具有请求权基础。在辽阳天俊矿业有限公司、常浩股权转让纠纷一案[①]中，原告诉请法院判决扣缴义务人依照股权转让合同承担股权转让相关税费，得到一审和二审法院支持。法院认为：主管税务机关已经向纳税人发出"责令限期改正补充通知书"，确认原告已经收到转股价款，为股权转让的纳税义务人，"天俊公司、常浩作为受让方，是代扣代缴义务人，且《转让协议书》明确约定了股权转让所需税款的义务承担人。因此，双方约定所产生的税款由天俊公司、常浩承担并缴纳，没有违反相关法律法规的强制性规定，一审法院应予以支持。"这个判决遵循的逻辑是，纳税义务人虽未缴纳税款，但是商事契约约定税

---

① 参见（2016）最高法民终 806 号民事判决书。

款承担，符合意思自治原则，不违反效力强制性之规定，应属有效。

未扣未缴，扣缴义务人因尚未解缴税款，在税务机关未对扣缴义务人下达缴税通知并确认应解缴税额的情况之下，扣缴义务人不得主张在合同价款之中，扣除税款数额，除非合同另有约定。在林礼钱与内蒙古神华建筑安装有限责任公司、山西煤炭运销集团帽帽山煤业有限公司一案①中，终审法院判决扣缴义务人（总包人）从工程款中扣减纳税人（分包人）税款，但并无扣缴义务人已经解缴税款或者经税务通知解缴的证据。该判决法理逻辑存疑。股权转让涉税案件中，合同双方对于税款承担并无明确约定，受让方在支付股权转让余款之时，要求扣除其应代扣代缴的税款，法院面临的难题就是，准许扣除税款则违反"一案一理"的原则，而判决不准许扣除税款支付转让余款，则导致民事诉讼与行政法律制度的不协调或者冲突。其实，只要不损害转让方的实体和程序利益，毕竟扣除方并未因此增加自己的利益，受让方先行扣除税款应得到法院支持，毕竟扣除税款是其法定义务，履行扣除税款的法定义务，并未给转让方带来不利益或者额外负担。

不过，"扣取—代缴"税款本属于行政法律关系调整，与民事诉讼无涉。在当前的民事诉讼体制之下，分别处理并无不当。虽然，新《行政诉讼法》第六十一条规定了行政附带民事诉讼，但仍然设置了许多限定条件。由此，引出涉税诉讼管辖体制创新、设立税收法院以统辖涉税诉讼之命题。在现行诉讼管辖体制之下，涉税民事诉讼、涉税行政诉讼以及涉税刑事诉讼，分属管辖，一旦涉税案件中民事、税法和刑法诸问题，彼此交织纠缠于一案，法院无从一并审理，或令当事人分别立案，必导致讼累无疑。为定纷止争计，宜将所有涉税案例，统辖于税务法庭或者税务法院②之下，案件处理之内在协调性和逻辑一致性，或有可观。

①　参见（2015）晋民终字第30号民事判决书。
②　2015年10月，中央全面深化改革领导小组第十七次会议审议通过了《深化国税、地税征管体制改革方案》，其第二条第六款第三十项中要求"加强涉税案件审判队伍专业化建设，由相对固定的审判人员、合议庭审理涉税案件"。

四　未扣已缴之扣缴义务人请求权基础

另一问题是，扣缴义务人在支付合同价款时未履行扣缴义务，在向税务机关履行解缴义务之后，是否享有对纳税人的追索权？履行扣缴义务一般程序是代扣代缴，代扣在前，代缴在后，但特定情形之下，支付合同价款之时未代扣税款，不排除事后经税务机关通知解缴税款，代缴后欲向纳税人行使税款追索权。如果扣缴义务人以纳税人名义解缴税款的，这就解除了纳税人的纳税义务，产生税收债权债务消灭的法律后果，扣缴义务人当获得向纳税人的追偿权。

在刘红波与恒大地产集团有限公司追偿权纠纷案[①]，股权转让合同对于股权转让的个人所得税款承担，约定不明。最高人民法院认为："案涉税款为雄震公司代恒大公司代缴刘红波股权转让个人所得税，该缴款行为的目的指向明确，并已经在代缴当时记录于相关缴费凭证之中，故该缴款行为的法律效果，归于恒大公司，在雄震公司代为缴纳案涉税款后，恒大公司法定代缴义务履行完毕，并据此取得对纳税义务人的追偿权。"也即，税款承担，有约定依照约定，遵照意思自治原则；第三人代缴扣缴义务人须解缴的税款之后，扣缴义务因代为履行而消灭，代缴的法律后果及于扣缴义务人；在税款承担约定不明或者无约定的情形下，无论是否先行扣取税款或全额支付转股价款，均不影响扣缴义务人对纳税义务人的追偿权。在席照春与太仆寺旗紫金房地产开发有限公司追偿权纠纷一案[②]中，紫金房地产公司经税务局催缴税款，实际代为缴纳工程施工之建安税（营业税及其附加）并取得"税收缴款书"，遂诉请实际施工方席照春给付代缴之建安税（营业税及其附加）税款，亦得到法院支持。

---

① 参见"刘红波与恒大地产集团有限公司追偿权纠纷案"，最高人民法院（2014）民一终字第 43 号民事判决书。

② 参见（2015）锡民一终字第 388 号民事判决书。

第四节　法际整合：代缴之刑法与税法评价冲突与协调

一　税法评价与刑法评价之龃龉

逃避缴纳税款罪，由《刑法》第二百零一条原偷税罪演化而来。在刑法，《刑法修正案》（七），[①] 承袭了《刑法》第二百零一条偷税罪的立法精神，将扣缴义务人列为逃避缴纳税款罪的主体，前提是，扣缴义务人在客观方面，存在《刑法修正案》（七）概括列举的行为。问题是，在"已扣未缴"的情况下，究竟是应该承担行政违法责任，还是刑事责任，二者的界限并不清晰，或造成实务困扰。

在"黄明惠贪污案"，[②] 最高人民法院指导案例认为，扣缴义务人与受托代征人在法律地位上迥然有异，受托代征人系"其他根据法律从事公务人员"，其收取税款视为公款，隐匿侵吞税款的代征人，构成贪污罪。但是，根据《刑法修正案》（七）之逻辑推导，代扣代缴义务人扣取税款后，虚假纳税申报或者不申报造成不缴或者少缴税款的，则构成逃避缴纳税款罪。换言之，扣缴义务人扣取税款之时，不视为税收之债消灭，所扣取之税款不视为公款，因而构成"逃避缴纳税款罪"。此处，存在刑法评价与税法评价冲突。

无论基于法律的规定对纳税人行使扣取权，抑或基于签订委托合同代征税款，继而解缴税款，扣缴权的启动均基于行政委托法律关系。基

---

①　将《中华人民共和国刑法》第二百零一条修改为："纳税人采取欺骗、隐瞒手段进行虚假纳税申报或者不申报，逃避缴纳税款数额较大并且占应纳税额百分之十以上的，处三年以下有期徒刑或者拘役，并处罚金；数额巨大并且占应纳税额百分之三十以上的，处三年以上七年以下有期徒刑，并处罚金。扣缴义务人采取前款所列手段，不缴或者少缴已扣、已收税款，数额较大的，依照前款的规定处罚。"

②　王志辉：《黄明惠贪污案［第 692 号］——利用受国家税务机关委托行使代收税款的便利侵吞税款的行为，如何定罪处罚》，《刑事审判参考》（2011 年第 2 集：总第 79 集），法律出版社 2011 年版。

于行政委托法律关系，扣缴义务人和受托代征人代扣、代征税款之后截留税款的，在扣缴义务人属于"已扣未缴"，在受托代征人属于"代征未缴"，均构成税收之债的消灭，纳税人有证据证明已被代扣或者代征税款的，税务机关不得再向纳税人主张债权。而《刑法修正案》（七）规定：扣缴义务人"已扣未缴"且存在虚假纳税申报或者不申报不缴或者少缴税款行为的，构成"逃避缴纳税款罪"[①]；而受托代征人"代征未缴"且隐匿、侵吞税款的，构成贪污罪；在前者，已经扣取的款项不视为税款，不具有公款的性质；在后者，则被视为税款，具有公共性，私自侵吞税款的，构成贪污。二者的底层逻辑存在明显冲突。

已如上述，在刑法层面，以最高人民法院指导案例第 692 号"黄明惠贪污案"为例，受托代征人已征收而未解缴税款的，属于《刑法》第九十三条第二款规定的"其他依照法律从事公务的人员"，其侵吞、截留税款的，以国家工作人员论处构成贪污罪。[②] 最高人民法院的指导案例认为，受托代征人征收税款，系依照法律从事公务，且税款已经变成公款，由此可反推出，在受托代征关系，代征人一旦征收税款，税收之债消灭，而代征人侵吞、截留所代征收税款的，构成贪污罪。在法释〔1992〕12 号关于偷税罪的《司法解释》中，视受托代征人为偷税罪适格主体，其后的法释〔2002〕33 号《司法解释》废止该规定，不承认受托代征人为偷税罪适格主体，但保留了扣缴义务人为偷税罪（现为"逃避缴纳税款罪"）的适格主体，彰显司法认知对于代缴性质认定的摇摆，抑或是出于司法政策选择的灵活性？不得而知。

由此，或造成一个实践难题：在扣缴义务人"已扣未缴"之下，存在以行政违法责任取代刑事责任的倾向和可能；与之对应，在受托代

---

① 林雄：《逃避缴纳税款罪的相关问题——兼谈税务机关应如何适应〈刑法修正案（七）〉对偷税罪的修改》，《税务研究》2019 年第 12 期。林雄认为：严格按照文义解释，扣缴义务人不享受"受罚不刑"的处理待遇，因为纳税人"补缴"税款，而扣缴义务人是"解缴"税款，所以刑法修正案七之"受罚不刑"表述，不适用于扣缴义务人，是为不公。

② 王志辉、苗有水：《黄明惠贪污案：最高人民法院指导案例第 692 号》，《刑事审判参考》（2011 年第 2 集：总第 79 集），法律出版社 2011 年版。

征人"已收未缴"场合，由于现行《税收征管法》没有构筑受托代征人的行政违法责任体系，因此，反而有可能罹于刑事责任风险，黄明惠案例即为例证。较之于扣缴义务人，受托代征人无端陷于刑法风险，显属不公，应予一体考量。鉴于，行政委托合同既具有行政性，亦具有契约之合意特性，在"代征未缴"，无论是未申报缴纳，抑或是已经申报但未缴纳，均应在税收和税法层面予以解决，在一般情形下，不必动用刑法调整，以呈现刑法谦抑性。抑或，比照《刑法修正案》（七）方案之"首罚免刑"制度安排，首次接受行政处罚的则可免刑责，以体现刑法之谦抑性。

行政委托合同之本质特征在于：一是主体特殊性；二是合同内容的公务属性，即合同目的是管理公务。学理上，一般主张将此种视为实现公务目的的行政合同，嵌入特定条款，赋予行政机关行政优益权，也即赋予行政机关在相对人违约之下，享有单方面解约权、处罚权等。[1] 因此，无论代扣代缴，抑或委托代征，基于行政委托合同性质，可赋予税务机关行政优益权，以保证国家税款不受损失，又在税法和刑法评价之间保持协调，避免冲突。根据税法三次评价理论[2]，一个交易首先在民商法层面得以评价，税法评价基于民商法评价，刑法基于税法评价，渐次递进。根据税法交易定性理论，税法评价一般遵循民法评价，仅仅在经济实质与法律形式冲突之时，方依据税法实质课税原则，为税收构成要件之认定，谓之民法评价在先原理；[3] 刑法评价，须熟悉和了然税法评价的内在逻辑、经济交易结构的内在逻辑、税收征管秩序的内在逻辑，方为允当。虽然，刑法评价可以有其独立的逻辑甚至司法政策考量，但不能无视民法、税法和税收征管秩序的内在逻辑，否则，易造成错判，也造成刑法评价与税法评价之间的张力。

---

① 王利明：《论行政协议的范围——兼评〈关于审理行政协议案件若干问题的规定〉第1条、第2条》，《环球法律评论》2020年第1期。窃以为，税款委托征收，或可以单独以行政法规规定之，以明确行政机关的行政优益权，主要是单方解约权、处罚权等。

② 杨小强、叶金育：《合同的税法考量》，山东出版集团、山东人民出版社2007年版。

③ 滕祥志：《税法的交易定性理论》，《法学家》2012年第1期。

二 代缴与虚开发票的法律界限辨析

实务中，代缴与虚开发票的认定，是税法分析中的另一不可或缺的重要议题，也是税法确定性问题的重要论题，其中蕴含的税法交易定性理论问题，尚待展开。代缴税款，是一项节约交易成本的税法遵从制度安排，与虚开发票特别是"无货虚开"存在本质区别。虚开发票构成税收行政违法，或触犯《刑法》第二百零五条"虚开增值税专用发票或其他用于抵扣的发票罪"，2011年《刑法修正案》（八）谓之"虚开发票罪"。但是，税款代缴则融合了民法、税法和税收征管秩序的精髓，既具有合理性，又具有税法遵从之合法性。二者不可混淆。

其一，借名交易在民商法古已有之，亦为现代民法所肯认。最典型例子即如隐名股东，或者品牌授权使用，皆借用第三人名义进入交易。在税法，大型商场统一开票纳税，即为例证；前述电力公司，为零散电力销售户统一开票纳税，亦为例证。以第三人名义进入交易代缴税款，可以节约制度交易成本，造成纳税人、国家税权和名义借用人（小额零散销售户）三方共赢之局面。以第三人名义进入交易，在实践中有挂靠、名义借用等交易形式，在民法实质是名义借用。以再生资源行业为例，零散销售户必须在销售地缴纳3%的增资税（自新冠疫情迄今，现为优惠税率1%），但是，零散户基于税务登记和工商登记的繁琐，而形成了现金交易的交易惯例，这就造成零散户销售环节的税款流失。积少成多，汇聚税款，销售地属地税务局，定会关注此税收是否征收。由此，实践中形成了将其归集到一个、数个或者若干个工商个体户名下，以其名义销售货物，并缴纳增值税。

其二，虚开的定义及本质。所谓虚开，在税法并未有明确的定义。根据《发票管理办法》中第三条①规定，发票是交易凭证和支付凭证。

---

① 《中华人民共和国发票管理办法》第三条规定："本办法所称发票，是指在购销商品、提供或者接受服务以及从事其他经营活动中，开具、收取的收付款凭证。"

第十九条规定①，发票是由收款方开具，特殊情况下由付款方向收款方开具。第二十条规定,② 发票的票面金额、品名须符合真实交易。因此可以推论，虚开存在于两种情形：一是"无货（交易）虚开"；一是"有（交易）而不实"。在增值税中，还存在一种有真实交易，但从非交易对象取得发票的"虚开"，也即 1995 年人大常委会《决定》和法发〔1996〕30 号③司法解释性文件定义的第三种虚开。虚开的本质是交易与发票不相符，旨在谋求增值税的进项税额抵扣，获取非法税收利益，破坏增值税发票管理制度；或者通过虚开普通发票，冲抵企业生产经营成本，偷逃企业所得税。这三种虚开，皆为刑法严厉打击的对象。但是，国家税务总局公告 2014 年第 39 号正确指出，以挂靠等方式实施的经营，经营人以被挂靠人的名义开具销项发票，缴纳增值税的，不属于虚开。国家税务总局出台这个规范性文件，法理上是可靠的。

其三，代缴与虚开甄别的税法原理。代缴基于真实的交易，无论是法定代缴还是意定代缴，其生命力在于交易真实，在能够对真实交易举证、存留证据并形成证据链条的基础之上，一旦交易真实存在，则不属虚开无疑；虚开发票，其本质是发票记载的事项之货物、品名、规格、型号、价款等与真实交易不符，造成"无货虚开"（无交易）或"有而不实"虚开，侵犯税收管理秩序和国家税收利益，二者皆为税法严厉

---

① 《中华人民共和国发票管理办法》第十八条规定："销售商品、提供服务以及从事其他经营活动的单位和个人，对外发生经营业务收取款项，收款方应当向付款方开具发票；特殊情况下，由付款方向收款方开具发票。"

② 《中华人民共和国发票管理办法》第十九条规定："所有单位和从事生产、经营活动的个人在购买商品、接受服务以及从事其他经营活动支付款项，应当向收款方取得发票。取得发票时，不得要求变更品名和金额。"

③ 法发〔1996〕30 号（全文废止）第一条表明，根据《决定》第一条规定，虚开增值税专用发票的，构成虚开增值税专用发票罪。具有下列行为之一的，属于"虚开增值税专用发票"：（1）没有货物购销或者没有提供或接受应税劳务而为他人、为自己、让他人为自己、介绍他人开具增值税专用发票；（2）有货物购销或者提供或接受了应税劳务但为他人、为自己、让他人为自己、介绍他人开具数量或者金额不实的增值税专用发票；（3）进行了实际经营活动，但让他人为自己代开增值税专用发票。

规制和刑法打击对象。代缴，以第三人的名义进入交易，与从非交易对象取得发票迥然有别，前者，以第三人名义缴纳税款，实际税款负担由销售方承担，而非第三人。从"非交易第三方取得发票"，顾名思义，非交易第三方根本就没有进入交易，仅仅开具发票，其开具的发票与其自己参与的交易无关，因此，就销项发票而言，纯属于"无货虚开"；就取得发票方而言，则属于"进行了真实的交易，但是让他人为自己代开增值税专用发票"，自己构成第三款"虚开"。当然，其后的司法解释性文件，停止了这一款的适用。此处不详论。

其四，行政解释和司法规则对代缴和虚开区别之体认。在行政解释层面，国家税务总局公告 2014 年第 39 号及其解释①认为：从事实质经营活动，以被挂靠人或被借名人名义开具发票的，不属于虚开，这实质是认可和接纳了民法借名交易理论和税款代缴理论，质言之，39 号《公告》及其解释确立如下税法规则：（1）交易真实，且票、货、款一一对应约束条件下的挂靠或"名义借用"，不构成虚开。（2）"先卖后买"不构成虚开；"先票后货"不构成虚开。（3）不符合以上情形的不一定构成虚开。上述部颁税法规则契合和回应了物权法、合同法上新的交易形式，值得肯定。

其五，司法政策源流、缺失及规范续造。由此，最高人民法院法研〔2015〕58 号认为，"挂靠方以挂靠形式向受票方实际销售货物，被挂靠方向受票方开具增值税专用发票的，不属于《刑法》第二百零五条规定的虚开增值税专用发票"。这是司法判断吸纳了行政规则。但是，法研 58 号同时指出："（法发〔1996〕30 号）中关于'进行了实际经营活动，但让他人为自己代开增值税专用发票'也属于虚开的规定，与虚开增值税专用发票罪的规定不符，不应继续适用；如继续适用该解释的上述规定，则对于挂靠代开案件也要以犯罪论处，显然有失妥

---

① 参见国家税务总局网站，http：//www. chinatax. gov. cn/n810341/n810755/c1150597/content. html，2020 年 12 月 9 日。

当。"这就将法发〔1996〕30 号之三中的"有实际交易而让非交易对象代开发票"的行为，与"挂靠"行为等同，定性有失精准。且扩张了《刑法》第二百零五条的"结果要件"，或欠妥当。2018 年，最高人民法院公布典型指导案例，[①] 亦增加了第二百零五条之法定要件，论者指出，该案件系典型的"名义借用代缴税款"案件，显然不构成虚开。笔者认为，代实开，是一种从非交易对象取得发票的行为，应区分三个主体，分别予以讨论：（1）受票人虽从事了实际交易，但其交易对手为小规模纳税人，其取得非交易对手之专用发票进项抵扣，国家税款有损失之虞；（2）交易对手之小规模纳税人，如非属于免税销售额范围，其理应缴纳销项税，亦有国家税款遭受损失之虞；（3）开票人未进入交易，却开具销项发票缴纳税款，貌似增值税款未受损失，但其收取中介手续费而未缴纳增值税、所得税等税款，此亦国家税款损失之虞。因此，代实开是否构成虚开，在税法分析之视角，实不应遽下结论。[②]《刑法》第二百零五条之改造，应在刑法修订的层面，具体考量环开、对开、以虚增利润或夸大业绩为目的之虚开、变票等多种违法形式的基础上，整体考量。在刑法未修订之前，骤然废止法发〔1996〕30 号关于"代实开"之规定，[③] 易造成刑法评价与税收征管秩序的张力，或欠妥当。未来该条款应该改造为目的犯加结果犯，以便排除一些特定既非偷逃税款故意也未造成国家税款损失的行为，比如换开、对

---

① 《最高人民法院公布六大典型案例 依法保护产权和企业家合法权益》，搜狐财经，https://www.sohu.com/a/280191774_100195512，2020 年 12 月 15 日。以第三人名义进入交易代缴税款案例，参见曹佳权《浅析虚开增值税专用发票罪的构成要件——以孙某的行为为例》，《泰州职业技术学院学报》2007 年第 2 期。根据该文（2005）泰二初字第 6 号判决书，宣该案被告孙某无罪。

② 陈兴良：《不以骗取税款为目的的虚开发票行为之定性研究——非法定目的犯的一种个案研究》，《法商研究》2004 年第 3 期。文章认为"代实开"不构成虚开，且《中华人民共和国刑法》第二百零五条之虚开犯罪为非法定目的犯。

③ 参见《最高人民法院关于虚开增值税专用发票定罪量刑标准有关问题的通知》（法〔2018〕226 号，2018 年 8 月 22 日）明文规定，法发〔1996〕30 号第三款"代实开"构成虚开不再适用。

开、为虚增利润的虚开的行为，以便精准打击虚开犯罪。

第五节 余论

领域法学理论是税法学界的一个学术贡献。税法确定性问题，是落实税收法定的重点和难点。税法确定性，须借助交易定性的理论和分析工具，运用综合法学的知识资源，经过税法分析逐渐呈现。税法确定性问题，在税法理论层面，关涉税收法定之法定构成要件，以及借助税法交易定性之构成要件确认，以达成税法共识。这类共识的达成缓慢而渐进，但诚有必要。税款代缴，彰显税法确定性问题之冰山一角。代缴主体之法律责任体系建构、代缴之税法定位和立法完善，无疑涵盖民法、税法和刑法的综合知识资源，彰显税法的领域法学特性。

代缴税款，往往借助民法借名交易方式和工具，而虚开的刑法评价、虚开增值税专用发票的认定或者排除规则，须遵循税法评价的一般规律，使民法评价、税法评价和刑法评价渐次展开，彼此协调，逻辑一致，法秩序内在融通。未来增值税立法，须研究各种交易类型的税法评价问题，尤须回应增值税上税款代缴问题，厘清第三人介入交易的代缴税款与虚开的法律界限，涵摄广泛的交易类型。

税款意定代缴，从税收之债和交易定性的理论视角，凡是债的履行符合法定条件，无论是向第三人履行亦或由第三人代为履行，都导致税收之债消灭，因此推导出，即便是法定扣缴义务人，在金钱之债履行的层面，亦可由他人代为缴纳税款，如不涉及改变税款入库级次，均导致税收之债消灭。若代为缴纳税款，导致税款入库级次改变，则须在税法总则、税收征管法或财政法层面予以调整，以划分税款归属权。

归根结底，优化营商环境，税收法治不可或缺。而税法确定性，乃是税收法治的核心和基石。税法确定性，仰赖良法、善治和税收司法，协调联动，三者缺一不可。笔者意图证明，在税法实践层面，税法确定性，须借助税法分析获得。各代缴主体的税法定位、权义结构、法律责任体系构建，以及代缴与虚开的税法甄别，尤须借助交易定性理论的分析工具和分析框架，运用综合法学的知识资源，由此，彰显税法作为领域法学特定，至为明显。

第 八 章

税法确定性与实质课税的
几个基本问题[*]

税法分析必遭遇实质课税问题。实质课税，是指税法在确定课税要件事实，即确认纳税主体、税收客体之有无和性质、税收客体的量化（收入实现时点、应税所得数额、成本费用的归集、亏损扣除额）、税收特别措施（税收优惠资格、税收核定、特别纳税调整、关联企业纳税调整）等事实时，应撇开经济交易表面呈现的法律形式或经济事实，探求实质的法律或经济关系，以便确定当事人的税法地位，准确实施税法评价，实现税法正义和平衡价值。

第一节　如何理解实质课税原则

从本文界定的上述概念可知，实质课税原则的运用主要在于对课税要件的确认，而课税要件理论是税法的基本概念和税法理论体系的基点，税法正是从课税要件理论开始来构筑其理论和制度大厦；同时，就像犯罪构成之于刑法，侵权责任构成要件之于民法债法，行政行为或行

---

　　* 本部分"实质课税理论"与"实质课税主义"及"实质课税原则"通用，相应地，"税收法定主义"与"税收法定原则"亦在文中通用。

政违法之于行政法一样，课税要件理论也是税法区别于其他法学部门的显著特征所在。因此，课税要件理论正是税法成为独立法学领域的一个标志。税法中既有行政法规范，也有经济法规范（调控管制规范），既有公法规范也借鉴了大量私法规范（如税收代位权、税收撤销权、税收优先权、税款退还请求权等），但税法既不属于典型的行政法，因为税法的主体和核心部分是税收债权确认，即向何种主体、何种行为、在何环节以及何种计税依据征税乃税法的核心问题；税法也不属于以政府干预经济行为（管制、规制或宏观调控）为主要特征的经济法，税法中有大量的行政法规范，例如《税收征管法》《税收行政复议规则》《税务稽查工作规程》，甚至早年颁布的《重大税务案件审理办法（试行）》（国税发〔2001〕21号①）等，但税法也有别于典型的行政法，税法是具有独特秉性的一个法学领域，但在综合性特征上，税法与经济法最为接近。这可以从实质课税原则这一税法原则的角度进行观察。实质课税原则在确认课税要件事实的诸多方面都有运用，而课税要件（纳税主体、课税客体、税基及其量化、成本费用和亏损的归集及其扣除、税收特别措施、税收管辖权等）的确定贯穿征纳双方争议的始终，也即税企之间的纳税争议总是围绕着课税要件展开；此外，在立法环节，税收特别措施的税法规则之创制，不可或缺实质课税原则的精神指导，离开了实质课税原则的法理支持，特别纳税调整制度（反避税）制度、新近出台的非居民企业股权转让所得税扣缴和管理制度、税收核定制度等缺乏理论根基。因此，实质课税原则的适用范围不仅仅局限于税法解释与适用领域，在税收立法领域，实质课税原则也必须坚守。

实质课税原则概念的内涵若何？如何把握这一概念？笔者认为，理解实质课税原则首先是实质主义；其次是适用范围；再次是三维视角。兹简述之。

---

① 笔者认为该办法虽未明文废止，但已经自然失效。详细理由参见滕祥志《税法实务与理论研究》，法律出版社2008年版，第80—82页。

一　实质主义

（一）形式理性法。韦伯（Max Weber）关于现代法是"形式理性法"的论断为学界所共知。所谓现代西方的"形式理性"法律，是指西方法学的各个部门以规则的严谨、形式和可预测性为其根本特征，其结果是，形式理性法与现代官僚科层制形成互动，为现代资本主义的经济发展提供了可以预测和精确算计的法律秩序。韦伯在论述形式理性法时，特意将之与中国传统"家产官僚制"下的实质理性法律做出对比，认为中华帝国的法律由伦理规则、皇帝敕令、道德训条和祖宗遗存等构成，其典型特征是传统主义①和实质理性，不具备现代西方法律的形式理性和可预测性，因此，在中国不具备产生资本主义经济秩序的法律基础。② 在此，韦伯对中国未产生现代资本主义市场秩序提供了一种制度主义的解释。③ 随后，韦伯的命题为其他法理学家所承继和讨论。④ 然而，韦伯生活和论述的年代在二十世纪初，当时，影响人类历史和人类文明的两次世界大战尚未发生，古典的自由主义尚未受到凯恩斯主义和后现代主义的挑战。沧海桑田，在历经一个多世纪的演变之后，传统部门法学（传统民法、刑法、行政法等）之形式理性法律，渐渐不能应对社会革变和转型（从自由社会向福利社会）的需要，因此，新型的

---

① 韦伯所谓"传统主义"，是指恪守传统不求创新，凡是属于远古的、祖宗遗存下来的、既定习俗的和大众普遍认可的事物或习惯便具有神圣性，不可动摇也不可僭越。

② 滕祥志：《韦伯论中国社会与宗教》，《北京行政学院学报》1999 年第 3 期。

③ 李强：《传统中国社会政治与现代资本主义——韦伯的制度主义解释》，《社会学研究》1998 年第 3 期。笔者拙见，韦伯的深髓和精妙之处，不在于制度主义解释，而在于揭示独特的"精神气质"与"现实事业"之间的关联，这在韦伯的另两本著作《新教伦理与资本主义精神》和《中国宗教：儒教与道教》中有精彩的描述。笔者拙见，正是韦伯的"精神气质"命题，困扰中国思想界多年，至今未解。其回应大致分为两路，一为刘小枫的"十字架上的真"之基督教进路，一为蒋庆儒学及其他晚近形形色色之"国学派"进路。

④ ［美］昂格尔：《现代社会中的法律》，吴玉章、周汉华译，中国政法大学出版社 1994 年版。

"回应性法"应运而生①，其突出标志就是大量经济法的产生和繁荣。而经济法的突出特征就是实质法倾向，与传统的民商法、刑法、行政法形成显著区别。所谓实质化倾向，是指追求实质的社会正义而不局限于传统部门法学的形式理性，因此，经济法及其调解社会的职能甚至不以司法中心主义为依托，在纠纷的裁定和解决上更多地依靠专业部门的专业知识，经济法的"独立性"不在传统的"部门法"学层面上解释，而在"法律类型"的独立性上理解。②

（二）税法的独特性。笔者认为，税法与诺内特（P. Nonet）和赛尔兹尼克（P. Selznick）所谓的"回应型法"有显著的区别。首先，税法及其税法规则之变动不居虽为法学界的共识，但税法却也是一个传统的，甚至是古老的法学领域，征税权及其税法规则几乎与国家产生的历史一样古老，税法伴随国家的产生、发展和变革的始终，因此现代国家是现代税制和传统、古老的税制（比如土地使用税）的综合体，税法不是源自对现代福利社会的回应；其次，税法与典型的经济法不同，经济法（宏观调控性法律）如反垄断法的立法、解释和适用往往不能离开经济学的理论支撑，因此带来反垄断法的解释和适用的前后矛盾，其法学品行不足而经济学秉性有余。③ 税法的独特性在于，其与交易行为和民商事行为密切相关，其以经济交易为评价对象，但是税法问题的判断则是纯法学的，税法的判断可能基于私法行为，以私法行为为评价基础和前提，但对民商法判断又不能照单全收，即便是在最困难、最复杂和最惊心动魄的反避税领域，税法的判断也具有本身的法学秉性，其问题的解决主要不依赖于艰深且复杂多变的经济学概念或理论支持。因

① ［美］诺内特、塞尔兹尼克：《转变中的法律与社会：迈向回应型法》，张志铭译，中国政法大学出版社 2004 年版。

② 叶明：《经济法的实质化研究》，法律出版社 2005 年版。

③ 薛兆丰：《商业无边界——反垄断法的经济学革命》，法律出版社 2008 年版，第 9—17 页。

此，笔者倾向于认为，税法之独特性（特质①）在于其独特的构成要件理论，税法的税收构成要件系由立法确定，在解释和适用税收诸多构成要件时，既有税收法定主义的约束，也有实质课税原则的约束；再次，税法甚至主要不属于财富分配法，税法涉及财富的社会再分配和再调节，但是，税法的秉性主要不属于"财富再分配"，而是国家与社会的关系重构，而国家与社会关系的重构之内涵大于"财富再分配"。本质意义上，税法系现代宪制的一个重要环节和方面，甚至是主要环节和方面，从历史的角度和应然的角度观察，税法都是现代宪制的表现形式和组成部分，税法规则之创制，税法规则之解释和适用，之所以必须贯彻实质主义，追求实质正义，如果非得寻找实定法宪法之依据，其宪法根据和依据就是宪法平等原则（公民在法律面前人人平等），以及税收法定主义。②

（三）税法的实质化。尽管如此，税法的实质主义也与学者关于经济法的实质化倾向有相通之处。根据学者的研究，经济法属于新型的实质化特征的法律类型，有别于传统部门法的形式理性和形式主义，追求实质理性和实质主义。税法既与传统法学部门如宪法、行政法、民商法、刑法、诉讼法、冲突法、证据法等密切相关，具有建基于其他部门法学之上的高度综合性，跨越公法和私法的界限，系综合性的新型领域法，此外，税法还具有追求实质正义的独特精神气质。税法之实质主义表现在：在确认纳税主体时，不以形式上表面的权利、所得、收益主体为其纳税主体，而应以实质的权利、所得和收益的主体为纳税主体；在

---

① 论者认为，税法的特质系"实质的特质"和"形式的特质"，前者包括捐税法律关系的公共性与公益性和课税权人的优越性，后者包括 1. 成文性；2. 强行性；3. 复杂性与技术性；4. 类型化与外观、形式性。参见陈清秀《税法总论》（第二版），台湾植根法学丛书 2001 年版，第 7—10 页。

② 多数论者认为，我国的税收法定主义从《宪法》上寻找渊源，即"公民有依法纳税义务"。根据权利义务对等的原则，可以推导出，当且仅当税法之债系由"法"定时，公民才负有纳税义务。

确认纳税客体时，不以形式的法律外观为交易定性，尤其是在复合交易的场合（销售—回购、租赁—回购、销售—租赁、融资租赁、信托），税法必然摒弃交易的法律外观，探究经济交易的实质，并在交易实质的基础上确定纳税主体和客体；在税基及其量化问题上，税法也许必须严格地划分各种所得、收益、成本、费用、损失及其所属期间，严格地进行归集和量化，以求实质的正义。比如股权转让中必须区别对待"投资收益"（股利所得）和"转让收益"（转让所得），因为两种所得的性质和税法处理不一样；在特别纳税调整（反避税）领域，不以形式的关联交易之价格为其应税交易价格，而必须用独立交易原理进行转让定价的调整；在资本弱化、成本分摊协议、滥用税收协定套取税收优惠的情况下，也必须按照实质正义的要求规制"债权融资"与"资本融资"的比例，以"受益所有人"的标准来判定"居民企业"，从而判定税收协定优惠条件是否满足；诸如此类，不胜枚举。税法的实质化乃是税法最典型的特质。

二　适用范围及其限制

（一）适用的普遍性和限制。一如前述，实质课税原则的适用范围问题，在日本和我国税法学界皆有讨论。笔者拙见，实质课税原则适用于所有税种，这其中自然也涉及"违法"或"无效"行为的税法评价。[①] 原因在于，从税法的解释和适用角度观察，实质课税原则的适用范围拓展到税收构成要件的一切环节和方面，实质课税原则的主要作用领域是纳税主体的认定、税收客体的有无及其定性，税基（所得、成本费用、损失的归集）及其量化、税收特别措施（税收核定、转让定价规制、特别纳税调整）、税收管辖权等。其中特别纳税调整的内容主要是反避税措施。因此，从实质课税原则的作用领域看，在税法的解释

---

① 国内税法"非法所得实质课税"的相关税法规则，参见本研究报告第二章：比较研究之"实质课税原则的缘起"。

和适用之中，实质课税原则的适用具有广泛性和普遍性，仅仅将之局限在特别纳税调整领域即反避税领域并不妥当，不切合税法的实际。在税法的解释和适用中，不可避免地涉及私法和其他领域借用概念的界定问题，比如本文案例中提到的"住宅""以证券买卖为业""赠予""劳务派遣""会计核算中心""控制管理中心""受益所有人""居民纳税人"，这些概念中，有些可能是税法的固定含义，比如"居民纳税人"，有些可能是与其他法域的概念重合，比如"赠予"，这就发生与私法概念的承接和调整问题。在实质课税原则的适用，首先追求私法概念的先在性，也即私法概念优先性。笔者拙见，私法概念的优先性既限定了实质课税原则的范围，也使得实质课税的理念贯彻得更加纯正、到位而不越位。这不是因为民商法对私法评价在时间上的优先决定，而是因为税法的发展历史和税法的综合性特性使然：从税法发展历史看，其借用其他部门法的概念是顺理成章之事，因此，借用术语就应该保持理解和解释上的一致性，比如"赠予"在民法上可以分解为赠予之债权行为和交付转移赠予财产之物权行为，一个完整的赠予就应该包含这两个方面，税法既然以私法行为为评价对象，就应该遵守相关的私法概念的内涵，特别在我国，税收立法和执法中的法学秉性尚处于发育阶段，尤其需要强调与其他法域的概念和理念的承接。但是，税法有其独特的宗旨和目的，税法的解释和适用应该秉持公平正义等理念，也即实质课税原则必须得到贯彻执行，因此，有些私法行为或概念就必须赋予税法特定的内涵，作符合税法目的的解释。比如，上述案例中提到以证券买卖为"专业""销售不动产""外资企业纳税主体""居民纳税人"等，不得以行政登记的外在形式为准，即不得以公司法或者工商登记的外在形式为唯一标准，而应该以实际的情形做出符合实质的解释和适用，这就造成税法适用和解释上的复杂性和艰巨性。案例中提到的"法人"之组织形式，在民法上主要从法律外观（形式）和责任主体（内容）两方面把握其内涵，但在税法，应该从税法之本意和追求实质正义的独特性，对法人的外观作不同于其外在形式的解释和理解，将两个实质的经营决策、控制管理、会计核算、收益主体认定为纳税主体，这就造成了税法与民商法的分离。因此，实质课税原则及其适用范围，表现形式可以十分精彩而丰富，其研究尚待进一步深化。

（二）规则的形式与实质。如果存在一个明确的税法规则比如"取得虚假发票不得扣除"，或者"未取得工会专用发票者不得扣除工会会费"，"契税纳税义务发生之日起 15 日内缴纳"，"违法行为五年之内未发现的不予处罚"，那么，从法的安定性、可预期性和遵从成本考虑，制定法规则必须得到严格执行。但从所得税法原理看，在计算应税所得时，所得税法仅对纳税人的应税净所得征税，因此，成本费用及损失扣除主张就成为对纳税人绝对有利的事项，从证据的法理看，纳税人应该负担举证责任，以说明其成本费用及损失扣除的理由。如果纳税人非主观故意取得虚假发票，但是的确实际发生了交易，签订了合同，履行了义务，资金、货物、发票的流转均属实情，但是受领到一张虚假的发票，这时，税务机关不得将形式规则推向极端，税法的形式安定性应该服从实质正义。换言之，纳税人举证证明其取得虚假发票并非出于主观故意，从其交易的真实性，以及货物和资金流转的真实性看，纳税人（货物买方）没有必要取得一张虚假发票使自己利益净受损，当然如果虚假发票记载的金额与合同交易、资金流转额度、实际交易数量不符，则不能证明纳税人没有主观故意，因为虚构的金额可以扩大扣除额，使得纳税人获得超出实际额度的扣除，这些利益的考量使得税务机关非常容易判断交易的实际情况，然后在证据收集和认定的基础上，做出符合实质的判断。因此，笔者认为，首先，税法的形式规则必须得到执行，使得法的权威性、安定性和法秩序的价值得以体现，但与此同时，必须摒弃死板的"唯法条主义"，不得将形式规则推向极端，税法领域必须允许当事人的举证、申辩和陈述，借由纳税人的申辩、陈述权和举证权，令税收执法受到正当程序原则之约束。同时，税务机关的证据收集活动，乃适用实质课税原则的前提条件，税法的实质正义不是凭空产生和获得，而是建立在证据和程序正当的基础之上。由此可见，实质课税原则的适用过程，既有程序正义的考量，也有实质正义的追求，不仅仅是追求实质正义之单维度面向，还有税收实体和税收程序法的综合考量过程和方面。形式与实质，程序正义与实质正义，在此获得较高程度的契合和融合。

（三）举证责任。税法领域的举证责任与一般的行政程序有别，在收益、收入和所得的归属和计算方面，纳税人有充分的动机隐匿证据、销毁账簿、粉饰交易的形式和定性，以便达到缩小税基的效果，对此，税务机关有权责令纳税人提供相关会计账簿和财务资料，在税务稽查程序中，税务机关主要借助于《税收征管法》确定的纳税人"协力义务"收集证据；在成本费用及损失扣除方面，纳税人有足够的动机将其真正的成本费用及损失夸大，以达到减少税基的目的，因此，纳税人的举证义务是内在固有的。从法理上讲，无论在行政程序还是诉讼程序中，这一部分的"消极证据"也即"扣除证据"的举证责任应该归属于纳税人；在税收优惠政策条件是否满足方面，纳税人有足够的动力和利益提供证据证明其符合优惠条件，因此，税收优惠条件成就之证据乃证明纳税人之"纯获利事实"证据，纳税人有充足的理由和动力积极提供。再以上述"虚假发票不得税前扣除"规则为例，如果纳税人主张该税法规则不得适用于本案，即主张非故意取得虚假发票，即存在真实交易和付款以及真实的货物流转关系，那么举证责任的转移是明显的，此时纳税人应该承担举证义务和说服义务，借合同、银行单据、货物流转证据等形成证据链条，说明交易、资金及货物流转的真实性。因此，从根本上说，由于信息的不对称，纳税人占有和掌控的有关交易资料，而税务机关总是不易获得这些资料，那么税法赋予纳税人的举证义务就势所必然。当然，强化纳税人的举证义务和协力义务不等于忽视甚至否定行政机关"先取证后裁决"的原则。不过，现行行政诉讼举证责任分配规则中，一概将举证责任归属于行政机关，这一举证规则在税法领域并不切合实际。笔者拙见，在法条中明确税务机关的举证责任，在于宣示和平衡公权和私权两种权利，警醒税务机关不得恣意行事，但实际上，纳税人的绝大部分纳税资料均系纳税人提供，除此之外，税务机关主动能够收集的范围极其狭小。

三 三维视角下的税收司法实现路径

三维视角是指理解实质课税原则的作用范围，必须从税收立法、税务行政执法和税收司法三个角度考虑。

一个法律原则可能是以实定法宣示和基于法理探讨的学界共识的方式存在。[①] 当前，我国体现实质课税原则的税收立法主要散见于《税收征管法》和各税种的税法规范中，例如 2008 年《企业所得税法》之"一般反避税条款"和"特别纳税调整税制"。尤以国家税总其后颁布《特别纳税调整实施办法》（国税发〔2009〕2 号）表现最为明显。新近出台的"非居民企业"所得税系列管理办法也强化了我国的税收管辖权，其中有许多体现实质课税原则（反避税）的规定。笔者拙见，反避税制度的理论基础是实质课税原则，实质课税的理论日后还会在避税与反避税的博弈之中展开、丰富并发展，但是，实质课税原则并非仅仅适用于反避税，将实质课税原则仅仅局限在反避税领域实在是一个误解，本书第三、四、五章之"实证/案例研究"专门说明这一问题。我国税法对于实质课税原则的研究有待深入，对于反避税的案例积累有待加强，在理论研究和案例积累都相当成熟的条件下，最终实现实质课税原则的立法表述。值得肯定的是，2008 年国家税务总局《关于印发新疆维吾尔自治区国家税务局正确处理滥用税收协定案例的通知》（国税函〔2008〕1076 号），以案例的方式向全国颁发学习，这在我国税收法治史上实属罕见，实在是一个可喜的开端。

---

① 何海波：《实质法治：寻求行政判决的合法性》，法律出版社 2009 年版。笔者认为，氏著中的"法律共同体"乃韦伯意义上的"理想类型"，可作为学术分析运用，现实中并不存在。实际上，法律实务界内部成员（律师、法官、检察官）之间、实务与学术界之间存在严重的观念、学理、职业的分歧与分途，不仅职业不能打通，共识亦远未建立，"利益"上更不存在"共同体"，真正的共识机制之形成尚有待演进和观察。因此，笔者在"学界共识"的层面上理解税法原则的存在。

在我国，实际上存在大量的税企争议，不过绝大部分并未进入法院，而是依赖税企争议的协调机制解决，这中间显然包含了税企协调和解的成分。学界关于我国加强税收司法的呼吁隐含一个预设，即大量税务行政诉讼案件应该进入法院，即为健全和完善税收司法职能的标志，这实在是一个不切实际的误读。首先，由于诸多经济法领域的实质化倾向，和司法本质上的形式化特质，使得司法在经济法领域的作用十分局限。[①] 传统司法在税法的作用局限尤其明显：首先，税法的专业性、复杂性、技术性和独特性超出一般法学部门，使得长期掌管税务的行政机关实质成为税务领域知识的生产者和垄断者，法院缺乏审理税务案件的知识、人才和经验准备；其次，司法部门的谦抑性和非能动性，决定了法官介入税企争议的不可能性和非现实性，实践中，司法不公、司法专断以及司法之脱离群众，渐次激起民怨[②]，有些极端案例和群体性事件的最初肇始即为司法不公，故法院并不一定就更加公正。

因此，在法院既非更加专业也不更加公正的前提下，加强税收司法的可行路径是，从现行税务行政复议入手，部分修订现行《税收征管法》第八十八条的"前置程序"，在复议环节不需要预缴争议中的税款，以减少纳税人提起行政复议的财务负担，同时加大税务机关对复议案件的审理和监控力度，积累出相当数量的裁判先例，一旦涉及反避税和实质课税原则的疑难案例，应汇集到国家税务总局层面集中研讨，而国家税务总局负责法规和复议的部门当配备相当数量的税法专家以备咨询。从发展的趋势看，复议部门也要具有相当的独立性，最好从国家税务总局的机构中独立出来，发展成为直属于国务院的类似于英国的行政裁判机构。由于法院在知识、人力和经验准备上的不足，近期可行的办法是在国家税务总局内设专门机构并辅以外聘税法理论与实务专家以备

① 叶明：《经济法实质化研究》，法律出版社 2005 年版，第 201—222 页。
② 《广西梧州六法官遭泼硫酸 法院院长受重伤》，中青在线网，http：//news. cyol. com/content/2010—06/09/content_3271028. htm，2010 年 6 月 25 日；《湖南零陵法院枪击案有报复因素》，财经网，http：//policy. caing. com/2010—06—02/100149281. html，2010 年 6 月 25 日。

咨询，专司税收立法、税企争议、行政复议等疑难案例研究机构，积累案例、培训人才，最终将之发展成为税法裁断的权威性机构，不定期颁布税法适用和解释的权威性文告，使之在社会上逐渐形成公信力。

笔者拙见，税收司法的理想图景不能凭空预设。那种健全税收司法的唯一指标就是税企争议都诉诸法院的设想，既不切合实际也不符合税法之内在法理。以西方诉讼两造对抗为标本，构筑我国的行政诉讼制度的纯正性，遭遇我国官民"非诉"传统心理抵触，有悖当代构建伟大和谐社会的理念，在实践中已经碰壁，这才有了"行政诉讼调解"制度以资补救。税法的移植和税收法制建设也不例外。① 而且，税法主要是实质法而非形式法，税法之复杂性、变动不居②和司法之能动性不足，决定了税企争议在中国近期和远期均在税务机关和企业之间展开，大部分并不进入诉讼程序。目前，众多的税企争议已在现有的弱征管和弱稽查体制、自动申报制度、税企行政复议制度中消化和化解，走向法院"讨个说法"的仅为极端个案，这一制度未必就不可取。法院之主要作用领域还是传统法律部门如民法和刑法等，这些法律秉持严格的形式主义，对行为及其法律判断作严格的形式正义解释③，切合司法之消极和谦抑秉性。假如司法积极地能动介入社会热点和复杂问题，司法的消极职能势必突破。正如美国行政法学家施瓦茨所言："尽管有三权分立的迂腐教条，向行政机关授予审判权却一直没有中断过。复杂的现

① 廖益新：《税法的移植与本土化问题》，《福建法学》2007 年第 1 期。文章对增值税法移植中出现的抵扣链条断裂、征信系统匮乏、虚假发票蔓延等问题有初步分析，指出税法制度引进时，不应仅考虑移植一个税法制度的优点，还应作"反经"式的应对思考。

② ［美］罗伊·罗哈吉：《国际税收基础》，林海宁、范文祥译，北京大学出版社 2006 年版，序言。

③ 民法之从形式正义走向实质正义，参见梁慧星《从近代民法到现代民法——二十世纪民法回顾》，中国法学网，http：//www.iolaw.org.cn/showArticle.asp? id = 221，2010 年 5 月 17 日；陈兴良《形式与实质的关系：刑法学的反思性检讨》，《法学研究》2008 年第 6 期；邓子滨《中国实质刑法观批判》，法律出版社 2009 年版。相反的论述，参见刘艳红《走向实质的刑法解释》，北京大学出版社 2009 年版；刘艳红《实质刑法观》，中国人民大学出版社 2009 年版。

代社会需要行政机关具有司法职权，使这种授权不可避免。"①

笔者认为，税收法治的目标是构建税企和谐和依法治税，而非令一切税企争议都涌向法院。期待大量的税企争议都诉诸法院，冀图以这种诉讼两造尖锐对抗的方式处理并了结争议，与中国"非诉"的国民文化心理不合，未必是税收法治的最优选择，甚至不是次优选择。税收法治的终极目标是构建税企和谐和依法治税，而非令一切税企争议都涌向法院，以复议、仲裁或者诉讼解决和化解税企争议仅仅是手段，而非判断制度对错或好坏的终极标准。假定所有税企争议都演变成激烈冲突，且这些争议或冲突都要求法院一一化解，法院势必难以担当如此重负。以法院的司法消极秉性和司法权的治理限度，现代司法权必须表现出对行政权的尊让，即对行政权的活动边界的相当程度的肯定。也即，在法治社会，司法审查权也是有限度的，不是所有纠纷诉诸法院解决，就成为法治社会。法院的专长在于传统民商事纠纷和刑事案件的处理，而不在于应对变动不居、复杂烦琐的税法纠纷。税法实践表明，税务机关乃是应对税法漏洞、生产税法知识和调控税收争议的最佳主角，换言之，税务机关本身就是税法知识的最大生产者、提供者甚至垄断者，也应是解决税企争议的主角之一，以法院的司法权威之现状、人力配备、公信力、知识结构和司法消极秉性，不适宜应对大量复杂的经济执法领域的纳税纠纷。但是，笔者现在的观点是，与其让大量发生的征纳争议隐埋在地下，不如公之于众，不如借助现代救济途径诉诸司法，这样法院会有大量的专门人才解决税企争议，对税收行政执法的风险防范大有好处。税收司法也是防范税收治理体系大规模塌方的必要设置。

思考建构我国税收司法或者税收法治的正确路径，其思想方法应该从中国的具体国情出发和税法的特性出发，而非从某个抽象的法学原则或者宪政理念出发。坚守这一点非常重要。复议程序的优越性在于，复议本身作为税务机关的一个内部复审程序，具有准司法的一切审查特

---

① ［美］伯纳德·施瓦茨：《行政法》，徐炳译，群众出版社 1986 年版，第 55 页。

性，是税务机关的一个内部纠错程序，在当前构建和谐征纳关系和弱化官民矛盾冲突的大背景之下，行政复议的内部纠错功能只有强化的理由，而没有弱化的根据。未来一个可能的设想是，将税收争议解决的重点放在税务行政复议领域，积累案例，培训人才，整合机构，加强研究，配备专家，最终形成专业的独立于行政机关的，也不隶属于现行司法机构的独立仲裁和裁决机构。但是，复议前置不能以法律来强制，而应该给予纳税人选择权，以法律制度激励当事人通过复议途径解决征纳双方争议，比如，经过复议撤销原决定的，复议期间不加收滞纳金，反之，复议维持的，则加收滞纳金。《行政复议法》（2023修订）第十三条规定，对作出具体行政行为有关的规范性文件可以一并提起行政复议，这就为税务行政复议程序中的税法规则审查、税收立法审查、税收实体正义审查等奠定了制度基础。可惜的是，在提振经济形势的大背景下，保持税收稳定成为当下工作重点，而对于税收法治（税收司法）的长远规划，主管税务之最高决策层可能并未意识到其必要性和紧迫性，也欠缺适当的动力。

开放税收司法，改造《税收征管法》第八十八条，废止两个前置程序，在制度上优化、鼓励行政复议，并不必然带来一切纳税争议都用向法院。开放税收司法，是优化营商环境的必由之路，也是保障纳税人权利的必由之路，还是彰显依法治国战略和气度的必由之路。废止两个前置程序，与大量纳税争议涌向法院，二者并没有必然联系。此不赘述。

四 部颁税法规则的审议机制

在税法争议解决机制中，有一个不可或缺的部分，就是构建部颁税法规则的审议机制。

如何看待部颁税法规则，有两种不同的观点。

其一是绝对税收法定主义，认为税法是侵权法，"税收的开征、停征以及减税、免税、退税、补税，依照法律的规定执行"（《税收征管法》第三条），而且《立法法》第八条第八款也规定："基本经济制度以及财政、税收、海关、金融和外贸的基本制度"只能制定法律。由于我国税法的立法层级较低，税法体系中大量充斥部颁税法规则，仅少量几部税收法律面世，理想的税收法治状态应该是尽量提升立法层级。言下之意，部颁税法规则与税收法治格格不入。绝对税收法定主义从法条和原则出发，设想了我国税收法治的理想场景，就是税法制定和解释职责全部由立法机关担当，而税企争议公正解决场所则非法院莫属。应该说，这种埋怨我国税收立法层级低的观点颇为流行，似乎舍弃提高立法层级，无从谈起税收法治。

另一种观点与此相反，就是直面绝对税收法定主义的短板。绝对税收法定主义的疏漏之处在于，没有认识到法律的不完备性和法律漏洞的客观存在，税法领域尤其如此。在刑法领域，必须坚守罪刑法定原则，但是，在税法领域，严格的税收法定主义则寸步难行。以个税改革为例，个税的生计扣除中的通货膨胀系数扣除标准，就不可能完全做到由立法机关决定，必须授权税务执法机关行使。以所得税为例，税法无论如何也不可能穷尽不断翻新的交易形式，由此带来的所得形式比如网络游戏币的买卖，就带来扩充个人所得认定范围的问题。个人股票期权的所得如何归集认定，遵循何种原则和标准，也带来一系列税法规则和原则的适用问题，在税法的变动不居和无穷多变的交易形式之下，制定法或成文法的先天缺陷凸显，由此，税法适用中的税法解释问题就浮出水面，应运而生。企业所得税中的交易形式更是眼花缭乱，比如信托、融资租赁、资产重组、房屋或者债权回购、房屋联建、股权间接转让、公积金转增股、非货币资产投资、限售股解禁支付对价等，每一种交易形式都带来税法处理中的构成要件事实认定和法律适用难题，而税法构成要件事实认定之复杂性，也为不深研税法者难以想象，其中既有纳税主体的认定问题，也有税收客体的有无、定性和量化（成本、费用和损失的归集和扣除等）问题，错综复杂，需要综合法学的功底才能应对。如此复杂的税法适用中的解释问题，实在是眼花缭乱，目不暇接，代议机构将这些事无巨细的立法解释任务大包大揽，既不堪重负，也不堪胜任。应该说，正确评价部颁税法规则在我国税收法治中的重要作用，还原其在保障国家税权、保障纳税人权益、体现税法原则和税法价值的面貌，不失为从实际出发的税法研究取向。

制定法的不完备性和交易类型的层出不穷，使得税法适用中的解释工作具有填补法律漏洞和创制税法规则的作用，而税法适用中的解释职责在实务中已经被税务机关充任，部颁税法规则是其主要表现形式。久而久之，财税执法机关已经实际变成税法知识的生产者、传播者、解释者和垄断者。由此，一方面，既要从观念上破除绝对税收法定主义，从理想和观念想象中不能开出税收法治新局面，还原部颁税法规则存在的合理性；另一方面，又要建立部颁税法规则的研究和审议机制，不能无视部颁税法规则变成脱缰的野马，为此，税法理论界、税收实务界、包括税收争议解决机制中的复议机关、人民法院都可以有所作为，有所贡献。而在学术累积和中国本土税法实践累积的基础上，梳理出税法应当遵循的价值和原则，并由此形成税法学界和实务界的共识，那么，中国税法共同体就逐渐形成了。而税法制定法的形成和修订也就渐渐累积了法理基础，客观上，这将是一个缓慢的过程。舍此，冀图独辟蹊径地在立法上突然打开税收法治的新局面，是一种急功近利和不切实际的做法。客观上，必须承认税收执法和税法的独特性，承认税法知识的专业性、复杂性和变动不居的事实，将税法领域的争议诉诸专门的审判庭，或者未来设立税务法院，是一种符合实际的制度安排，税收法庭的设立，其制度依据和法理依据在于税法的领域法特性，也就是税法的综合性、技术性和复杂性。理由容另文详述。

第二节　实质课税原则与税收法定主义

一如前述，法律原则以两种形式存在，其一为立法表述；其二为学理共识。归根结底，学理共识（而非"法律共同体"共识）推动着法律原则的形成，学理共识也构筑和论证了法律原则的正当性。笔者倾向于不在现行宪法中寻找税法实质课税原则依据，因为，法律原则可能并不存在于立法表述中，也不存在于书面的宪制文件之中，法律原则不需要依赖上位法或制定法来推导，否则，制定法反而成为法律发展的障碍。在宪法学，公民基本权利，即便不在宪法文件书面表述的，也应当受到宪法和法律的保护。[①] 在民法，民事权利即便不被先前的法律（比如《民法通则》）明文列举，依然在司法实践中受到保护，公民的肖像权、隐私权保护就是一个例子。同理，那些固属于税法学领域的基本原则，在税收立法、执法和司法中起到统领作用，即便在上位法中没有明确表述，也不妨碍其学理上的存在。实质课税原则在我国目前的立法表述，是以零散的方式分散在各个税种的税法规范中，不存在集中式的宣示表述。在法理研究层面，税法学界也已取得相当的进展，但主要问题是将实质课税原则局限在反避税领域，同时宣称实质课税原则与税收法定主义的必然冲突。

一　税收法定与部颁规则

实质课税原则与税收法定原则（主义）是否真正冲突？这要看税收法定主义的内涵及其现代发展。学者认为[②]，税收法定原则的内涵为课税要素法定原则，课税要素明确原则和依法稽征原则。学界主流观点认为[③]：税收法定原则就是纳税人未经法律设定不负有纳税义务，这里包含两层含义，一为税收事项的法律保留，二为私权的宪法保护。论者以证券交易印花税"半夜鸡叫"为例，论证当前的税收行政立法的现状，已经侵蚀了税收法定主义[④]。且一般均引证英国早期的《大宪章》，

---

① 刘松山：《运行中的宪法》，中国民主法制出版社 2008 年版，第 127—147 页。

② 张守文：《论税收法定主义》，《法学研究》1996 年第 6 期。

③ 刘剑文、熊伟：《税法基本和原则研究述评》，刘剑文主编《财税法论丛（第 1 卷）》，法律出版社 2002 年版。

④ 许多奇、萧凯：《论税收法定主义原则入宪——从提高印花税税率引起股市暴跌谈起》，中国财税法学教育研究会 2007 年年会暨第七届海峡两岸财税法学术研讨会会议论文。

以及美国内战爆发的税法诱因①为例，论证纳税须经代议机关（公意）同意。② 有学者要求修订宪法，将"公民有纳税义务"修订完善为"纳税主体有纳税义务"③；在宪法公民权利义务一章规定"税收法定原则"，在宪法中专门设立财政专章，进行财政立宪。④ 黄茂荣则认为："税捐法定主义、量能课税原则（实质课税原则）与稽征经济原则并列为税捐法之建制的三大基本原则。"⑤ 总之，学界多数认为，税收法定主义指代税收法治之形式正义，以及对税收立法权的限制，而实质课税原则代表了税法的实质正义取向，二者两相矛盾，互相冲突，应特别警醒实质正义对形式正义的侵蚀和破坏，因此，实质课税原则的运用有不当扩大行政裁量权的危险，应慎重对待实质课税的理论。这些论证其后的理论背景是形式主义"法治理论"及代议机构"立法至上论"或"立法崇拜主义"。但是，国内税法学界的论证普遍矛头对准财税主管当局大量批发生产税法规则（以下简称"部颁税法规则"），其论证陷入简单质疑或者否定，缺乏中肯的、精雕细刻式的案例分析和判例评注⑥。部颁税法规则包括两类：其一为税收程序法规则，且为税收实体法规则。客观地说，大量批发生产的部颁税法规则中绝大多数的规章或规范性文件（国税发、国税函、财税字等）符合税法内在法理，系我国税法的主要渊源之一，对指导我国税法实践起到不可或缺的作用，今后仍会长期存在。以国税发〔1995〕226号《税务稽查工作规程》（以下简称"《稽查规程》"）为例，其中对税务检查之案源、立案、实施、取证、补证、审理、移送、决定等诸多环节均有详细规定，第三十

---

① ［英］爱德蒙·柏克：《美洲三书》，缪哲选译，商务印书馆 2003 年版。

② 刘莘、王凌光：《税收法定与立法保留》，《行政法学研究》2008 年第 3 期。

③ 陈少英：《税法基本理论专题研究》，北京大学出版社 2009 年版，第 79 页。

④ 翟继光：《税收法定原则比较研究——税收立宪的角度》，《杭州师范学院学报》（社会科学版）2005 年第 2 期。

⑤ 黄茂荣：《税捐法定主义》（上），台湾《植根杂志》第二十卷第四期。

⑥ 熊伟主编：《税法解释与判例评注》，法律出版社 2010 年版。或许，此系列丛书成为一个好的开端、例外和有益探索。

二条①规定了稽查结束时"核对事实与听取意见程序规则",在行政法学上,这一规则与行政法的正当程序原则②十分契合;第四十一条③之"审理终结"后"移送司法程序规则",等都对保护纳税人权利十分重要。④ 且根据上述两条规则,完全可以引申出"涉税案件移送听证制度"⑤,从而将财税主管当局高调宣称的"纳税人权利保护"⑥ 落到实

①《税务稽查工作规程》(国税发〔1995〕226号,全文废止)第三十二条表明:税务稽查人员在税务稽查中应当认真填写《税务稽查底稿》;责成纳税人、扣缴义务人提供的有关文件、证明材料和资料应当注明出处;稽查结束时,应当将稽查的结果和主要问题向被查对象说明,核对事实,听取意见。

② 周佑勇:《行政法基本原则研究》,武汉大学出版社2005年版;章剑生:《现代行政法基本原则之重构》,法苑精粹编辑委员会编:《中国行政法学精粹:2004年卷》,高等教育出版社2004年版。一般认为,1998年"田永诉北京科技大学案件"和其后的"刘燕文诉北京大学不予授予博士学位案件"开辟了中国司法实践运用行政法正当程序原则裁判的先例。上述两个案例评析参见胡锦光主编《中国十大行政法案评析》,法律出版社2005年版;湛中乐主编《高等教育与行政诉讼》,北京大学出版社2003年版。当然,也有学者认为本案实际涉及信赖保护原则的运用,参见罗毫才主编《行政法论丛》(第3卷),法律出版社2000年版,第454—464页。新近关于正当程序原则之"正当性"研究,参见何海波《实质法治:寻求行政判决的合法性》,法律出版社2009年版,第299—321页;何海波《司法判决中的正当程序原则》,《法学研究》2009年第1期。

③《税务稽查工作规程》(国税发〔1995〕226号,全文废止)第四十一条表明:审理结束时,审理人员应当提出综合性审理意见,制作《审理报告》和《税务处理决定书》,履行报批手续后,交由有关人员执行。对构成犯罪应当移送司法机关的,制作《税务违法案件移送书》,经局长批准后移送司法机关处理。实务中,税务机关既未"听取意见",更遑论"举行听证",不待"审理终结",便遽行移送司法。未及听取意见,便擅自移送,对纳税人造成之侵害和后果,无以复加,不言而喻。而税案当中的冤假错案,则时有所闻,因此家破人亡而一蹶不振者,屡见不鲜,移送听证,善莫大焉,何难之有?何乐不为?

④ 在中国,税企争议虽大量存在但不呈现为尖锐冲突,原因有三:其一是税制因素,间接税为主体的税制结构使得纳税人并不直接面对国家权力;其二为历史文化因素,中国人以和为贵的"非诉"心理决定了税企争议一般以协调和沟通为结局;其三为制度因素,现行税收程序性规范正日趋完善,实践中起到良好规制作用。参见滕祥志《个人所得税改革配套措施的法律完善》,高培勇主编、张斌副主编《个人所得税:迈出走向"综合与分类相结合"的脚步》,中国财政经济出版社2011年版。

⑤ 滕祥志:《涉税案件移送相关法律问题探讨》,《涉外税务》2006年第7期。

⑥ 参见《国家税务总局关于纳税人权利与义务的公告》(国税函〔2009〕761号)。笔者拙见,这类纸面上宣示的"权利",其实早已经存在于税收规范中。问题不在高调渲染宣示,而在于落实。移送听证制度对保护纳税人权利的重要性在于,首先,税法规则早有规定,法理亦有依据;其次,纳税人应免受行政恣意的侵害。

处。但后来修订的《稽查规程》①，居然将上述规则删除，实在令人匪夷所思。税收实体性规则就不胜枚举。而对税收实体性规则的研究和评析②，则成为税法学发展的一个进路和学理累积的一个起点。

总体而言，财税主管机关为应对税收征管中不断变化的实践需要，不断颁发、补正和修订税法规则，有填补法律规则供给不足的功能，而且，符合低成本、高效率的公共行政管理原则。然而，毋庸讳言，部颁税法规则中也存在部分偏离法理的情形，或其中有与现行法律体系不相衔接或者不吻合的部分③，应当做深入细致的剖析。本书第二章，对此作出一个审思尝试。如何在税收法定与实质课税两项原则之间保持张力和平衡，仍需税法学界、税收主管部门、税收实务部门继续探讨。例如，2009 年，各种慈善基金发起的对于财税〔2009〕122 号和 123 号文的"合法性质疑"运动④，从一个侧面揭示：税法研究的精细化时代、税务问题的法律属性时代、税法研究与法律解释学和宪法学及其他法学部门相互援引和论证的时代、"税收司法"的制度建设时代、税收学和税法学的融合时代正在来临，而书斋之内的税法学研究，势必穷于应付，捉襟见肘。由于学界对最高财税主管当局在税收法治中担当的地位和作用认识不足，甚至，最高财税主管当局对自身的角色和使命，也缺

---

① 《新〈税务稽查工作规程〉的立法缺陷》，未发表。

② 近期部颁税法规则之评析，参见崔威《企业重组税务规则起草过程的反思》，《税法解释与判例评注》2010 年第 00 期；杨小强、叶金育《合伙企业的所得税处理——对财税（2000）19 号和财税〔2008〕159 号之评论》，熊伟主编《税法解释与判例评注》（第 1 卷），法律出版社 2010 年版。早前对部颁税法规则的评析，参见刘燕《企业股权转让所得确认的法律冲突：未完成的变革》，《中外法学》2005 年第 3 期；刘燕《我国股权转让所得税法存在的问题与改进》，《中央财经大学学报》2005 年第 6 期。有关金融部颁税法规则的评析，参见汤洁茵《金融创新的税法规制》，法律出版社 2010 年版。

③ 关于个税法的赠予（扣除）认定规则与民商法赠予认定规则之间冲突的讨论，参见李刚《税法与私法关系溯源——兼评我国"首例个人捐赠税案"》，中国财税法网，http：//www.cftl.cn/show.asp？c_id=648&a_id=7076，2011 年 5 月 30 日。

④ 严凯：《九家基金会质疑财政部免税新规》，经济观察网，https：//www.eeo.com.cn/industry/small_med_firms/2009/12/22/158690.shtml，2024 年 9 月 18 日。

乏理论自觉。笔者拙见，目前，对部颁税法规则法理研究有待深入，对税收执法指导性案例的制度建设有待启动。

二 "帝王原则"反思

理论上，学界上述对税收法定主义的论证和探讨在学理上是积极有益的。甚至，民法学家郑玉波将税收法定主义和罪刑法定主义并称为现代法治的两大枢纽。这都不无道理。[①] 学者黄茂荣将实质课税原则与税收法定主义和稽征经济原则并称为税法三大基本原则，有力地提升了实质课税原则在税法原则中的地位，但是，其缺陷是将量能课税理论与实质课税原则等同（相提并论），二者并论容易引起混淆，理由容后再述。其他学者的比较研究和源流考察，形成的结论都有一定的理由和依据，形成了实质课税原则研究最初的理论探讨。

但是，随着实践的进展和思考的深入，不得不反向思考的是：将税收法定主义推向"帝王原则"的位置，过分突出税收法定原则的地位，忽视甚至贬低实质课税原则的地位，是不是某种时下流行的形式主义法治观的翻版？严格的税收法定主义，排斥行政机关对税收立法权的分享，呼吁加强税收立法的层级，以减少行政恣意和排斥行政机关在税法实务上的立法权和解释权，作为一种法治观念和法治理想十分可贵，但是，在现实中是否能够行得通？以西方特别是英美法税收法定主义的历史演变为标本，能否为建构中国的税收法治提供借鉴？换言之，一种法治的理想图景，除了严格形式主义和规则主义的论证外，是否可以是一种实质主义的和协调主义的论证模式？更深一层，当下税法事务之立法权委托于立法机关，而司法实务委托于法院，上述两个机关能够担当其税收法治的重任？当下的那种严格形式主义（其中隐含精英主义）的

---

① 郑玉波：《民商法问题研究（一）》，台湾三民书局 1980 年版，第 547 页；郑玉波百度百科，http://baike.baidu.com/view/3195141.htm，2022 年 8 月 28 日。

法治观①是否已经出现偏颇？走到碰壁且应当调整、调试的地步？

三 部颁规则与司法尊让

换一种思路论证，可能就会得出不同的结论。税法事务的变动不居、高度专业性和技术性，使得立法机关现阶段没有能力完全掌控税收立法实践，因此，当年的授权立法②就是顺理成章之举，且迄今为止，这一局面仍未发生根本改变。实践中，《立法法》颁布实施后，全国人大亦成立"法律法规审查备案室"，然迄今无甚作为。而且，立法过程已经沦为利益集团参与利益博弈的重要场合③，立法过程已经不是全体主权者公共意志的实现场所，其情形与"税收法定主义"绝对论者所预设的已经大相径庭，归根结底，其进程和实质已经逐渐生变。

有论者认为，税收法定主义无法推向极端，只能坚持"税收动态法定原则"。④ 笔者以为，现代国家，作为行政国家的既定事实，已经不能允许将税收法定主义推向极端，换言之，立法层级是否提高，与税收法治水平高低不一定正相关。无论如何，在法律不完备的前提下，授权行政机关对法律的疏漏之处作出解释与说明，以之填补法律本身的漏洞，实属理所当然。法律存在于社会之中，必须与相应社会环境形成良

---

① 形式主义和实质正义两种法治观发生了观念冲突。大量热点和重大影响案件涉及形式与实质法治观念冲突，参见何海波《实质法治：寻求行政判决的合法性》，法律出版社 2009 年版，第 382—404 页；法社会学视角之点评，参见桑本谦《理论法学的迷雾——以轰动案例为素材》，法律出版社 2008 年版。

② 1984 年 9 月 18 日，全国人大常委会作通过了《全国人大常委会也通过〈关于授权国务院改革工商税制发布有关税收（草案）试行〉的决定》。1985 年全国人大通过了《关于授权国务院在经济体制改革和对外开放方面可以制定暂行的规定或者条例的决定》。论者认为，国务院存在转授权问题，但《立法法》颁布后，并未将税收立法事项严格限定在法律保留范围，故《立法法》存在缺陷，参见刘莘、王凌光《税收法定与立法保留》，《行政法学研究》2008 年第 3 期。2015 年《立法法》的修改，解决了授权期限、转授权、被授权机关定期报告授权执行情况等问题。

③ 参见许章润《从政策博弈到立法博弈——关于当代中国立法民主化进程的省察》，《政治与法律》2008 年第 3 期。笔者以"立法博弈"为题名键入中国知网，出现 34 篇相关论文。

④ 邢会强：《论税收动态法定原则》，《税务研究》2008 年第 8 期。

性互动，否则势将水土不服。试以《行政诉讼法》为例，当初该法曾明文规定行政诉讼不得调解①，在中国特定环境之下，这一制度不得不作出修改，以应对化解官民冲突和构建社会和谐的时代需求。② 即便三十年前出台的《行政诉讼法》，亦有为规章以下的规范性文件的实际适用和合法性预留空间。有学者指出：法院于行政诉讼做出合法性判断时，其法律渊源中既有制定法（"依据"法律、法规并"参照"规章），亦有立法解释、行政解释、检查解释、法律原则、学说、先例、行政惯例和习惯法（习俗），而法律渊源就是叙述法律或者争辩法律时使用的"论据"（非"依据"）。③ 规章以下规范性文件，主流观点根本算不上法律，但是仍然对行政机关和法院具有一定的约束力。行政机关自不待言，对法院而言，这些规范性文件不是"正式的法律渊源"，对法院不具有法律规范意义上的约束力，但对于经审查认为"合法、有效并合理、适当的"，法院在认定被诉具体行政行为合法性时应承认其效力④，并可以在裁判文书中引用。⑤ 一定程度上，这表明了司法权认识到自己权威和权能的局限性，表现出一定程度上对行政立法和行政解释的有限尊让。"司法有限尊让理论"，其可取之处就是能意识到"司法能力"和"司法边界"的局限性，前者包括司法机构本身的专业

---

① 《中华人民共和国行政诉讼法》第六十条规定："人民法院审理行政案件，不适用调解。"

② 参见《最高人民法院关于进一步发挥诉讼调解在构建社会主义和谐社会中积极作用的若干意见》（法发〔2007〕9号）；《最高人民法院关于认真贯彻执行〈关于行政诉讼撤诉若干问题的规定〉的通知》（2008年1月31日颁布并实施）；《最高人民法院关于建立健全诉讼与非诉讼相衔接的矛盾纠纷解决机制的若干意见》（法发〔2009〕45号）；任玉林：《"地下地上"——我国行政诉讼调解的过去、现状和出路》，法律图书馆网，http：//www.doc88.com/p-19629503739285.html，2022年8月28日。

③ 何海波：《实质法治：寻求行政判决的合法性》，法律出版社2009年版，第233—236页。

④ 《最高人民法院关于审理行政案件适用法律规范问题的座谈会纪要》（法〔2004〕第96号）。

⑤ 《最高人民法院关于执行〈中华人民共和国行政诉讼法〉若干问题的解释》第六十二条第二款规定："人民法院审理行政案件，可以在裁判文书中引用合法有效的规章及其他规范性文件。"

能力、社会认同、司法权威和政治势能的局限性；后者是指司法活动受司法消极秉性的制约，无法应对纷繁复杂的经济交易并对其实施主动的规制，而主动规制则天然属于行政机关的长项。

立法机关亦然。在税收立法领域，大量复杂的专业性问题，比如：股权转让之"持有收益"和"转让收益"如何划分？企业重组被兼并方之亏损是否允许结转扣除？股票期权如何划分境内境外所得？电子游戏设备买卖应否征税？特别纳税调整如何具体实施？非居民企业之"受益所有人"如何认定？实在是眼花缭乱，目不暇接，代议机构将这些事无巨细的立法解释任务大包大揽，既不堪重负，也不堪胜任。基于此，税务主管机关应当仁不让，适时创制符合法律精神和法理的税法规范，既要做到时效性、及时性和针对性，又要经得起法理推敲，不突破税收法定，这一责任实属重大。行政机关以其特有的执法灵活性，具有对实践中出现的新问题及时调整乃至纠错的相对优势，而立法机关则不然。责任之重大与立法者理知能力之局限性形成强烈反差。立法缺欠的哲学根源在于立法者理知能力的局限，也即人的理知能力的局限。由于这种局限，使得立法者面对无穷变量时，无法用统一的规范或者模型涵摄交易类型。面对这一困境，形成两种解决思路：一种是完善立法，出台更加复杂、更加完备的税法以不断堵塞漏洞，但其结果是整个社会的立法、执法和守法成本剧增，日益精巧繁复的税收法律制度，无端造就一个法律职业者和税法食利者阶层，整个社会承担其成本而其收益则偏向法律职业者阶层，窃以为此乃所谓法治先进国家之弊，为有识之士所明见；一种是承认理知能力的局限，承认法律体系的内在不完满和逻辑不严整，将部分立法或者解释权委诸行政机关，以发扬行政执法机关的适应性、迅捷性和回应性。二者之间孰优孰劣，既有哲学思辨，亦有社会政策考量，宜通盘考量并审慎决断。

正如前述，将税企争议都诉诸法院，冀图以这种诉讼两造尖锐对抗的方式处理并了结争议，与中国"非诉"的国民文化心理不合，未必是税收法治的最优选择或次优。如果大量的税企争议都演变成激烈冲突，且这些争议或冲突都要求法院一一化解，法院势必难以担当如此重负。以法院的司法消极秉性和司法权的治理限度，现代司法权必须表现出对行政权的尊让，即对行政权的活动边界的相当程度的肯定。也即，在法治社会，司法审查权也是有限度的，不是所有纠纷都诉诸法院解决，就成为法治社会。目前司法机关存在司法能力和司法局限问题。税法实践表明，税务机关乃是应对税法漏洞、生产税法知识和调控税收争议的最佳主角，换言之，税务机关本身就是税法知识的最大生产者、提供者甚至垄断者，也应是解决税企争议的主角之一，以法院的司法权威之现状、人力配备、公信力、知识结构和司法消极秉性，不适宜应对大量复杂的经济执法领域的纳税纠纷。

因此，跳出绝对化的、形式主义的税收法定主义，应该允许大量的税法解释和相当程度上的部颁税法规则的存在，既体现了司法权对行政权的尊让[①]，也说明立法机关在纯粹技术、经验、政策问题上，有必要从刨根问底的事实审查中解脱。这种制度安排，既节省了司法资源，使得行政机关能够积极、主动、高效地应对多变的市场和经济交易，也解除了立法机关频繁制定和解释大量变动不居税法规范带来的烦恼。部颁税法规则，不仅不应成为绝对税收法定主义论者的枪口所向，反而应成为不断完善、不断被赋予法学营养和强化自身法学品性的对象。

四 反避税与部颁税法规则

在反避税领域尤甚。反避税作为一项国家目标，具有政策目标倾向性。以转让定价（Pricing Transfer）为例，最初的反避税局限在这一领域，税务机关曾颁布大量法规，责令纳税人对转让定价的交易向主管机关报送材料备案，并对其转让定价进行审核，一旦发现不符合独立交易原则的予以调整。但随着时间的推移，对转让定价的管制成本越发高

---

① 何海波：《实质法治：寻求行政判决的合法性》，法律出版社 2009 年版，第 331—360 页。

昂，且有些转让定价并非纯粹出于追求税收利益的目的，因此渐渐发展出税企信赖合作理念基础上的"预约定价税制"（Advance Pricing Agreement），即通过预先与税务机关的协商，将关联企业的交易定价确定在合理区间，而税务机关经过查证纳税人提供的资料予以审核是否符合独立交易（Arm's Length）原则。这已经突破行政机关不得与纳税人协商定税的传统理念。在美国，英国、荷兰、澳大利亚、新西兰、加拿大等国还发展出"税收事先裁定"（Advance Ruling）制度，根据这一制度，纳税人就拟进行的商业活动的税收情况可以获得一份事先裁定。这意味着任何公司（无论是国内公司或外国公司）可以在其进行项目投资之前，就从税收征管部门获得一份有关该项目的税法评价情况的具有约束力的裁定。税务有关的事先裁定机制对于预测投资项目的净利润、规避税法风险具有特别重要的意义。[①] 在我国，反避税领域的实际开展，最高税务当局还经常听取大型国际会计师事务所的咨询和意见，这实在是一件令人匪夷所思之事。但现实的确如此。不过，这种情况，近期得到改观。国家税总反避税力量之薄弱、反避税案例积累之稀少、反避税理论研究之欠缺与国际跨国公司及国际会计集团的挖空心思逃避税收的手段之老辣成熟，形成鲜明对比。因此，我国任何一项新税收法规法律的制定和修改，都可以看到大型国际会计集团活跃的身影。站在反避税战场第一线的行政机关尚且如此捉襟见肘，遑论立法机构。

不过，可喜的是，财税主管机关在反避税问题上显然已经启程。一方面，2010年3月30日，跨境税务专业知识的国际领先提供机构IBFD宣布中国办公室开幕；另一方面，税收执法机关著名的反避税实务专家朱海成为"全国劳动模范"和"五一劳动奖章"获得者[②]；另外，以

---

① ［美］罗伊·罗哈吉：《国际税收基础》，林海宁、范文祥译，北京大学出版社 2006年版，第 545—551 页。

② 于反避税专家朱海事迹，《反避税战线的一支利箭》，厦门大学法学院，https://alumni. xmu. edu. cn/info/1014/1343. htm，2022 年 8 月 28 日。

国税函〔2008〕1076 号①为标志，说明国家反避税的案例累积工作已躬身起行。

五　绝对税收法定主义之式微

因此，税收法定主义之演变和发展，已经不能从绝对的形式主义的视角理解，从实质正义的角度出发，在税收法治领域以实质课税原则为根本理念，是一个不错的选择和有力的补充。且相关案例的积累，有赖于税务机关的实践和提炼，目前而言，税务机关对案例的累计、分析、提炼尚处于初级阶段，与实践中涌现的大量问题不相适应，对案例中出现的法理问题少有提炼，或者即便涉及税法实践中的法理疑问，但缺乏精雕细刻的细致剖析。②

有论者认为，税法原则历经了从税收法定之形式正义到追求税收实质公平的改变，早期机械的类似罪刑法定主义之税收法定主义已经摒弃，

---

①　参见《关于印发新疆维吾尔自治区国家税务局正确处理滥用税收协定案例的通知》（国税函〔2008〕1076 号）。

②　笔者收集或查找包括国家税务总局在内全国税务机关编著的（公开出版或内部培训）税案解析十余本，兹部分列举如下（2010 之前）：（1）实务界。国家税务总局教材编写组编：《税务稽查案例》，中国税务出版社 2008 年版；《法解税案》编写组编：《法解税案》，东北财经大学出版社 2006 年版；税务稽查案例编写组编著：《较量——全国税务稽查案例精选》，中国税务出版社 2006 年版；陈子龙、周开君、王逸编著：《税务检查管理与案例分析》，中国税务出版社 2003 年版；北京市地方税务局、北京市地方税务学会编：《税务稽查疑难案例法理评析（1）》，中国税务出版社 2007 年版；滕祥志：《税法实务与理论研究》，法律出版社 2008 年版；北京市地方税务局第一稽查局：《发票专项检查案例》，非公开出版；北京市地方税务局第二稽查局编：《税务检查案例》，非公开出版；孙书润、谢枕、彭诵编：《税务争讼案件与法理评析》，中国税务出版社 2000 年版；吴心联主编：《税务稽查案例分析》，中国税务出版社 2009 年版；大连市地方税务局编：《税案解析》，非公开出版；戴海平、张志军主编：《另一个角度解税法》，中国财政经济出版社 2006 年版；祝铭山主编：《税务行政诉讼》，中国法制出版社 2004 年版；林雄：《疑难税案法理评析》，福建人民出版社 2006 年版；（2）学术界。张怡、何志明主编：《税法案例教程》，清华大学出版社 2009 年版；杨志清编著：《税法案例分析》，中国人民大学出版社 2005 年版；徐孟洲主编：《税法学案例教程》，知识产权出版社 2003 年版。其共同特点是法学成分稀薄，缺乏精雕细刻的分析和论证，缺乏对税收实务中法律问题的分析提炼。学界编著的税法案例解析亦有改进余地。2010 年之后，这种情况得到改观。

形式正义让位于实质正义。① 对此，笔者深以为然。

在我国，也出现了对出售虚拟货币和利用网络空间交易所得征税的税法规则。② 在税法实践中，前者逐渐从严格的类似"罪刑法定主义"的形式正义立场退却，摒弃形式正义而转向追求实质正义，这样，实质课税原则就以税收实质正义和公平价值的面目登场，两者之间的矛盾并不如想象中的那样水火不容。

六　简短结语

绝对税收法定主义作为一种规范理论，在理论上诉诸社会契约和天赋人权理论，在宪法理论上诉诸"同意"（consent）理论，它追溯并讲述英国光荣革命"不出代议士不纳税"的陈年旧事，同时还伴随着某种欧陆理性主义的自负。而提升税收立法层级，呼吁建立税收法院，并将税企争议全数或大部交由法院处理视为理想税收法治的标志，等等，就是立法中心主义和理性主义自负的重要体现。这一理论引进中国之后，并非全无积极意义，也不能一概否定。

然而，规范理论本身亦有局限性。规范理论应该存在于学理研讨本身，当他大胆地走向政策或操作层面，就有点捉襟见肘了。伴随实践和理论研究的不断深入，可以反思的是：将税收法定主义推向"帝王原则"的位置，过分突出税收法定原则的地位以致将其绝对化，或是某种时下流行的形式主义法治观的翻版。严格的绝对的税收法定主义，排斥行政机关对税法解释权的分享，呼吁加强税收立法的层级，以减少行政恣意和排斥行政机关在税法实务上的立法权和解释权，作为一种法治观念和法治理想十分可贵，但是，在现实中难以能够贯彻。部颁税法规

---

① 侯作前：《从税收法定到税收公平：税法原则的演变》，《社会科学》2008 年第 9 期。
② 《国家税务总局关于个人通过网络买卖虚拟货币取得收入征收个人所得税问题的批复》（国税函〔2008〕818 号）；《网上交易究竟要不要应征税》，新浪网，http：//news.sina.com.cn/o/2007-11-13/020012890516s.shtml，2022 年 8 月 28 日。

则有其存在的合理性和法理依据，乃是我国税收法治秩序的重要组成部分，在税法实务中将会长期存在，正确地阅读和理解这一秩序，乃是中国税法学的特定使命。部颁税法规则不仅不应该成为税收法定主义的批判和指责的靶子，反而应成为税法学研究的新领域。

由此引出的问题是，如何提升部颁税法规则的法学品行和品质，实即部颁税法规则的审议机制问题。但是，讨论合法性审查或审议机制问题，绝不可理解为寻找"上位法"依据的简单操作，或转换为一味提升立法层级的问题，而是探寻和论证其本身的税法法理依据，累积税法学理和共识，并以此逐渐构建税法共同体。以西方诸国宪法之历史演变为标本，引申并论证出的绝对税收法定主义，为建构中国的税收法治提供借鉴，未必切合时宜。换言之，一种法治的理想图景，除了严格形式主义和规则主义的论证外，还可以有一种实质主义的和协调主义的论证模式，而这则可能是中国税法秩序和税收法治的独特风景。如何在中国税法实践的现实根基上构筑我国的税法理论体系，乃至构筑中国自主的学科、学术和话语体系，是一个紧迫的时代命题。

第三节　实质课税原则与量能课税

所谓量能课税，是指根据纳税人的经济负担能力课征赋税。其一是指税收立法应该根据表彰人民经济负担能力的指标（所得、财产、消费与支出）课征赋税，不得竭泽而渔；其二是指具体税收执法当中根据纳税人的经济负担能力确定应纳税额。日本学者北野弘久认为量能课税只是立法原则，不是解释和适用税法的指导原则。至于从产业经济政策出发的税收特别措施，北野弘久明确指出其违反量能课税原则，如果证明其有违政策目的，则应从法律上视为违宪而无效。[①] 学者对量能课

① ［日］北野弘久：《税法学原论》（第四版），陈刚、杨建广等译，中国检察出版社2001年版，第95—113页。

税有下列表述。

一　主要观点梳理

观点一：实质课税原则系量能课税原则之上位原则。税法学者黄茂荣认为，税法必须"以人民负担捐税指经济上的给付能力为标准决定其应纳税额，此即量能课税原则"。论者①认为，量能课税原则是税法的基本原则，也是实质课税原则的目的所在。实质课税原则的理论基础是量能课税原则。"实质课税原则为量能课税原则在法理念上的表现。"②"量能课税原则在规范价值上的根源即是实质课税原则，换言之，量能课税原则可谓实质课税原则具体化后之下位原则。"③ 从这些表述看，黄茂荣教授认为：（1）实质课税原则是量能课税原则的上位原则；（2）实质课税原则可谓量能课税原则在法理念上的表现，也即，量能课税原则需要的法理支撑是实质课税原则。但是，论者没有指出，实质课税原则位阶高于量能课税原则的法理依据何在？实质课税原则本身存在的法理基础何在？此外，文章还指出量能课税原则与税收法定主义并称为税法基本原则，那么实质课税原则在税法当中应当居于何种地位？既然税制之基本原则中"最重要者为量能课税原则与捐税法定主义"，那么与前述的"实质课税原则系量能课税原则的上位原则④"是否存在混乱和矛盾？

观点二：实质课税原则的理论基础是量能课税原则。学者陈清秀认为："实质课税原则或者经济观察法，应从其立论根据亦即量能课税原则或者捐税负担公平原则理解，鉴于法律的实质主义并不足以适当反映量能课税精神，因此吾人不宜将实质课税原则理解为法律的实质主义，

---

① 黄茂荣：《实质课税原则（量能课税原则）》，台湾《植根杂志》第十八卷第八期。
② 黄茂荣：《实质课税原则（量能课税原则）》，台湾《植根杂志》第十八卷第八期。
③ 黄茂荣：《实质课税原则（量能课税原则）》，台湾《植根杂志》第十八卷第八期。
④ 黄茂荣：《实质课税原则（量能课税原则）》，台湾《植根杂志》第十八卷第八期。

而勿宁应理解为经济的实质主义较为妥当。"可见，（1）陈清秀认为实质课税原则的理论依据是量能课税原则和捐税负担公平原则[①]。（2）法律的实质主义因与量能课税的理念不符，因此不能称为实质课税原则的有效组成部分。但是，笔者拙见：（1）何以量能课税原则能够成为实质课税原则的理论依据和精神支柱？是因为量能课税原则中秉持的税收谨慎和有限度的理性精神还是量能课税原则本身所包含的经济政策疑义？（2）论者显然将实质课税原则和量能课税原则以及与捐税公平原则相提并论，但是并未论证和厘清三者之间位阶关系，显得层次有点混乱。（3）将法律的实质主义排除在实质课税原则之外没有说明充分的理由，仅以法律的实质课税主义不符合量能课税原则为由，论证不太充分。首先，法律的实质主义显然系所有法律部门要秉持的理念，税法也不例外。于税法中坚持法律的实质主义，就是在人为设计的交易法律形式与内在的法律实质不相一致时，坚持实质的法律主义，能够凸显法律的正义和公平，税法的正义和公平是在横向和纵向两个层面展开。横向上所有具有满足课税要件的具有同样税收负担能力的纳税人之间的平等；纵向上，在纳税人和国家之间，追求正式的交易实质，撇开交易的表面形式，以达到实质的法律上的平等。

观点三：量能课税系财政思想而非税法原则。刘剑文、熊伟教授在《税法基础理论》中对量能课税的思想渊源、对法学理论的影响、在法律适用上的限制、究竟系财政思想抑或法律原则等问题均有精彩而独到的分析，笔者完全赞同。此不赘述。[②]

二　量能课税不成为税法原则

笔者拙见，日本税法学家北野弘久关于量能课税仅是立法原则的观点，不够严谨。准确的表述是量能课税在立法过程中发生不可或缺的作

---

① 陈清秀：《税法总论》（第二版），台湾翰芦出版有限公司 2001 年版，第 199—201 页。

② 刘剑文、熊伟：《税法基础理论》，北京大学出版社 2004 年版，第 128—146 页。

用，至于是否属于立法原则，尚无定论。因为，量能课税主要是一种财政思想，甚至在立法上都不能进行彻底贯彻，比如流转税就不存在量能课税问题，流转税具有中立性，不存在扣除额。故二者完全在两个不同领域发生作用，谈不上位阶问题。否认量能课税之税法基本原则的地位，不等于否认量能课税思想的合理性。[①] 从作用范围的局限性看，量能课税不能成为与实质课税并列的税法基本原则。实际上，量能课税本是一个财政学和经济学的概念，其仅在税收立法过程中有所遵循，因为统治者或者主权者不得"竭泽而渔"，换言之，税收立法活动应该量力而行，放水养鱼，使之不伤及经济发展和繁荣之根本，否则，物极必反。因此，实践中，在立法机关意图开征一个新的税种，或者对现有税种的税基实施调整时，常见从经济学上和税收学上设计出许多量化的指标和模型，以资决策层参考，这也是我国税收立法中法学秉性不足的表现。在经济上进行测算和模型分析[②]，如何做到量能课税，的确在立法时不可或缺且必须遵循，在我国税法发展的初期，税收学和经济学占据压倒性优势地位，税收实践之法学禀赋不足[③]，实与此不无关联。但是，在税收执法和司法过程中，在确定纳税主体、税收客体、税率税基、优惠条件和管辖权时，起实际作用的是税收法定主义和实质课税原则，而非量能课税派上用场。量能课税的所谓横向和纵向公平，完全应该体现在立法环节，至于纳税人的经济能力是否直接转化并"表彰"为"负税能力"，实在值得存疑。因"负税能力"之前提是"赋税义务"，如果没有法定纳税义务则何谈"负税能力"和量能课税？而法定纳税义务之认定，端赖于税法规定（税收法定主义）和税收执法中的交易实际情况的认定（实质课税原则），比如：是否纳税主体？是否应税行为？是否应税交易所得？何种交易所得？税基若何？成本费用损失

---

① 刘剑文、熊伟：《税法基础理论》，北京大学出版社 2004 年版，第 136 页。
② 参见郝硕博《所得课税的经济分析》，中国税务出版社 2003 年版。
③ 刘剑文、李刚：《二十世纪末期的中国税法学》，《中外法学》1999 年第 2 期。

之扣除如何归集？管辖权如何确定？优惠条件是否满足？等等这些税企争议的关键要素（课税要件）与量能课税实无关联。因此，以笔者拙见，将量能课税与实质课税原则相提并论，有失允当。亦有学者认为从量能课税推导出实质课税原则，似亦缺乏论证，有失严谨。

第四节　实质课税何以能成为税法基本原则？

笔者赞同实质课税原则应该成为税法的基本原则。何谓税法的基本原则①？本文认为，所谓税法的基本原则，是指贯穿于全部税法规范之中，对税法规范的创制与实施具有普遍指导意义的基础性或者本原性的法律原则。法理学上所谓的"法的基本原则"是指："体现法的根本价值的原则，是整个法律活动的指导思想和出发点，构成整个法律体系或法律部门的神经中枢。"② 税法的基本原则，作为税法这一部门法的基本原则，作为各种税收法律规范的本原性依据，从作用范围看，其延伸到立法、执法和司法三个领域；从作用领域看，涉及所有税收种类；从课税要件看，渗透进课税要件认定的每一环节和方面；从价值论上，源于它是体现税法的根本价值和主要矛盾的原则。以下仅从价值论的角度进行论证。

一　税法的根本价值追求

税法的根本价值追求是什么？笔者认为，法的基本价值追求在于：自由、秩序、正义、利益等。但是这些基本价值并不是具有同等位阶。当法的价值产生冲突时，应该在法所追求的价值之间划定先后序列。他

---

① 王鸿貌、陈寿灿：《税法问题研究》，浙江大学出版社2004年版，第42—62页。该著作论述了税法基本原则的特征和确立标准，但未论及实质课税原则。

② 沈宗灵主编：《法理学》，高等教育出版社1994年版，第40页。

们之间的价值序列为：正义、自由、秩序、利益。罗尔斯①认为"正义是社会制度的首要的价值"②，法律作为社会制度的一个重要组成部分，法律及其法律制度为核心的社会制度的首要价值追求便是正义。既然社会制度追问的首要德行就是正义与否，那么法律、法律体系及其法律制度同样应该受到正义与否的追问。税法作为法律体系和法律制度的一个重要组成部分，应该以追求税法正义为最高目标。换言之，税法的根本价值追求就是正义，税法基本原则应该服从和体现税法的正义追求。自由是人的本性，是人性最深刻的需要，自由的冲动潜藏在人的内心深处，一部人类奋斗的历史就是自由向前推进的历史，"法典就是人民自由的圣经"③。法律保持沉默的时候，人就有行动的自由。因此，自由在法的价值中具有首要的地位，自由是评价法律进步与否的标志，法律不成为保护自由项下一系列权利的典范，就仅仅是限制人行动的强制性规范。虽然秩序是实现自由的重要保障，秩序荡然无存的场合自由也无从谈起④，但是自由的价值应该优先于秩序，离开自由的保护谈论秩序的价值，秩序只能是丧失人性关怀的死板而冰冷的秩序，这种秩序只能

---

① ［美］约翰·罗尔斯：《正义论》，何怀宏、何包钢、廖申白译，中国社会科学出版社1988年版，第50—176页。罗尔斯的两个正义原则：其一，平等自由原则；其二，社会和经济的不平等应该这样安排（1）合乎最少受惠者的最大利益；（2）机会平等条件下职务和地位向所有人开放。罗尔斯的正义理论包含了自由第一性原则，但是，还考虑到社会的平等在正义社会中的重要性，因此，一个正义的社会制度中如果不平等是不可避免的，那么至少应该满足（1）在智力、体力、相貌、能力等天赋方面处于弱势地位的人获得最大利益，因为这些优势地位仅仅是由一种遗传的偶然性因素所决定，在道德上并不是一定应得的（deserve），因此正义的社会制度应该合乎最小受惠者的最大利益；（2）社会职位和地位应该在机会均等的情况下向所有人开放。因此，在罗尔斯的正义理论中，正义的位阶高于自由。但是自由是其正义理论的首要和优先的原则。

② ［美］约翰·罗尔斯：《正义论》，何怀宏、何包钢、廖申白译，中国社会科学出版社1988年版，第1页。

③ 《马克思恩格斯全集》（第一卷），人民出版社1995年版，第176页。

④ ［美］史蒂芬·霍尔默斯、凯斯·R.桑斯坦：《权利的成本——为什么自由依赖于税》，毕竞悦译，北京大学出版社2004年版，第19—53页。

使法律制度走向专制和独裁①，自由价值的位阶高于秩序价值。在罗尔斯的两个正义原则中，自由是处于第一位的原则，然后才是著名第二位的"差别原则"，②在罗尔斯的正义理论中，正义的制度是一定保护个体自由的制度，无自由则无所谓正义的制度，自由处于第一位；但自由的价值内在地包含在正义的价值之中，正义比自由有更高位阶的价值。

二　税法面临的基本矛盾

税法面临的基本矛盾是什么？所谓主要（基本）矛盾，是指贯穿于事物发展过程始终的矛盾，它的存在和发展规定或影响其他矛盾的存在和发展。税法的基本矛盾有别于其他传统部门法的本质属性，它决定和影响着税法诸多方面的存在和发展。因此税法的基本原则应当是反映和处理税法基本矛盾的原则，具有处理税法基本矛盾的特定属性。本文认为，税法的基本矛盾就是税权与私权（私人财产权）之间的矛盾。首先，从税权产生的历史看，税权源于"丛林规则"③中的"黑手党保护费"④，现代宪政建立之前的前现代国家，税权源于成王败寇的赤裸裸的丛林规则，自然状态之下人们无安全感，服从丛林规则也只是权宜之计，一旦实力增长，新的强力就会取代旧的强力，因此人们对丛林规则的服从并非发自内心的遵从与臣服，而是出于力量不够，迫不得已。

---

① 滕祥志：《市场制度下的自由生成论纲》，周志忍、褚松燕主编《中国转型期问题的政治学探索》，中国法制出版社 2002 年版。

② 著名政治哲学家诺齐克（Nozik）原则同意罗尔斯的第一正义原则即"自由优先原则"，但是诺齐克举起权力之剑对其"差别原则"展开了激烈的批评，诺齐克的反问是：个体由于偶然的遗传因素先天获得在智力、体力、相貌、能力等天赋方面的优势，难道这些优势是公共财产吗？使用这些优势为社会创造财富满足个体利益，难道没有道德正当性吗？

③ 所谓丛林规则（jungle rule），是指前国家形成之前的自然状态之中，人处于与一切人为敌的战争状态，人们没有建立法律秩序，人与人及部落与部落之间仅依靠弱肉强食的规则建立秩序，因此人民无所谓生命、自由、财产和安全。自然状态之下人们无安全感，服从丛林规则也只是权宜之计，一旦实力壮大，新的强力就会取代旧的强力。

④ 李纬光：《共容利益、强化市场性政府与民主宪政》，《中国法学会财税法学研究会2005 年年会暨第四届全国财税法学学术研讨会论文集》，第 119—130 页。

前现代国家政治之下，统治者依靠暴力的优势取得政权统治子民并征取赋税，人民对强权之下的税权心存不满，但是被迫服从。及至英国光荣革命时，贵族发出了"不出代议士不纳税"的呐喊。针对税收问题，在税权与私权的博弈当中出现了现代宪政和议会的萌芽和发端。在此之后，税权与私权的博弈并未停止，在议会立法、行政释法、司法判决（判例）和税收执法的每个活动和方面，税权与私权的紧张与妥协都时有体现，就是在这种博弈、紧张与妥协之中，税权与私权在宪政的秩序之下维持了一种动态的平衡。其次，从税权的本质看，也体现了税权与私权无处不在的紧张和矛盾。如何看待税权的本质？新制度经济学的（三位一体的制度变迁理论：国家理论、产权理论、意识形态理论）国家学说对于分析税权颇有意义，诺斯（North）认为：国家是一个具有暴力比较优势的组织，它利用拥有的暴力优势建立一组产权规则和交易规则，通过提供产权规则和交易安全，一方面实现统治者的利益最大化即税收的最大化，另一方面维护社会经济和保护产权的基本稳定。由于这两个国家目标之间具有内在的矛盾性，国家既是经济社会长期增长繁荣的根源也是经济衰退的根源。因此，表面上看税权是国家通过提供产权规则和交易安全换取的权力，但是，任何国家税权的背后都站着暴力的影子①。在社会契约论者看来，国家税权系公民出让部分基本权利所得，因此，税权的建立目的旨在保护委托人的私权（生命、自由、财产、安全）。但是，委托人与受托人之间的博弈从来没有停止过，委托人需要通过一系列制度安排控制受托人，以免公权力不当侵入私域带来无法挽回的恶果。税权就是通过法律授予国家公权力合法介入私域并对私产予以合法剥夺的特定权力。因此，税法带有侵权法的典型特征。税

① 滕祥志：《论诺思的三位一体的制度变迁理论》，《学术论坛》1997年第5期；滕祥志：《诺思的意识形态理论》，《学术月刊》1999年第2期。道格拉斯·诺思（Douglas North）的国家理论从国家起源、产权起源的历史现象的考察出发，带有马克思"国家暴力起源理论"的影子，但是融进了"政治过程"也是一个"交易过程"的公共选择学派的精华，视国家税权与产权制度保护之间系保护与交换的关系，通过交易和交换维持国家的税收最大化，同时也排除其他潜在的国家权力的挑战者对其进行替代。

法当中无处不在的税权与私权的紧张和对峙，构成了税法的基本特质和基本矛盾。

三　实质课税承载税法根本价值：正义

首先，社会生活实践复杂多变，交易主体之间为满足交换价值所从事的交易活动方式、种类，甚或交易的主体都在发生复杂和深刻的变化，一些新的交易方式、交易主体、交易惯例与规则正在逐步创造出来。从交易方式来看，租赁行为、融资租赁行为、信托制度、资产重组与资产证券化、银行推出的理财产品、金融衍生品交易等领域的交易方式越来越趋于复杂，即便是在传统交易领域比如买卖，税法也会遭遇"视同买卖"的情况。法律的制定永远落后于社会生活的实践。法律的相对稳定性决定了社会生活的复杂局面永远对相对稳定的制定法提出挑战，成文法的缺陷就在于法律文本在丰富多彩的社会实践面前穷于应付。表现为：（1）有些交易表面呈现的课税要件事实可能与其实际或实质上的涉税要件事实不相一致，原因可能是交易本身的复杂性使然，也可能是交易双方或者一方刻意安排以规避税法减少纳税债务使然；（2）有些交易活动中，形式上的交易主体可能与实质的交易主体相分离，名义上享受交易收益的主体可能并非实质上享受交易收益的主体，这时，赋予实质的交易主体以税法义务或者直接依照税法的规定将其视为纳税主体并相应地赋予其税法程序权利如复议权、救济权等①，从法

---

① 参见宋鱼水《浅论税务行政行为引起民事法律关系争议的处理模式》，中国法院网，https://www.chinacourt.org/article/detail/2004/12/id/143885.shtml。该文主张赋予"实质纳税人"或者"税款相关人"以救济权力，笔者十分赞同。但是，该文同时认为，税务行政机关对涉税民事行为类型进行审查无法律依据。推理一下，根据"行政法定原则"，既然"无法律依据"，则认定民事法律行为的类型系"无权认定"。笔者认为这一结论错误，反映了某一历史时期某种"司法能动主义"倾向，这种司法能动主义在目前司法权威流失的大环境下十分危险。法院固然更具有分析民事行为类型的能力，即便税务机关较之人民法院缺乏这种分析技术和分析能力，但是，税务机关的执法活动无不涉及涉税交易法律行为类型和性质的判断，抽空这一权力，税务机关的执法活动就失去了前提和基础，这也不符合《税收征收管理法》的本意。

理上更符合税法正义的原则。例如，本书"税法分析之纳税主体认定"一章提到的"借用资质开发房地产案"中，甲借用某房地产开发公司（乙）的资质进行房地产立项开发，其立项、预售许可证借用乙公司的名义，也对买房人开具乙公司发票，但是其投资、成本、开发团队、享受收益皆为甲公司，所有按揭收入一旦进入乙公司立刻转入甲公司账户，现金销售收入则直接进入甲公司账户。案例中开发主体（甲）与投资主体和收益主体（乙）发生了分离。根据所得税法的基本原理，谁投资谁享有收益谁承担纳税义务谁是纳税主体，且所得税系直接税，法理上不存在纳税主体和实际负税主体的分离问题，实践上也没有必要将所得税的纳税主体与实际负税主体分离开。法理上，如果仅从形式上的立项主体和销售主体的角度征收所得税，则给实际投资主体和收益主体（甲）与名义上的开发主体（乙）之间的税款负担问题带来不必要的协商成本和财务成本。如果按照实质课税原则对实质上的投资和享受所得的主体进行课税，则免除了纳税主体和相关主体之间的交易成本，有利于实现税收正义；类似的问题还发生在"房地产委托开发"交易之中①：设甲拥有土地使用权，但无开发资质，遂委托乙公司代为开发销售，由乙开具销售发票，此时，也发生了开发和销售主体的形式与实质的分离，是否秉持实质课税的原则，既涉及两个主体之间税收负担之公平正义问题，也涉及纳税人权利保护的问题。

（3）税收立法已经注意到有些交易行为虽不直接表现为应税行为，但是从税法正义价值的大前提出发，税法将有些表面上的"非应税行为"直接视同为"应税行为"，如增值税法中对总、分机构之间转移货物占有权的行为、所得税法和营业税法中将用于"展览展示""职工福利""赠予"的产品和"互易"行为规定为"视同销售"和"视同买卖"产品的行为等，皆体现为剥去和否定行为的表象和表面特征，呈现和探求行为的实质特征和税法含义，最终实行保障国家税收秩序和税

---

① 樊建英：《代建房屋风险不容忽视》，《中国税务报》2010年5月17日第6版。

收正义的价值。（4）税收稽查中有时会遭遇纳税人拒不提供财务资料、财务账簿、不配合税收检查或者税务稽查、隐瞒真实交易定价的情形，税法赋予了税务机关的税收核定权和关联交易中对关联企业之间转让定价的税收调整权。核定权和税收调整权的设立与否取决于税务机关是否有权按照实质课税原则的要求来适用税法、解释税法和遵守税法，尽管从控制税收自由裁量权的角度出发，对于如何适用税收核定权和转让定价调整权有待进一步完善，但是，两项权能的设立的确符合税法正义原则的要求，否则，在日益复杂的恶意避税行为面前，如果税务机关对此无能为力，税收法治秩序将荡然无存。问题不在于是否应该依照实质课税原则赋予税务机关这种权力，问题在于如何在税权和私权之间保持动态的平衡，既要在制定法层面肯定这种权利，又要对这种权力实施有效的程序性的约束，既要在理论上即应然的层面研究这种权利的正当性、合法性、合理性和程序性，又要在税收执法和税收司法实践当中累积如何保持税权和私权动态平衡的经验理性，使得这一平衡建立在大量丰富的税收执法和税收司法的实践基础之上，而不是仅仅建立在学理的探讨之中。

四　实质课税回应税法基本矛盾：税权与私权

税收涉及财产权，国家税权和私人财产权之间的矛盾和对立是财税法面对的一个基本矛盾[①]，因此，税法又称为典型的"侵财法"。从经验和历史的层面观察，税权的产生及其背后总是站立着暴力的影子，税权和暴力相共生，但暴力并不能当然形成权威。权威的象征并非枪杆，而是词语，最常见的政府行为是交谈、写作、倾听和阅读。[②] 国家仰赖

[①] 张守文：《两权分离：财税法的一个基本前提》，《中国法学会财税法学研究会 2004 年年会暨第三届全国财税法学理论会论文集》，第 137—145 页。该文认为：国家财政权与私人财产权的分离是财税法学研究的理论前提，解决好这一范畴对财税法的发展至关重要，对宪政的发展也不无裨益。

[②] ［美］查尔斯·林德布洛姆：《政治与市场：世界的政治—经济制度》，王逸舟译，上海三联书店 1994 年版，第 71 页。

暴力形成威权之后，国家威权成为一种威慑，这一种现实或潜在威慑如影随形，其后又不断渗透和不断演化，渐渐在社会政治、经济生活中转化成一种权威，人们对于权威的服从渐渐成为一种习惯，以至于忘记权威背后的暴力，在权威面前暴力的身影逐渐退隐和消失，人民的服从成为惯例和习惯。国家作为一个抽象的集合体从来不稼不啬，而人民则辛勤劳作创造财富。从暴力到威慑到权威的演变过程看，税权的实质和目的就是一个：制度化和合法化地侵夺私人财产权。在规范理论的层面，思想家诉诸社会契约论和人民主权论，认为国家的产生在于人民让渡部分权力的结果，国家的权力来源于人民。西方宪政理论无不沿袭从布丹、霍布斯和卢梭的主权学说以及康德、休谟和卢梭的社会契约理论，现代宪政就在国家公权力和私权之间的博弈和平衡中展开。① 现代税法以其强烈的公法特征，跨越公法与私法的界限，打破公法和私法的人为划分，将私法与公法连接起来，成为连接和跨越公法和私法的特别桥梁。由于税权侵入私权的领地，税法一方面需解决税权的保障、运行、规范和控制及相关程序问题，与此同时，税法又要解决私权的保障、救济及其相关程序问题，为应对税权保护的现代课题产生了税收债权债务关系说，该学说的理论基础就是人民主权理论和社会契约论。这两方面的特定需求都引出税法所特有的税收法定原则，即征税主体法定、课税要素法定、课税程序法定②。实质课税原则与税收法定主义构成税法原则的两个面向，互相补充和完善，互相填补罅隙，互相证成。

具体而言，一方面，税收法定主义保障税权的行使及程序合乎法律的规定，在税收执法的各个环节和方面如解释税法、适用税法和遵守税法等方面不突破法律的规定。而实质课税原则重在突破形式上的交易性质和表面上的交易主体探寻税法意义上的实质交易性质、实质价值计量和实际交易主体。税收法定主义往往注重税收法定和形式理性，忽视税

---

① ［美］斯科特·戈登：《控制国家——西方宪政的历史》，应奇、陈丽微等译，江苏人民出版社 2001 年版，第 20—62 页。

② 刘剑文、熊伟：《税法基础理论》，北京大学出版社 2004 年版，第 100—127 页。

收法定背后的实质理性，如果将税收法定原则作褊狭的理解和运用，就会导致税收活动（立法、执法和司法）的僵化和教条，将活的税法理解为僵硬的税法条文和死的税法原则，这样的税法不能回应和面对税法的基本矛盾，反而可能会激化税法的基本矛盾。前文所述成文法的缺陷也体现在税法当中。当社会生活实践向前发展的时候，交易主体之间的交易行为日趋复杂，税法规定的落后性与迟滞性跟主体交易的前瞻性和复杂性之间形成矛盾和冲突，此时，如果局限于死板的税收法定主义和税法条文而放弃税收正义的精神，那么税收活动的各个方面势必面临困境。法律的规定永远不可预测到社会生活的方方面面，这是由立法者的知识局限和理性局限所决定的，也是成文法的内在困境，在税收领域表现尤为突出。机械地执行和理解税收法定主义恐怕对税权和私权的保护都不会到位，换言之，仅仅只有税收法定主义则不能全面化解和理解税法的基本矛盾，税收法定原则与实质课税原则构成税法原则的一枚硬币的两面。

不过，学界往往十分担心实质课税原则对于税收法定原则的侵蚀，并怀有实质课税原则即将伴随税务机关自由裁量权无限扩大的隐忧，实际上，这对矛盾是一个伪命题，或者，矛盾至少不像想象的那样突出和不可调和。就实质课税原则与税收法定原则的冲突方面而言，也许不如学界所担心的那样突出：学界每每论及实质课税原则，往往仅仅突出税务机关运用实质课税原则遏制纳税人恶意避税的方面，没有注意到实质课税原则具有保护私权不受税权不当侵犯的方面，实际上实质课税原则在诸多税案当中具有保护私权（纳税人权利）的特定功效，实质课税原则不仅能为税务执法机关所用，还势必成为保护纳税人权利不受侵犯的有力武器。由于很少关注实质课税原则对于保护私权的功效，往往夸大实质课税原则带来税务机关自由裁量权的扩大的危险，这从情理上可以理解，但是法理上却站不住脚。首先，一定的自由裁量权在任何执法领域都是必需的，与司法领域的法官自由心证制度一样，行政法领域的自由裁量权对于实现行政执法的效率和公正而言十分重要，税收执法领域的行政自由裁量权也同样不可避免和必不可少，加之税法领域的技术性、复杂性、多变性和应对经济交易的快速性，决定了行政机关在执法中不可避免地解释和填补税法的漏洞职能，以反避税领域的复杂多变为例，税务机关具备某种程度上的税收立法授权是十分必要的。其次，实质课税原则是否一定能够推导出自由裁量权的无限扩大危险，也是一个可以存疑的问题。两者是否一定具有正相关的关系，至少在逻辑上和经验上还未得充分的论证。再次，实质课税原则是否一定与税收法定原则产生矛盾和冲突，或者这种冲突是否达到水火不能相容的程度，以至于两者势不两立？同样也是一个可以存疑的问题。如果把税收法定主义看成秉有追求法的形式正义的特性，把实质课税原则赋予追求实质正义的品质，那么两种原则之间的矛盾和冲突的确不可避免，但是，正是形式正义和实质正义的辩证统一关系，二者应成为互相依存、互相证成的关系，实质课税原则与税收法定原则不仅不存在根本的不可调和的矛盾，反而还互为补充、互相依存、互相论证，共同成立并存在于解决税权和私权这对税法基本矛盾的命题之下，共同构成税法家族的税法基本原则的主要成员。

第五节　再论实质课税与税收规避

税收规避实乃税法领域不容规避的话题。无论是否讨论实质课税原则，均有税收规避的大量经济学论述和探讨，实务界则穷尽心智开发出避税方案，乃至税法学界开始对税收规避问题进行法学思考。一如前述，鉴于先前税法学界主流学说一旦提及实质课税原则，必条件反射地与反避税相关联，似乎实质课税原则仅在反避税领域起作用，但是，这一简单关联缺乏论证基础。本文拟从反避税概念之内涵做一探讨，然后试图论证反避税本身乃经济学术语，之后作为税务主管当局的一项经济政策，或者作为司法当局的司法政策而存在，由于避税构成要件在税法学上的不自足和难以成立，故反避税在税法学理论上系伪命题。与其谈论避税的构成要件，不如转换视角，认真研究税法的实质课税理论和实践问题。换言之，正确的理论路径为：不谈论反避税，但研究实质课税。

一　反避税之税法学缘起

税法实践中充满了避税与反避税的较量。由于税收负担系商业活动之必要成本，从经济人的假设出发，市场主体减少成本而扩大收益乃其本能冲动，这样，花样百出的避税行为层出不穷。税法如何规制避税活动和避税行为，在税法学理论和实践中极为复杂。既往税法学者，较多将实质课税原则限制在反避税领域，这种将反避税与实质课税原则直接勾连的学术思考似嫌简单，可能源于对德国的税收立法之背景的感悟。根据本书第一章的分析，《德国税收通则》第 40 条规定"无效民事行为应予课税"，《德国税收通则》第 41 条规定"虚假交易行为不影响征税"（虚假交易的税法否认），第 42 条"滥用法律形成可能性之税法否定"规则，上述税法规则其出台的直接背景是国家财政对反避税的直接需要，换言之，在当时德国的社会环境之下，对无效或者虚假的民事行为必须进行税法评价，被认为是税法实质课税原则的最初实定法渊源。当然，德国的上述立法，也间接促成了税法与民法的第一次分离[1]，自此，税法被认为是具有独特的品格、目的、范围和规制对象的法学部门，应该与民法有所区分，且不受民法理论的约束和节制。在日本，税法学家发展出了"借用概念"理论[2]，这种理论认为，当税法概

---

[1]　税法与民法的关系的新近文献，参见李刚《税法与私法关系溯源——兼评我国"首例个人捐赠税案"》，中国财税法网，http://www.cftl.cn/show.asp?c_id=648&a_id=7076，2010 年 4 月 16 日。参见葛克昌《所得税与宪法》，北京大学出版社 2004 年版，第 186—189 页。

[2]　［日］新井隆一：《租税法之基本理论》，林燧生译，日本评论社昭和 49 年 8 月 30 日出版，1984 年 6 月，第 49 页。"借用概念"的理论，其他日本税法学家如吉良实、金子宏、北野宏久等皆有讨论。

念借用经济概念或其他部门法的固有概念时，当允许税法对这些借用概念做出符合自身法理和目的的规定或解释，如果完全遵从民法的概念，可能导致不公平。这种税法立法、适用和解释中的税法独立性理论，也被认为是实质课税理论的有机组成部分，在日本最典型的代表是吉良实。① 可以合理推断，正是德国的税收立法带有浓厚的反避税之政策取向，以后的税法学家（日本）总是将反避税与实质课税原则相提并论，却未在理论上对二者进行严格区分。

二　避税概念之法学表述

为何要反避税？避税行为在法学上有何特征？是否存在避税行为的构成要件以便将避税行为与其他正常行为区别开来？法学上的努力是否卓有成效？在逻辑上能否自足？实践中是否可行？我国税法学理上有关于避税与反避税概念的法学界定，试图将避税的内涵和外延界定清楚。② 其一，两分法。③ 学界通说认为，税收逃避是指通过一系列手段，逃避已经成立的纳税义务，或者避免纳税义务的成立，从而减轻或者免除税负的各类型行为的总称。税收逃避又可以分为合法的税收逃避和非法的税收逃避行为。④ 这是最广义的避税概念。核心是两分法，即避税部分违法但部分合法，其"逃避已经发生的纳税义务"属于"偷税"（《税收征管法》第六十三条）或者"未申报纳税"（《税收征管法》第六十四条）行为，系税法禁止的违法行为无疑。而各类税收逃避是行

① ［日］吉良实：《实质课税主义》，郑俊仁译，《财税研究》十九卷卷第三期，第 121 页。吉良实将实质课税原则的适用领域从税法解释、适用扩展到税收立法。

② 俞敏：《避税及其法律规制的研究现状与启示》，《会计之友（上旬刊）》2009 年第 8 期。俞敏的研究表明，避税最初乃经济学术语。新近的避税概念之法律界定代表性文献始于张守文《税收逃避及其规制》及刘剑文、丁一《避税之法理新探》。

③ "避税局部违法论"参见欧阳爱辉《避税法律性质要论》，《广西财经学院学报》2006 年第 5 期。

④ 张守文：《税法原理》，北京大学出版社 2007 年版，第 130—131 页；张守文：《税收逃避及其规制》，《税务研究》2002 年第 2 期。

为中，"相关主体从事的正当的、符合税法宗旨的不违反税法规定的行为，是合法的税收逃避"。"节税"或者"税收筹划"的概念由此引申。其二，狭义说。[①]有论者认为，由于避税行为愈演愈烈，从发展的角度观察避税概念的外延，应该将避税做狭义的理解，避税"专指滥用法律事实选择的可能性，进行违反税法目的的异常行为安排，以实现规避税负的不当行为。"而避税行为的内涵则通过构成要件理论[②]进行界定。一是行为要件，即"滥用"法律的形成可能性，滥用包含"异常烦琐、复杂、不经济、迂回和多阶段"的法律形式，"异常"是指与税法所考量和预定的通常行为方式显然相异。"不相当"是指所选择的法律形式与经济事件不相称。"滥用"的另一构成要件是缺乏经济上的合理目的，除税项利益之外别无其他商业目的存在；二是效果要件，即规避税负的经济后果。在日本，持狭义说的代表有金子宏、北野宏久、新井隆一等人。[③]其三，脱法说。[④]以学者葛克昌为代表的其他理论界人士综合了上述两种观点，认为纳税义务人的避税行为在法律上既非合法行为亦非非法行为，实乃脱法行为。葛克昌教授这一观点，可谓公允妥当。而根据脱法论，避税行为应不具有可处罚性[⑤]，否则不符合基本的行政处罚的法理。行政处罚，是以存在一个违法行为为前提的。而所谓脱法行为，即指当事人行为虽然与法律运作宗旨存在龃龉，但在法律条文层面上却无可实际加以规制的情形。脱法行为之本质，主要在于利用法律上的漏洞来实现特定的行为目标，同时成功达到法律无法对其加以规制

---

① 刘剑文、丁一：《避税之法理新探（上）》，《涉外税务》2003 年第 8 期。

② "四要件说"参见陈清秀《税法总论》（第二版），台湾翰芦出版有限公司 2001 年版，第 236—244 页。

③ 俞敏：《避税及其法律规制的研究现状与启示》，《会计之友（上旬刊）》2009 年第 8 期。

④ 葛克昌：《租税规避之研究》，硕士学位论文，台湾大学，1978 年；刘剑文、熊伟：《税法基础理论》，北京大学出版社 2004 年版，第 148 页。

⑤ 汤洁茵：《避税行为可罚性之探究》，《法学研究》2019 年第 3 期。

的目的。避税行为就是脱法行为的一种明显常见类型①，系税法中无法解决之难题。其四，脱法避税论。② 与狭义避税论近似，认为避税行为可以根据构成要件进行判定，其一，行使形成可能，形成一定租税事实关系；其二，行使自由的滥用，法律外衣与经济实质显不相当；其三，捐税负担的减轻；其四，主观的规避意图；其五，避税非法及无效说。③ 论者认为，探讨避税行为的法律性质，应从私法领域着手。在私法上，私法行为依据是否能导致当事人预期的法律后果或当事人追求的法律后果为标准，分为有效、无效、可变更可撤销行为以及效力待定行为。避税行为首先违反了《民法通则》及《合同法》的"民事行为不得损害社会公共利益"的规定，是以合法形式掩盖非法目的的民事行为。主要包括两种情况：（1）虚假；（2）伪装，系私法上非法且无效的行为。

三 反避税概念之法学评析

笔者拙见，避税行为在税法上表现极为丰富多彩，有的表现为虚伪之行为，有的表现为以人为设计的线性交易或者环形交易形式掩盖或者遮蔽交易实质的行为；有的表现为控制产业链条中（设计、制造、仓储、物流、分销、零售）各个环节的利润和价格（转移定价），以达到减轻或者免除税收负担的目的之行为；有的利用避税地之离岸公司（中间控股公司）转移利润或间接转移被投资国股权等。这些行为首先是经济行为其次是民商法意义上的私法行为，极难在民法意义上一概认定合法、非法或无效，也极难在税法意义上一概进行税法否认。比如，

---

① 葛克昌：《所得税与宪法》，北京大学出版社 2004 年版，第 204 页。

② 黄士洲：《脱法避税的防杜及其宪法限制》，中国财税法网，http：//www1. cntl. cn/show. asp？c_id=22&a_id=1584，2010 年 4 月 25 日。

③ 龙英锋：《论避税行为的无效性及非法性》，《税务与经济》（长春税务学院学报）2004 年第 6 期。笔者拙见，该说的缺欠是前提预设和循环论证。前提预设是指，将避税界定为"违反公共利益的行为"，缺乏论证；循环论证是指，前提预设了非法，然后推断"以合法形式掩盖非法目的"的行为"非法且无效"，构成循环论证。

转移定价税制的发展历史表明，各国对于转移定价的税法取向各不相同，直至发展出了预约定价税制，则展现出税法的谦抑性和协商性品格。此时，不能一概将转移定价行为视为狭义的"避税行为"，则理由在于：其一，"避税"乃经济学术语。"避税"本身乃经济学术语①，很难抽象概括成具有典型意义的规范的税法学术语。税法学的基础规范术语为税收构成要件理论，其中的核心术语如税收主体、税收客体、税目、税率、税收特别措施等构成税法学的基本范畴。就像民法学、刑法学或者经济学的基本范畴一样，正是这些学科的基本概念和范畴构成某个学科的研究起点和范围，这些基本概念乃学科发展的基石，但是，"避税"这一概念不具有这一特点。因此，无论对避税概念的内涵或外延以及构成要件做何种探讨，避税都不能本身自足。其二，避税之构成要件难以自足。现有的关于避税的税法学讨论恐已走入误区，税法针对避税行为难以抽象出一个可类型化的构成要件。狭义避税说之构成要件理论中的"异常""不相当""商业目的""构成可能性"等概念，实践中极难在客观上进行把握，不足以对税法否认提供充分论证。比如，避税之主观动机，实践中如何认定和把握？"合理商业目的"这一概念本身实际上也需要准确界定，不同的历史阶段可能有不同的具体内涵，以此作为"避税"之构成要件是否影响稳定性和可预期性？节省捐税成本是否是商业目的本身？正如有的学者主张，避税行为本身需要成本，其本身就是一项商业安排，系商业活动的一个组成部分，税法如何将商业安排之减轻税负行为与商业目的划清界限？"形成可能性"恰恰与意思自治的精神一脉相承，对"形成可能性"冠以"反避税"的法学界定，是否违反了经济领域的自主性？

---

① 公认较早开始系统全面研究避税的是著名的美国经济学家约瑟夫·E. 斯蒂格里茨的《避税通论》（The General Theory of Tax Avoidance），该文全面概括了避税的一般准则，运用一般均衡的方法分析了避税的经济效应。描绘了一系列减轻参与交易各方总税收负担的避税方案，并提出了税收制度改革的建议。该文奠定了经济学家研究避税问题的理论基础和基本方法。参见豆丁网，http：//www.docin.com/p—49772733.html，2010年4月21日。

从而破坏意思自治空间？因此，以笔者拙见，狭义说之避税行为之构成要件在法律上不具有确定性和可以把握性，因而难以成立，也带来操作执行上的巨大成本和风险。其三，反避税之实践尴尬。避税系一种经济现象，其中部分避税行为属于意思自治的范畴，税法对其根本就无法予以否定，这就是"避税非法论"之质疑理由，也是税收筹划存在的法理基础，也即，在宪法秩序之下，人民有安排经济生活的自由。① 当然，其中部分避税行为其经济行为的法律外观与其法律实质不一，或经济行为的外观与经济后果的实质不符，根据税法去形式而取实质的原理，可以运用实质课税原则予以否定。上述"脱法避税论"中的"构成要件二"，即为实质与形式分离时的税法规制问题，系实质课税原则的论证和适用范围。如此看来，避税构成要件本身难以自足，只能从实质课税原则的视角进行说明、论证和规制。在实践中，这构成了反避税与实质课税原则交集。笔者拙见，避税之构成要件理论系伪命题，反而，经济实质高于法律形式的理论则具有生命力。尤其在大陆法系国家，素有秉持"法无明文禁止即可为"之传统，故反避税难以运用"一般反避税规则"为之，这导致面对一个活生生的涉税（姑且名以"避税"）案件，"一般反避税规则"难以实际适用的局面，相反，须认真对待每一具体个案，因为个案具有差异性，与其费力不讨好地探讨其避税动机（意图），探讨其是否"滥用"法律"形成可能性"，探讨行为人的行为是否符合"税法意旨"，不如认真探讨行为人的法律形式与经济实质之间张力，二者如果不一致则依照经济实质进行认定。一如前述，其认定范围包括纳税主体、课税客体（税收客体有无及其交易定性）、税基及其量化（成本费用的归集及其扣除等）、优惠条件是否满足、税收管辖权是否成立等领域。因此，明智的做法是，慎重谈论避税与反避税，尤其是在税法学

---

① 陈少英、谢徽：《避税行为非法性质疑》，《现代财经》（天津大学学报）2006年第10期。

领域，要慎之又慎。因此，《企业所得税法》将第六章名为"特别纳税调整"而非"反避税制度"之故，体现了立法者对于"反避税"之法律属性的审慎和疑虑。

四　反避税之正本清源

究其实，"反避税"乃司法政策和经济术语。既然避税系不可避免之经济现象，其中部分违背实质课税的法理，部分属于意思自治的领地，那么税务当局对此显然不得放任自流，各国都力图建立反避税制度，税法学界也加强了反避税的研究。但是，避税之概念内涵多从经济学的角度界定，很难从法学的角度特别是从构成要件的角度界定，这就使得将避税和反避税法学类型化的努力注定无功而返。因为，人类理知能力之局限决定了很难将形形色色的避税行为抽象化和类型化，以便指导税收执法和司法实践。这也是制定法本身的缺陷。在大陆法系下，力图制定完善的法典以指导生活实践的理想和努力源远流长，从法国民法典和德国民法典开始算起，人类穷其智慧和辛勤都未能够做到尽善尽美，生活场景和生活事实随时代变迁，法典的修订和改动在任何国家都是一个不争的事实。况且，"法不禁止即可为"的绝对信条已经不合时宜，从法理上讲，如果把法律看成公意的表达，总有一些法典不能囊括或列举的行为，是法律所不鼓励甚至反对的，故需要法律的解释和填补漏洞，这一环节在判例法是通过法官造法得以实现。本文前已述及，英美法系实质课税原则中的"虚假交易理论""经济实质理论""商业目的理论""实质高于形式理论"和"分步交易理论"等，即在纷繁复杂的涉税案件中被挖掘和提炼出来。在大陆法系，法官的解释和适用法律的活动具有探明法律意旨的功能。刑法可以发展出犯罪的概念和构成要件理论，但是，税法则难以构建出避税及其构成要件的理论大厦，原因在于，犯罪概念之犯罪是"危害社会""触犯刑律"和"应受惩罚"行为，上述概念中"触犯刑律"可以将罪与非罪彻底厘清，泾渭分明而不拖泥带水，配合刑法之"法无明文不为罪"的原则，刑法所界定的犯罪概念具有可操作性，刑法之"罪刑法定原则"引申出"类推禁止"。但是，由于税法和刑法的目的及其功能的差异，税法不得一概推行"类推禁止"；① 刑法须严格执行"法不溯及既往"原则，但是税法规制的经济行为具有联系性，故税法必须承认"有限溯及既往原则"或"不真正溯及既往原则"。② 但是，税法不能将避税行为一一列举，因此，税法之"避税"概念就势必落空，而在实践中没有意义，相应地，避税之构成要件理论也势必落空。

第六节　实质课税原则的中立性原理

经过仔细分析，实质课税原则对我国税收实践主要从三个层面、四个层级和五个方面进行观察。实质课税原则已经渗透到税收立法、执法和司法的三个层面，体现实质课税原则的税收立法主要涉及四个层级：税收法律、税收行政法规、税收规范性文件（部门规章）、其他税收规范性文件（如国税发、财税发、国税函）等。

一　实质课税原则与课税要件

体现实质课税原则的税收立法从内容看主要涉及五个方面③：其

---

① 税法不适用类推禁止，参见葛克昌《所得税与宪法》，北京大学出版社 2004 年版，第 211—213、125 页。税法与刑法之目的和宗旨差异，参见葛克昌《所得税与宪法》，北京大学出版社 2004 年版，第 125 页。国内文献参见杨小强、叶金育《合同的税法考量》，山东出版集团、山东人民出版社 2007 年版，第 151—185 页。

② 黄茂荣：《税法总论——法学方法与现代税法》（第一册），台湾植根法学丛书编辑室 2002 年版，"夫妻剩余财产差额分配请求权之规定的溯及效力"，第 177—258 页。陈清秀：《税法上法律不溯及既往原则》，《税法总论》（第二版），台湾翰芦出版有限公司 2001 年版，第 259—278 页。翟继光：《论税法中的溯及既往原则》，《税务研究》2010 年第 2 期。

③ 仔细归类分析，"税收特别措施"及"无效行为的税法评价"和"虚假行为的税法否定"，应属于确定税收客体的范畴。税收特别措施，实际上是对应税行为有关之税基及其量化实施调整或者核定；无效行为的税法评价是对某个交易或者行为或是否应税行为或者应税交易进行税法判断；虚假交易的税法评价也是对税收客体是否实质存在进行辨析和确认，因此三者其实属于"税收客体"的确认范畴。

一，确定纳税主体（及税收优惠资格主体认定）。比如，《税收征管法实施细则》第四十九条确定"财务上独立核算的承包人或者承租人为纳税主体，应就其生产经营所得纳税"，《增值税暂行条例实施细则》第九条规定："企业租赁或承包给他人经营的，以承租人或承包人为纳税人"，这与民法关于企业承包和承租合同仅为企业内部法律关系，不能对抗外部债权人的民法原理不同，税法直接规定取得所得的主体为纳税主体，这种税法的理念与民商法的规则有所冲突，体现了税法的实质课税原则。其二，税收特别措施。首先，是赋予税务机关纳税调整权。笔者认为，税务机关的纳税调整权包括（1）税收核定；（2）特别纳税调整；（3）关联企业的纳税调整等，上述纳税调整权主要针对税收客体的量化（税基）进行，因此与课税要件密切相关。纳税调整权背后的核心理念是维护税收公平和正义，确保国家税权免受不当侵害，确保纳税人在税法面前的一一平等。其次，税收特别措施还应包括税收优惠，即根据税法的经济政策取向，给予特定主体和行业税收优惠，从而引导产业结构调整和投资导向。在确定税收优惠资格主体上，亦有实质课税的理念贯彻，但税收优惠针对特定的主体，涉及优惠纳税主体资格的认定，故亦可将其归类为主体认定范畴。其三，确定税收客体（交易性质或所得性质）。一项经济活动的性质被赋予不同的税法含义，不同的应税所得负有不同的纳税义务。所得的性质由交易的性质所决定，比如"工资薪金""劳务报酬""转让无形资产""转让不动产""以物易物""视同销售"[1] 等，都涉及对交易性质的定性，以便确定纳税主体负有何种纳税义务。大量的税收立法（包括税收执法活动、税务稽查笔者称之为"准税收司法"）无不涉及确定交易性质问题，一些税

---

[1]　"视同销售"被税法学家定性为"税法类型化"或税法拟制，即将某些从民法看来不具有诸如销售等民商事（交易）行为典型特征的行为，类型化或拟制为"视同销售"或某个民商事（交易）行为，以免带来税收征管漏洞和不公平。参见黄茂荣《实质课税原则》，台湾《植根杂志》第18卷第8期。笔者认为，其实"税法类型化"或税法拟制背后税法理念或为实质课税原则，而实质课税背后的理念则是公平和正义。

收规范性文件比如国家税总的"函""文"等都围绕确定交易性质展开。比如泛美卫星公司涉税案件①中，国家税总前后出台两份函件：国税发〔1998〕201号《国家税务总局关于外国企业出租卫星通讯线路所取得的收入征税问题的通知》给泛美卫星公司定性为"租赁"所得；国税函〔1999〕566号《国家税务总局关于泛美卫星公司从中央电视台取得卫星通讯线路租金征收所得税问题的批复》则将卫星公司收入定性为"特许权使用费"。可以想见，今后的税收立法、执法和准司法活动中将遭遇更多、更复杂的"交易定性"问题，税法与私法的冲突和融合将大量呈现。其四，确定所得数额（实现时点和数额、税收减免、损失扣除、成本费用的归集等）。比如国税函〔2008〕875号规定的"以销售方式进行融资的，回购差额应在回购期间确认为利息费用"。既有所得性质的确认，也有所得数额的确认。再如员工获得股票期权所得的个税问题，系列税法规范（财税〔2005〕35号《关于个人股票期权所得征收个人所得税问题的通知》、国税函〔2006〕902号《关于个人股票期权所得缴纳个人所得税有关问题的补充通知》、国税函〔2009〕461《关于股权激励有关个人所得税问题的通知》）分别界定了"授权日""可行权日"和"行权日"等概念，只有认定在行权日股票交易的价格与先前行权价之间的差价，才能计算员工取得的实际收益，才能确定纳税义务的发生和实际应谁所得的数额。再如财税〔2003〕16号第三条确定"营业额"时规定，准许中介代理、旅游服务、境外再保险、金融业中的债权、股票买卖业务等实行"差额纳税"制度，实际就是确定了这些行业营业税所得额的计算方法，从实质所得的角度进行规范，不能见票纳税，而应扣除相应的已经支付给其他单位的费用之后才能确认所得数额。其五，确定税收管辖权。上文已经讨论。

---

① 案情简介参本书第四章"实质课税原则与其他"。

综上所述，实质课税原则的立法已经贯彻到课税要件的全部领域，从纳税主体、课税客体（客体之有无、客体之定性）、税基亦即课税客体的数量（所得之实现时点、数额、损失扣除、成本费用之归集①及扣除等）、税收特别措施（税收优惠、特别纳税调整、关联企业纳税调整、税收核定）、税收管辖权之确定等。

二　彰显独立：与"反避税"划清界限

税法实践中，大量的税收立法需要解决税法制度中识别纳税主体、确定课税客体（交易性质、应税所得）、税基及其量化（收入实现的时点、所得数额包括成本、费用的扣除、损失的认定、税收减免资格的识别）等的基本问题，这一类的立法显然是每一个税案都需要解决的基本问题，本质上不具有专门保护国家税权的偏私性和天然与税收法定主义的冲突性，税法实质课税原则的中立性在此得到充分体现；同时，税收立法也要解决税法制度中与反避税有关的特别纳税调整、税收优惠资格识别、税收管辖权等问题，还要涉及法律不完备、不周延情况下的税法内涵的解释问题，这时的实质课税原则才与反避税相关联，因此，实质课税原则也许因为反避税而产生，但却不因为反避税而存在，二者不具有一一对应性；恰恰相反，反避税制度的正当性必须依靠实质课税原则才能得到论证。上述两大类立法问题的解决均体现了一个撇开经济交易的表象，探求经济交易实质的核心理念。税收立法的实践表明，随着我国市场经济改革的不断深入，交易形式和交易结构日趋复杂，税收实定法对经济交易的调整往往穷于应付，显得捉襟见肘，这时来自税收实践的大量疑难问题，凸显实质课税原则之深入研究的日益紧迫。全面而彻底地贯彻和把握税法实质课税原则，对于税法自身的完善和发展，缓解税法评价与日益复杂的经

---

① 成本费用的归集是指依据税法的规定，确定哪些成本费用对应于那笔收入以及那一时段的收入。

济交易之间的困惑，实现税法目的和税法秩序，至关重要。

由此，实质课税原则并非仅仅作用在国家反避税和保护国家税权的场合。以往学界每论及实质课税原则，必因反避税讨论而引起，仅提及其保护国家税权的功能，忧虑其对纳税人的权利可能造成侵犯，担心其侵蚀或削弱税收法定主义等。故然，"税收法定原则"是税法的根本原则和皇冠原则，具有不可动摇的地位和作用，但僵硬地坚持税收法定主义，将税收法定主义推向极致是否于实践中可行且有益？于理论上能否足以自圆其说？税收法定主义的内在核心在于公意代表对于征税权的参与和同意，其本意是课税必须经过代议机关的同意，进而视同人民对于征税权的参与和同意，但是仅仅有税收法定主义能否解决立法当中的众多税制设计？离开实质课税原则的理论支持，税收核定、特别纳税调整、关联企业纳税调整等制度存在的理论根基何在？在税法解释和适用中面对税法规范的内在不足，税法何以应对日益复杂的交易类型？离开实质课税原则的支持税法如何确定课税要件事实？如何判定主体负有纳税义务？负有何种纳税义务？其税基若何？成本、费用、损失、利息如何归集如何扣除？缺乏实质课税原则的理论支持，税法如何对虚假行为进行税法否定和税法规制？对或然的无效行为如何实施税法评价和税法规制？实质课税原则与税收法定主义的冲突是否现实存在，即便存在，二者之间的冲突性还是融合性占主导？虚拟或夸大税收法定原则与实质课税原则的冲突，这种视角和观点并不可取。其实，实质课税原则与税收法定原则并不矛盾，二者如同一个硬币的两面，相辅相成，不可或缺，共同成为税法原则家族的重要成员。

三　实质课税原则的中立性原理初探

况且，确定纳税主体、课税客体、税基及其量化、优惠条件是否满足是税法需要面对的几个基本问题。税收债务是否成立、税收之债的具体数额、何人负有纳税义务等是税案中的基本问题，是一切税企争议的出发点和归宿。首先，如何确定纳税主体，坚持实质所得者课税的原则，对维护税法秩序和税法正义至关重要；反之，一味坚持私法所呈现出来的交易形式，而对名义所得（如隐名投资）、名义保有财产或所有权（如房产落实政策但不能行使所有者权能）、名义上的行为人或者交易人（如借用资质）课征赋税，则有可能损害税法秩序和公平正义；如何确定税收客体之有无或者性质，坚持税收的法律实质主义，在名为"联营"实为"借贷"、名为"联建"是为"以物易物"、名为"买一赠一"实为"折价销售"，名为"投资合作"实为"租赁"，名为"赠予"实为"租赁"、名为"销售—回购"实为"融资"、名为"承包"实为"挂靠"（借用资质）、名为"借款"实为"利润分配"① 等等，不胜枚举，在这种交易性质的认定中，"法律关系"分析技术作为合同法的基本武器之一，必须为税法所掌握和运用，且税法在此表现出与私法的衔接、协调和融通。税法与私法之所以具有融通性，或者二者之间内在冲突并不明显，缘于税法秩序本身就建基于私法秩序，在认定法律关系方面，合同法律制度固有之成熟的分析技术，在合同形式或者名称与合同关系的法律实质冲突时，坚持法律关系的实质也是税法法理的精神所在；而且，此时税法没有必要对特定的概念做出有异于民商法的新解释，比如个人所得税中"工资薪金"所得、"股息、利息红利所得""特许权使用费所得""财产转让所得""劳务报酬所得""财产租赁所得""生产经营所得""承包租赁所得"，每一项所得都对应一项民事合

---

① 《财政部、国家税务总局关于规范个人投资者个人所得税征收管理的通知》（财税〔2003〕158 号）第二条明确："纳税年度内个人投资者从其投资企业（个人独资企业、合伙企业除外）借款，在该纳税年度终了后既不归还，又未用于企业生产经营的，其未归还的借款可视为企业对个人投资者的红利分配，依照'利息、股息、红利所得'项目计征个人所得税。"另外，《国家税务总局关于印发〈个人所得税管理办法〉的通知（条款修订）》（国税发〔2005〕120 号）第三十五条第（四）款规定："加强个人投资者从其投资企业借款的管理，对期限超过一年又未用于企业生产经营的借款，严格按照有关规定征税。"

同法律关系，二者具有一一对应性。

可以说，税法实质课税原则如果放弃了法律的实质主义，将寸步难行。但是，税法实质课税原则的内涵不仅仅是法律的实质主义，在复合交易的场合，交易的合同形式与经济实质不尽一致，则税法须秉持经济的实质主义，否定交易主体之间人为设置的交易形式，或者没有经济实质和商业意义的"环形交易"或者"线性交易"，或者没有商业意义的虚伪交易，比如名为"销售—回购"实为"融资"，名为以不动产或无形资产"投资"但收取固定利润，实为"租赁"，① 本身就没有保护公权或私权的明显倾向性，在确定纳税主体、税收客体、税基及其量化上，实质课税原则就有本质上中立性。即便是对虚假行为的税法否定，或者对无效行为实施税法评价，客观上达到了反避税的效果，但是，税法如此评价绝不是为了反避税的目的，而是税法内在的法理使然：一旦满足课税要件，则确认税收债权在税法上的成立。反过来，如果认定纳税主体错误，势必侵犯纳税人或者相关人的权利；如果认定交易性质错误，则不能判定交易主体是否负有纳税义务及负有何种纳税义务，税收执法势必导致"适用法律"和"认定事实"的双重错误，此即税务稽查执法实践中所谓的定性错误。而实质课税原则在确定纳税主体和税收客体上有丰富多彩的表现，税收立法和执法当中需要面对和运用实质课税原则的情形与日俱增。比如，商事交易中的"信托税制"②、"融资租赁税制"③、"并购与重组税制""非法所得的可税性""合同变动的税

---

① 《国家税务总局关于以不动产或无形资产投资入股收取固定利润征收营业税问题的批复》（国税函〔1997〕490号）：根据《营业税税目注释》的有关规定，以不动产或无形资产投资入股，与投资方不共同承担风险，收取固定利润的行为，应区别以下两种情况征收营业税：以不动产、土地使用权投资入股，收取固定利润的，属于将场地、房屋等转让他人使用的业务，应按"服务业"税目中"租赁业"项目征收营业税；以商标权、专利权、非专利技术、著作权、商誉等投资入股，收取固定利润的，属于转让无形资产使用权的行为，应按"转让无形资产"税目征收营业税。

② 参见郑俊仁《信托税制与实质课税原则》，《月旦法学》2002年第1期。

③ 滕祥志：《融资租赁税制与实质课税原则》，《中国税务报》2009年1月19日第9版。

法评价"、金融税制中的证券投资基金纳税主体问题①，"资本公积转增股本不属于个人所得"②，甚至判定"股票期权"实现所得之时点和数额等，都需要贯彻实质课税的原则精神，或者以实质课税的原则精神为指导来研究和制定规则③。

四　研究困境与展望

迄今，实质课税原则的中立性理论、实质课税原则检测和测试标准理论、实质课税原则中的实质如何达成、认识实质如何可能等诸多问题，均有待展开和深入。以本人之有限时间和精力，及个人之学识水平所限，难以一一做出完美的回答。实际上，这些问题应该留待在日后的实践中不断提问和作答。目前的研究困境是，首先，在理论上，国内外的税法学界没有构筑起一种以保护私权为主旨的实质课税理论，对实质课税原则的私权保护秉性研究还不够深入，没有意识到实质课税原则本质上的中立性，缺乏一种实质课税原则的"中立性理论"论证；或忽视其保护纳税人权利的秉性和保护私权的巨大能量，夸大了该原则保护国家税权的作用，将实质课税原则与反避税相提并论，虚拟或者夸大了它与税收法定原则的冲突，是故，理论和实践的脱节造成了当前实质课税原则理论研究的单薄。其次，在实践上，由于税法问题的复杂性，在立法、执法和税务稽查（准司法）活动中，涉及大量的税法规范和私法规范的融合和冲突问题，实质课税原则在税法和私法的融通和冲突中呈现并展开，故研究者需要具有税法和民商法的双重基本训练和视野，

---

① 汤洁茵：《证券投资基金纳税主体资格的法律确证——兼论证券投资基金的有效课税模式》，《税务与经济》2008 年第 6 期。

② 《国家税务总局关于股份制企业转增股本和派发红股征免个人所得税的通知》（国税发〔1997〕198 号）明确："股份制企业用资本公积金转增股本不属于股息、红利性质的分配，对个人取得的转增股本数额，不作为个人所得，不征收个人所得税。"

③ 北京市地方税务局第二稽查局主编：《税务稽查案例》，"某中国有限公司员工股票期权收入未扣缴税款案"，第 47 页。北京市地税局稽查二局在该案调研基础上，国家税务总局出台关于股票期权税收问题的相关文件规定。

需要具有税法和民商法的双重问题意识，这无疑增加了认识和研究该问题的难度。况且，税企争议的真实性和相对非公开性，使得从公开渠道很难获得真实的在法理上有研究疑点的案例，十八届三中全会之后，最高人民法院主持的裁判文书网的构建，对于涉税案件案例的可获得性，实乃一大进步，可惜中间出现反复。而且税务机关对于税企争议案例的累积、搜集、汇编和培训尚停留在初级层次，且诸多案例汇编均不具有法理争点和法学品行。不过，各级税务机关对疑难案例的专家咨询和论证正在起步，对法律人才和知识准备的急迫性已经有所觉察，对实质课税原则在税法中的地位和重要性认识正日益加深，学界对其税法基本原则的品行也正在逐渐挖掘和思考。税法实践中遭遇的许多执法难题，也促使实务和学界逐渐融合交流以形成共识，并正视和深入思考这一税法特有的理论，而理论和实践的有机结合势必使这一税法理论获得重构与再生。

五 结论：税法原则家族素描

如果需要给税法原则家族做一素描，显然有赖大方之家和税法功力深厚者为之，以笔者税法功力和学养实难胜任。但是，从形式上和结构上好像很有必要，否则，研究似乎劳而无功。故笔者不揣浅陋为之，以期抛砖引玉。

（一）税收法定原则与实质课税原则：两大成员

综上所述，首先，税法家族之基本原则至少包含税收法定主义，这一原则在税法体系中的基础性地位毋庸置疑。本文的研究只是将其地位适当调整，使之与实质课税原则平行。税收法定主义承载了关于税收法治的理念、理想和信念，既有历史渊源又有现实诉求，既是税法体系的逻辑起点，又是税法实践中的指路明灯，在税法实践中不可或缺。但是，税收的法定原则的地位不必过分夸大，其本身亦存在局限性。由于税法本身的复杂性，仅有税收法定主义作为"皇冠原则"，税法体系实在难以有效运转，这就挖掘出来实质课税的理论，使得形式税法规则能够在立法、释法和司法过程中体现实质正义，聊补形式正义之不足，增添实质正义之分量。又由于实质课税原则作用在课税要件之全部领域，离开实质课税的原理，课税要件之法律创制、行政认定和司法决断皆十分困难，这造就了实质课税原则在税法领域的独特地位，成为税法领域全面适用的独特原则。于制度层面而言，绝对的税收法定主义应适当做出调整，以便衍生出税收授权立法、税法解释和适用中的授权行政立法制度，以及税企争议中的以"既对抗又协调"二元理念为支撑的税收司法制度，而税企争议之具体表现和富有广阔前景之领域就是目前尚未引起重视的、今后可能成为税收司法突破口的税收行政复议制度。

（二）公平原则、效率原则和量能课税：三个例外

税收公平原则内含的价值是正义和平衡，即纵向和横向的税法公平正义和税权与私权的平衡与协调。一如前述，这种价值理念已经为实质课税原则所全部吸纳。诚然，法律原则之间的价值冲突和价值重合，既非偶然，即属正常。但是，当一个原则的价值完全被另一个原则涵盖时，这一原则在税法家族中的地位就成为疑问，税收公平原则就是如此。此外，税收效率原则也并非税法所特有，从逻辑上无法将之独立成为税法的基本原则。质言之，税收效率原则系行政法效率原则所引申。诚然，税法许多制度均因为税收效率的考量所设定，但税法之独特原则应与行政法原则相区别，因此，税收执法必须遵守的行政法原则不能在税法原则家族中占有独特位置。笔者拙见，谈论诸如税收实体法和税收程序法的基本原则的区分，有失妥当。因为，税法之运作主要表现为行政过程，故税法体系中存有大量行政法规范，有一些税收法律、法规或者规章主要由行政法规范组成，比如《税收征管法》《税务稽查工作规程》《税务行政复议规则》《税务稽查工作规程》等，其他行政法比如《行政处罚法》《行政许可法》和国务院《全面推进依法行政实施纲要》（国发〔2004〕10号）等对税收执法均有直接约束力。可以说，上述行政法规范中蕴含的相关行政法原则如行政法定、行政效率、正当

程序、比例原则、信赖保护等原则均在税收行政执法中起到规范约束作用，因此，将税收效率原则单列为税法原则欠缺逻辑理由。至于量能课税仅仅为税收立法秉持或参照的经济学和财政学理念，不能成为税法之基本原则，此不赘述。

参考文献

一 中文著作

北京市地方税务局、北京市地方税务学会编：《税务稽查疑难案例法理评析（1）》，中国税务出版社 2007 年版。

北京市高级人民法院编：《审判前沿：新类型案件审判实务》（总第 7 期），法律出版社 2004 年版。

陈清秀：《税法总论》（第二版），台湾翰芦出版有限公司 2001 年版。

陈少英：《税法基本理论专题研究》，北京大学出版社 2009 年版。

陈甦：《法意探微》，法律出版社 2007 年版。

陈子龙、周开君、王逸编著：《税务检查管理与案例分析》，中国税务出版社 2003 年版。

陈自强：《民法讲义 I——契约之成立与生效》，法律出版社 2002 年版。

大连市地方税务局编：《税案解析》，非公开出版。

戴海平、张志军主编：《另一个角度解税法》中国财政经济出版社 2006 年版；

邓子滨：《中国实质刑法观批判》，法律出版社 2009 年版。

《法解税案》编写组编：《法解税案》，东北财经大学出版社 2006 年版。

伏军：《境外间接上市法律制度研究》，北京大学出版社 2010 年版。

葛克昌：《税法基本问题（财政宪法篇）》，北京大学出版社 2004

年版。

葛克昌：《所得税法与宪法》，北京大学出版社 2004 年版。

葛克昌：《行政程序与纳税人基本权》，北京大学出版社 2005 年版。

国家税务总局教材编写组编：《税务稽查案例》，中国税务出版社 2008
年版。

郝硕博：《所得课税的经济分析》，中国税务出版社 2003 年版。

何海波：《实质法治：寻求行政判决的合法性》，法律出版社 2009
年版。

何锦前、褚睿刚主编：《从司法案例探寻税法学理》，法律出版社 2022
年版。

胡锦光主编：《中国十大行政法案评析》，法律出版社 2005 年版。

黄俊杰：《纳税人权利之保护》，北京大学出版社 2004 年版。

黄茂荣：《法学方法与现代税法》，北京大学出版社 2011 年版。

姜明安主编：《行政执法研究》，北京大学出版社 2004 年版。

黎大有：《论实质课税原则在中国现实中的展开》，刘剑文主编《财税
法论丛》（第 8 卷），法律出版社 2006 年版。

林雄：《疑难税案法理评析》，福建人民出版社 2006 年版。

刘剑文等：《领域法学：社会科学的新思维与法学共同体的新融合》，
北京大学出版社 2019 年版。

刘剑文、熊伟：《税法基本和原则研究述评》，刘剑文主编《财税法论
丛》（第 1 卷），法律出版社 2002 年版。

刘剑文、熊伟：《税法基础理论》，北京大学出版社 2004 年版。

刘剑文主编：《财税法论丛（第 5 卷）》，北京大学出版社 2004 年版。

刘剑文主编：《财税法学案例与法理研究》，高等教育出版社 2004
年版。

刘剑文主编：《税法学》，人民出版社 2003 年版。

刘隆亨主编：《以法治税简论》，北京大学出版社 1989 年版。

刘蓉、刘为民：《宪政视角下的税制改革研究》，法律出版社 2008

年版。

刘松山：《运行中的宪法》，中国民主法制出版社 2008 年版。

刘艳红：《实质刑法观》，中国人民大学出版社 2009 年版。

刘艳红：《走向实质的刑法解释》，北京大学出版社 2009 年版。

龙卫球：《民法总论》，中国法制出版社 2002 年版。

罗毫才主编：《行政法论丛》（第 3 卷），法律出版社 2000 年版。

桑本谦：《理论法学的迷雾——以轰动案例为素材》，法律出版社 2008
　年版。

沈宗灵主编：《法理学》，高等教育出版社 1994 年版。

施正文：《税法要论》，中国税务出版社 2007 年版。

税务稽查案例编写组编著：《较量——全国税务稽查案例精选》，中国
　税务出版社 2006 年版。

孙书润、谢枕、彭诵编：《税务争讼案件与法理评析》，中国税务出版
　社 2000 年版。

滕祥志：《税法实务与理论研究》，法律出版社 2008 年版。

王鸿貌、陈寿灿：《税法问题研究》，浙江大学出版社 2004 年版。

王泽鉴：《民法概要》，中国政法大学出版社 2003 年版。

王泽鉴：《民法学说与判例研究（第五册）》，中国政法大学出版社
　2005 年版。

王泽鉴：《民法总则》，中国政法大学出版社 2001 年版。

吴心联主编：《税务稽查案例分析》，中国税务出版社 2009 年版。

席晓娟：《名义借用情况下的纳税主体的法律认定》，刘剑文主编《财
　税法论丛》（第 4 卷），法律出版社 2004 年版。

熊伟主编：《税法解释与判例评注（第 1 卷）》，法律出版社 2010 年版。

徐孟洲主编：《税法学案例教程》，知识产权出版社 2003 年版。

薛兆丰：《商业无边界：反垄断法的经济学革命》，法律出版社 2008
　年版。

杨小强、叶金育：《合同的税法考量》，山东出版集团、山东人民出版

社 2007 年版。

杨小强：《中国税法：原理、实务与整体化》，山东人民出版社 2008
　年版。

杨志清编著：《税法案例分析》，中国人民大学出版社 2005 年版。

叶金育：《税法整体化研究——一个法际整合的视角》，北京大学出版
　社 2016 年版。

叶明：《经济法实质化研究》，法律出版社 2005 年版。

湛中乐主编：《高等教育与行政诉讼》，北京大学出版社 2003 年版。

张守文：《财税法疏议》，北京大学出版社 2005 年版。

张守文：《税法原理》，北京大学出版社 2001 年版。

张怡、何志明主编：《税法案例教程》，清华大学出版社 2009 年版。

章剑生：《现代行政法基本原则之重构》，《中国行政法学精粹》（2004
　年卷），高等教育出版社 2004 年版。

周佑勇：《行政法基本原则研究》，武汉大学出版社 2000 年版。

朱慈蕴：《公司法人格否认法理研究》，法律出版社 1998 年版。

祝铭山主编：《税务行政诉讼》，中国法制出版社 2004 年版。

［澳］彼得·哈里斯：《公司税法：结构、政策与实践》，张泽平、赵文
　祥译，北京大学出版社 2020 年版。

［德］马克斯·韦伯：《经济与社会》（上卷），林荣远译，商务印书馆
　1997 年版。

［美］昂格尔：《现代社会中的法律》，吴玉章、周汉华译，中国政法大
　学出版社 1994 年版。

［美］伯纳德·施瓦茨：《行政法》，徐炳译，群众出版社 1986 年版。

［美］查尔斯·林德布洛姆：《政治与市场：世界的政治—经济制度》，
　王逸舟译，上海三联书店 1994 年版。

［美］罗伊·罗哈吉：《国际税收基础》，林海宁、范文祥译，北京大学
　出版社 2006 年版。

［美］诺内特、塞尔兹尼克：《转变中的法律与社会：迈向回应型法》，

张志铭译，中国政法大学出版社 2004 年修订版。

[美] 史蒂芬·霍尔姆斯、凯斯·R. 桑斯坦：《权利的成本：自由为什么依赖于税》，毕竞悦译，北京大学出版社 2004 年版。

[美] 斯科特·戈登：《控制国家——西方宪政的历史》，应奇、陈丽微等译，江苏人民出版社 2001 年版。

[美] 维克多·瑟任伊：《比较税法》，丁一译，北京大学出版社 2006 年版。

[美] 约翰·罗尔斯：《正义论》，何怀宏、何包钢、廖申白译，中国社会科学出版社 1988 年版。

[日] 北野弘久：《税法学原论》（第四版），杨刚、杨建广等译，中国检察出版社 2001 年版。

[日] 金子宏：《日本税法》，战宪斌、郑林根译，法律出版社 2004 年版。

[英] 爱德蒙·柏克：《美洲三书》，缪哲选译，商务印书馆 2003 年版。

二　中文论文

安体富、李青云：《英、日信托税制的特点及对我们的启示》，《涉外税务》2004 年第 1 期。

陈敏：《对财产转移行为课税——债权行为或物权行为课税？》，《政大法学评论》2022 年总第 69 期。

陈少英、谢徽：《避税行为非法性质疑》，《现代财经》（天津财经大学学报）2006 年第 10 期。

陈延忠、任婕茹：《从泛美卫星公司税案看国际税收协定的解释》，《涉外税务》2005 年第 10 期。

邓辉：《信托财产课税问题探析》，《当代财经》2002 年第 3 期。

伏军、石伟：《境外间接上市财富外流问题分析——以新东方纽约交易所上市为例》，《暨南学报》（哲学社会科学版）2008 年第 4 期。

侯作前：《从税收法定到税收公平：税法原则的演变》，《社会科学》

2008 年第 9 期。

嵇峰：《从比较法角度看"非法所得为应税所得"观念》，《〈企业所得税法〉实施问题与配套法规制定高峰论坛论文集》，2007 年。

吉良实：《实质课税主义》（上），郑俊仁译，《财税研究》1987 年第 3 期。

李刚、王晋：《实质课税原则在税收规避治理中的运用》，《时代法学》2006 年 4 月。

李金燕、刘春宝：《非居民股权转让所得税收问题与税收法定主义和税法解释原则》，《涉外税务》2005 年第 5 期。

李培锋：《英美信托财产权难以融入大陆法物权体系的根源》，《环球法律评论》2009 年第 5 期。

梁慧星：《我国民法是否承认物权行为》，《法学研究》1989 年第 6 期。

梁俊娇：《股票期权的个人所得税问题探讨》，《中央财经大学学报》2003 年第 4 期。

廖益新：《税法的移植与本土化问题》，《福建法学》2007 年第 1 期。

刘剑文、丁一：《避税之法理新谈（上）》，《涉外税务》2003 年第 8 期。

刘剑文、李刚：《二十世纪末期的中国税法学》，《中外法学》1999 年第 2 期。

刘磊：《关于税收"所得"概念的评价与分析》，《扬州大学商学院学报》1995 年第 5 期。

刘隆亨：《论实质组税原则的适用和作用》，《税务研究》2003 年第 1 期。

刘莘、王凌光：《税收法定与立法保留》，《行政法学研究》2008 年第 3 期。

刘怡、林劼：《ABC 卫星公司税收案例分析》，《涉外税务》2003 年第 1 期。

龙英锋：《论避税行为的无效性及非法性》，《税务与经济》（长春税务学院学报）2004 年第 6 期。

吕铖钢：《税收构成要件理论的类型化重塑》，《地方财政研究》2018
年第 10 期。

罗亚苍：《税收构成要件论》，博士学位论文，湖南大学，2016 年。

欧阳爱辉：《避税法律性质要论》，《广西财经学院学报》2006 年第
5 期。

任明川、敖曼：《毕马威"恶性避税"及其分析》，《中国注册会计师》
2006 年第 1 期。

施正文：《中国税法通则的制定：问题与构想》，《中央财经大学学报》
2004 年第 2 期。

苏浩：《泛美卫星公司税案与跨国营业利润和特许权使用费的界分》，
《武大国际法评论》2004 年第 00 期。

孙宪忠：《再谈物权行为理论》，《中国社会科学》2001 年第 5 期。

汤洁茵：《形式与实质之争：税法视域的检讨》，《中国法学》2018 年
第 2 期。

滕祥志：《税法的交易定性理论》，《法学家》2012 年第 1 期。

王惠：《推定课税权制度探讨》，《法学家》2004 年第 3 期。

吴利军：《房屋联建合同的若干疑难问题分析》，《中国律师和法学家》
2006 年第 2 期。

徐孟洲：《论税法原则及其功能》，《中国人民大学学报》2000 年第
5 期。

徐孟洲、叶珊：《特别纳税调整规则法理基础之探究》，《税务研究》
2008 年第 2 期。

徐阳光：《实质课税原则适用中的财产权保护》，《河北法学》2008 年
第 12 期。

许安平：《避税及其法律规制（实质课税原则）辨析》，《美中法律评
论》2007 年第 2 期。

叶金育：《税收构成要件理论的反思与再造》，《法学研究》2018 年第

6 期。

俞敏：《避税及其法律规制的研究现状与启示》，《会计之友（上旬刊）》2009 年第 8 期。

翟继光：《税收法定原则比较研究——税收立宪的角度》，《杭州师范学院学报》（社会科学版）2005 年第 2 期。

翟继光：《也论非法所得的可税性——非法所得课税问题争论之误区》，《河南省政法管理干部学院学报》2007 年第 3 期。

张守文：《论税收法定主义》，《法学研究》1996 年第 6 期。

张守文：《税收逃避及其规制》，《税务研究》2002 年第 2 期。

张晓婷：《论征税行为的无因性》，《法学家》2007 年第 1 期。

郑鈜：《股权分置改革"补偿论"的法学分析》，《法制与社会》2009 年第 26 期。

《中国财税法学教育研究会 2007 年年会暨第七届海峡两岸财税法学术研讨会会议论文》，2007 年。

朱大旗：《论税法的基本原则》，《湖南财经经济学院学报》1999 年第 4 期。

朱慧、陈慧颖：《经济补偿金的个人所得税问题刍议》，《中国人力资源开发》2007 年第 9 期。

朱炎生：《论隐名投资的税收待遇——兼论税法的解释和适用原则》，《美中法律评论》2005 年第 6 期。

三 英语文献

Daniel Shaviro, "Economic Substance, Corporate Tax Shelters, and the Compaq Case", *21 Tax Notes Int'l 1581*, 2000.

David Hariton, "Sorting out the Economic Substance", *Tax Law*, 235：52, 1999.

David Ward, "The Business Purpose Test and Abuse of rights", *B. T. R.*, 68, 1985.

Graeme S. Cooper, *Tax Avoidance and the Rule of Law*, 1997.

James Wetzler, "Notes on the Economic Substance and Business Purpose Doctrines", *Tax Notes*, 127: 92, 2001.

John Tiley&Eric Jensen, "The control of Avoidance: The United States Experience", *B. T. R.*, 1998, 161.

Joseph Bankman, "The Economic Substance Doctrine", *S. Cal. L. Rev.*, 5: 74, 2000.

Peter Millett, "Artificial tax Avoidance: The English and American Approach", *B. T. R.*, 327, 1986.

Robert Thornton Smith, "Business Purpose: The Assault upon the Citadel", *Tax Law.*, 1: 53, 1999.

"Steiling, Form, Substance, and Directionality in Subchapter", *Tax Law*, 457, 1999.

后 记

俾使读者对税法交易定性理论有直观了解，特制作交易定性理论图鉴，列示如下：

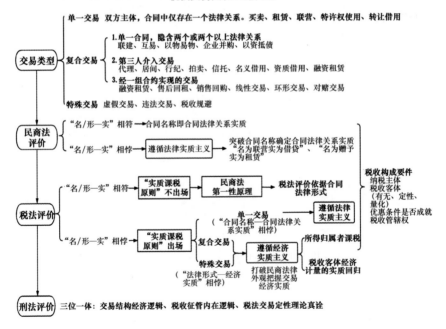

税法交易定性理论图鉴

有鉴于此，特作说明如下：

一、本书税法案例之选择积累，历近廿载，盖税收法律、法规、规范性文件，变动不居，且税制损益变革，因时更化，是故，税法分析须以案例当时生效之法律、法规、税收规范性文件为准；

二、海峡两岸中国税法学界诸前辈、先贤、先进如刘隆亨教授、涂龙力教授、黄茂荣教授、葛克昌教授、陈清秀教授、刘剑文教授、张守文教授、施正文教授、朱大旗教授、杨小强教授、熊伟教授、徐阳光教授、曹明星教授等，于税法交易定性理论之肇启、发轫、推介及宣讲，诚有启发、奖掖提携、护持之功，志感铭于心，岂敢忘怀；

三、本书乃国家社科基金项目17BFX202成果之一，叶永青大律师、赵文祥博士为课题组成员。亦承中国社科院创新工程支持出版。幸赖中国社科院财经战略研究院良好学术氛围，令我潜心研究；感恩税收研究室诸位睿智、远见卓识、才情横溢同事，令我如处芝兰之室，怡然自得；

四、感恩中国社科院法学所诸德高望重先生，梁慧星教授、陈甦教授、孙宪忠教授、邹海林教授等，有幸亲炙先生们教诲，令我知法学宗庙之美、百官之富；

五、感谢中国社会科学出版社许琳老师，专业、严谨且细致，建议增补第二章税法理论回顾与梳理，引出税法交易定性理论之产生背景，知学术源流之由来有自，令本书少留遗憾，补苴罅漏；

六、诚挚感谢刘剑文教授、施正文教授、朱大旗教授、张世明教授，惠赐封底推荐语，令拙著蒙加持谬赞如斯，幸甚至哉，幸甚至哉；

七、中国社科大税务硕士丛榕同学、曾海琪同学、王依琳同学、陈琪同学、中国社科大财政学硕士胡倩同学，于本书之资料查证、脚注校对、案例查找、写作思路有贡献，亦感铭于心，特致谢忱，但错讹自负；

八、吾生也有幸，得遇博士导师李景鹏先生，承蒙不弃，忝列门墙。先生规模宏伟，大度包容，训练严谨，循循然善诱人。先生之为学为人，静极生慧，圆融通达，虽不能至，心向往之。

税法驳杂精深，须调动综合法学知识资源，领域法学，此之谓也。余早年求学于法大研究生院，聆听张佩霖先生，以案例释民法，栩栩如生，感佩良久，心艳羡之。余本拙钝，又兼后学怠惰，于税法学浅尝辄止，岂敢言创设学理。然税案纷呈，莫衷一是，诚须一分析方法或工具，以效庖丁解牛之事。廿载以来，沉潜于斯，乐在其中，庶竭驽钝，乃提出税法交易定性理论，并以案例解析之，鄙薄浅陋、知浅言深、挂一漏万、错讹何极！祈望大家、同仁不吝斧正、赐教。诚惶诚恐，不知所言。

滕祥志

乙巳年壬午月庚申日子时